二〇一一—二〇二〇年國家古籍整理出版規劃項目

國家古籍整理出版專項經費資助項目

阮元集

程章燦 主編

詩書古訓
儒林傳稿

〔清〕阮元 著
趙陽 點校
伍野春 點校

廣陵書社

圖書在版編目（CIP）數據

詩書古訓 / (清) 阮元著 ; 趙陽點校. 儒林傳稿 / (清) 阮元著 ; 伍野春點校. -- 揚州 : 廣陵書社, 2021.12
(阮元集 / 程章燦主編)
ISBN 978-7-5554-1807-8

Ⅰ. ①詩… ②儒… Ⅱ. ①阮… ②趙… ③伍… Ⅲ. ①學術思想－思想史－中國－清代 Ⅳ. ①B249.05

中國版本圖書館CIP數據核字(2022)第010239號

叢 書 名　阮元集
叢書主編　程章燦

書　　名　詩書古訓　儒林傳稿
著　　者　〔清〕阮　元
點　　校　趙　陽　伍野春
責任編輯　王志娟　李　佩
出 版 人　曾學文
封面設計　姜　嵩

出版發行　廣陵書社
揚州市四望亭路 2-4 號　郵編　225001
(0514)85228081(總編辦)　85228088(發行部)
http://www.yzglpub.com　E-mail:yzglss@163.com
印　　刷　常州市金壇古籍印刷廠有限公司

開　　本　889 毫米 ×1194 毫米 1/32
印　　張　23.125
字　　數　501 千字
版　　次　2021 年 12 月第 1 版
印　　次　2021 年 12 月第 1 次印刷
標準書號　ISBN 978-7-5554-1807-8
定　　價　128.00 元

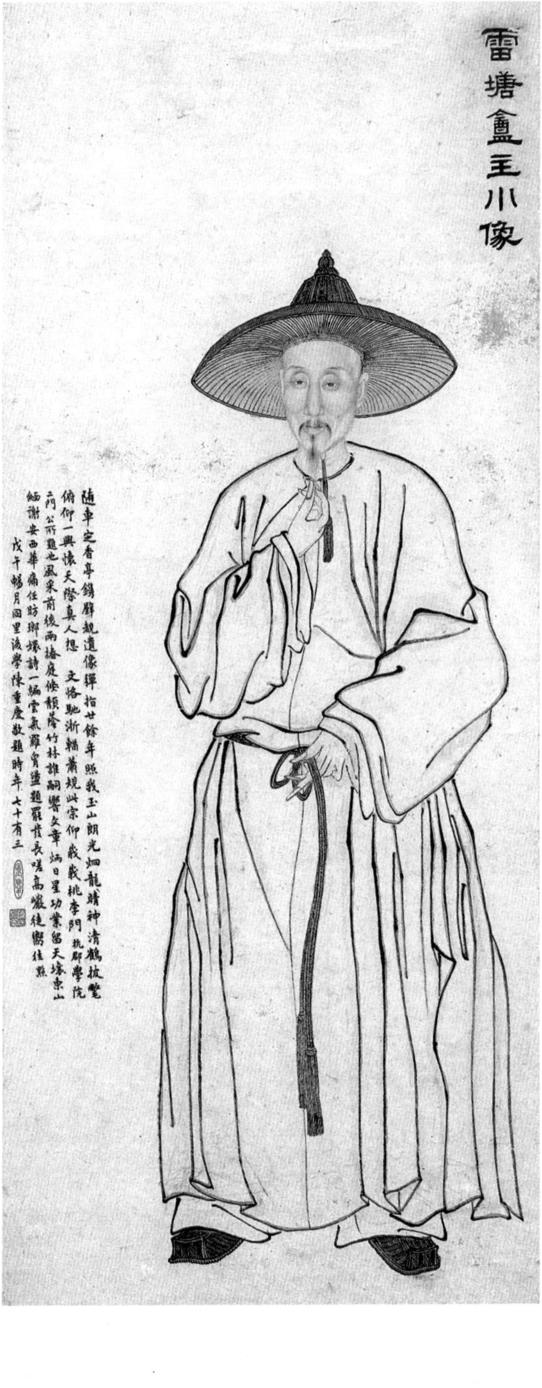

清陳重慶題雷塘庵主像（揚州博物館藏）

阮元坐像(選自《清中葉學者大臣阮元生平與時代》)

阮元家廟(位于揚州市毓賢街)

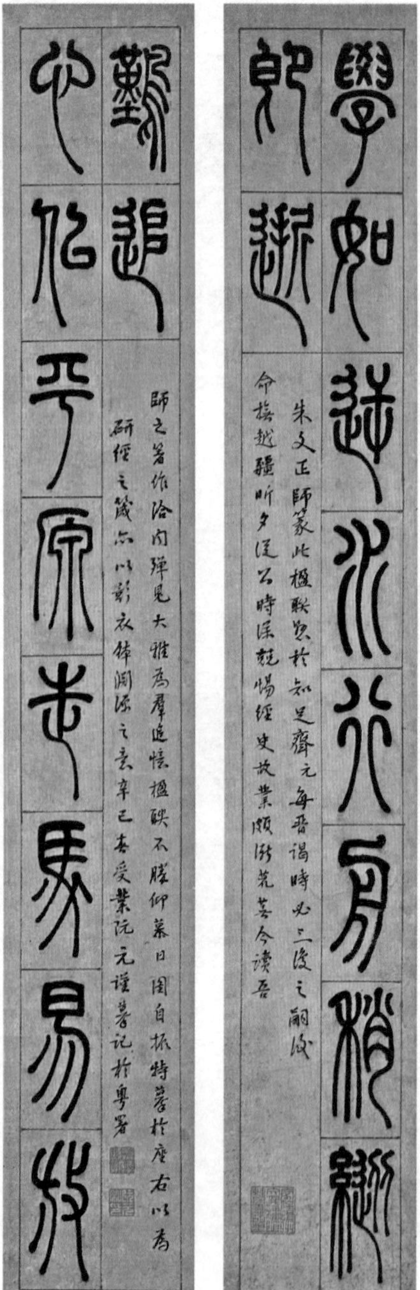

阮元篆書十言聯（揚州博物館藏）

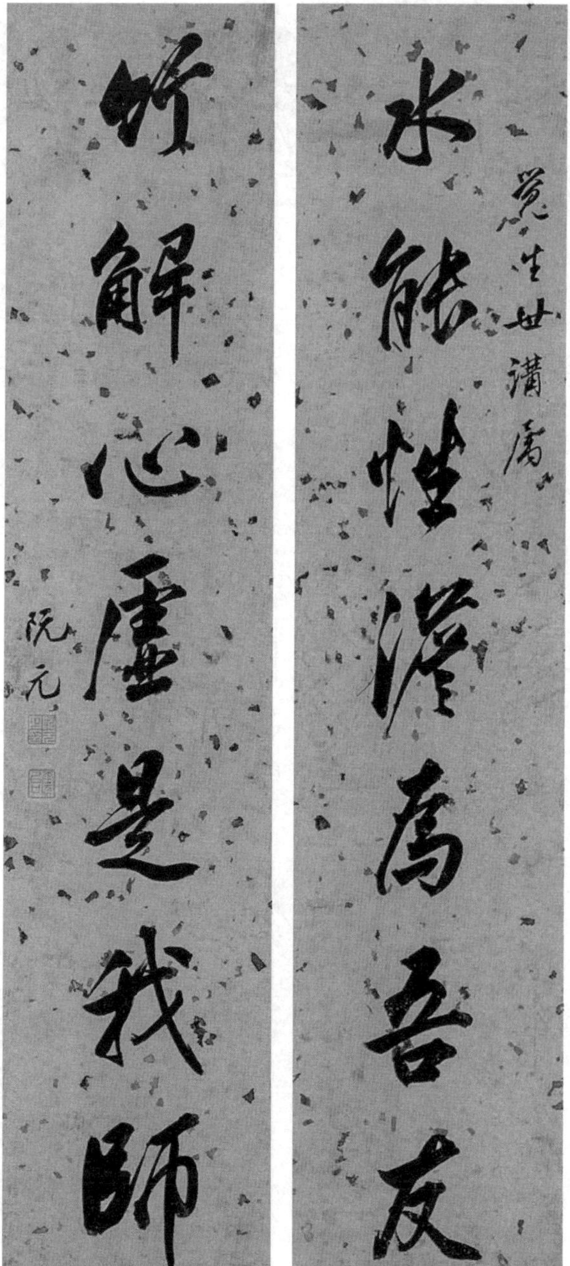

阮元行書七言聯

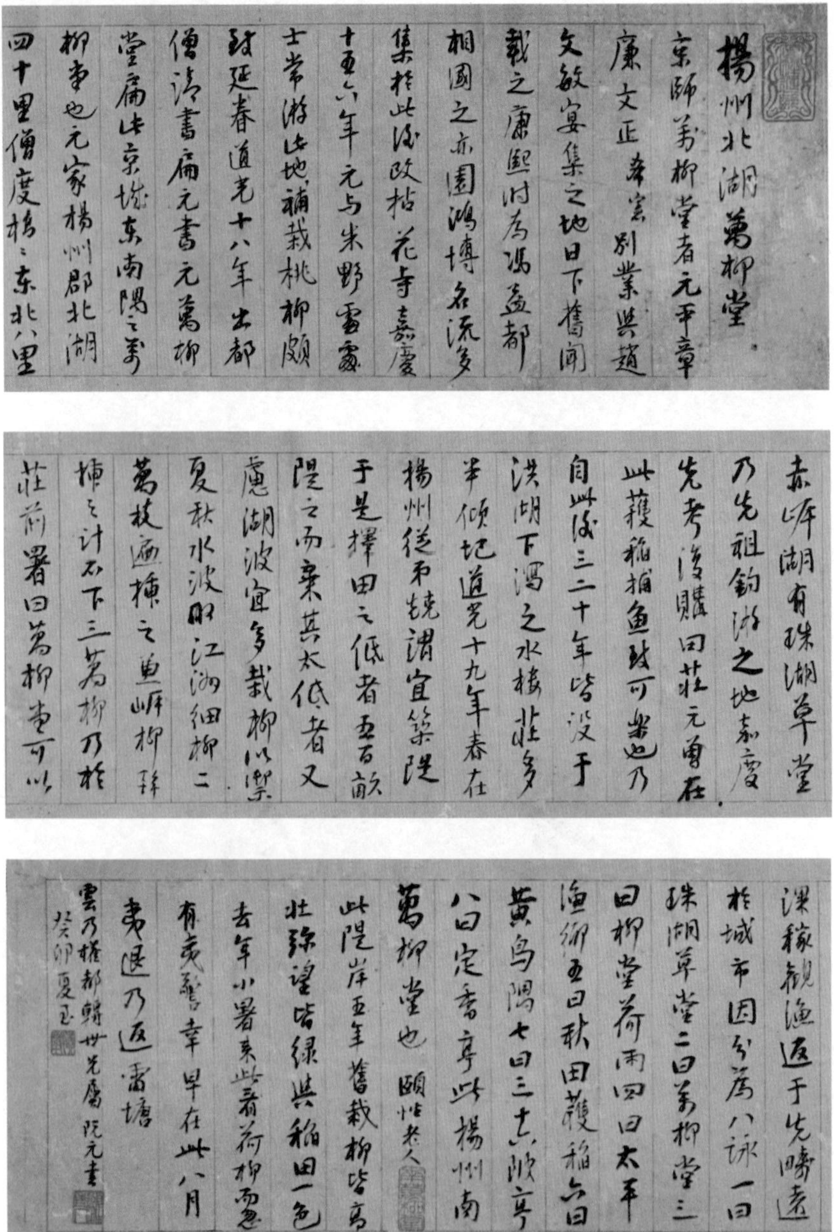

阮元行書《揚州北湖萬柳堂記》横幅（浙江省博物館藏）

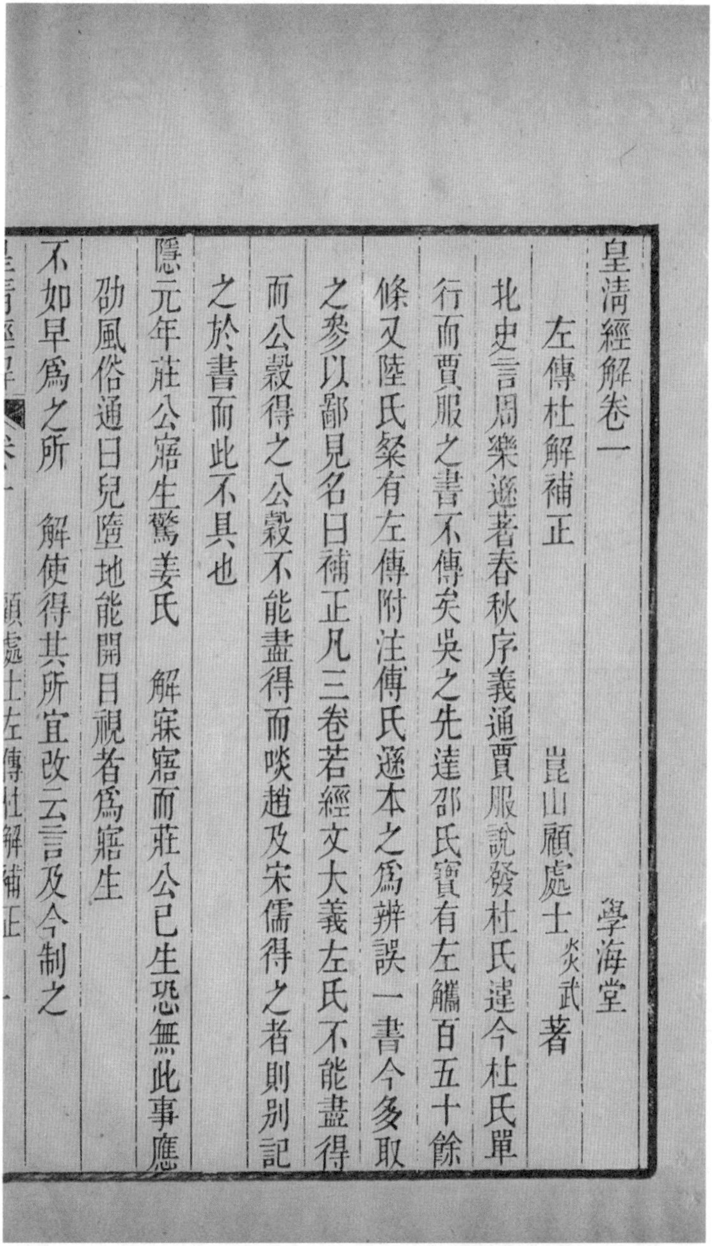
皇清經解卷一　學海堂

左傳杜解補正　崑山顧處士炎武著

北史言周樂遜著春秋序義通賈服說發杜氏違今杜氏單行而賈服之書不傳矣吳之先達邵氏寶有左觿百五十餘條又陸氏粲有左傳附注傅氏遜本之爲辨誤一書今多取之參以鄙見名曰補正凡三卷若經文大義左氏不能盡得而公穀得之公穀不能盡得而啖趙及宋儒得之者則別記之於書而此不具也

隱元年莊公寤生驚姜氏　解寐寤而莊公已生恐無此事應劭風俗通曰兒墮地能開目視者爲寤生

不如早爲之所　解使得其所宜改云言及今制之

皇清經解卷一　顧處士左傳杜解補正　一

清道光九年廣東學海堂刻本《皇清經解》書影

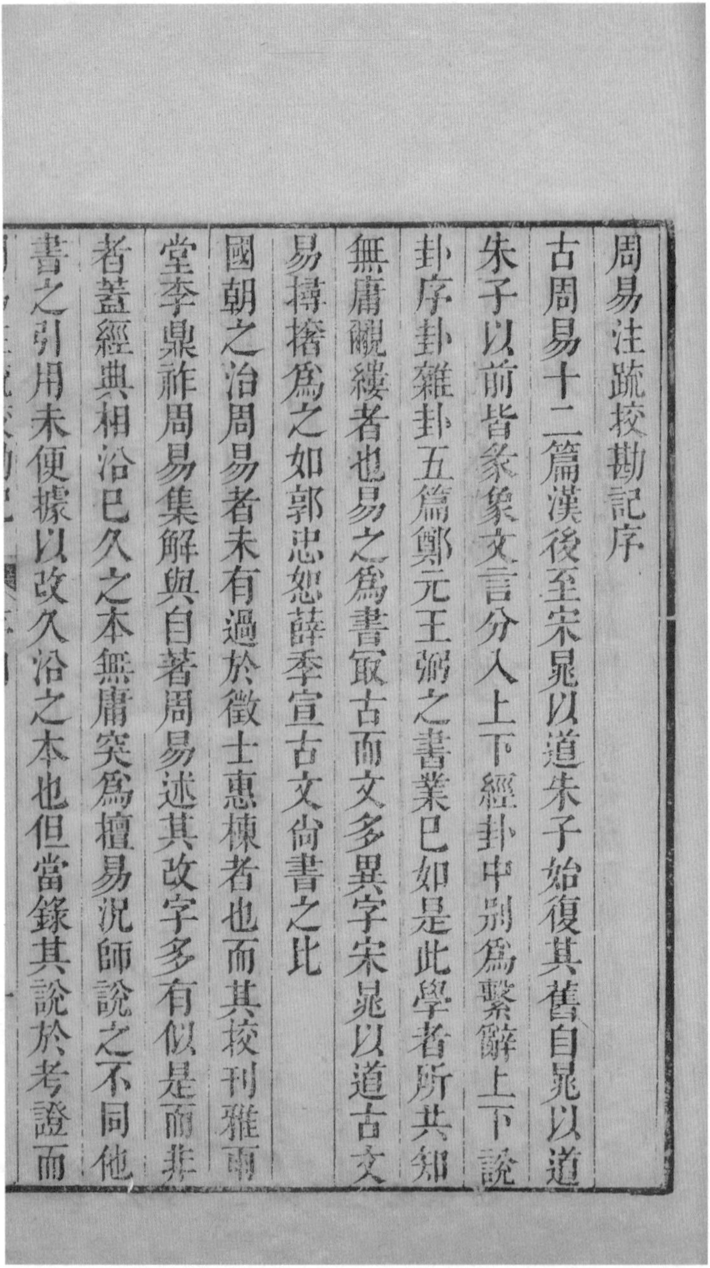
周易注疏校勘記序
古周易十二篇漢後至宋晁以道朱子始復其舊自晁以道
朱子以前皆彖象文言分入上下經卦中别爲繫辭上下説
卦序卦雜卦五篇鄭元王弼之書業已如是此學者所共知
無庸覼縷者也易之爲書最古而文多異字宋晁以道古文
易撏撦爲之如郭忠恕薛季宣古文尚書之比
國朝之治周易者未有過於徵士惠棟者也而其校刊雅雨
堂李鼎祚周易集解與自著周易述其改字多有似是而非
者蓋經典相沿已久之本無庸突爲擅易況師説之不同他
書之引用未便據以改久沿之本也但當錄其説於考證而

清嘉慶文選樓本《十三經注疏校勘記》書影

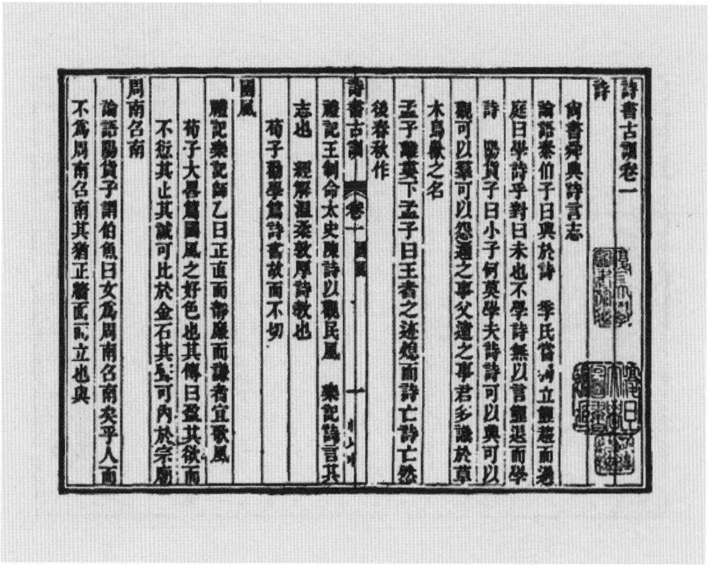
詩書古訓卷一
詩
虞書舜典詩言志
論語季氏子曰興於詩　季氏嘗獨立鯉趨而過庭曰學詩乎對曰未也不學詩無以言鯉退而學詩　陽貨子曰小子何莫學夫詩詩可以興可以觀可以羣可以怨邇之事父遠之事君多識於草木鳥獸之名
孟子離婁下孟子曰王者之迹熄而詩亡詩亡然後春秋作
禮記王制命太史陳詩以觀民風　樂記詩言其志也　經解溫柔敦厚詩教也
荀子勸學篇詩書故而不切
國風
禮記樂記師乙曰正直而靜廉而謙者宜歌風
荀子大略篇國風之好色也其傳曰盈其欲而不愆其止其誠可比於金石其聲可內於宗廟
周南召南
論語陽貨子謂伯魚曰女爲周南召南矣乎人而不爲周南召南其猶正牆面而立也與

清道光二十一年本《詩書古訓》書影

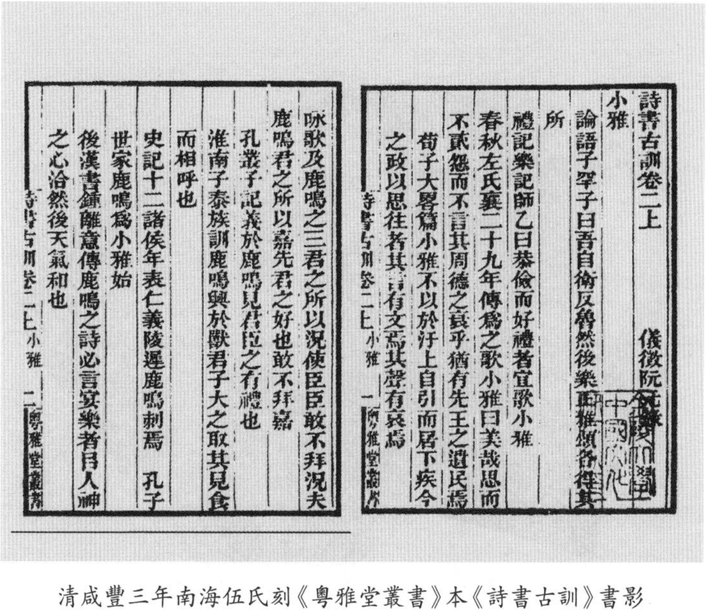
詩書古訓卷二上　　儀徵阮元撰
小雅
論語子罕子曰吾自衛反魯然後樂正雅頌各得其所
禮記樂記師乙曰恭儉而好禮者宜歌小雅
春秋左氏襄二十九年傳爲之歌小雅曰美哉思而不貳怨而不言其周德之衰乎猶有先王之遺民焉
荀子大略篇小雅不以於汙上自引而居下疾今之政以思往者其言有文焉其聲有哀焉
詩書古訓卷二上　小雅　一　粵雅堂叢書

詠歌及鹿鳴之三君之所以貺使臣臣敢不拜貺夫鹿鳴君之所以嘉先君之好也敢不拜嘉
孔叢子記義於鹿鳴見君臣之有禮也
淮南子泰族訓鹿鳴興於獸君子大之取其見食而相呼也
史記十二諸侯年表仁義陵遲鹿鳴刺焉　孔子世家鹿鳴爲小雅始
後漢書鍾離意傳鹿鳴之詩必言宴樂者以人神之心洽然後天氣和也
詩書古訓卷二上　小雅　二　粵雅堂叢書

清咸豐三年南海伍氏刻《粵雅堂叢書》本《詩書古訓》書影

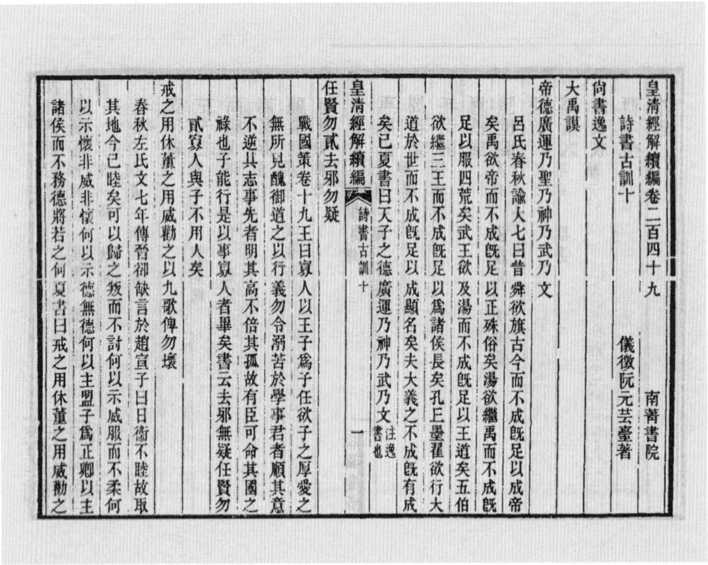

皇清經解續編卷二百四十九　南菁書院

詩書古訓十　儀徵阮元芸臺著

尚書逸文

大禹謨

帝德廣運乃聖乃神乃武乃文

呂氏春秋諭大七日昔舜欲旗古今而不成既足以成帝矣禹欲帝而不成既足以正殊俗矣湯欲繼禹而不成既足以服四荒矣武王欲及湯而不成既足以王道矣五伯欲繼三王而不成既足以爲諸侯長矣孔丘墨翟欲行大道於世而不成既足以成顯名矣夫大義之不成既有成矣已夏書曰天子之德廣運乃神乃武乃文注逸書也

皇清經解續編　詩書古訓十　一

任賢勿貳去邪勿疑

戰國策卷十九王曰寡人以王子爲子任欲子之厚愛之無所見醜御道之以行義勿令溺苦於學事君者順其意不逆其志事先者明其高不倍其孤故有臣可命其國之祿也子能行是以事寡人者畢矣書云去邪無疑任賢勿貳寡人與子不用人矣

戒之用休董之用威勸之以九歌俾勿壞

春秋左氏文七年傳晉郤缺言於趙宣子曰日衞不睦故取其地今已睦矣可以歸之叛而不討何以示威服而不柔何以示懷非威非懷何以示德無德何以主盟子爲正卿以主諸侯而不務德將若之何夏書曰戒之用休董之用威勸之

清光緒十四年南菁書院刻《皇清經解續編》本《詩書古訓》書影

中華書局刊《叢書集成初編》本《詩書古訓》封面

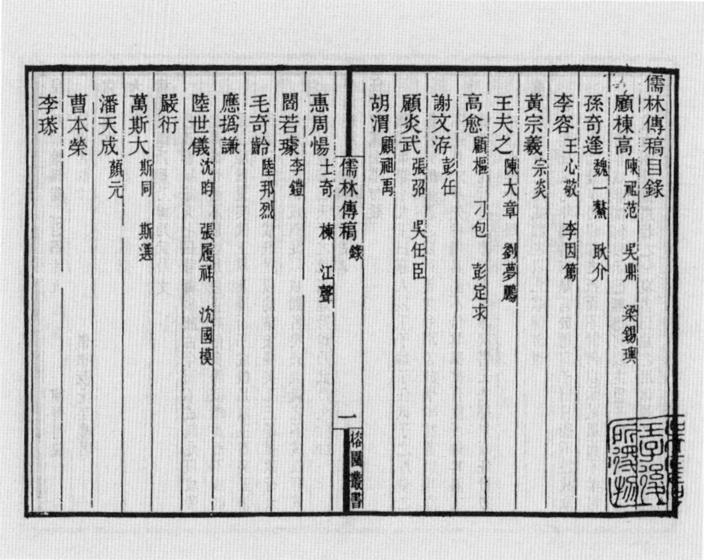
儒林傳稿目錄
顧棟高 陳祖范 吳鼎 梁錫璵
孫奇逢 魏一鰲 耿介
李容 王心敬 李因篤
黃宗羲 宗炎
王夫之 陳大章 劉夢鵬
高愈 顧樞 刁包 彭定求
謝文洊 彭任
顧炎武 張弨 吳任臣
胡渭 顧祖禹
儒林傳稿 錄 一 榕園叢書
惠周惕 士奇 棟 江聲
閻若璩 李鎧
毛奇齡 陸邦烈
應撝謙
陸世儀 沈昀 張履祥 沈國模
嚴衍
萬斯大 斯同 斯選
潘天成 顏元
曹本榮
李瑹

清光緒十一年《張氏榕園叢書》本《儒林傳稿》目録書影

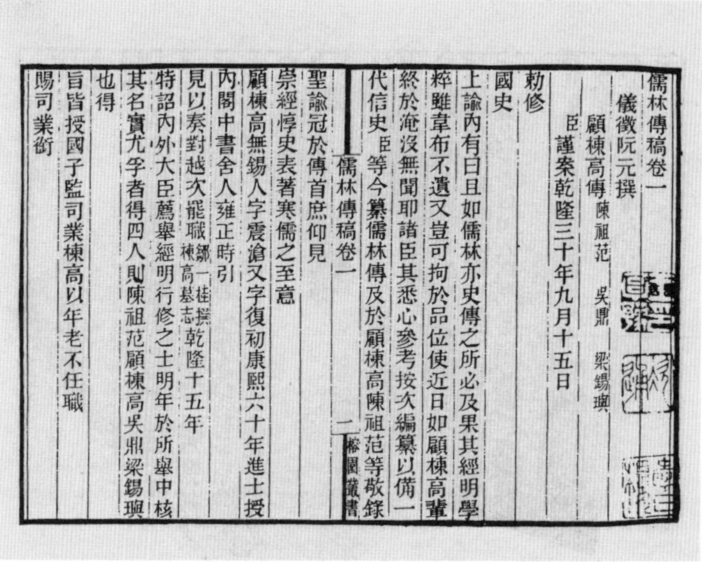
儒林傳稿卷一
儀徵阮元撰
顧棟高傳 陳祖范 吳鼎 梁錫璵
臣謹案乾隆三十年九月十五日
勅修
國史
上諭內有曰且如儒林亦史傳之所必及果其經明學
粹雖韋布不遺又豈可拘於品位使近日如顧棟高輩
終於淹沒無聞耶諸臣其悉心參考按次編纂以備一
代信史臣等今纂儒林傳及於顧棟高陳祖范等敬錄
儒林傳稿卷一 一 榕園叢書
聖諭冠於傳首庶仰見
崇經惇史表著寒儒之至意
顧棟高無錫人字震滄又字復初康熙六十年進士授
內閣中書舍人雍正時引
見以奏對越次罷職鄒一桂撰棟高墓志乾隆十五年
特詔內外大臣薦舉經明行修之士明年於所舉中核
其名實尤孚者得四人則陳祖范顧棟高吳鼎梁錫璵
也得
旨皆授國子監司業棟高以年老不任職
賜司業銜

清光緒十一年《張氏榕園叢書》本《儒林傳稿》卷首書影

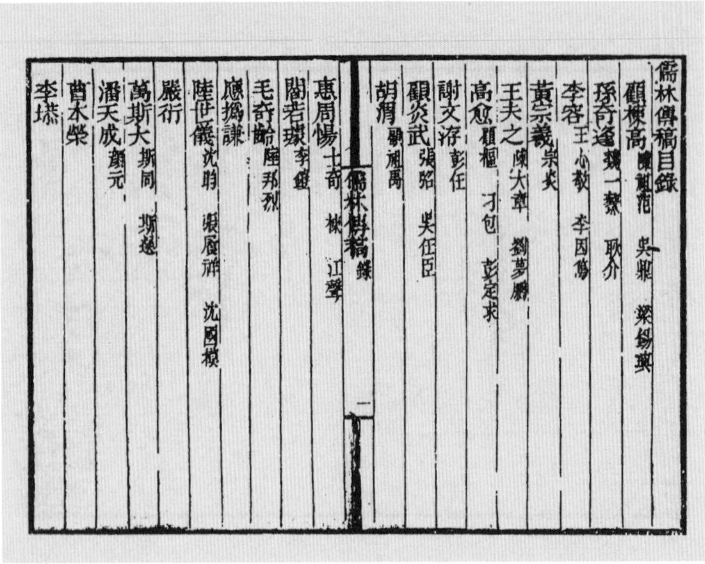

儒林傳稿目録
顧棟高 陳祖范 吴鼎 梁錫璵
孫奇逢 魏一鰲 耿介
李容 王心敬 李因篤
黄宗羲 宗炎
王夫之 唐大章 劉夢鵬
高愈 顧樞 刁包 彭定求
謝文洊 彭任
顧炎武 張弨 吴任臣
胡渭 劉祖禹
儒林傳稿 目録 一
惠周惕 士奇 棟 江聲
閻若璩 李鎧
毛奇齡 邵廷烈
應撝謙
陸世儀 沈昀 盛敬 沈國模
嚴衍
萬斯大 斯同 斯選
潘天成 顔元
曹本榮
李塨

清道光二十三年甘泉黄奭刻本《儒林傳稿》目録書影

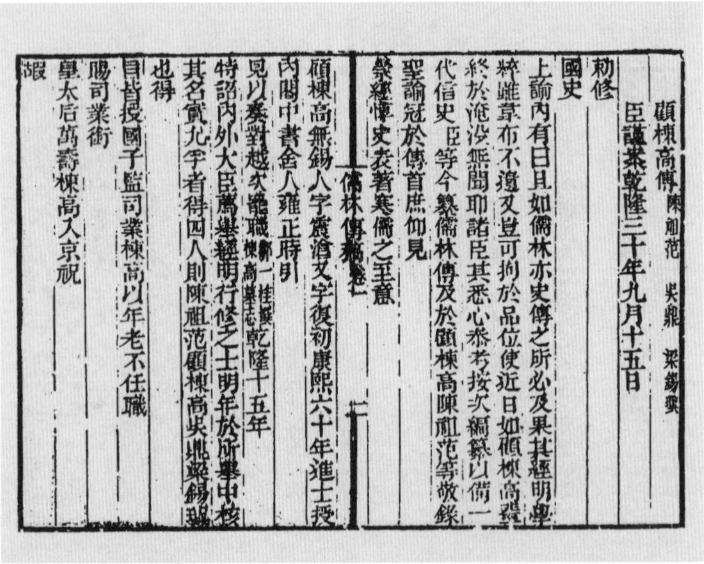

顧棟高傳 陳祖范 吴鼎 梁錫璵
臣謹案乾隆三十年九月十五日
勅修
國史
上諭內有曰且如儒林亦史傳之所必及果其經明學
粹雖韋布不遺又豈可拘於品位使近日如顧棟高輩
終於淹沒無聞耶諸臣其悉心恭考按次編纂以備一
代信史臣等今纂儒林傳及於顧棟高陳祖范等敬録
聖諭冠於傳首庶仰見
崇經惇史表著寒儒之至意
儒林傳稿 卷一 一
顧棟高無錫人字震滄又字復初康熙六十年進士授
內閣中書舍人雍正時引
見以奏對越次罷職（鄒一桂撰棟高墓志）乾隆十五年
特詔內外大臣薦舉經明行修之士明年於所舉中核
其名實允孚者得四人則陳祖范顧棟高吴鼎梁錫璵
也得
旨授國子監司業棟高以年老不任職
賜司業銜
皇太后萬壽棟高入京祝
嘏

清道光二十三年甘泉黄奭刻本《儒林傳稿》卷首書影

阮元集序

一

阮元（一七六四—一八四九），字伯元，號芸臺、揅經老人、雷塘庵主、頤性老人等，江蘇儀徵（今屬揚州市）人。阮氏祖籍係出陳留尉氏縣（今河南開封），明初，遷至江蘇淮安。明神宗時，人稱『小槐公』的阮巖再遷至揚州，是爲阮氏遷揚之始祖。

阮氏爲武官世家，二世祖、三世祖、四世祖等，皆官至將軍。祖父阮玉堂，文武雙全，中康熙五十四年（一七一五）武進士，征苗一役，大獲全勝，全活苗人無數。父親阮承信，幼年攻書，熟習《左傳》《資治通鑑》等經典，亦嫻熟騎射。母親林氏，爲福建大田縣知縣林廷和之女，幼承庭訓，深明大義，能作詩，爲其教育子弟奠定了文化基礎。阮元五歲便跟隨母親認字，六歲就外傅讀書。阮元幼年口吃，讀文章不順暢，在母親的細心指導之下，得以掌握讀書方法。母親常常過問阮元的交友、行事，並告誡他如何辨明是非曲直。而父親則曾對他説：『讀書當明體達用。徒鑽時藝，無益也。』父母的教誨對阮元的一生有重要影響。

少年時代的阮元，曾受業于江振鷺、賈天凝、栗溥、胡廷森、喬椿齡、李道南等人。尤其師從胡廷森學習《文選》，爲他以後的詩文寫作及研究打下了很好的基礎。乾隆三十八年（一七七三），阮元與焦循、江藩結交，以同窗之誼成爲終身的朋友。此後，他陸續結識了乾嘉時代許多著名學者。四十六年，母親林氏病故，阮元居家守喪。時凌廷堪因慕江永、戴震之學，挾書來游揚州，遂與阮元結識並訂交。四十七年，結識汪中，並求教于顧九苞、劉台拱、任大椿、王念孫等學人。五十一年，阮元中鄉試第八名，並因學使謝墉之故，結識了錢大昕，兩人訂交。與這些朋友的交游，開闊了他的學術視野。

乾隆五十四年（一七八九），阮元殿試得二甲第三名，賜進士出身，入翰林院爲庶吉士，充史館纂修官。五十五年，散館一等第一名，授編修。五十六年，大考翰詹第一，陞授詹事府少詹事，奉旨南書房行走。召對，乾隆大喜。次日，乾隆特地對大臣阿桂説：『阮元人明白老實，象個有福的，不意朕八旬外，又得一人。』可見他對阮元甚爲賞識。五十八年，阮元奉命督山東學政。六十年，奉旨調任浙江學政。嘉慶四年（一七九九），兼署兵部左侍郎，署理浙江巡撫。次年實授浙江巡撫，從此阮元躋身封疆大吏之列。那一年，他纔三十六歲，可謂少年得志。

在浙江巡撫任上，阮元改軍制，造船炮，全力剿匪，並製定《緝匪章程》七條，督令各部嚴格執行。其間剿滅安南艇匪及各路匪幫萬餘人。又在杭州創設『詁經精舍』。嘉慶十年（一八〇五），丁父憂去職。十二年，服闋，署户部侍郎，赴河南按事，授兵部侍郎，再任浙江巡撫，暫署河南巡撫。十三年，赴浙繼續剿捕海盜。十四年，因劉鳳誥科舉舞弊一案，革職解京發落，不久獲嘉慶帝恩賞，授文穎館編修。十七年，補授爲工部右侍郎，不久受任漕運總督。十九年，改江西巡撫。二十一年，調補河南巡撫，尋補授湖廣總督。二十二年，調補兩廣總督。二十五年，在廣東任上開辦學海堂，以經古之學課士，親自書寫『學海堂』匾。道光元年（一八二一），以兩廣總督、兩廣鹽政攝廣東巡撫、太平關稅務、廣東學政、粤海關税務。四年，親自選址建學海堂，年底建成。六年，調補雲貴總督。十五年，奉旨充體仁閣大學士，遂離滇返京，兼署都察院左都御史。十六年，充經筵講官。十八年，致仕。二十九年，阮元卒，享年八十六歲。賜謚文達。總體來説，阮元生當乾嘉盛世，仕途順利，得享高年，的確是一个『有福』之人。

阮元生長于揚州人文薈萃之地，成長于乾嘉文物鼎盛之世，一生勤勉治學，崇尚實學，兼容並蓄，淹通四部。他早被知遇，交游廣泛，一生以經史學術爲己任。一方面，他十分重視提携後進，作育人才，任職浙江時創設的詁經精舍，任職廣東時創建的學海堂，都培養了很多傑出人才。另一方面，他重視文獻整理和文化承傳，不僅積極刊行同時代優秀學人的重要著作，而且還投入大量精力，參編、主編並刊刻了許多大型圖書，爲保存文獻作出突出的貢獻。從這個角度説，阮元不僅是文人和學者，更是一個文獻學家和出版家。顯然，他的交游、官位及其所擁有的資源，都爲他從事文獻整理與學術研究提供了方便。

阮元著作（不計其刻書以及作爲地方官員挂名修撰的方志），主要包括如下三大類：

第一類是阮元主持編撰的經學著作，包括《經籍籑詁》《重栞宋本十三經注疏》《皇清經解》等。

第二類是阮元主持的其他部類文獻彙編，包括《疇人傳》《山左金石志》《淮海英靈集》等。

第三類是阮元的個人著述，涵蓋經史子集四部，包括《儀禮石經校勘記》四卷、《三家詩補遺》三卷、《詩書古訓》六卷、《儒林傳稿》四卷、《曾子注釋》四卷《叙録》一卷、《小滄浪筆談》四卷、《定香亭筆談》四卷、《石渠隨筆》八卷、《石畫記》五卷、《揅經室集》六十四卷、《廣陵詩事》十卷等。

二

阮元著作在清代及民國有各種刊印本。一九四九年以來，多種阮元著作被影印或排印整理出版。在影印方面，較早有成都古籍書店、中華書局分别影印的《經籍籑詁》。近年來，浙江古籍出版社等先後影印出版了《兩浙金石志》《兩浙防護録》《積古齋鐘鼎彝器款識》等著述。

自二十世紀九十年代以來，阮元的部分著述陸續得到整理，排印出版，據目前所知，主要有下列數種（按出版先後爲序）：

一、《揅經室集》（五十四卷），鄧經元點校，中華書局一九九三年版；
二、《廣陵詩事》，王明發點校，廣陵書社二〇〇五年版，收入『揚州地方文獻叢刊』；
三、《疇人傳彙編》，彭衛國、王原華點校，廣陵書社二〇〇九年版；
四、《石渠隨筆》，錢偉彊、顧大朋點校，浙江人民美術出版社二〇一一年版；
五、《疇人傳合編校注》，馮立昇等校注，中州古籍出版社二〇一二年版；
六、《兩浙輶軒録》，夏勇等整理，浙江古籍出版社二〇一二年版，收入『浙江文叢』；
七、《十三經注疏校勘記》，劉玉才主編，北京大學出版社二〇一五年版；
八、《揅經室集》（六十三卷），沈瑩瑩點校，北京大學出版社二〇一六年版；
九、《小滄浪筆談　定香亭筆談》，姚文昌點校，山東人民出版社二〇一八年版；
十、《石畫記》，蔣暉校注，西泠印社出版社二〇一九年版。

除了鄧經元點校本《揅經室集》是在一九九三年出版以外，其餘各種阮元著述都是在新世纪陸續得到整理与出版的。这説明，學界對阮元的生平、學術及其思想的研究越來越重視，但相對于阮元衆多的著述而言，有待整理出版者仍然占有相當大部分。

廣陵書社歷來重視清代揚州學者著述的整理出版，已陸續出版汪中、焦循、寶應劉氏、儀徵劉氏等重要學者的詩文著作集。原計劃整理出版《阮元全集》，由于阮元著述宏富，且編、撰情况較爲複雜，出版全集難度大、耗時長，遂決定根據其著述情况，以『阮元集』爲名，分别整理出版其存世著作。此次整理出版《阮元集》，大致遵循以下原則：

一是其自著悉予收羅，無論之前是否有整理本，均重新予以整理，如《揅經室集》；

二是其編纂之著述酌情收録，主要收未曾整理者，如《山左金石志》；

三是有的著述，屬其創編，自應收録，而其書之續作，亦與阮元關係密切，則作爲附録收入，如《疇人傳》及《淮海英靈集》之續編。

按照上述原則，目前收入《阮元集》者主要包括以下著述：

一、《三家詩補遺》三卷

二、《儀禮石經校勘記》四卷

三、《曾子注釋》四卷《叙録》一卷

四、《詩書古訓》六卷

五、《儒林傳稿》四卷

六、《疇人傳》四十六卷附《續編》六卷

七、《山左金石志》二十四卷

八、《小滄浪筆談》四卷

九、《定香亭筆談》四卷

十、《石渠隨筆》八卷

十一、《石畫記》五卷

十二、《揅經室集》六十四卷

十三、《淮海英靈集》二十二卷附《續集》十二卷

十四、《廣陵詩事》十卷

《阮元集》的整理，大抵根據各書的特點，確定適當的整理方式與體例，力求達到深度整理的要求，各有所長。如《山左金石志》，採用了校補的整理方式，融入了整理者多年潛心研究此書的學術成果。《儒林傳稿》，以徵引文獻對校原文，覆核其源，注明誤作、誤引、異文等，用力頗勤。《廣陵詩事》《小滄浪筆談》《定香亭筆談》，因體裁的緣故，原書無細目，内容顯得散亂無序，整理時依内容分擬標題，便于讀者閱讀利用和檢索。《淮海英靈集》，爲體現此書『或以詩存人，或以人存詩』的特點，特別編製了詳細的索引，《廣陵詩事》《疇人傳》等其他幾種書亦相應編製了人名等索引，尤其方便讀者檢索、使用。對已有整理本者，則根據新發現的文獻版本資料，重新校點，力圖後出轉精。

如《揅經室集》，雖已有中華書局及北京大學出版社兩部整理本，但此次整理底本採用了新發現的目前所知的最全之本（六十四卷），其中《再續集》一册八卷，較此前學者所知之《再續集》七卷本多出一卷，詩文多出八篇。同時在點校方面也精益求精，改正前人標點錯訛之處甚多。另外擬收入揚州市圖書館所藏『阮元家書』，以及當代學者陳鴻森、孫廣海、羅瑛等人輯録的《揅經室集》之外的佚文，以期呈現全璧。

《阮元集》已被列爲二〇一一—二〇二〇年國家古籍整理出版規劃項目、國家古籍整理出版專項經費資助項目。假以時日，待其著述基本整理完畢，將彙總出版《阮元全集》。

阮元作爲清代主持風會數十年的一代名臣，學術上卓有建樹，是揚州學派的主要代表人物，影響深遠。相信此次對《阮元集》的系統整理出版，能够爲研究阮元的生平、文學、學術、思想奠定更爲堅實可信的文獻基礎，也能爲進一步推動揚州學派研究，爲全面梳理清代學術史、文學史乃至清代中期歷史的脉絡，起到積極的推動作用。

程章燦

二〇二〇年十月二十九日

總目録

詩書古訓

〔清〕阮元著　趙陽點校

整理説明

《詩書古訓》，清代學者阮元編撰。阮元認爲：『萬世之學，以孔、孟爲宗，孔、孟之學，以《詩》《書》爲宗。學不守孔、孟，必入於異端。孔、孟之學，所以不雜者，守商、周以來《詩》《書》古訓以爲據也。』所以他將見於先秦兩漢典籍的《詩》《書》文句和論述做了輯録，以梳理和彰顯孔、孟尊奉的《詩》《書》的思想内涵。

該書成書歷時頗長，其子阮福記録『昔家大人撰集《十三經經郛》，一時所采之書，未得詳盡。且抄胥遺錯，不能付刊，久藏於篋。道光十五六年，在京師，欲撰《詩書古訓》，將《詩》《書》二經提出，録成六卷，付門下士畢韞齋光琦校定之、删節之、增補之，遂爲完書。』該書的醞釀，自嘉慶十五年（一八一〇）阮元編録《十三經經郛》開始。其實早在乾隆末年，阮元在山東學政任上，就掛心於此，『余向有《易》《書》《詩》三經古學之輯，惜尚未成，少暇當補成之』。道光十五年（一八三五）阮元被召回朝，拜爲體仁閣大學士，至此將久藏於篋的資料細加整理。『余入内閣，每宿集賢院，在《經郛》中録出《詩》《書》二經爲《詩書古訓》六卷，尚需校正、删補，蕭山湯金釗言光琦可任之。』在畢光琦輔助校正删補之下，于道光二十一年刊印成書。

《詩書古訓·序》云：『元録《詩書古訓》六卷，乃總《論語》、《孝經》、《孟子》、《禮記》、《大戴記》、《春秋》三傳、《國語》、《爾雅》十經，此十經中引《詩》《書》爲訓者，采繫於《詩》《書》各篇各句之下』，『子、史引《詩》《書》者多存古訓，惟恐不能盡醇，則低寫一格，附之於後，以晋爲斷。』而在實際引用中，其子、史引用規模不在十經數量之下。即使《孔叢子》《墨子》這樣在當時頗有争議的書，他也多有徵引，另外他還多選擇有個人體認價值的資料。《禹貢》分别講了大禹治理冀、兖、青、徐、揚、荆、豫、梁、雍等九州及治山治水統一中國之偉業。阮元的輯録却只選了治理冀、兖、青、荆、豫、雍六州的内容，這裏唯一的解釋，冀、兖、青、荆、豫皆其宦迹所至，足見其治學通脱豁達。

《詩書古訓》今存世的主要版本有：道光二十一年（一八四一）六卷原刻本，《續修四庫全書》據此本影印；《粤雅堂叢書》本，清伍崇曜輯，清咸豐三年（一八五三）南海伍氏刊行，中華書局出版的《叢書集成初編》本據此排印；还有《皇清經解續編》本，清光緒十四年（一八八八）南菁書院刊本。

本書以《續修四庫全書》影印道光二十一年原刻本爲底本，以《粤雅堂叢書》本爲校本。依照《詩書古訓》原有的編排體例，先列出《詩》《書》的篇句，而後空兩格列出十經引《詩》《書》爲訓者，空四格排出子、史引《詩》《書》者，作爲附録。兩個版本有文字、引用等出入的一一出校記説明。底本中的引文，皆用現行通用文本校對。阮元在『凡民自得罪』條有按語，認爲古時《書》的版本多，故子書所引有異。阮元輯古訓保留原貌。今本書點校亦如此。唯明顯不合理處方作校記。如阮元在『行有死人，尚或墐之』条引《大戴禮記·曾子制言》，有『手足節，四支説者，由殷勤耳』句。查《曾子注釋·制言中》，原來他把盧辯注『手足即四支，説者申殷勤耳』誤入正文了，且『即』誤成『節』，『申』誤爲『由』。另，底本中有墨釘、缺字符或空格處，參照通行本補；避諱字、易誤字，徑改；部分異體字，仍從其舊。

目録

序

萬世之學，以孔、孟爲宗。孔、孟之學，以《詩》《書》爲宗。學不宗孔、孟，必入於異端。孔、孟之學，所以不雜者，守商、周以來《詩》《書》古訓以爲據也。《詩》三百篇，《尚書》數十篇，孔、孟以此爲學，以此爲教，故一言一行，皆尊奉不疑。即如孔子作《孝經》，子思作《中庸》，孟子作七篇，每講一義，多引《詩》《書》以爲證據。若曰：世人亦知此事之義乎？《詩》曰某某，即此也；《書》曰某某，即此也。否則尚恐自説有偏弊，不足以訓於人。是周時孔、孟之引訓於《詩》《書》，猶今人之引訓於《論語》《孟子》也。試觀孔子最重孝道，孝道推本文王、周公，是故《孝經》引《詩》『孝子不匱，聿修厥德』，引《書》『一人有慶，兆民賴之』。孟子最重性善，性善推本於孔子，孔子推本於《詩》。是故引『烝民秉夷，物則懿德』，此最明著，人人皆知者也。又春秋時，列國君卿大夫，引《詩》《書》者，亦皆明著者也。耐何後儒臆造諸説，以擬聖經。若《法言》以後等書，世人樂講其書，而反荒《詩》《書》乎？元録《詩書古訓》六卷，乃總《論語》、《孝經》、《孟子》、《禮記》、《大戴記》、《春秋》三傳、《國語》、《爾雅》十經。此十經中引《詩》《書》爲訓者，采繫於《詩》《書》各篇各句之下。降至《國策》，罕引《詩》《書》。極至暴秦，雜燒《詩》《書》，偶語《詩》《書》者棄市，動輒族誅殺降，以殺戮爲功德。《詩》《書》所繫，豈不大哉？漢興，祀孔子，《詩》《書》復出，朝野誦習，人心反正矣。子史引《詩》《書》者多存古訓，惟恐不能盡醇。則低寫一格，附之於後，以晋爲斷。蓋因漢、晋以前，尚未以二氏爲訓。所説皆在政治言行，不尚空言也。然此所寫列者，皆古聖賢子史已經引出之訓。其未經引證者，若伏而讀之，訓而行之，引申觸類，章句正極多矣。

道光十六年，阮元序於集賢院直廬。

昔家大人撰集《十三經經郛》，一時所采之書，未得詳盡。且抄胥遺錯，不能付刊，久藏於篋。道光十五六年，在京師，欲撰《詩書古訓》，將《詩》《書》二經提出，録成六卷，付門下士畢韞齋光琦校定之、删節之、增補之，遂爲完書。

道光十九年冬十二月，阮福謹識[一]。

[一] 阮福謹識，《粤雅堂叢書》本作「男福祜謹識」。

卷一

詩

《**尚書·舜典**》詩言志。

《**論語·泰伯**》子曰：『興於《詩》。』《**季氏**》嘗獨立，鯉趨而過庭，曰：『學《詩》乎？』對曰：『未也。』『不學《詩》，無以言。』鯉退而學《詩》。《**陽貨**》子曰：『小子何莫學夫《詩》？《詩》，可以興，可以觀，可以群，可以怨。邇之事父，遠之事君，多識於草木鳥獸[一]之名。』

《**孟子·離婁下**》孟子曰：『王者之迹熄，而《詩》亡。《詩》亡，然後《春秋》作。』

《**禮記·王制**》命太史陳詩以觀民風。《**樂記**》詩，言其志也。《**經解**》温柔敦厚，《詩》教也。

《**荀子·勸學篇**》《詩》《書》故而不切。

[一] 草木鳥獸，《粤雅堂叢書》本作『鳥獸草木』。

國風

《禮記・樂記》師乙曰：『正直而静，廉而謙者，宜歌《風》。』

《荀子・大略篇》《國風》之好色也，其傳曰：『盈其欲而不愆其止。其誠可比於金石，其聲可内於宗廟。』

周南　召南

《論語・陽貨》子謂伯魚曰：『女爲《周南》《召南》矣乎？人而不爲《周南》《召南》，其猶正墻面而立也與！』

《春秋左氏・襄二十九年傳》吴公子札來聘。請觀於周樂。使工爲之歌《周南》《召南》，曰：『美哉！始基之矣，猶未也，然勤而不怨矣。』

《孔叢子・記義》孔子讀《詩》及《小雅》，喟然而嘆曰：『吾於《周南》《召南》，見周道之所以盛也。』

《漢書・匡衡傳》臣竊考《國風》之詩，《周南》《召南》被聖賢之化深，故篤於行而廉於色。

《關雎》，后妃之德也。

《論語·八佾》子曰：『《關雎》，樂而不淫，哀而不傷。』

《儀禮·鄉飲酒禮》乃合樂：《周南·關雎》《葛覃》《卷耳》，《召南·鵲巢》《采蘩》《采蘋》。

《淮南子·泰族訓》《關雎》興於鳥而君子美之，爲其雌雄之不乖居也。

《韓詩外傳》卷五子夏問曰：『《關雎》何以爲《國風》始也？』孔子曰：『《關雎》至矣乎！夫《關雎》之人，仰則天，俯則地，幽幽冥冥，德之所藏，紛紛沸沸，道之所行，如神龍變化，斐斐文章。大哉，《關雎》之道也！萬物之所繫，群生之所懸，命也。河洛出書圖，麟鳳翔乎郊。不由《關雎》之道，則《關雎》之事將奚由至矣哉？』

《史記·十二諸侯年表》周道缺，詩人本之衽席，《關雎》作。**《孔子世家》**古者《詩》三千餘篇，及至孔子，去其重，取可施於禮義，上采契、后稷，中述殷、周之盛，至幽、厲之缺，始於衽席，故曰『《關雎》之亂，以爲《風》始』。

《漢書·杜欽傳》是以佩玉晏鳴，《關雎》嘆之，知好色之伐性短年，離制度之生無厭，天下將蒙化，陵夷而成俗也。故詠淑女，幾以配上，忠孝之篤，仁厚之作也。

窈窕淑女，君子好逑。

《禮記·緇衣》子曰：『唯君子能好其正，小人毒其正。故君子之朋友有鄉，其惡有方。是故邇者不惑，而遠者不疑也。《詩》云：「君子好仇。」』

《列女·湯妃有㜪傳》有㜪之妃湯也，統領九嬪，後宮有序，咸無妬媢逆理之人，卒致王功。君子謂妃明而有序。《詩》云：『窈窕淑女，君子好逑。』言賢女能爲君子和好衆妾，其有㜪之謂也。

《漢書·匡衡傳》孔子論《詩》以《關雎》爲始，言太上者民之父母，后夫人之行不侔乎天地，則無以奉神靈之統而理萬物之宜。故《詩》曰：『窈窕淑女，君子好仇。』言能致其貞淑，不貳其操，情欲之感無介乎容儀，宴私之意不形乎動静，夫然後可以配至尊，而爲宗廟主。此綱紀之首，王教之端也。

求之不得，寤寐思服。

《鹽鐵論·執務》賢良曰：『孟子曰：「堯、舜之道，非遠人也，而人不思之耳。」《詩》云：「求之不得，寤寐思服。」有求如《關雎》，好德如《河廣》，何不濟不得之有？』

鐘鼓樂之。

《論語·泰伯》子曰：『師摯之始，《關雎》之亂，洋洋乎盈耳哉。』

《韓詩外傳》卷一古者，天子左五鐘。將出，則撞黄鐘，而右五鐘皆應之。馬鳴中律，駕者有文，御者有數。立則磬折，拱則抱鼓，行步中規，折旋中矩。然後太師奏升車之樂，告出也。入則撞蕤賓，以治容貌，容貌得則顏色齊，顏色齊則肌膚安。蕤賓有聲，鵠震馬鳴，及倮介之蟲無不延頸以聽。在内者皆玉色，在外者皆金聲。然後少師奏升堂之樂，即席告入也。此言音樂相和，物類相感，同聲相應之義也。《詩》云：『鐘鼓樂之。』此之謂也。**卷五**孔子曰：『夫六經之策，皆歸論汲汲，蓋取之乎《關雎》，《關雎》之事大矣哉！馮馮翊翊，自東自西，自南自北，無思不服。子其勉强之，思服之。天地之間，生民之屬，王道之原，不外此矣。』子夏喟然嘆曰：『大哉《關雎》，乃天地之基也。』《詩》曰：『鐘鼓[一]樂之。』

是刈是濩[二]。

《爾雅·釋訓》是刈是濩。濩，煮之也。

服之無斁。

《禮記·緇衣》子曰：『苟有車，必見其軾；苟有衣，必見其敝。人苟或言之，必聞其聲；苟或行之，必見其成。《葛覃》曰：「服之無射。」』

[一] 鐘鼓，原本作『鼓鐘』，據《粵雅堂叢書》本改。
[二] 濩，原本作『獲』，據《粵雅堂叢書》本改。下同。

言告師氏，言告言歸。

《白虎通·嫁娶》婦人所以有師何？學事人之道也。《詩》云：『言告師氏，言告言歸。』

采采卷耳，不盈頃筐。嗟我懷人，寘彼周行。

《春秋左氏·襄十五年傳》君子謂楚於是乎能官人。官人，國之急也。能官人，則民無覦心。《詩》云：『嗟我懷人，寘彼周行。』能官人也。王及公、侯、伯、子、男、甸、采、衛、大夫，各居其列，所謂周行也。

《荀子·解蔽篇》《詩》云：『采采卷耳，不盈頃筐。嗟我懷人，寘彼周行。』頃筐易滿也，卷耳易得也，然而不可以貳周行。

《淮南子·俶真訓》今矰繳機而在上，罔罟張而在下，雖欲翱翔，其勢焉得？故《詩》云：『采采卷耳，不盈傾筐。嗟我懷人，寘彼周行。』以言慕遠世也。

宜爾子孫，繩繩兮。

《韓詩外傳》卷九孟子少時，東家殺豚，孟子問其母曰：『東家殺豚，何爲？』母曰：『欲啖汝。』其母自悔而言，曰：『吾懷妊是子，席不正不坐，割不正不食，胎教之也。今適有知而欺之，是教之不信也。』乃買東家豚肉以食之，明不欺也。《詩》云：『宜爾子孫，繩繩兮。』言賢母使子賢也。　田子爲相，三年歸休，得金百鎰奉其母。母曰：『爲相三年不食乎？治官如此，非吾所欲也。孝子之事親也，盡力致誠，不義之物，不入於館。爲人子不可不孝也。子其去之。』《詩》曰：『宜爾子孫，繩繩兮。』言賢母使子賢也。

桃之夭夭，其葉蓁蓁。之子于歸，宜其家人。

《禮記·大學》《詩》云：『桃之夭夭，其葉蓁蓁。之子于歸，宜其家人。』宜其家人，而后可以教國人。

肅肅兔罝，椓之丁丁。

《墨子·尚賢上》文王舉閎夭、泰顛於罝罔之中，授之政，西土服。

《列女·楚接輿妻傳》君子謂接輿妻爲樂道而遠害。夫安貧賤而不怠於道者，唯至德者能之。《詩》曰：『肅肅兔罝，椓之丁丁。』言以怠於道也。

赳赳武夫，公侯干城。

《春秋左氏·成十二年傳》世之治也，諸侯間於天子之事，則相朝也，於是乎有享宴之禮。享以訓共儉，宴以示慈惠。共儉以行禮，而慈惠以布政。政以禮成，民是以息。百官承事，朝而不夕，此公侯之所以扞城其民也。故《詩》曰：『赳赳武夫，公侯干城。』及其亂也，諸侯貪冒，侵欲不忌，争尋常以盡其民，略其武夫，以爲己腹心、股肱、爪牙。故《詩》曰：『赳赳武夫，公侯腹心。』天下有道，則公侯能爲民干城，而制其腹心。亂則反之。

《吕氏春秋·報更》宣孟德一士，猶活其身，而況德萬人乎？故《詩》曰：『赳赳武夫，公侯干城。』『濟濟多士，文王以甯。』人主胡可以不務哀士？

《鹽鐵論·備胡》好事之臣，求其義，責之禮，使中國干戈至今未息，萬里設備，此《兔罝》之所刺，故小人非公侯腹心干城也。

《忠經·武備章》故得師，盡其心，竭其力，致其命，是以攻之則克，守之則固，武備之道也。《詩》云：『赳赳武夫，公侯干城。』[一]

肅肅兔罝，施于中林。

《中論·法象》夫幽微者，顯之原也。孤獨者，見之端也。胡可簡也？胡可忽也？是故君子敬孤獨而慎幽微，雖在隱蔽，鬼神不得見其隙也。《詩》云『肅肅兔罝，施于中林』，處獨之謂也。

[一]《粵雅堂叢書》本無此條。

《芣苢》，后妃之美也。

《列女・蔡人之妻傳》女曰：『且夫采采芣苢之草，雖其臭惡，猶始於捋采之，終於懷擷之，浸以益親，况於夫婦之道乎！彼無大故，又不遣妾，何以得去？』終不聽其母，乃作《芣苢》之詩。

南有喬木，不可休息。漢有游女，不可求思。

《韓詩外傳》卷一孔子南游，適楚，至於阿谷之隧，有處子佩瑱而浣者。孔子曰：『彼婦人其可與言矣乎！』抽觴，以女不可求思，此之謂也。〔一〕

《汝墳》，婦人能閔其君子，猶勉之以正也。

《列女・周南之妻傳》生於亂世，不得道理，而迫於暴虐，不得行義，然而仕者，爲父母在故也。乃作詩曰：『魴魚赬尾，王室如燬。雖則如燬，父母孔邇。』蓋不得已也。君子以是知周南之妻而能匡夫也。

〔一〕《粤雅堂叢書》本未引此條，但引用《列女・阿谷處女傳》：處子曰：『行客之人，嗟然永久，分其資財，棄於野鄙，妾年甚少，何敢受子？子不早命，竊有狂夫名之者矣。』子貢以告孔子，孔子曰：『丘已知之矣。斯婦人達於人情而知禮。《詩》云：「南有喬木，不可休息。漢有辨女，不可求思。」此之謂也。』『漢有辨女』，『辨』字當爲『游』字誤。

雖則如燬，父母孔邇。

《韓詩外傳》卷一枯魚銜索，幾何不蠹？二親之壽，忽如過隙。樹木欲茂，霜露不使。賢士欲成其名，二親不待。家貧親老，不擇官而仕。《詩》曰：『雖則如燬，父母孔邇。』此之謂也。**卷九**孔子曰：『雖有國士之力，不能自舉其身，非無力也，勢不便也。』是以君子入則篤孝，出則友賢，何爲其無孝子之名？《詩》曰：『父母孔邇。』

維鵲有巢，維鳩居之。

《春秋左氏·昭元年傳》趙孟爲客，禮終，乃宴，穆叔賦《鵲巢》。注：《鵲巢》，《詩·召南》。言鵲有巢而鳩居之，喻晋君有國，趙孟治之。趙孟曰：『武不堪也。』

《采蘩》，夫人不失職也。

《禮記·射義》士以《采蘩》爲節。《采蘩》者，樂不失職也。

《春秋左氏·隱三年傳》《風》有《采蘩》《采蘋》，《雅》有《行葦》《泂酌》，昭忠信也。**《昭元年傳》**又賦《采蘩》，曰：『小國爲蘩，大國省穡而用之，其何實非命？』

于以采蘩，于沼于沚。于以用之，公侯之事。

《春秋左氏・文三年傳》君子是以知秦穆公之爲君也，舉人之周也，與人之壹也。《詩》曰：『于以采蘩，于沼于沚。于以用之，公侯之事。』秦穆有焉。

公侯之宫。

《獨斷》宗廟之制，古學以爲人君之居，前有朝，後有寢，終則前制廟以象朝，後制寢以象寢。廟以藏主，列昭穆；寢有衣冠、几杖、象生之具。總謂之宫。《月令》曰『先薦寢廟』，《詩》曰『公侯之宫』，《頌》曰『寢廟奕奕』，言相連也。

未見君子，憂心忡忡。亦既見止，亦既覯止，我心則降。

《春秋左氏・襄二十七年傳》鄭伯享趙孟於垂隴。子展賦《草蟲》。注：《草蟲》，《詩・召南》。曰：『未見君子，憂心忡忡。亦既見止，亦既覯止，我心則降。』以趙孟爲君子。趙孟曰：『善哉！民之主也。抑武也，不足以當之。』

《鹽鐵論・論誹》堯得舜、禹，而鯀殛、驩兜誅，趙簡子得叔向而盛青肩詘。語曰：『未見君子，不知僞臣。』《詩》云：『未見君子，憂心忡忡。既見君子，我心則降。』此之謂也。

《後漢書・東平憲王蒼傳》帝報書曰：『雖内用克責，而不知所定。得王深策，快然意解。《詩》不云乎：「未見君子，憂心忡忡。既見君子，我心則降。」』

未見君子，憂心惙惙。亦既見止，亦既覯止，我心則說。

《韓詩外傳》卷一孔子曰：『君子有三憂：弗知，可無憂與！知而不學，可無憂與！學而不行，可無憂與！《詩》曰：「未見君子，憂心惙惙。」』

《説苑·君道》惡惡道不能甚，則其好善道亦不能甚；好善道不能甚，則百姓之親之亦不能甚。《詩》云：『未見君子，憂心惙惙。亦既見止，亦既覯止，我心則説。』《詩》之好善道之甚也如此。

《采蘋》，大夫妻能循法度也。

《禮記·射義》卿大夫以《采蘋》爲節。《采蘋》者，樂循法也。**《昏義》**是以古者婦人先嫁三月，祖廟未毁，教于公宫。祖廟既毁，教于宗室。教以婦德、婦言、婦容、婦功。教成，祭之，牲用魚，芼之以蘋藻，所以成婦順也。

誰其尸之，有齊季女。

《春秋左氏·襄二十八年傳》穆叔曰：『伯有無戾於鄭，鄭必有大咎。敬，民之主也，而棄之，何以承守？鄭人不討，必受其辜。濟澤之阿，行潦之蘋藻，寘諸宗室，季蘭尸之，敬也。敬可棄乎？』

《甘棠》，美召伯也。

《春秋左氏・襄十四年傳》士鞅對曰：『武子之德在民，如周人之思召公焉。愛其《甘棠》，況其子乎？』**《昭二年傳》**宴於季氏，有嘉樹焉，宣子譽之。武子曰：『宿敢不封殖此樹，以無忘《角弓》。』遂賦《甘棠》。注：《甘棠》，《詩・召南》。召伯息於甘棠之下，詩人思之而愛其樹。武子欲封殖嘉樹如甘棠，以宣子比召公。宣子曰：『起不堪也，無以及召公。』

《鹽鐵論・授時》古者，春省耕以補不足，秋省斂以助不給。民勤於財則貢賦省，民勤於力則功業牢。爲民愛力，不奪須臾。故召伯聽斷於甘棠之下，爲妨農業之務也。

《史記・燕召公世家》召公巡行鄉邑，有棠樹，決獄政事其下。自侯伯至庶人各得其所，無失職者。召公卒，而民人思召公之政，懷棠樹不敢伐，歌詠之，作《甘棠》之詩。

《漢書・王吉傳》昔召公述職，當民事時，舍於棠下而聽斷焉。是時人皆得其所，後世思其仁恩，至乎不伐甘棠。《甘棠》之詩是也。

蔽芾甘棠，勿剪勿伐，召伯所茇。

《春秋左氏・定九年傳》鄭駟歂殺鄧析，而用其《竹刑》。君子謂子然，於是乎不忠。《詩》云：『蔽芾甘棠，勿剪勿伐，召伯所茇。』思其人猶愛其樹，況用其道而不恤其人乎？子然無以勸能矣。

《**韓詩外傳**》**卷一**昔者周道之盛，召伯在朝，有司請營召以居。召伯曰：『嗟！以吾一身而勞百姓，此非吾先君文王之志也。』於是出而就蒸庶於阡陌隴畝之間而聽斷焉。召伯暴處遠野，廬於樹下，百姓大悦，耕桑者倍力以勸。於是歲大稔，民給家足。其後，在位者驕奢，不恤元元，税賦繁數，百姓困乏，耕桑失時。於是詩人見召伯之所休息樹下，美而歌之。《詩》曰：『蔽芾甘棠，勿剪勿伐，召伯所茇。』此之謂也。

《**説苑·貴德**》《詩》曰：『蔽芾甘棠，勿剪勿伐，召伯所茇。』傳曰：『自陝以東者，周公主之；自陝以西者，召公主之。』召公述職，當桑蠶之時，不欲變民事，故不入邑中，舍于甘棠之下而聽斷焉，陝間之人皆得其所。是故後世思而歌詠之。善之，故言之；言之不足，故嗟嘆之；嗟嘆之不足，故歌詠之。夫詩，思然後積，積然後滿，滿然後發，發由其道而致其位焉；百姓嘆其美而致其敬，甘棠之不伐也，政教惡乎不行？孔子曰：『吾於《甘棠》，見宗廟之敬也。』甚尊其人，必敬其位，順安萬物，古聖之道幾哉！

《**白虎通·封公侯**》王者所以有二伯者，分職而授政，欲其亟成也。《王制》曰：『八伯各以其屬，屬於天子之老。』曰二伯。《詩》云：『蔽芾甘棠，勿剪勿伐，召伯所茇。』《**巡狩**》又曰：『蔽芾甘棠，勿剪勿伐，召伯所茇。』言邵公述職，親説舍於野樹之下也。

《**漢紀**》**卷二十九**或説天子五廟而無其文，説中宗、高宗者，宗其道而毁其廟。名與實異，非尊賢貴功之道也。《詩》云：『蔽芾甘棠，勿剪勿伐。』思其人猶愛其樹，况宗其道而毁其廟乎？

豈不夙夜，畏行多露。

《**春秋左氏·僖二十年傳**》君子曰：『隨之見伐，不量力也。量力而動，其過鮮矣。善敗由己，而由人乎哉？《詩》曰：「豈不夙夜，畏行多露。」』《**襄七年傳**》晋韓獻子告老，公族穆子有廢疾，將立之。辭曰：『《詩》曰：「豈不夙夜，畏行多露。」』

雖速我獄，室家不足。

《**列女·召南申女傳**》夫家輕禮違制，不可以行，遂不肯往。夫家訟之於理，致之於獄。女終以一物不具，一禮不備，守節持義，必死不往，而作詩曰：『雖速我獄，室家不足。』言夫家之禮不備足也。

雖速我訟，亦不女從。

《**列女·召南申女傳**》君子以爲得婦道之儀，故舉而揚之，傳而法之，以絶無禮之求，防淫欲之行焉。又曰：『雖速我訟，亦不女從。』此之謂也。

《**羔羊**》，**鵲巢之功致也。**

《孔叢子·記義》於《羔羊》，見善政之有應也。

退食自公，委蛇委蛇。

《春秋左氏·襄七年傳》穆叔曰：『孫子必亡。爲臣而君，過而不悛，亡之本也。《詩》曰：「退食自公，委蛇委蛇。」謂從者也。横而委蛇必折。』

《摽有梅》。

《春秋左氏·襄八年傳》晋范宣子來聘，公享之，宣子賦《摽有梅》。季武子曰：『誰敢哉！今譬於草木，寡君在君，君之臭味也。歡以承命，何時之有？』

夙夜在公，實命不同。

《韓詩外傳》卷一　故君子矯褐趨時，當務爲急。傳云：不逢時而仕，任事而敦其慮，爲之使而不入其謀，貧焉故也。《詩》曰：『夙夜在公，實命不同。』

舒而脱脱兮，無感我帨兮，無使尨也吠。

《春秋左氏·昭元年傳》子皮賦《野有死麕》之卒章。注：《野有死麕》，《詩·召南》。卒章曰：『舒而脱脱兮，無感我帨兮，無使尨也吠。』脱脱，安徐。帨，佩巾。義取君子徐以禮來，無使我失節而使狗驚吠。喻趙孟以義撫諸侯，無以非禮相加陵。

仁如騶虞，則王道成也。

《**周禮·大司樂**》及射，令奏《騶虞》。

《**儀禮·鄉射禮**》樂正東面命大師，曰：『奏《騶虞》，間若一。』大師不興，許諾。樂正退反位。乃奏《騶虞》以射。

《**禮記·射義**》天子以《騶虞》爲節。《騶虞》者，樂官備也。

壹發五豝，于嗟乎騶虞。

《**新書·禮**》禮者，臣下所以承其上也。故《詩》云：『壹發五豝，吁嗟乎騶虞。』騶者，天子之囿也；虞者，囿之司獸者也。天子佐輿十乘，以明貴也；貳牲而食，以優飽也。虞人翼五豝以待一發，所以復中也。人臣於其所尊敬，不敢以節待，敬之至也。甚尊其主，敬慎其所掌職，而志厚盡矣。作此詩者，以其事深見良臣順上之志也。良臣順上之志者，可謂義矣。故其嘆之也長，曰『吁嗟乎』。雖古之善爲人臣者，亦若此而已。

邶風

《春秋左氏·襄二十九年傳》爲之歌《邶》《鄘》《衛》，曰：『美哉，淵乎！憂而不困者也。吾聞衛康叔、武公之德如是，是其《衛風》乎！』

《漢書·地理志》河内本殷之舊都，周既滅殷，分其畿内爲三國。《詩·風》邶、鄘、衛國是也。邶，以封紂子武庚；鄘，管叔尹之；衛，蔡叔尹之，以監殷民，謂之『三監』。故《書·序》曰『武王崩，三監畔』，周公誅之，盡以其地封弟康叔，號曰孟侯，以夾輔周室；遷邶、庸之民于雒邑。故邶、庸、衛三國之詩，相與同風。《邶詩》曰『在浚之下』，《庸》曰『在浚之郊』；《邶》又曰『亦流于淇』『河水洋洋』，《庸》曰『送我淇上』『在彼中河』，《衛》曰『瞻彼淇奥』『河水洋洋』。

我心匪鑑，不可以茹。

《韓詩外傳》卷一故新沐者必彈冠，新浴者必振衣，莫能以己之皭皭，容人之混污然。《詩》曰：『我心匪鑑，不可以茹。』

我心匪石，不可轉也。我心匪席，不可卷也。

《韓詩外傳》卷一王子比干殺身以成其忠，柳下惠殺身以成其信，伯夷、叔齊殺身以成其廉，此三子者，皆天下之通士也，豈不愛其身哉？爲夫義之不立，名之不顯，則士耻之。《詩》曰：『我心匪石，不可轉也。我心匪席，不可卷也。』此之謂也。　子貢曰：『嘻，先生何病也？』原憲抑而應之曰：『憲聞之，無財之謂貧，學而不能行之謂病。憲貧也，非病也。若夫希世而行，比周而友，學以爲人，教以爲己，仁義之慝，車馬之飾，衣裘之麗，憲不忍爲之也。《詩》曰：「我心匪石，不可轉也。我心匪席，不可卷也。」』　言不務多，務審所行而已，行既已尊之，言既已由之，若肌膚性命之不可易也。《詩》曰：『我心匪石，不可轉也。我心匪席，不可卷也。』　**卷九**乳母應之曰：『吾聞忠不畔上，勇不畏死。凡養人子者生之，非務殺之也。豈可見利畏誅之故，廢義而行詐哉！吾不能生而使公子獨死矣。』《詩》曰：『我心匪石，不可轉也。』

《新序・節士》蘇武留十餘歲，竟不降下，可謂守節臣矣。《詩》云：『我心匪石，不可轉也。我心匪席，不可卷也。』蘇武之謂也。

《列女・衛宣夫人傳》弟立，請曰：『衛，小國也，不容二庖，請願同庖。』終不聽。衛君使人愬於齊兄弟，齊兄弟皆欲與君，使人告女，女終不聽，乃作詩曰：『我心匪石，不可轉也。我心匪席，不可卷也。』　**《衛宗二順傳》**傅妾退而謂其子曰：『今夫人難我，將欲居外，使我居内，此逆也。處逆而生，豈若守順而死哉！』遂欲自殺。其子泣而守之，不聽。《詩》云：『我心匪石，不可轉也。』此之謂也。

《漢書・劉向傳》乃上封事諫曰：『故治亂榮辱之端，在所信任；信任既賢，在於堅固而不移。《詩》云「我心匪石，不可轉也」，言守善篤也。』

威儀逮逮，不可選也。

《禮記·孔子閒居》孔子曰：『「威儀逮逮，不可選也」，無體之禮也。』

《春秋左氏·襄三十一年傳》《衛詩》曰：『威儀棣棣，不可選也。』言君臣上下、父子兄弟、內外大小，皆有威儀也。

《新書·容經》夫有威而可畏謂之威，有儀而可象謂之文。富不可爲量，多不可爲數。故《詩》曰：『威儀棣棣[一]，不可選也。』棣棣，富也。不可選，衆也。言接君臣、上下、父子、兄弟、內外、大小品事之各有容志也。

《列女·衛宣夫人傳》《詩》曰：『威儀棣棣，不可選也。』言其左右無賢臣，皆順其君之意也。

憂心悄悄，慍于群小。

《孟子·盡心下》孟子曰：『士憎茲多口。《詩》云「憂心悄悄，慍于群小」，孔子也。』

《荀子·宥坐篇》是以湯誅尹諧，文王誅潘止，周公誅管叔，太公誅華仕，管仲誅付里乙，子産誅鄧析、史付。此七子者，皆異世同心，不可不誅也。《詩》曰：『憂心悄悄，慍于群小。』小人成群，斯足憂矣。

[一] 棣棣，《粤雅堂叢書》本作『逮逮』，『逮逮』同『棣棣』。下同。

《韓詩外傳》卷一孔子曰：『國亡而弗知，不智也；知而不争，非忠也；亡而不死，非勇也。修門者雖衆，不能行一於此。吾故弗式也。《詩》曰：「憂心悄悄，愠于群小。」小人成群，何足禮哉？』

《漢書·劉向傳》乃上封事諫曰：『是以群小窺見間隙，緣飾文字，巧言醜詆，流言飛文，譁於民間。故《詩》云：「憂心悄悄，愠於群小。」小人成群，誠足愠也。』

我思古人，實獲我心。

《春秋左氏·成九年傳》穆姜出於房，再拜，曰：『敢拜大夫之重勤。』又賦《緑衣》之卒章以入。注：《詩·邶風》也，取其『我思古人，實獲我心』。

《國語·魯語下》公父文伯之母欲室文伯，饗其宗老，而爲賦《緑衣》之三章。注：《緑衣》，《詩·邶風》也。其三章曰：『我思古人，實獲我心。』以言古之賢人，正其室家之道，我心所善也。

《燕燕》，衛莊姜送歸妾也。

《列女·衛姑定姜傳》定姜歸其婦，自送之，至於野。恩愛哀思，悲心感慟。立而望之，揮泣垂涕，乃賦詩曰：『燕燕于飛，差池其羽。之子于歸，遠送于野。瞻望不及，泣涕如雨。』送去歸泣而望之，又作詩曰：『先君之思，以畜寡人。』君子謂定姜爲慈姑，過而爲之厚。

先君之思，以勗寡人。

《禮記·坊記》子云：「利祿，先死者而後生者，則民不偝；先亡者而後存者，則民可以託。《詩》云：『先君之思，以畜寡人。』」注：此衛夫人定姜之詩也。定姜無子，立庶子衎，是爲獻公。畜，孝也。獻公無禮於定姜，定姜作詩，言獻公當思先君定公，以孝於寡人。

胡能有定。

《韓詩外傳》卷九小人之聞道，入之於耳，出之於口，苟言而已。譬如飽食而嘔之，其不惟肌膚無益，而於志亦戾矣。《詩》曰：「胡能有定。」

乃如之人兮，德音無良。

《韓詩外傳》卷一公甫文伯之母，對曰：「昔是子也，吾使之事仲尼，仲尼去魯，送之不出魯郊；贈之不與家珍。病不見士之視者；死不見士之流淚者。死之日，官女縗絰而從者十人。此不足於士而有餘於婦人也。吾是以不哭也。」《詩》曰：「乃如之人兮，德音無良。」

《列女·衛宣公姜傳》宣姜欲立壽，乃與壽弟朔謀，構伋子。宣公薨，朔立，是爲惠公。竟終無後，亂及五世，至戴公而後甯。《詩》云：「乃如之人，德音無良。」此之謂也。

謔浪笑敖。

《爾雅·釋詁》謔浪笑敖，戲謔也。

《凱風》，美孝子也。

《孟子·告子下》公孫丑問曰：『《凱風》何以不怨？』曰：『《凱風》，親之過小者也。』

《後漢書·東平憲王蒼傳》今送光烈皇后假紒帛巾各一，及衣一篋，可時奉瞻，以慰《凱風》塞泉之思。

母氏聖善。

《列女·孫叔敖母傳》君子謂叔敖之母知道德之次。《詩》云：『母氏聖善。』此之謂也。

有子七人，莫慰母心。

《大戴禮記·曾子立孝》子曰：『可入也，吾任其過；不可入也，吾辭其罪。』《詩》云：『有子七人，莫慰母心。』子之辭也。

瞻彼日月，悠悠我思。道之云遠，曷云能來。

《荀子·宥坐篇》《詩》曰：『瞻彼日月，悠悠我思。道之云遠，曷云能來。』子曰：『伊稽首，不其有來乎？』

《韓詩外傳》卷一『瞻彼日月，悠悠我思。道之云遠，曷云能來』，急時辭也。是故稱之日月也。

不忮不求，何用不臧。

《論語·子罕》子曰：『衣敝緼袍，與衣狐貉者立而不恥者，其由也與！「不忮不求，何用不臧？」』

《韓詩外傳》卷一夫利爲害本，而福爲禍先。唯不求利者，爲無害；不求福者，爲無禍。《詩》曰：『不忮不求，何用不臧？』　故非道而行之，雖勞不至；非其有而求之，雖强不得。故智者不爲非其事，廉者不求非其有，是以害遠而名彰也。《詩》曰：『不忮不求，何用不臧？』　傳曰：安命養性者，不待積委而富；名號傳乎世者，不待勢位而顯；德義暢乎中而無外求也。信哉！賢者之不以天下爲名利者也。《詩》曰：『不忮不求，何用不臧？』

匏有苦葉，濟有深涉。深則厲，淺則揭。

《論語·憲問》既而曰：『鄙哉，硜硜乎！莫己知也，斯己而已矣。深則厲，淺則揭。』

《春秋左氏·襄十四年傳》叔向見叔孫穆子，穆子賦《匏有苦葉》。注：《詩·邶風》也，義取於『深則厲，淺則揭』，言己志在於必濟。叔向退而具舟，魯人、莒人先濟。

《國語·魯語下》晉叔嚮見叔孫穆子曰：『諸侯謂秦不恭而討之，及涇而止，於秦何益？』穆子曰：『豹之業，及《匏有苦葉》矣，不知其它。』注：《匏有苦葉》，《詩·邶風》篇名也。其詩曰：『匏有苦葉，濟有深涉。深則厲，淺則揭。』言其必濟，不知其它也。叔嚮退，召舟虞與司馬，曰：『夫苦匏不材於人，共濟而已。魯叔孫賦《匏有苦葉》，必將涉矣。具舟除隧，不共有法。』

《爾雅·釋水》濟有深涉。深則厲，淺則揭。揭者，揭衣也。以衣涉水爲厲。繇膝以下爲揭，繇膝以上爲涉，繇帶以上爲厲。潛行爲泳。

《韓詩外傳》卷一仕之善者曰：『懼，吾私也；死君，吾公也。吾聞君子不以私害公。』遂死之。君子聞之曰：『好義哉！必濟矣夫。』《詩》云：『深則厲，淺則揭。』此之謂也。

士如歸妻，迨冰未泮。

《白虎通·嫁娶》嫁娶必以春者。春，天地交通，萬物始生，陰陽交接之時也。《詩》云：『士如歸妻，迨冰未泮。』

采葑采菲，無以下體。德音莫違，及爾同死。

《禮記·坊記》故君子仕則不稼，田則不漁，食時不力珍。大夫不坐羊，士不坐犬。《詩》云：『采葑采菲，無以下體。德音莫遠，及爾同死。』

《春秋左氏・僖三十三年傳》臼季對曰：『舜之罪也殛鯀，其舉也興禹。管敬仲，桓之賊也，實相以濟。《詩》曰：「采葑采菲，無以下體。」君取節焉可也。』

《春秋繁露・竹林》夫目驚而體失其容，心驚而事有所忘，人之情也；通於驚之情者，取其一美，不盡其失。《詩》云『采葑采菲，無以下體』，此之謂也。

《韓詩外傳》卷九母曰：『今汝往燕私之處，入户不有聲，令人踞而視之，是汝之無禮也，非婦無禮也。』於是孟子自責，不敢去婦。《詩》曰：『采葑采菲，無以下體。』

《列女・晋趙衰妻傳》姬曰：『《詩》云「采葑采菲，無以下體。德音莫違，及爾同死」。與人同寒苦，雖有小過，猶與之同死而不去，况於安新忘舊乎！』**《息君夫人傳》**夫義動君子，利動小人。息君夫人不爲利動矣。《詩》云：『德音莫違，及爾同死。』此之謂也。**《楚昭越姬傳》**越姬曰：『妾聞信者不負其心，義者不虚設其事。妾死王之義，不死王之好也。』遂自殺。君子謂越姬信能死義。《詩》曰：『德音莫違，及爾同死。』越姬之謂也。

不遠伊邇，薄送我畿。

《白虎通・嫁娶》出婦之義，必送之，接以賓客之禮。君子絶，愈於小人之交。《詩》云：『薄送我畿。』

燕爾新昏，不我屑以。

《列女·晋趙衰妻傳》又曰：『讌爾新婚，不我屑以。』蓋傷之也。君其逆之，無以新廢舊。

《白虎通·嫁娶》又曰：燕爾新婚，謂婦也。

我躬不閲，遑恤我後。

《禮記·表記》《國風》曰：『我今不閲，遑恤我後。』終身之仁也。

《列女·王陵母傳》陵母既而私送使者，泣曰：『爲老妾[一]語陵，善事漢王。漢王長者，無以老妾故懷二心，言妾已死也。』乃伏劍而死，以固勉陵。君子謂王陵母能棄身立義，以成其子。《詩》云：『我躬不閲，遑恤我後。』終身之仁也。陵母之仁及五世矣。

就其深矣，方之舟之。就其淺矣，泳之游之。

《中論·法象》昔者成王將崩，體被冕服，然後發顧命之辭。季路遭亂，結纓而後死白刃之難。夫以之困白刃之難，猶不忘敬，况於游宴乎？故《詩》曰：『就其深矣，方之舟之。就其淺矣，泳之游之。』言必濟也。

[一] 妾，原本作『母』，據〔漢〕劉向撰，劉曉東校點《列女傳》改。

凡民有喪，匍匐救之。

《**禮記·檀弓**》晋人之覘宋者，反報於晋侯，曰：『陽門之介夫死，而子罕哭之哀，而民說，殆不可伐也。』孔子聞之曰：『善哉，覘國乎！《詩》云：「凡民有喪，扶服救之。」雖微晋而已，天下其孰能當之？』《**孔子閒居**》孔子曰：『「凡民有喪，匍匐救之」，無服之喪也。』

《**韓詩外傳**》**卷一**宣子曰：『晋爲盟主而不救，天罰懼及矣。《詩》云：「凡民有喪，匍匐救之。」而况國君乎？』於是靈公乃與師而從之。宋人聞之，儼然感說，而晋國日昌，何則？以其誅逆存順。《詩》曰：『凡民有喪，匍匐救之。』趙宣子之謂也。

《**說苑·至公**》申包胥辭曰：『救亡非爲名也，成功受賜，是賣勇也。』辭不受，遂退隱，終身不見。《詩》云：『凡民有喪，匍匐救之。』

《**漢書·元帝紀**》詔曰：『廼者關東連遭灾害，饑寒疾疫，天不終命。《詩》不云乎：「凡民有喪，匍匐救之。」』《**谷永傳**》古者穀不登虧膳，灾婁至損服，凶年不塈塗，明王之制也。《詩》云：『凡民有喪，扶服捄之。』

《式微》，黎侯寓於衛，其臣勸以歸也。

《**列女·黎莊夫人傳**》其傅母閔夫人賢，公反不納。憐其失意，又恐其已見遣而不以時去，謂夫人曰：『夫婦之道，有義則合，無義則去。今不得意，胡不去乎？』乃作詩曰：『式微式微，胡不歸？』夫人曰：『婦人之道，壹而已矣。彼雖不吾以，吾何可以離於婦道乎？』乃作詩曰：『微君之故，胡爲乎中路？』終執貞壹，不違婦道，以俟君命，君子故序之以編《詩》。

式微式微，胡不歸？

《春秋左氏·襄二十九年傳》公欲無入，榮成伯賦《式微》，乃歸。注：《式微》，《詩·邶風》。曰：『式微式微，胡不歸？』式，用也。義取寄寓之微陋，勸公歸也。

《爾雅·釋訓》式微式微者，微乎微者也。

何其處也？必有與也。何其久也？必有以也。

《呂氏春秋·重言》明日朝，所進者五人，所退者十人。群臣大説，荆國之衆相賀也。故《詩》曰：『何其久也？必有以也。何其處也？必有與也。』其莊王之謂邪？

《韓詩外傳》卷一 故禄過其功者削，名過其實者損[一]。情行合名，禍福不虛至矣。《詩》云：『何其處也？必有與也。何其久也？必有以也。』 故中心存善，而日新之，則獨居而樂，德充而

[一] 損，原本作『捐』，據〔漢〕韓嬰撰，許維遹校釋《韓詩外傳集釋》改。

形。《詩》曰：『何其處也？必有與也。何其久也？必有以也。』**卷九**是故君子不徼幸，節嗜欲，務忠信，無毀於一人，則名聲尚尊，稱爲君子矣。《詩》曰：『何其處也？必有與也。』

有力如虎。

《春秋左氏·襄十年傳》狄虒彌建大車之輪，而蒙之以甲，以爲櫓，左執之。右拔戟，以成一隊。孟獻子曰：『《詩》所謂「有力如虎」者也。』

出宿于泲，飲餞于禰。女子有行，遠父母兄弟。

《列女·魯之母師傳》君子謂母師能以身教。夫禮，婦人未嫁，則以父母爲天；既嫁，則以夫爲天。其喪父母，則降服一等，無二天之義也。《詩》云：『出宿于濟，飲餞于禰。女子有行，遠父母兄弟。』

問我諸姑，遂及伯姊。

《春秋左氏·文二年傳》《詩》曰：『問我諸姑，遂及伯姊。』君子曰禮，謂其姊親而先姑也。

《白虎通·三綱六紀》父之昆弟，不俱謂之世叔，父之女昆弟，俱謂之姑，何也？以爲諸父曰內，親也，故別稱之也。姑當外適人，疏，故總言之也。至姊妹亦當外適人，所以別諸姊妹何？以爲事諸姑禮等，可以外出又同，故稱略也；至姊妹雖欲有略之，姊尊妹卑，其禮異也。《詩》云：『問我諸姑，遂及伯姊。』

已焉哉！天實爲之，謂之何哉！

《韓詩外傳》卷一傳曰：山鋭則不高，水徑則不深，仁磏則其德不厚，志與天地擬者，其人不祥，是伯夷、叔齊、卞隨、介子推、原憲、鮑焦、袁旌目、申徒狄之行也。其所受天命之度，適至是而亡，弗能改也，雖枯槁弗舍也。《詩》云：『亦已焉哉！天實爲之，謂之何哉！』 申徒狄曰：『桀殺關龍逄，紂殺王子比干，而亡天下；吴殺子胥，陳殺泄冶，而滅其國。故亡國殘家，非無聖智也，不用故也。』遂抱石而沉於河。君子聞之曰：『廉矣，如仁歟？則吾未之見也。』《詩》曰：『天實爲之，謂之何哉！』 鮑焦曰：『吾聞賢者重進而輕退，廉者易愧而輕死。』於是棄其蔬而立槁于洛水之上。君子聞之，曰：『廉夫剛哉！其節度淺深，適至於是矣。』《詩》云：『亦已焉哉！天實爲之，謂之何哉！』

其虚其邪。

《爾雅·釋訓》其虚其徐，威儀容止也。

北風其喈，雨雪其霏。惠而好我，携手同歸。

《列女·楚處莊姪傳》姪曰：『王有五患，故及三難。』王曰：『善。』命後車載之。君子謂莊姪雖違於禮，而終守以正。《詩》云：『北風其喈，雨雪霏霏。惠而好我，携手同歸。』此之謂也。

静女其姝，俟我于城隅。愛而不見，搔首踟蹰。

《韓詩外傳》卷一不見道端，乃陳情欲以歌道義。《詩》曰：『静女其姝，俟我于城隅。愛而不見，搔首踟蹰。』

貽我彤管。

《春秋左氏·定九年傳》《静女》之三章，取彤管焉。

《柏舟》，共姜自誓也。

《孔叢子·記義》於《柏舟》，見匹婦執志之不可易也。

髧彼兩髦，實惟我儀。之死矢靡它。

《列女·漢孝平王后傳》后曰：『何面目以見漢家？』自投火中而死。君子謂平后體自然貞淑之行，不爲存亡改意，可謂節行不虧污者矣。《詩》曰：『髧彼兩髦，實惟我儀。之死矢靡他。』

此之謂也。

副笄六珈。

《後漢書·輿服志》步摇，以黄金爲山題，貫白珠，爲桂枝相繆。一爵九華，熊、虎、赤羆、天鹿、辟邪、南山豐大特六獸，《詩》所謂『副笄六珈』者。

委委佗佗。

《爾雅·釋訓》委委佗佗，美也。

展如之人兮，邦之媛也。

《列女·齊桓衛姬傳》乃立衛姬爲夫人，號管仲爲仲父。曰：『夫人治内，管仲治外。寡人雖愚，足以立於世矣。』君子謂衛姬信而有行。《詩》曰：『展如之人兮，邦之媛也。』

鶉之奔奔，刺衛宣姜也。

《春秋左氏·襄二十七年傳》伯有賦《鶉之奔奔》。注：《鶉之奔奔》，《詩·鄘風》。衛人刺其君淫亂，鶉鵲之不若。義取「人之無良，我以爲兄，我以爲君」也。趙孟曰：『床笫之言不踰閾，况在野乎？非使人之所得聞也。』

人之無良，我以爲兄。

《韓詩外傳》卷九夫子曰：「由之所言，蠻貊之言也；賜之所言，朋友之言也；回之所言，親屬之言也。《詩》曰：『人之無良，我以爲兄。』」

鶉之彊彊，鵲之奔奔。人之無良，我以爲君。

《禮記·表記》子曰：『惟天子受命于天，士受命于君。故君命順，則臣有順命；君命逆，則臣有逆命。《詩》曰：「鵲之姜姜，鶉之賁賁。人之無良，我以爲君。」』注：姜姜、賁賁，争鬥惡貌也。良，善也。言我以惡人爲君，亦使我惡。如大鳥姜姜於上，小鳥賁賁於下。

定之方中，作于楚宮。

《國語·周語中》營室之中，土功其始。注：定，謂之營室。謂建亥小雪之中，定星昏正於午，土功可以始也。《詩》云：『定之方中，作于楚宮。』

匪直也人，秉心塞淵。

《列女·陳寡孝婦傳》孝婦曰：『夫爲人婦，固養其舅姑者也。夫不幸先死，不得盡爲人子之禮。今又使妾去之，莫養老母，是明夫之不肖而著妾之不孝。不孝不信且無義，何以生哉？』因欲自殺。君子謂孝婦備於婦道。《詩》云：『匪直也人，秉心塞淵。』此之謂也。

乃如之人也，懷婚姻也，大無信也，不知命也。

《韓詩外傳》卷一故不肖者精化始具，而生氣感動，觸情縱欲，反施化。是以年壽亟夭，而性不長也。《詩》曰：『乃如之人兮，懷婚姻也，大無信也，不知命也。』賢者不然，精氣闐溢，而後傷時不可過也。

《列女·陳女夏姬傳》巫臣見夏姬，謂曰：『子歸，我將娉汝。』及恭王即位，巫臣娉于齊，盡與其室俱。至鄭，使人召夏姬曰：『尸可得也。』夏姬從之。巫臣使介歸幣於楚，而與夏姬奔晉。大夫子反怨之，遂與子重滅巫臣之族而分其室。《詩》云：『乃如之人兮，懷婚姻也。大無信也，不知命也。』言嬖色殞命也。

《相鼠》，刺無禮也。

《漢書·王尊傳》後，謁見王，太傅在前説《相鼠》之詩。

相鼠有皮，人而無儀。人而無儀，不死何爲？

《春秋左氏·襄二十七年傳》叔孫與慶封食，不敬。爲賦《相鼠》，亦不知也。注：《相鼠》，《詩·鄘風》。曰：『相鼠有皮，人而無儀。人而無儀，不死何爲？』慶封不知此詩爲己，言其闇甚。

《韓詩外傳》卷一孔子曰：『居處不理，飲食不節，勞過者[一]，病共殺之；居下而好干上，嗜欲無厭，求索不止者，刑共殺之；少以敵衆，弱以侮强，忿不量力者，兵共殺之。故有三死而非命者，自取之也。』《詩》云：『人而無儀，不死何爲？』　傳曰：不仁之至忽其親，不忠之至倍其君，不信之至欺其友。此三者，聖王之所殺而不赦也。《詩》曰：『人而無儀，不死何爲？』　**卷五**分未定也，則有昭穆。雖公卿大夫之子孫也，行絶禮義，則歸之庶人，遂反側之民[二]，牧而試之。雖庶民之子孫也，積學文，正身行，能禮義，則歸之士大夫，傾而待之。安則畜，不安則棄。五疾之民[三]，上放[四]而事之，官而衣食之[五]，王[六]覆無遺。材行反時者，死之無救，謂之天誅。是王者之政也。《詩》曰：『人而無儀，不死何爲？』　**卷六**子夏曰：『若夫以長掩短，以衆暴寡，凌轢無罪之民，而成威於閭巷之間者，是士之甚毒而君子之所致惡也，衆之所誅鋤也。』《詩》曰：

〔一〕　勞過者，〔漢〕韓嬰撰，許維遹校釋《韓詩外傳集釋》作『佚勞過度者』。
〔二〕　反側之民，原本作『傾覆之民』，據〔漢〕韓嬰撰，許維遹校釋《韓詩外傳集釋》改。
〔三〕　五疾之民，原本作『反側之民』，趙懷玉校云『反側當從《荀子·王制篇》作五疾』，今據正。
〔四〕　放，《荀子·王制篇》作『收』。
〔五〕　官而衣食之，《荀子·王制篇》作『官施而衣食之』。
〔六〕　王，《荀子·王制篇》作『兼』。

『人而無儀，不死何爲？』夫何以論勇於人主之前哉！

《**列女・衛二亂女傳**》蒯聵遂立，是爲莊公。殺夫人南子，又殺渾良夫。莊公以戎州之亂又出奔。四年而出公復入。將入，大夫殺孔悝之母而迎公。二女爲亂五世，至悼公而後定。《詩》云：『相鼠有皮，人而無儀。人而無儀，不死何爲？』此之謂也。

《**漢書・五行志**》定公十五年，『正月，鼷鼠食郊牛，牛死』。劉向以爲定公知季氏逐昭公，辠惡如彼，親用孔子，爲夾谷之會，齊人倈歸鄆、讙、龜陰之田。聖德如此，反用季桓子，淫於女樂，而退孔子，無道甚矣。《詩》曰：『人而亡儀，不死何爲？』是歲五月，定公薨，牛死之應也。

人而無止，不死何俟？

《**列女・趙悼倡后傳**》其後秦兵徑入，莫能距。遷遂見虜於秦，趙亡。大夫怨倡后之譖太子及殺李牧，乃殺倡后而滅其家。《詩》云：『人而無禮，不死胡俟？』此之謂也。

相鼠有體，人而無禮。人而無禮，胡不遄死？

《**禮記・禮運**》夫禮，先王以承天之道，以治人之情；故失之者死，得之者生。《詩》曰：『相鼠有體，人而無禮。人而無禮，胡不遄死？』

《春秋左氏·昭三年傳》君子曰：『禮，其人之急也乎！伯石之汏[一]也，一爲禮於晉，猶荷其祿，況以禮終始乎？《詩》曰：「人而無禮，胡不遄死？」其是之謂乎？』**《定十年傳》**君子曰：『此之謂棄禮，必不鈞。《詩》曰：「人而無禮，胡不遄死？」涉佗亦遄矣哉！』

《晏子春秋·諫上》晏子蹴然改容曰：『凡人之所以貴於禽獸者，以有禮也。故《詩》曰：「人而無禮，胡不遄死？」禮不可無也。』**《外篇》**嬰聞之，人君無禮，無以臨其邦；大夫無禮，官吏不恭；父子無禮，其家必凶；兄弟無禮，不能久同。《詩》曰：『人而無禮，胡不遄死？』故禮不可去也。

《韓詩外傳》卷一故人之命在天，國之命在禮。君人者，降禮尊賢而王，重法愛民而霸，好利多詐而危，權謀傾覆而亡。《詩》曰：『人而無禮，胡不遄死？』國政無禮則不行，王事無禮則不成，國無禮則不寧，王無禮則死亡無日矣。《詩》曰：『人而無禮，胡不遄死？』**卷三**昔者先王使民以禮，譬之如御也。刑者，鞭策也。今猶無轡銜而鞭策以御也。欲馬之進，則策其後。欲馬之退，則策其前。御者以勞而馬亦多傷矣。今猶此也，王憂勞而民多罹刑。《詩》曰：『人而

[一] 汏，原本作『汰』。汏，阮元校：『淳熙本、纂圖本、明翻岳本、閩、監、毛本作「汰」，注同。《釋文》亦作「汰」，非也。石經、宋本同。』據〔周〕左丘明傳，〔晉〕杜預注，〔唐〕孔穎達正義，浦衛忠等整理《春秋左傳正義》改。

無禮，胡不遄死？』爲上無禮，則不免乎患；爲下無禮，則不免乎刑。上下無禮，胡不遄死？**卷九**晏子曰：『君好禮，則有禮者至，無禮者去。君惡禮，則無禮者至，有禮者去。左右何罪乎？』景公曰：『善哉！』乃更衣而坐，觴酒三行。晏子辭去，景公拜送。《詩》曰：『人而無禮，胡不遄死？』

《白虎通·諫諍》妻得諫夫者，夫婦榮耻共之。《詩》云：『相鼠有體，人而無禮。人而無禮，胡不遄死？』此妻諫夫之詩也。

《史記·商君列傳》趙良曰：『君又南面也[一]而稱寡人，日繩秦之貴公子。《詩》曰：「相鼠有體，人而無禮。人而無禮，何不遄死？」以詩觀之，非所以爲壽也。』

彼姝者子，何以予之？

《列女·鄒孟軻母傳》及孟子長，學六藝，卒成大儒之名。君子謂孟母善以漸化。《詩》云：『彼姝者子，何以予之？』此之謂也。

彼姝者子，何以告之？

[一] 南面也，〔漢〕司馬遷撰，〔南朝宋〕裴駰集解，〔唐〕司馬貞索隱，〔唐〕張守節正義《史記》無『也』字。

《春秋左氏·定九年傳》《竿旄》『何以告之』，取其忠也。

《韓詩外傳》卷二華元以誠告子反，得以解圍，全二國之命。《詩》云：『彼姝者子，何以告之？』君子善其以誠相告也。

《列女·鄒孟軻母傳》孟子懼，旦習[一]勤學不息，師事子思，遂成天下之名儒。君子謂孟母知爲人母之道矣。《詩》云：『彼姝者子，何以告之？』此之謂也。

《中論·虚道》故君子常虚其心志，恭其容貌，不以逸群之才，加乎衆人之上，視彼猶賢，自視猶不足也。故人願告之而不倦。《詩》曰：『彼姝者子，何以告之？』

《載馳》，許穆夫人作也。閔其宗國顛覆，自傷不能救也。

《春秋左氏·閔二年傳》許穆夫人賦《載馳》。注：《詩·衛風》也。許穆夫人痛衛之亡，思歸，唁之不可，故作詩以言志。

《列女·許穆夫人傳》其後翟人攻衛，大破之，而許不能救。衛侯遂奔走，涉河而南，至楚丘。齊桓往而存之，遂城楚丘以居。衛侯於是悔不用其言。當敗之時，許夫人馳驅而弔唁衛侯，因疾之，而作詩云：『載馳載驅，歸唁衛侯。驅馬悠悠，言至于漕。大夫跋涉，我心則憂。既不我嘉，

[一] 旦習，〔漢〕劉向撰，劉曉東校點《列女傳》作『旦夕』。

不能旋反。視爾不臧，我思不遠。』君子善其慈惠而遠識也。

大夫跋涉，我心則憂。

《韓詩外傳》卷二嬰曰：『昔有宋之桓司馬得罪於宋君，出於魯，其馬佚而蹍吾園，而食吾園之葵。是歲，吾聞園人亡利之半。越王句踐起兵而攻吳，諸侯畏其威，魯往獻女，吾姊與焉。兄往視之，道畏而死。越兵威者吳也，兄死者我也。由是觀之，禍與福相反也。今衛世子甚不肖，好兵，吾男弟三人，能無憂乎？《詩》曰：「大夫跋涉，我心則憂。」是非類與乎！』

既不我嘉，不能旋反。視爾不臧，我思不遠。

《韓詩外傳》卷二高子問於孟子曰：『夫嫁娶者，非已所自親也，衛女何以得編於詩也？』孟子曰：『有衛女之志則可，無衛女之志則怠。若伊尹於太甲，有伊尹之志則可，無伊尹之志則篡。夫道二：常之謂經，變之謂權。懷其常道而挾其變權，乃得爲賢。夫衛女行中孝，慮中聖，權如之何？《詩》曰：「既不我嘉，不能旋反。視我不臧，我思不遠。」』

控于大邦，誰因誰極。

《春秋左氏·文十三年傳》鄭伯與公宴于棐，子家賦《載馳》之四章。注：《載馳》，《鄘風》，四章以下，義取小國有急，欲引大國以救助。

百爾所思，不如我所之。

《韓詩外傳》卷二姬曰：『今沈令尹相楚數年矣，未嘗見進賢而退不肖也。又焉得爲忠賢乎？』《詩》曰：『百爾所思，不如我所之。』樊姬之謂也。

《列女·陶荅子妻傳》婦曰：『今夫子治陶，家富國貧，君不敬，民不戴，敗亡之徵見矣。願與少子俱脱。』《詩》曰：『百爾所思，不如我所之。』此之謂也。**《魯公乘姒傳》**姒曰：『夫臨喪而言嫁，一何不習禮也？後過時而不言，一何不達人事也？子内不習禮，而外不達人事，子不可以爲相。』又曰：『百爾所思，不如我所之。』此之謂也。

《淇奥》，美武公之德也。

《春秋左氏·昭二年傳》自齊聘于衛，衛侯享之。北宫文子賦《淇澳》。注：《淇澳》，《詩·衛風》。美武公也。言宣子有武公之德。

《孔叢子·記義》於《淇奥》，見學之可以爲君子也。

《中論·虚道》衛人誦其德，爲賦《淇澳》。

瞻彼淇奥，緑竹猗猗。有匪君子，如切如磋，如琢如磨。瑟兮僩兮，赫兮咺兮。有匪君子，終不可諼兮。

《論語·學而》子貢曰：『貧而無諂，富而無驕，何如？』子曰：『可也。未若貧而樂，富而好禮者也。』子貢曰：『《詩》云：「如切如磋，如琢如磨。」其斯之謂與？』

《禮記·大學》《詩》云：『瞻彼淇奥，菉竹猗猗。有斐君子，如切如磋，如琢如磨。瑟兮僩兮，赫兮喧兮。有斐君子，終不可諼兮。』『如切如磋』者，道學也。『如琢如磨』者，自修也。『瑟兮僩兮』者，恂慄也。『赫兮喧兮』者，威儀也。『有斐君子，終不可諼兮』者，道盛德至善，民之不能忘也。

《荀子·大略篇》人之於文學也，猶玉之於琢磨也。《詩》曰：『如切如磋，如琢如磨。』謂學問也。和之璧，井里之厥也，玉人琢之，爲天子寶。子贛、季路，故鄙人也，被文學，服禮義，爲天下列士。

《韓詩外傳》卷二閔子曰：『吾出蒹葭之中，入夫子之門。夫子内切磋以孝，外爲之陳王法，心竊樂之。出見羽蓋龍旂，裘旃相隨，心又樂之。二者相攻胸中而不能任，是以有菜色也。今被夫子之教寖深，又賴二三子切磋而進之，内明於去就之義，出見羽蓋龍旂，旃裘相隨，視之如壇土矣，是以有芻豢之色。《詩》曰：「如切如磋，如琢如磨。」』 傳曰：天地之灾，隱而廢也；萬物之怪，書不説也。無用之變，不急之灾，棄而不治；若夫君臣之義，父子之親，男女之别，切磋而不舍。《詩》曰：『如切如磋，如琢如磨。』　**卷九**堂衣若曰：『吾始以鴻之力，今徒翼耳。』子貢曰：『非鴻之力，安能舉其翼？』《詩》曰：『如切如磋，如琢如磨。』

《説苑・建本》學者所以友[一]情治性，盡才者也；親賢學問，所以長德也；論交合友，所以相致也。《詩》云：『如切如磋，如琢如磨。』此之謂也。

《列女・班女婕妤傳》君子謂班婕妤辭同輦之言，蓋宣后之志也；進李平於同列，樊姬之德也；釋詛祝之譖，定姜之知也；求供養於東宫，寡李之行也。及其作賦，哀而不傷，歸命不怨。《詩》云：『有斐君子，如切如磋，如琢如磨。瑟兮僩兮，赫兮咺兮。有斐君子，終不可諼兮。』其班婕妤之謂也。

《考槃》，使賢者退而窮處。

《孔叢子・記義》於《考槃》，見遁世之士而不悶也。

《碩人》，閔莊姜也。

《春秋左氏・隱三年傳》衛莊公娶于齊東宫得臣之妹，曰莊姜。美而無子，衛人所爲賦《碩人》也。

［一］友，〔漢〕劉向撰，向宗魯校證《説苑校證》作『反』。

《**列女·齊女傅母傳**》姜交好。始往，操行衰惰，有冶容之行，淫泆之心。傅母見其婦道不正，諭之云：『子之家，世世尊榮，當爲民法則。子之質，聰達於事，當爲人表式。儀貌壯麗，不可不自修整。衣錦絅裳，飾在輿馬，是不貴德也。』乃作詩曰：『碩人其頎，衣錦絅衣。齊侯之子，衛侯之妻，東宫之妹，邢侯之姨，譚公維私。』砥厲女之心以高節。以爲人君之子弟，爲國君之夫人，尤不可有邪僻之行焉。

衣錦褧衣。

《**禮記·中庸**》《詩》曰『衣錦尚絅』，惡其文之著也。

譚公維私。

《**白虎通·號**》何以諸侯稱公？《詩》『覃公維私』，覃子也。

大夫夙退，無使君勞。

《**列女·楚莊樊姬傳**》王嘗聽朝罷晏，姬下殿迎曰：『何罷晏也，得無飢倦乎？』王曰：『與賢者語，不知飢倦也。』姬曰：『王之所謂賢者，何也？』曰：『虞丘子也。』姬掩口而笑曰：『虞丘子賢則賢矣，未忠也。』王以姬言告虞丘子，丘子避席不知所對，於是避舍。《詩》曰：『大夫夙退，無使君勞。』其君者，謂女君也。

爾卜爾筮，體無咎言。

《禮記·坊記》子云：『善則稱人，過則稱己，則民不争。善則稱人，過則稱己，則怨益亡。』《詩》云：『爾卜爾筮，履無咎言。』注：爾，女也。履，禮也。言女鄉卜筮，然後與我爲禮，則無咎惡之言矣。言惡在己，彼過淺。

于嗟女兮，無與士耽。

《韓詩外傳》卷二孔子曰：『口欲味，心欲佚，教之以仁；心欲兵[一]，身惡勞，教之以恭；好辯論而畏懼，教之以勇；目好色，耳好聲，教之以義。《易》曰：「艮其限，列其夤，危[二]薰心。」《詩》曰：「吁嗟女兮，無與士耽。」皆防邪禁佚，調和心志。』

士之耽兮，猶可説也。女之耽兮，不可説也。

《列女·魯宣繆姜傳》姜曰：『今我婦人而與於亂，固在下位而有不仁，不可謂元；不靖國

[一] 兵，〔漢〕韓嬰撰，許維遹校釋《韓詩外傳集釋》作『安』。
[二] 危，〔漢〕韓嬰撰，許維遹校釋《韓詩外傳集釋》作『厲』。

家，不可謂亨；作而害身，不可謂利；棄位而放，不可謂貞。有四德者，《隨》而無咎，我皆無之，豈《隨》也哉！我則取惡，能無咎乎？必死於此，不得出矣。』卒薨於東宫。君子曰：『惜哉繆姜！雖有聰慧之質，終不得掩其淫亂之罪。』《詩》曰：『士之耽兮，猶可説也。女之耽兮，不可説也。』此之謂也。

女也不爽，士貳其行。士也罔極，二三其德。

《春秋左氏·成八年傳》晉侯使韓穿來言汶陽之田，歸之於齊。季文子餞之，私焉。《詩》曰：『女也不爽，士貳其行。士也罔極，二三其德。』七年之中，一與一奪，二三孰甚焉！士之二三，猶喪妃耦，而況霸主？霸主將德是以，而二三之，其何以長有諸侯乎？

《列女·魯季敬姜傳》康子嘗至，敬姜闖門而與之言，皆不逾閾。祭悼子，康子與焉。酢不受，徹俎不醼，宗不具不繹，繹不盡飲則不退。仲尼謂敬姜别於男女之禮矣。《詩》曰：『女也不爽。』此之謂也。

言笑晏晏，信誓旦旦，不思其反。反是不思，亦已焉哉！

《禮記·表記》子曰：『口惠而實不至，怨灾及其身。是故君子與其有諾責也，甯有已怨。《國風》曰：「言笑晏晏，信誓旦旦，不思其反。反是不思，亦已焉哉！」』

芄蘭之支，童子佩觿。

《説苑·修文》故君子衣服中而容貌得，接其服而象其德，故望玉貌而行能有所定矣。《詩》曰：『芄蘭之枝，童子佩觿。』説行能者也。

《河廣》

《鹽鐵論·執務》孔子曰：『吾於《河廣》，知德之至也。』而欲得之，各反其本，復諸古而已。

心之憂矣，之子無裳。

《韓詩外傳》卷三夫處饑渴、苦血氣、困寒暑、動肌膚，此四者民之大害也。害不除，未可教御也。四體不掩，則鮮仁人；五藏空虛，則無立士。故先王之法，天子親耕，后妃親蠶，先天下憂衣與食也。《詩》曰：『父母何嘗？心之憂矣，之子無裳。』

《木瓜》，衛人思之，欲厚報之。

《春秋左氏·昭二年傳》宣子賦《木瓜》。注：《木瓜》，亦《衛風》。義取於欲厚報以爲好。

《孔叢子·記義》於《木瓜》，見包且之禮行也。

投我以木瓜，報之以瓊琚。

《新書·禮》故禮者，所以恤下也。《詩》曰：『投我以木瓜，報之以瓊琚。匪報也，永以爲好也。』上少投之，則下以軀償矣。弗敢謂報，願長以爲好。古之蓄其下者，共施報如此。

王風

《春秋左氏·襄二十九年傳》爲之歌《王》，曰：『美哉！思而不懼，其周之東乎！』

知我者謂我心憂，不知我者謂我何求。

《韓詩外傳》卷八文侯曰：『中山之君亦可好乎？』對曰：『好《詩》。』文侯曰：『於《詩》何好？』曰：『好《黍離》與《晨風》。』文侯曰：『《黍離》何哉？』對曰：『彼黍離離，彼稷之苗。行邁靡靡，中心搖搖。知我者謂我心憂，不知我者謂我何求。悠悠蒼天，此何人哉？』文侯曰：『怨乎？』曰：『非敢怨也，時思也。』

《新序·節士》於是壽閔其兄之且見害，作憂思之詩，《黍離》之詩是也。其詩曰：『行邁靡靡，中心搖搖，知我者謂我心憂，不知我者謂我何求？悠悠蒼天，此何人哉？』

《列女·魯漆室女傳》漆室女曰：『夫魯國有患者，君臣父子皆被其辱，禍及衆庶，婦人獨安所避乎？吾甚憂之。』君子曰：『遠矣！漆室女之思也。』《詩》云：『知我者謂我心憂，不知我者謂我何求。』此之謂也。

啜其泣矣，何嗟及矣！

《韓詩外傳》卷二孔子曰：『不慎其前而悔其後，嗟乎！雖悔無及矣。《詩》曰：「啜其泣矣，何嗟及矣！」』　曾子曰：『內疏而外親，不亦反乎？身不善而怨他人，不亦遠乎？患至而後呼天，不亦晚乎？《詩》曰：「啜其泣矣，何嗟及矣！」』

《列女·魯莊哀姜傳》齊桓公立僖公，聞哀姜與慶父通以危魯，乃召哀姜酖而殺之，魯遂殺慶父。《詩》云：『啜其泣矣，何嗟及矣。』此之謂也。

《後漢書·張奐傳》論：而張奐見欺豎子，揚戈以斷忠烈。雖恨毒在心，辭爵謝咎。《詩》云：『啜其泣矣，何嗟及矣！』

《葛藟》，周室道衰，棄其九族焉。

《春秋左氏·文七年傳》昭公將去群公子，樂豫曰：『不可。公族，公室之枝葉也。若去之，則本根無所庇陰矣。葛藟猶能庇其本根，故君子以爲比，注：詩人取以喻九族兄弟。況國君乎？』

穀則異室，死則同穴。

《晏子春秋·諫下》公曰：『削人之居，殘人之墓，凌人之喪而禁其葬，是於生者施[一]，於死者禮也[二]。《詩》云：「穀則異室，死則同穴。」吾敢不許乎？』

《白虎通·崩薨》合葬者何？所以同夫婦之道也。故《詩》曰：『穀則異室，死則同穴。』

《漢書·哀帝紀》上曰：『朕聞夫婦一體。《詩》云：「穀則異室，死則同穴。」』**《外戚傳》**建平二年，丁太后崩。上曰：『《詩》云：「穀則異室，死則同穴。」昔季武子成寢，杜氏之墓在西階下，請合葬而許之。』附葬之禮，自周興焉。

謂予不信，有如皦日。

《列女·息君夫人傳》夫人遂出見息君，謂之曰：『人生要一死而已，何至自苦！妾無須臾而忘君也，終不以身更貳醮。生離於地上，豈如死歸於地下哉！』乃作詩曰：『穀則異室，死則同穴。謂予不信，有如皦日。』息君止之，夫人不聽，遂自殺。息君亦自殺，同日俱死。**《梁寡高行傳》**高行曰：『妾聞婦人之義，一往而不改，以全貞信之節。念[三]忘死而趨生，是不信也。貴而忘賤，

〔一〕是於生者施，吳則虞編著《晏子春秋集釋》作『是於生者無施』。

〔二〕於死者禮也，吳則虞編著《晏子春秋集釋》作『於死者無禮也』。

〔三〕念，〔漢〕劉向撰，劉曉東校點《列女傳》作『今』。

是不貞也。棄義而從利，無以爲人。』乃援鏡持刃以割其鼻，曰：『妾已刑矣。所以不死者，不忍幼弱之重孤也。王之求妾者，以其色也。今刑餘之人，殆可釋矣。』君子謂高行節禮專精。《詩》云：『謂予不信，有如皎日。』此之謂也。

鄭風

《春秋左氏·襄二十九年傳》爲之歌《鄭》，曰：『美哉！其細已甚，民弗堪也，是其先亡乎！』

《漢書·地理志》其子武公與平王東遷，卒定虢、會之地，右雒左泲，食溱、洧焉。土狹而險，山居谷汲，男女亟聚會，故其俗淫。《鄭詩》曰：『出其東門，有女如雲。』又曰：『溱與洧，方灌灌兮。士與女，方秉菅兮。』『恂盱且樂，惟士與女，伊其相謔。』此其風也。

《緇衣》，國人宜之。

《孔叢子·記義》於《緇衣》，見好賢之心至也。

緇衣之宜兮，敝予又改爲兮。適子之館兮，還予授子之粲兮。

《禮記·緇衣》子曰：『好賢如《緇衣》。』注：《緇衣》首章曰『緇衣之宜兮，敝予又改爲兮。適子之館兮，還予授子之粲兮』，言此衣緇衣者，賢者也，宜長，爲國君。其衣敝，我願改制，授之以新衣，是其『好賢』，欲其貴之甚也。

《春秋左氏·襄二十六年傳》子展相鄭伯，賦《緇衣》。注：《緇衣》，《詩·鄭風》。義取『適子之館兮，還予授子之粲兮』。言不敢違遠于晉。

仲可懷也，人之多言，亦可畏也。

《春秋左氏·襄二十六年傳》子展賦《將仲子兮[一]》。注：《將仲子》，《詩·鄭風》。義取衆言可畏。

《國語·晉語第十》姜曰：『《鄭詩》云：「仲可懷也，人之多言，亦可畏也。」昔管敬仲有言，小妾聞之，曰：「畏威如疾，民之上也。從懷如流，民之下也。見懷思威，民之中也。畏威如疾，乃能威民。威在民上，弗畏有刑。從懷如流，去威遠矣，故謂之下。其在辟也，吾從中也。」《鄭詩》之言，吾其從之。』

執轡如組，兩驂如舞。

《呂氏春秋·先己》《詩》曰：『執轡如組。』孔子曰：『審此言也，可以爲天下。』子貢曰：『何其躁也？』孔子曰：『非謂其躁也，謂其爲之於此，而成文於彼也，聖人組修其身，而成文於天下矣。』

[一]〔周〕左丘明傳，〔晉〕杜預注，〔唐〕孔穎達正義，浦衛忠等整理《春秋左傳正義》注：『本亦無「兮」字，依此《詩·序》。』

《孔叢子·刑論》孔子曰：『吾聞古之善御者，執轡如組，兩驂如舞，非策之助也。是以先王盛於禮而薄於刑，故民從命。今也廢禮而尚刑，故民彌暴。』

《韓詩外傳》卷二故有道以御之，身雖無能也，必使能者爲己用也；無道以御之，彼雖多能，猶將無益於存亡矣。《詩》曰：『執轡如組，兩驂如舞。』貴能御也。故御馬有法矣，御民有道矣。法得則馬和而歡，道得則民安而集。《詩》曰：『執轡如祖，兩驂如舞。』此之謂也。顔淵曰：『獸窮則齧，鳥窮則喙[一]，人窮則詐。自古及今，窮其下能不危者，未之有也。《詩》曰：「執轡如組，兩驂如舞。」善御之謂也。』

《中論·賞罰》夫賞罰之於萬民，猶轡策之於駟馬也。轡策不調，非徒遲速之分也，至於覆車而摧轅。賞罰之不明也，則非徒治亂之分也，至於滅國而喪身。可不慎乎，可不慎乎！故《詩》云：『執轡如組，兩驂如舞。』言善御之可以爲國也。

彼其之子，舍命不渝。

《春秋左氏·昭十六年傳》子產賦鄭之《羔裘》。注：言鄭，別於唐《羔裘》也。取其『彼其之子，舍命不渝』，『邦之彦兮』，以美韓子。宣子曰：『起不堪也。』

[一] 喙，〔漢〕韓嬰撰，許維遹校釋《韓詩外傳集釋》作『啄』。

《晏子春秋・雜上》其僕將馳，晏子撫其手曰：『徐之！疾不必生，徐不必死；鹿生於野，命懸於廚。嬰命有繫矣。』按之成節而後去。《詩》云：『彼已之子，舍命不渝。』晏子之謂也。**《列女・楚成鄭瞀傳》**子瞀退而與其保言曰：『且王聞吾死，必寤太子之不可釋也。』遂自殺。君子曰：『非至仁，孰能以身誠？』《詩》曰：『舍命不渝。』此之謂也。**《梁節姑姊傳》**婦人曰：『被不義之名，何面目以見兄弟國人哉！吾欲復投吾子，爲失母之恩，吾勢不可以生。』遂赴火而死。君子謂節姑姊潔而不污。《詩》曰：『彼其之子，舍命不渝。』此之謂也。

彼其之子，邦之司直。

《春秋左氏・襄二十七年傳》子罕曰：『以誣道蔽諸侯，罪莫大焉。縱無大討，而又求賞，無厭之甚也！』削而投之。君子曰：『彼已之子，邦之司直。』樂喜之謂乎。

《韓詩外傳》卷二石奢曰：『不私其父，非孝也。不行君法，非忠也。以死罪生，不廉也。君欲赦之，上之惠也；臣不能失法，下之義也。』遂不去鈇鑕，刎頸而死乎廷。君子聞之曰：『貞夫法哉，石先生乎！』孔子曰：『子爲父隱，父爲子隱，直在其中矣。』《詩》曰：『彼已之子，邦之司直。』石先生之謂也。　**卷九**晏子曰：『鄧聚爲吾君主鳥而亡之，是罪一也；使吾君以鳥之故而殺人，是罪二也；使四國諸侯聞之，以吾君重鳥而輕士，是罪三也；天子聞之，必將貶絀吾君，危其社稷，絶其宗廟，是罪四也。此四罪者，故當殺無赦，臣請加誅焉。』景公曰：『止！此亦吾過矣。願夫子爲寡人敬謝焉。』《詩》曰：『邦之司直。』　解狐曰：『言子者，公也；怨子者，吾私也。公事已行，怨子如故。』張弓射之，走十步而殁，可謂勇矣。《詩》曰：『邦之司直。』

彼其之子，邦之彦兮。

《韓詩外傳》卷二故爲人父者則願以爲子，爲人子者則願以爲父，爲人君者則願以爲臣，爲人臣者則願以爲君。名昭諸侯，天下願焉。《詩》曰：『彼己之子，邦之彦兮。』此君子之行也。**卷九**對曰：『臣非能相人也，觀友者也。』王曰：『善！』其所以任賢使能而霸天下者，始遇之於是也。《詩》曰：『彼己之子，邦之彦兮。』

洵美且都。

《春秋左氏·昭十六年傳》子旗賦《有女同車》。注：《有女同車》，取其『洵美且都』，愛樂宣子之志。

彼美孟姜，德音不忘。

《列女·楚白貞姬傳》楚君子謂貞姬廉潔而誠信。夫任重而道遠，仁以爲己任，不亦重乎？死而後已，不亦遠乎？《詩》云：『彼美孟姜，德音不忘。』此之謂也。**《張湯母傳》**君子謂張湯母能克己感悟時主。《詩》云：『彼美孟姜，德音不忘。』此之謂也。

《白虎通·衣裳》何以知婦人亦佩玉？《詩》云：『將翱將翔，佩玉將將。彼美孟姜，德音不忘。』

山有扶蘇，隰有荷華。不見子都，乃見狂且。

《中論·審大臣》以斯論之，則時俗之所不譽者未必爲非也，其所譽者未必爲是也。故《詩》曰：『山有扶蘇，隰有荷華。不見子都，乃見狂且。』言所謂好者非好，醜者非醜，亦由亂之所致也。治世則不然矣。

倡予和女。

《春秋左氏·昭十六年傳》子柳賦《蘀兮》。注：《蘀兮》，詩取其『倡予和女』，言宣子倡，己將和從之。

《列女·魯公乘姒傳》姒曰：『婦人之事，唱而後和。吾豈以欲嫁之故數子乎？』《詩》云：『蘀兮蘀兮，風其吹汝。叔兮伯兮，唱予和汝。』

子惠思我，褰裳涉溱。子不我思，豈無他人。

《春秋左氏·昭十六年傳》子太叔賦《褰裳》。注：《褰裳》詩曰：『子惠思我，褰裳涉溱。子不我思，豈無他人。』宣子曰：『起在此，敢勤子至於他人乎？』

《白虎通·衣裳》何以知上爲衣，下爲裳？以其先言衣也。《詩》曰：『褰裳涉溱。』所以合爲衣[一]也。

子惠思我，褰裳涉洧。子不我思，豈無他士？

《呂氏春秋·求人》晋人欲攻鄭，令叔嚮聘焉，視其有人與無人。子産爲之詩曰：『子惠思我，褰裳涉洧。子不我思，豈無他士？』叔嚮歸曰：『鄭有人，子産在焉，不可攻也。秦、荆近，其詩有異心，不可攻也。』

既見君子，云胡不夷？

《春秋左氏·昭十六年傳》子游賦《風雨》。注：《風雨》，詩取其『既見君子，云胡不夷？』

野有蔓草，零露漙兮。有美一人，清揚婉兮。邂逅相遇，適我願兮。

《春秋左氏·襄二十七年傳》子大叔賦《野有蔓草》。注：《野有蔓草》，《詩·鄭風》。取其『邂逅相遇，適我願兮』。趙孟曰：『吾子之惠也。』**《昭十六年傳》**子齹賦《野有蔓草》。注：《野有蔓草》，《詩·鄭風》。

[一] 衣，《粤雅堂叢書》本作『下』。

取其『邂逅相遇，適我願兮』。宣子曰：『孺子善哉，吾有望矣。』

《説苑·尊賢》孔子之郯，遭程子於途，傾蓋而語終日。有間，顧子路曰：『取束帛一，以贈先生。』子路不對。有間，又顧曰：『取束帛一，以贈先生。』子路屑然對曰：『由聞之也，士不中而見，女無媒而嫁，君子不行也。』孔子曰：『由，《詩》不云乎：「野有蔓草，零露漙兮。有美一人，清揚婉兮。邂逅相遇，適我願兮。」今程子天下之賢士也，於是不贈，終身不見。大德毋逾閑，小德出入可也。』

齊風

《春秋左氏·襄二十九年傳》爲之歌《齊》，曰：『美哉！泱泱乎，大風也哉！表東海者，其太公乎！國未可量也。』

《漢書·地理志》至周成王時，薄姑氏與四國共作亂。成王滅之，以封師尚父，是爲太公。《詩·風》齊國是也。臨甾名營丘，故《齊詩》曰：『子之營兮，遭我虖嶩之間兮。』又曰：『竢我於著乎而。』此亦其舒緩之體也。

《雞鳴》，故陳賢妃貞女，夙夜警戒。

《孔叢子·記義》於《雞鳴》，見古之君子不忘其敬也。

東方未明，顛倒衣裳。顛之倒之，自公召之。

《荀子·大略篇》諸侯召其臣，臣不俟駕，顛倒衣裳而走，禮也。《詩》曰：『顛之倒之，自公召之。』

《說苑·奉使》文侯於是遣倉唐賜太子衣一襲，敕倉唐以雞鳴時至。太子起拜受賜，發篋視衣，盡顛倒。太子曰：『趣早駕，君侯召擊也。』倉唐曰：『臣來時，不受命。』太子曰：『君侯賜擊衣，不以爲寒也。欲召擊，無誰與謀。故敕子以雞鳴時至。《詩》曰：「東方未明，顛倒衣裳。顛之倒之，自公召之。」』遂西至謁。文侯大喜。

取妻如之何？必告父母。

《孟子·萬章上》萬章問曰：『《詩》云：「娶妻如之何，必告父母。」信斯言也，宜莫如舜。舜之不告而娶，何也？』孟子曰：『告則不得娶。男女居室，人之大倫也。如告，則廢人之大倫，以懟父母，是以不告也。』

《孔叢子·論書》《詩》云：『娶妻如之何，必告父母。』父母在，則宜圖婚；若已歿，則已之娶，必告其廟。今舜之鰥，乃父母之頑嚚也，雖堯爲天子，其如舜何？

《白虎通·嫁娶》男不自專娶，女不自專嫁，必由父母，須媒妁何？遠恥防淫泆也。《詩》云：

『娶妻如之何？必告父母。』又曰：『娶妻如之何？匪媒不得。』

析薪如之何？匪斧不克。取妻如之何？匪媒不得。

《禮記·坊記》子云：『夫禮，坊民所淫，章民之別，使民無嫌，以爲民紀者也。故男女無媒不交，無幣不相見，恐男女之無別也。以此坊民，民猶有自獻其身。《詩》云：「伐柯如之何？匪斧不克。取妻如之何？匪媒不得。蓺麻如之何？横從其畝。取妻如之何？必告父母。」』

《甫田》，大夫刺襄公也。

《説苑·復恩》舟之僑遂歷階而去。文公求之不得，終身誦《甫田》之詩。

無田甫田，維莠驕驕。

《鹽鐵論·地廣》今中國弊落不憂，務在邊境。意者地廣而不耕，多種而不耨，費力而無功。《詩》云：『無田甫田，維莠驕驕。』其斯之謂歟。

猗嗟名兮，美目清兮。儀既成兮，終日射侯。不出正兮，展我甥兮。

《爾雅·釋訓》猗嗟名兮，目上爲名。

《中論·務本》魯桓公容貌美麗，且多技藝，然而無君才大智，不能以禮防正其母，使與齊侯淫亂不絶，驅馳道路。故《詩》刺之曰：『猗嗟名兮，美目清兮。儀既成兮，終日射侯。不出正兮，展我甥兮。』

四矢反兮，以禦亂兮。

《白虎通·鄉射》射正何爲乎？曰：射義非一也。夫射者，執弓堅固，心平體正，然後中也。二人争勝，樂以德養也。勝負俱降，以崇禮讓，可以選士。故射選士大夫，勝者發近而制遠也，其兵短而害長也，故可以戒難也。所以必因射助陽選士者，所以扶助微弱而抑其强，和調陰陽，戒不虞也。何以知爲戒難也？《詩》云：『四矢反兮，以禦亂兮。』

魏風

《春秋左氏·襄二十九年傳》爲之歌《魏》，曰：『美哉！渢渢乎，大而婉！險而易行，以德輔此，則明主也。』

《漢書·地理志》魏國，亦姬姓也，在晋之南河曲，故其《詩》曰『彼汾一曲』『寘諸河之側』。

維是褊心，是以爲刺。

《列女·魯秋潔婦傳》婦曰：『子束髮辭親往仕，五年乃還。當所悦馳驟揚塵疾至。今也乃悦路傍婦人，下子之粮，以金予之，是忘母也，忘母不孝。好色淫佚，是污行也，污行不義。』君子曰：『見善如不及，見不善如探湯，秋胡子婦之謂也。』《詩》云：『惟是褊心，是以爲刺。』此之謂也。

彼其之子，美如英。美如英，殊異乎公行。

《春秋左氏・宣二年傳》及成公即位，乃宦卿之適子而爲之田，以爲公族。又宦其餘子。亦爲餘子，其庶子爲公行。晉於是有公族、餘子、公行。

《韓詩外傳》卷二君子有主善之心，而無勝人之色；德足以君天下，而無驕肆之容；行足以及後世，而不以一言非人之不善。故曰：君子盛德而卑，虛己以受人，旁行不流，應物而不窮，雖在下位，民願戴之，雖欲無尊，得乎哉！《詩》曰：『彼其之子，美如英，美如英，殊異乎公行。』

彼其之子，美如玉。美如玉，殊異乎公族。

《韓詩外傳》卷二君子易知[一]而難狎也，易懼而不可劫也。畏患而不避義死，好利而不爲所

[一] 知，原本作『和』，〔清〕俞樾《讀韓詩外傳》認爲，《韓詩外傳》作『和』，字之誤也。知者，接也。荀子以『知』『狎』對文，正本乎詩。見〔漢〕韓嬰撰，許維遹校釋《韓詩外傳集釋》卷二第十八條，今從之，改『和』爲『知』。

非，交親而不比，言辯而不亂，盪盪乎其義不可少也。嗛[一]乎其廉不可劌也，温乎其仁厚之寬大也，超乎其有以殊於世也。《詩》曰：『美如玉，美如玉，殊異乎公族。』

心之憂矣，我歌且謡。

《列女·魯寡陶嬰傳》魯人或聞其義，將求焉。嬰聞之，恐不得免，作歌，明己之不更二也。君子謂陶嬰貞壹而思。《詩》云：『心之憂矣，我歌且謡。』此之謂也。

心之憂矣，其誰知之？

《韓詩外傳》卷九昔者范蠡行游，與齊屠地居，奄忽龍變，仁義沈浮，湯湯慨慨，天地同憂。故君子居之，安得自若？《詩》曰：『心之憂矣，其誰知之？』

陟彼屺兮，瞻望母兮。

《列女·魯臧孫母傳》文仲將爲魯使至齊，其母送之曰：『汝刻而無恩，好盡人力，窮人以威，魯國不容子矣，而使子之齊。凡姦將作，必於變動。害子者其於斯發事乎！汝其戒之。』君子謂臧孫母識微見遠。《詩》云：『陟彼屺兮，瞻望母兮。』此之謂也。

[一] 嗛，〔漢〕韓嬰撰，許維遹校釋《韓詩外傳集釋》作『磏』。

河水清且漣漪。

《爾雅·釋水》河水清且瀾漪，大波爲瀾，小波爲淪，直波爲徑。

《伐檀》，刺貪也。

《孔叢子·記義》於《伐檀》，見賢者之先事後食也。

《漢書·王吉傳》至於積功治人，亡益於民，此《伐檀》所爲作也。

彼君子兮，不素餐兮。

《孟子·盡心上》公孫丑曰：『《詩》曰「不素餐兮」，君子之不耕而食，何也？』孟子曰：『君子居是國也，其君用之，則安富尊榮；其子弟從之，則孝弟忠信。「不素餐兮」，孰大於是？』

《春秋繁露·仁義法》又曰：『坎坎伐輻，彼君子兮，不素餐兮。』先其事後其食，謂治身也。

《韓詩外傳》卷二商容辭曰：『吾常馮於馬徒，欲以伐紂而不能，愚也；不争而隱，無勇也；愚且無勇，不足以備三公。』遂固辭不受命。君子聞之曰：『商容可謂内省而不誣能矣。君子哉！去素餐遠矣。《詩》曰：「彼君子兮，不素餐兮。」商先生之謂也。』　李離對曰：『夫無能以事君，闇行以臨官，是無功以食禄也。臣不能以虚自誣。』遂伏劍而死。君子聞之曰：『忠矣乎！《詩》曰：「彼君子兮，不素餐兮。」李先生之謂也。』

《潛夫論·三式》先王之制，繼體立諸侯，以象賢也。子孫雖有食舊德之義，然封疆立國，不爲諸侯，張官置吏，不爲大夫，必有功於民，乃得保位，故有考績、黜刺，九錫三削之義。《詩》云：『彼君子兮，不素餐兮。』由此觀之，未有得以無功而禄者也。

彼君子兮，不素餐[一]**兮。**

《說苑·修文》故古者兒生三日，桑弧蓬矢六，射天地四方。天地四方者，男子之所有事也。必有意其所有事，然後敢食穀。故曰：『不素餐兮。』此之謂也。

《列女·齊田稷母傳》其母曰：『吾聞士修身潔行，不爲苟得。竭情盡實，不行詐僞。非義之事，不計於心。非理之利，不入於家。言行若一，情貌相副。』君子謂稷母廉而有化。《詩》曰：『彼君子兮，不素餐兮。』無功而食禄不爲也，况於受金乎？

《碩鼠》，刺重斂也。

《鹽鐵論·取下》及周之末塗，德惠塞而嗜欲衆，君奢侈而上求多，民困於下，怠於公事。是以有履畝之税，《碩鼠》之詩也。

[一] 餐，《粤雅堂叢書》本作『飧』。下同。

《説苑・善説》甯戚飯牛於康衢，擊車輻而歌《碩鼠》。光琦謹據《後漢書・馬融傳》注引本與《呂氏春秋・舉難》『擊牛角疾歌』，高注歌《碩鼠》也相合。今本《説苑》作『擊車輻而歌』，顧見桓公得之時霸也，顧見即《碩鼠》字之譌耳。

逝將去汝，適彼樂土。樂土樂土，爰得我所。

《韓詩外傳》卷二妻曰：『君使不從，非忠也；從之，是遺義也。不如去之。』《論語》曰：『色斯舉矣，翔而後集。』接輿之妻是也。《詩》曰：『逝將去汝，適彼樂土。適彼樂土，爰得我所。』　伊尹知大命之將至，舉觴造桀曰：『君王不聽臣言，大命至矣，亡無日矣！』於是伊尹接履而趨，遂適於湯。湯以爲相。可謂適彼樂土，爰得其所矣。《詩》曰：『逝將去汝，適彼樂土。適彼樂土，爰得我所。』

《白虎通・諫諍》其不待放者，亦與之物。明有介主無介民也[一]。《詩》曰：『逝將去汝，適彼樂土。』

[一]　明有介主無介民也，《粵雅堂叢書》本作『明有分土無分民也』。今按：〔清〕陳立撰，吳則虞點校《白虎通疏證》引《王度記》曰：『反之以玦。其待放者，亦與之物，明有分土無分民也。』文下注，此文題錯，當云『反之以環，其不得反者』云云也。

逝將去汝，適彼樂國。樂國樂國，爰得我直。

《韓詩外傳》卷二田饒曰：『臣聞食其食者，不毀其器。陰其樹者，不折其枝。有臣不用，何書其言？遂去之燕。燕立以爲相。三年，燕政太平，國無盜賊。』《詩》云：『逝將去汝，適彼樂國。適彼樂國，爰得我直。』

逝將去汝，適彼樂郊。樂郊樂郊，誰之永號。

《新序·節士》遂去而之介山之上，文公使人求之不得。爲之避寢三月，號呼朞年。《詩》曰：『逝將去汝，適彼樂郊。適彼樂郊，誰之永號。』此之謂也。

唐風

《**春秋左氏·襄二十九年傳**》爲之歌《唐》，曰：『思深哉！其有陶唐氏之遺民乎？不然，何憂之遠也？非令德之後，誰能若是？』

《**漢書·地理志**》至成王滅唐而封叔虞，唐有晋水，及叔虞子燮爲晋侯云，故參爲晋星。其民有先王遺教，君子深思，小人儉陋。故《唐詩·蟋蟀》《山樞》《葛生》之篇曰『今我不樂，日月其邁』『宛其死矣，它人是媮』『百歲之後，歸于其居』，皆思奢儉之中，念死生之慮。

《蟋蟀》，儉不中禮。

《孔叢子·記義》於《蟋蟀》，見陶唐儉德之大也。

《鹽鐵論·力耕》昔季文子相魯，妻不衣帛，馬不秣粟。孔子曰：『不可，大儉極下。』此《蟋蟀》所爲作也。[一]

無已大康，職思其居。好樂無荒，良士瞿瞿。

《春秋左氏·襄二十七年傳》印段賦《蟋蟀》。注：《蟋蟀》，《詩·唐風》。曰：『無已大康，職思其居。好樂無荒，良士瞿瞿。』言瞿瞿然顧禮儀。趙孟曰：『善哉！保家之主也。吾有望矣。』

無已大康，職思其憂。

《列女·密康公母傳》其母曰：『夫粲，美[二]之物，歸汝，而何德以堪之？王猶不堪，況爾小醜乎？』君子謂[三]密母爲能識微。《詩》云：『無已太康，職思其憂。』此之謂也。

[一] 此段出自《鹽鐵論·通有》。

[二] 美，原本作『姜』，據《粤雅堂叢書》本改。

[三] 謂，原本作『爲』，據《粤雅堂叢書》本改。

好樂無荒，良士休休。

《列女·楚子發母傳》使人數之曰：『今子爲將，士卒升分菽粒而食之。子獨朝夕芻豢黍粱，何也？《詩》不云乎：「好樂無荒，良士休休」，言不失和也。』

子有衣裳，弗曳弗婁。子有車馬，弗馳弗驅。

《韓詩外傳》卷二人謂子賤，則君子矣。佚四肢，全耳目，平心氣，而百官理，任其數而已。巫馬期則不然乎。然事情勞力教詔，雖治猶未至也。《詩》曰：『子有衣裳，弗曳弗屢。子有車馬，弗馳弗驅。』

我聞有命。

《春秋左氏·定十年傳》駟赤對曰：『臣之業，在《揚水》卒章之四言矣。』注：《揚水》，《詩·唐風》。卒章四言曰：『我聞有命。』

彼其之子，實[一]大且篤。

《韓詩外傳》卷二子路曰：『夫士欲立身行道，無顧難易，然後能行之。欲行義狥名，無顧利

[一] 實，《粵雅堂叢書》本作『碩』。

害，而後能行之。』《詩》曰：『彼己之子，碩大且篤。』非良篤修身行之君子，其孰能與之哉！

肅肅鴇羽，集于苞栩。王事靡盬，不能藝稷黍。父母何怙？悠悠蒼天，曷其有所？

《韓詩外傳》卷二子路曰：『由也心慚，故先負薪歸。』孔子援琴而彈：『《詩》曰：「肅肅鴇羽，集于苞栩。王事靡盬，不能蓺稷黍。父母何怙？悠悠蒼天，曷其有所？」予道不行邪，使汝願者。』

《鹽鐵論·執務》若今則繇役極遠，盡寒苦之地，危難之處，涉胡、越之域，今茲往而來歲還。父母延頸而西望，男女怨曠而相思，身在東楚，志在西河，故一人行而鄉曲恨，一人死而萬人悲。《詩》云：『王事靡盬，不能藝稷黍。父母何怙？』『念彼恭人，涕零如雨。豈不懷歸？畏此罪罟。』

秦風

《春秋左氏·襄二十九年傳》爲之歌《秦》，曰：『此之謂夏聲。夫能夏則大，大之至也，其周之舊乎！』

《漢書·地理志》天水、隴西，山多林木，民以板爲室屋。及安定、北地、上郡、西河，皆迫近戎狄，修習戰備，高上氣力，以射獵爲先。故《秦詩》曰『在其板屋』，又曰『王于興師，修我甲兵，與子偕行』，及《車轔》《四驖》《小戎》之篇，皆言車馬田狩之事。

既見君子，並坐鼓瑟。

《列女·齊孤逐女傳》王曰：『夫牛鳴而馬不應，非不聞牛聲也，異類故也。此人必有與人異者矣。』遂見，與之語三日。《詩》云：『既見君子，並坐鼓瑟。』此之謂也。

公之媚子，從公于狩。

《列女·漢馮昭儀傳》建昭中，上幸虎圈鬬獸，後宮皆從。熊逸出圈，攀欄欲上殿。左右貴人、傅昭儀皆驚走，而馮婕妤直當熊而立。左右格殺熊。天子問婕妤：『人情皆驚懼，何故當熊？』對曰：『妾聞猛獸得人而止，妾恐至御坐，故以身當之。』君子謂昭儀勇而慕義。《詩》云：『公之媚子，從公于狩。』《論語》云：『見義不爲，無勇也。』昭儀兼之矣。

言念君子，温其如玉。在其板屋，亂我心曲。

《禮記·聘義》子貢問於孔子曰：『敢問君子貴玉而賤碈者，何也？爲玉之寡而碈之多與？』孔子曰：『非爲碈[一]之多故賤之也，玉之寡故貴之也。夫昔者君子比德如[二]玉焉：温潤而澤，仁也；縝密以栗，知也；廉而不劌，義也；垂之如隊，禮也；叩之，其聲清越以長，其終詘然，樂也；瑕不掩瑜，

[一] 碈，原本作『婚』，據《粤雅堂叢書》本改。

[二] 如，《粤雅堂叢書》本作『於』。

瑜不掩瑕，忠也；孚尹旁達，信也；氣如白虹，天也；精神見於山川，地也；圭璋特達，德也；天下莫不貴者，道也。《詩》云：「言念君子，温其如玉。」故君子貴之也。』

《韓詩外傳》卷二孔子曰：『士有五：有勢尊貴者，有家富厚者，有資勇悍者，有心智愚[一]者，有貌美好者。有勢尊貴者，不以愛民行義理[二]，而反以暴敖凌物[三]。家富厚者，不以賑窮救不足，而反以侈靡無度。資勇悍者，不以衛上攻戰，而反以侵陵私鬬。心智愚者，不以端計數，而反以事姦飾詐。貌美好者，不以統朝涖民，而反以蠱女縱欲。此五者，所謂士失其美質者也。《詩》曰：『温其如玉，在其板屋，亂我心曲。』』

厭厭良人，秩秩德音。

《列女·楚於陵妻傳》妻曰：『夫結駟連騎，所安不過容膝。食方丈於前，甘不過一肉。今以容膝之安、一肉之味，而懷楚國之憂，其可乎？亂世多害，妾恐先生之不保命也。』君子謂於陵妻爲有德行。《詩》云：『愔愔良人，秩秩德音。』此之謂也。

[一] 愚，《粤雅堂叢書》本作『惠』。
[二] 義理，《粤雅堂叢書》本作『禮義』。
[三] 原本無『凌物』二字，據〔漢〕韓嬰撰，許維遹校釋《韓詩外傳集釋》補。

顏如渥丹，其君也哉！

《韓詩外傳》卷二上之人所遇，色爲先，聲音次之，事行而[一]後。故望而宜爲人君者，容也。近而可信者，色也。發而中者，言也。文而可觀者，行也。故君子容色，天下儀象而望之，不暇言而宜人爲人君者。《詩》曰：『顏如渥丹，其君也哉！』

君子至止，黻衣繡裳。佩玉將將，壽考不忘。

《中論·爵禄》《詩》云：『君子至止，黻衣繡裳。佩玉鏘鏘，壽考不忘。』『黻衣繡裳』，君子之所服也，愛其德，故美其服也。暴亂之君子，非無此服也，而民弗美也。

《黄鳥》，哀三良也。國人刺穆公以人從死。

《春秋左氏·文六年傳》秦伯任好卒。以子車氏之三子奄息、仲行、針虎爲殉，皆秦之良也。國人哀之，爲之賦《黄鳥》。

《史記·秦本紀》繆公卒，葬雍。從死者百七十七人，秦之良臣子輿氏三人，名曰奄息、仲行、鍼虎，亦在從死之中。秦人哀之，爲作歌《黄鳥》之詩。

[一] 而，《粤雅堂叢書》本作『爲』。

如可贖兮，人百其身。

《孔叢子・記義》顏讎由善事親，子路義之，後讎由以非罪執於義[一]，將厄。子路請以金贖焉，人將許之。既而二三子納金於子路以入衛。或謂孔子曰：『受人之金以贖其私昵，義乎？』子曰：『《詩》云「如可贖兮，人百其身」。苟出金可以生人，雖百倍古人不以爲多。』

鴥彼晨風，鬱彼北林。未見君子，憂心欽欽。如何如何，忘我實多。

《韓詩外傳》卷八文侯曰：『《晨風》謂何？』對曰：『鴥彼晨風，鬱彼北林。未見君子，憂心欽欽。如何如何，忘我實多。』於是文侯大悅，曰：『欲知其子視其母，欲知其君視其所使。中山君不賢，惡能得賢？』遂廢太子訢，召中山君以爲嗣。

王于興師，修我戈矛，與子同仇。

《春秋左氏・定四年傳》申包胥如秦乞師，秦哀公爲之賦《無衣》。注：《詩・秦風》。取其『王于興師，修我戈矛，與子同仇，與子偕作，與子同行』。

我送舅氏，曰至渭陽。何以贈之？路車乘黃。

[一] 義，傅亞庶撰《孔叢子校釋》作『衛』。

《**列女·秦穆公姬傳**》穆姬之弟重耳入秦，秦送之晉，是爲晉文公。太子罃思母之恩，而送其舅氏也，作詩曰：『我送舅氏，曰至渭陽。何以贈之？路車乘黄。』

陳風

《**春秋左氏·襄二十九年傳**》爲之歌《陳》，曰：『國無主，其能久乎？』

《**漢書·地理志**》周武王封舜後嬀滿於陳，是爲胡公，妻以元女大姬。婦人尊貴，好祭祀，用史巫，故其俗巫鬼。《陳詩》曰：『坎其擊鼓，宛丘之下。亡冬亡夏，值其鷺羽。』又曰：『東門之枌，宛丘之栩。子仲之子，婆娑[一]其下。』此其風也。

不績其麻，市也婆娑。

《**後漢書·王符傳**》《詩》刺『不績其麻，市也婆娑』，又婦人不修中饋，休其蠶織，而起學巫祝，鼓舞事神，以欺誣細民，熒惑百姓妻女。

衡門之下，可以棲遲。泌之洋洋，可以樂飢。

《**韓詩外傳**》卷二子夏對曰：『雖居蓬户之中，彈琴以詠先王之風。有人亦樂之，無人亦樂

[一] 婆娑，原本作『婆婆』，據〔漢〕班固撰，〔唐〕顔師古注《漢書》改。

之，亦可發憤忘食矣。』《詩》曰：『衡門之下，可以栖遲。泌之洋洋，可以療饑。』

《列女·楚老萊妻傳》至江南而止，曰：『鳥獸之解毛，可績而衣之。據其遺粒，足以食也。』老萊子乃隨其妻而居之。民從而家者，一年成落，三年成聚。君子謂老萊妻果於從善。《詩》曰：『衡門之下，可以栖遲。泌之洋洋，可以療飢。』此之謂也。

彼美淑姬，可與晤言。

《韓詩外傳》卷九北郭先生即謂婦人曰：『楚欲以我爲相。』婦人曰：『以容膝之安、一肉之味，而殉楚國之憂，其可乎？』於是遂不應聘，與婦去之。《詩》曰：『彼美淑姬，可與晤言。』

《列女·晉文齊姜傳》君子謂齊姜潔而不瀆，能育君子於善。《詩》云：『彼美孟姜，可與寤言。』此之謂也。

《魯黔婁妻傳》君子謂黔婁妻爲樂貧行道。《詩》曰：『彼美淑姬，可與寤言。』此之謂也。

墓門有棘，斧以斯之。夫也不良，國人知之。知而不已，誰昔然矣。

《列女·陳辯女傳》晉大夫解居甫使於宋，道過陳，遇採桑之女，止而戲之曰：『女爲我歌，我將舍汝。』採桑女乃爲之歌曰：『墓門有棘，斧以斯之。夫也不良，國人知之。知而不已，誰昔然矣。』

墓門有梅，有鴞萃止。夫也不良，歌以訊之。訊予不顧，顛倒思予。

《列女・陳辯女傳》大夫又曰：『爲我歌其二。』女曰：『墓門有梅，有鴞萃止。夫也不良，歌以訊止。訊予不顧，顛倒思予。』大夫曰：『其梅則有，其鴞安在？』女曰：『陳，小國也。攝乎大國之間，因之以饑餓，加之以師旅，其人且亡，而况鴞乎？』大夫乃服而釋之。

檜風

《春秋左氏・襄二十九年傳》自《檜》以下，無譏焉。

我心傷悲兮，聊與子同歸兮。

《列女・齊杞梁妻傳》既葬，曰：『吾何歸矣？夫婦人必有所倚者也。父在則倚父，夫在則倚夫，子在則倚子。今吾上則無父，中則無夫，下則無子，内無所依以見吾誠，外無所倚以立吾節。吾豈能更二哉？亦死而已。』遂赴淄水而死。君子謂杞梁之妻貞而知禮。《詩》云：『我心傷悲，聊與子同歸。』此之謂也。

匪風發兮，匪車偈兮。顧瞻周道，中心怛兮。

《韓詩外傳》卷二傳曰：國無道則飄風厲疾，暴雨折木，陰陽錯氛，夏寒冬温，春熱秋榮，日月無光，星辰錯行，民多疾病，國多不祥，群生不壽，而五穀不登。當成周之時，陰陽調，寒暑平，群生遂，萬物甯，故曰：其風治，其樂連，其驅馬舒，其民依依，其行遲遲，其意好好。《詩》曰：『匪風發兮，匪車揭兮。顧瞻周道，中心怛兮。』

《漢書・王吉傳》吉上疏諫曰：『臣聞古者師日行三十里，吉行五十里。《詩》云：「匪風發兮，匪車揭兮。顧瞻周道，中心怛兮。」』説曰：是非古之風也，發發者；是非古之車也，揭揭者。蓋傷之也。

誰能亨魚，溉之釜鬵。誰將西歸？懷之好音。

《説苑・善説》於是楚王發使一駟，副使二乘，追公子皙濮水之上。子皙還重於楚，遽伯玉之力也。故《詩》曰：『誰能亨魚，溉之釜鬵。誰將西歸？懷之好音。』此之謂也。

心之憂矣，於我歸説。

《禮記・表記》子曰：『君子不以口譽人，則民作忠。故君子問人之寒則衣之，問人之飢則食之，稱人之善則爵之。《國風》曰：「心之憂矣，於我歸説。」』注：欲歸其所説忠信之人也。

三百赤芾。

《後漢書·東平憲王蒼傳》宜當暴骸膏野，爲百僚先，而愚頑之質，加以固病，誠羞負乘，辱污輔將之位，將被詩人『三百赤紱』之刺。

維鵜在梁，不濡其翼。彼其之子，不稱其服。

《禮記·表記》是故君子服其服，則文以君子之容；有其容，則文以君子之辭；遂其辭，而實以君子之德。是故君子耻服其服而無其容，耻有其容而無其辭，耻有其辭而無其德，耻有其德而無其行。是故君子衰絰則有哀色，端冕則有敬色，甲胄則有不可辱之色。《詩》云：『維鵜在梁，不濡其翼。彼其之子，不稱其服。』注：鵜，鵜胡，污澤也。污澤善泥水之中。在魚梁以不濡污其翼爲才，如君子以稱其服爲有德。

《春秋左氏·僖二十四年傳》君子曰：『服之不衷，身之灾也。《詩》曰：「彼己之子，不稱其服。」子臧之服，不稱也夫。』

彼其之子，不遂其媾。

《國語·晋語第十》子玉曰：『然[一]則請止狐偃。』王曰：『不可。《曹詩》曰：「彼己之子，不遂其媾。」鄖之也。夫鄖而效之，鄖又甚焉。效鄖，非義也。』

[一] 原本無『然』字，據徐元誥撰，王樹民、沈長雲點校《國語集解》補。

淑人君子，其儀一兮。其儀一兮，心如結兮。

《禮記·緇衣》子曰：『下之事上也，身不正，言不信，則義不壹，行無類也。』子曰：『言有物而行有格也，是以生則不可奪志，死則不可奪名。故君子多聞，質而守之；多志，質而親之；精知，略而行之。《詩》云：「淑人君子，其儀一也。」』

《荀子·勸學篇》是故無冥冥之志者，無昭昭之明；無惛惛之事者，無赫赫之功。行衢道者不至，事兩君者不容。目不兩視而明，耳不兩聽而聰。螣蛇無足而飛，梧鼠五技而窮。《詩》曰：『尸鳩在桑，其子七兮。淑人君子，其儀一兮。其儀一兮，心如結兮。』故君子結於一也。

《淮南子·詮言訓》賈多端則貧，工多技則窮，心不一也。故木之大者害其條，水之大者害其身[一]。有智而無術，雖鑽之不通；有百技而無一道，雖得之弗能守。故《詩》曰：『淑人君子，其儀一也。其儀一也，心如結也。』君子其結於一乎。

《韓詩外傳》卷二凡治氣養心之術，莫徑由禮，莫優得師，莫慎一好。好一則博，博則精，精則神，神則化，是以君子務結心乎一也。《詩》曰：『淑人君子，其儀一兮。其儀一兮，心如結兮。』

《說苑·反質》《詩》云：『鳲鳩在桑，其子七兮。淑人君子，其儀一兮。』傳曰：『鳲鳩之所

[一] 身，何寧撰《淮南子集釋》作『深』。

以養七子者，一心也。君子之所以理萬物者，一儀也。以一儀理物，天心也；五者不離，合而爲一，謂之天心。在我能因自深結其意於一，故一心可以事百君，百心不可以事一君，是故誠不遠也。夫誠者一也，一者質也；君子雖有外文，必不離内質矣。』

《列女·魏芒慈母傳》於是，前妻中子犯魏王令，當死。慈母憂戚悲哀，帶圍減尺，朝夕勤勞，以救其罪。君子謂慈母一心。《詩》云：『尸鳩在桑，其子七兮。淑人君子，其儀一兮。其儀一兮，心如結兮。』言心之均一也。尸鳩以一心養七子，君子以一儀養萬物。一心可以事百君，百心不可以事一君。此之謂也。

《潛夫論·交際》唯有古烈之風，志義之士爲不然爾。恩有所結，終身無解，心有所矜，賤而益篤。《詩》云：『淑人君子，其儀一兮，心如結兮。』

淑人君子，其儀不忒。其儀不忒，正是四國。

《孝經·聖治章》君子則不然，言思可道，行思可樂，德義可尊，作事可法，容止可觀，進退可度，以臨其民。是以其民畏而愛之，則而象之，故能成其德教，而行其政令。《詩》云：『淑人君子，其儀不忒。』

《禮記·經解》其在朝廷，則道仁聖禮義之序；燕處，則聽《雅》《頌》之音；行步，則有環佩之聲；升車，則有鸞和之音。居處有禮，進退有度，百官得其宜，萬事得其序。《詩》云：『淑人君子，其儀不忒。其儀不忒，正是四國。』此之謂也。《緇衣》子曰：『爲上可望而知也，爲下可述而志也，則君不疑於其臣，而臣不惑於其君矣。《詩》云：「淑人君子，其儀不忒。」』《大學》《詩》云：『其儀不忒，正是四國。』其爲父子、兄弟足法，而后民法之也。

《荀子·君子篇》故尚賢使能，等貴賤，分親疏，序長幼，此先王之道也。故尚賢使能，則主尊下安；貴賤有等，則令行而不流；親疏有分，則施行而不悖；長幼有序，則事業捷成而有所休。故仁者仁此者也，義者分此者也，節者死生此者也，忠者惇慎此者也，兼此而能之備矣。備而不矜，一自善也，謂之聖。不矜矣，夫故天下不與争能，而致善用其功。有而不有也，夫故爲天下貴矣。《詩》曰：『淑人君子，其儀不忒。其儀不忒，正是四國。』此之謂也。《富國篇》人皆亂，我獨治；人皆危，我獨安；人皆失喪之，我按起而治之。故仁人之用國，非特將持其有而已也，又將兼人。《詩》曰：『淑人君子，其儀不忒。其儀不忒，正是四國。』此之謂也。《議兵篇》是以堯伐驩兜，舜伐有苗，禹伐共工，湯伐有夏，文王伐崇，武王伐紂，此四帝兩王，皆以仁義之兵行於天下也。故近者親其善，遠方慕其義[一]，兵不血刃，遠邇來服，德盛於此，施及四極。《詩》曰：『淑

[一] 義，原本作『德』，〔清〕王先謙撰，沈嘯寰、王星賢點校《荀子集解》中王念孫注曰：『「慕其德」，「德」本作「義」，後人改「義」爲「德」，以與「服」「極」爲韻，而不知與「德」相複也。』今據王念孫注改。

人君子，其儀不忒。』此之謂也。

《呂氏春秋·先己》昔者先聖[一]王，成其身而天下成，治其身而天下治。故善響者不於響於聲，善影者不於影於形，爲天下者不於天下於身。《詩》曰：『淑人君子，其儀不忒。其儀不忒，正是四國。』言正諸身也。

《列女·衛姑定姜傳》定姜曰：『是先君宗卿之嗣也。大國又以爲請，而弗許，將亡。雖惡之，不欲愈於亡乎？君其忍之。夫安民則宥宗卿，不亦可乎？』定公遂復之。君子謂定姜能遠難。《詩》曰：『其儀不忒，正是四國。』此之謂也。**《楚昭貞姜傳》**夫人曰：『妾聞之，貞女之義不犯約，勇者不畏死，守一節而已。妾知從使者必生，留必死。然棄約越義而求生，不若留而死耳。』君子謂貞姜有婦節。《詩》云：『淑人君子，其儀不忒。』此之謂也。

淑人君子，正是國人。正是國人，胡不萬年！

《韓詩外傳》卷二君子學之，則爲國用。故動則安百姓，議則延民命。《詩》曰：『淑人君子，正是國人。正是國人，胡不萬年！』　**卷九**士褐衣緼著未嘗完也，糲藿[二]之食未嘗飽也，世俗之

[一] 原本無『聖』字，據陳奇猷校釋《呂氏春秋校釋》補。

[二] 藿，〔漢〕韓嬰撰，許維遹校釋《韓詩外傳集釋》作『荅』。

士，即以爲羞耳。及其出則安百議，用則延民命，世俗之士超然自知不及遠矣。《詩》曰：『正是國人，胡不萬年！』

《下泉》，思治也。

《孔叢子·記義》於《下泉》，見亂世之思明君也。

豳風

《周禮·籥章》仲春，晝歈《豳詩》以逆暑。仲秋，夜迎寒亦如之。凡國祈年于田祖，歈《豳雅》。國祭蜡，則歈《豳頌》。

《春秋左氏·襄二十九年傳》爲之歌《豳》，曰：『美哉，蕩乎！樂而不淫，其周公之東乎！』

《漢書·地理志》昔后稷封斄，公劉處豳，大王徙郊，文王作酆，武王治鎬，其民有先王遺風，好稼穡，務本業。故《豳詩》言農桑衣食之本甚備。

《七月》，陳王業也。

《孔叢子·記義》於《七月》，見豳公之所造周也。

《後漢書·王符傳》是故明王之養民，憂之勞之，教之誨之，慎微防萌，以斷其邪。《七月》之詩，大小教之，終而復始。

七月流火

《漢書·律曆志》哀公十二年冬十二月流火，非[一]建戌之月也。是月也，螽。故傳曰：『火伏而後蟄者畢，今火猶西流，司曆過也。』《詩》曰：『七月流火。』

四之日舉趾，同我婦子，饁彼南畝。

《漢書·食貨志》春令民畢出在野，冬則畢入於邑。其《詩》曰：『四之日舉趾，同我婦子，饁彼南晦。』又曰：『十月蟋蟀，入我牀下。』『嗟我婦子，聿爲改歲，入此室處。』所以順陰陽，備寇賊習禮文也。

晝爾于茅，宵爾索綯。亟其乘屋，其始播百穀。

《孟子·滕文公上》孟子曰：『民事不可緩也。《詩》云：「晝爾于茅，宵爾索綯，亟其乘屋，其始播百穀。」』

《荀子·大略篇》然則賜願息耕。孔子曰：『《詩》云：「晝爾于茅，宵爾索綯。亟其乘屋，其

[一] 原本無『非』字，據〔漢〕班固撰，〔唐〕顏師古注《漢書》補。

始播百穀。」耕難，耕焉可息哉。」

《鹽鐵論·散不足》古者，庶人春夏耕耘，秋冬收藏，昏晨力作，夜以繼日。《詩》云：『晝爾于茅，宵爾索綯。亟其乘屋，其始播百穀。』

二之日鑿冰沖沖，三之日納于凌陰，四之日其蚤獻羔祭韭。

《春秋左氏·昭四年傳》《七月》之卒章，藏冰之道也。注：《七月》，《詩·豳風》。卒章曰：『二之日鑿冰沖沖』，謂十二月鑿而取之。『三之日納于凌陰』，凌陰，冰室也。『四之日其蚤，獻羔祭韭』，謂二月春分，蚤開冰室，以薦宗廟。

迨天之未陰雨，徹彼桑土，綢繆牖户。今女下民，或敢侮予？

《孟子·公孫丑上》《詩》云：『迨天之未陰雨，徹彼桑土，綢繆牖户。今此下民，或敢侮予？』孔子曰：『爲此詩者，其知道乎？能治其國家，誰敢侮之？』

《東山》，周公東征也。

《孔叢子·記義》於《東山》，見周公之先公而後私也。

親結其縭，九十其儀。

《韓詩外傳》卷二嫁女之家，三夜不息燭，思相離也。取婦之家，一日不舉樂，思嗣親也。是故昏禮不賀，人之序也。三月而廟見，稱來婦也。厥明見舅姑，舅姑降於西階，婦升自阼階，授之室也。憂思三日，三月不殺，孝子之情也。故禮者，因人情爲文。《詩》曰：『親結其縭，九十其儀。』言多儀也。

周公東征，四國是皇。

《春秋公羊·僖四年傳》古者周公東征則西國怨，西征則東國怨。注：此道黜陟之時也。《詩》云：『周公東征，四國是皇。』

《白虎通·巡狩》三年小備，二伯出，述職黜陟。一年物有終始，歲有所成，方伯行國，時有所生，諸侯行邑。傳曰：『周公入爲三公，出爲二伯，中分天下，出黜陟。』《詩》曰：『周公東征，四國是皇。』言東征述職，周公黜陟而天下皆正也。

伐柯伐柯，其則不遠。

《禮記·中庸》子曰：『道不遠人，人之爲道而遠人，不可以爲道。《詩》云：「伐柯伐柯，其則不遠。」執柯以伐柯，睨而視之，猶以爲遠。』

《國語·越語下》范蠡進諫曰：『臣聞之，聖人之功，時謂之庸。得時弗成，天有還形。天節不遠，五年復反，小凶則近，大凶則遠。先人有言曰：「伐柯伐柯，其則不遠。」』

《韓詩外傳》卷二夫人者說人者也，形而爲仁義，動而爲法則。《詩》曰：『伐柯伐柯，其則不遠。』

《潛夫論·明忠》若鷹也，然獵夫御之，猶使終日奮擊而不敢怠，豈有人臣而不可使盡力者乎？《詩》云：『伐柯伐柯，其則不遠。』

《狼跋》，美周公也。

《孔叢子·記義》於《狼跋》，見周公之遠志所以爲聖也。

德音不瑕。

《春秋左氏·昭二十年傳》聲亦如味，一氣、二體、三類、四物、五聲、六律、七音、八風、九歌，以相成也。清濁、小大、短長、疾徐、哀樂、剛柔、遲速、高下、出入、周疏，以相濟也。君子聽之，以平其心，心平德和，故《詩》曰『德音不瑕』。

《孔叢子·廣訓》『公孫碩膚，德音不瑕』，道成王大美，聲稱遠也。

卷二上

小雅

《論語·子罕》子曰：『吾自衛反魯，然後樂正，《雅》《頌》各得其所。』

《禮記·樂記》師乙曰：『恭儉而好禮者，宜歌《小雅》。』

《春秋左氏·襄二十九年傳》爲之歌《小雅》，曰：『美哉！思而不貳，怨而不言，其周德之衰乎！猶有先王之遺民焉。』

《荀子·大略篇》《小雅》不以於汙上，自引而居下，疾今之政，以思往者，其言有文焉，其聲有哀焉。

《鹿鳴》，燕群臣嘉賓也。

《儀禮·鄉飲酒禮》工歌《鹿鳴》《四牡》《皇皇者華》。**《大射儀》**乃歌《鹿鳴》三終。

《禮記·學記》《宵雅》肄三，官其始也。

《春秋左氏·襄四年傳》穆叔如晉，晉侯享之，歌《鹿鳴》之三，三拜。韓獻子使行人子員問之，對曰：『《鹿鳴》，君所以嘉寡君也，敢不拜嘉？』

《國語·魯語下》叔孫穆子聘於晉，晉悼公饗之，樂及《鹿鳴》之三，而後拜樂三。晉侯使行人問焉，對曰：『今伶簫咏歌及《鹿鳴》之三，君之所以况使臣，臣敢不拜况？夫《鹿鳴》，君之所以嘉先君之好也，敢不拜嘉？』

《後漢書·鍾離意傳》《鹿鳴》之詩必言宴樂者，以人神之心洽，然後天氣和也。

《史記·十二諸侯年表》仁義陵遲，《鹿鳴》刺焉。　《孔子世家》《鹿鳴》爲《小雅》始。

《淮南子·泰族訓》《鹿鳴》興於獸，君子大之，取其見食而相呼也。

《孔叢子·記義》於《鹿鳴》，見君臣之有禮也。

人之好我，示我周行。

《禮記·緇衣》子曰：『私惠不歸德，君子不自留焉。《詩》云：「人之好我，示我周行。」』注：行，道也。言示我以忠信之道。

德音孔昭。視民不恌，君子是則是傚。

《春秋左氏·昭七年傳》仲尼曰：『能補過者，君子也。《詩》曰：「君子是則是效。」孟僖子可則效已矣。』**《十年傳》**臧武仲曰：『周公其不享魯祭乎！周公享義，魯無義。《詩》曰：「德音孔昭，視民不佻。」佻之謂甚矣，而壹用之，將誰福哉！』

《中論·藝紀》禮樂之本也者，其德音乎？《詩》云：『我有嘉賓，德音孔昭。視民不佻，君子是則是效。我有旨酒，嘉賓式燕以敖。』此禮樂之所貴也。

《四牡》，勞使臣之來也。

《春秋左氏·襄四年傳》《四牡》，君所以勞使臣也，敢不重拜？

《國語·魯語下》《四牡》，君之所以章使臣之勤也，敢不拜章！

王事靡盬，不遑啟處。

《春秋左氏·襄二十九年傳》子展曰：『《詩》云：「王事靡盬，不遑啟處。」東西南北，誰敢甯處？堅事晉、楚，以蕃王室也。王事無曠，何常之有？』遂使印段如周。

《韓詩外傳》卷八李克曰：『臣聞貴而下賤，則衆弗惡也；富而分貧，則窮士弗惡也；智而教愚，則童蒙者弗惡也。』文侯曰：『善哉，言乎！堯、舜其猶病諸。寡人雖不敏，請守斯語矣。』《詩》曰：『不遑啟處。』

王事靡盬，不遑將父。

《韓詩外傳》卷七田過對曰：『非君之土地無以處吾親，非君之祿無以養吾親，非君之爵無以尊顯吾親。受之於君，致之於親，凡事君以爲親也。』宣王悒然無以應之。《詩》曰：『王事靡盬，不遑將父。』

《潛夫論·愛日》治國之日舒以長，故其民閒暇而力有餘。亂國之日促以短，故其民困務而力不足。《詩》云：『王事靡盬，不遑將父。』言在古閒暇而得行孝，今迫促不得養也。

《皇皇者華》，君遣使臣也。

《春秋左氏·襄四年傳》《皇皇者華》，君教使臣曰『必咨於周』。臣聞之：訪問於善爲咨，咨親爲詢，咨禮爲度，咨事爲諏，咨難爲謀。臣獲五善，敢不重拜？

《國語·魯語下》《皇皇者華》，君教使臣曰，『每[一]懷靡及』，諏、謀、度、詢，必咨於周，敢不拜教。臣聞之曰：『懷和爲每懷，咨才爲諏，咨事爲謀，咨義爲度，咨親爲詢，忠信爲周。』君況使臣以大禮，重之以六德，敢不重拜。

［一］每，原本作『靡』，據《粵雅堂叢書》本改。

駪駪征夫，每懷靡及。

《國語·晉語第十》姜曰：「《周詩》曰：『莘莘征夫，每懷靡及。』夙夜征行，不遑啟處，猶懼無及，况其順身縱欲懷安，將何及矣。人不求及，其能及乎？」

《韓詩外傳》卷七楚之去趙也千有餘里，亦有吉凶之變。凶則弔之，吉則賀之。猶柱之有推移，不可記也。故王之使人，必慎其所之，而不任以辭。《詩》曰：『征夫捷捷，每懷靡及。』蓋傷自上而御下也。

載馳載驅，周爰諮諏。

《忠經·觀風章》君子去其私，正其色，不害理以傷物，不憚勢以舉任。惟善是與，惟惡是除。以之而陟則有成，以之而黜則無怨。夫如是，則天下敬職，萬邦以甯。《詩》云：『載馳載驅，周爰諮諏。』[一]

我馬維騏，六轡如絲。載馳載驅，周爰咨謀。

《墨子·尚同中》《詩》曰：『我馬維駱，六轡沃若。載馳載驅，周爰咨度。』又曰：『我馬維

[一]《粵雅堂叢書》本無此條及引文。

騏，六轡若絲。載馳載驅，周爰咨謀。』即此語也。古者國君諸侯之聞見善與不善也，皆馳驅以告天子。是以賞當賢，罰當暴，不殺不辜，不失有罪。

《淮南子·修務訓》[一]是故田者不强，囷倉不盈；官御不厲，心意不精；將相不强，功烈不成；侯王懈惰，後世無名。《詩》云：『我馬維騏，六轡如絲。載馳載驅，周爰諮謨。』以人之有所務也。

《常棣》，燕兄弟也。

《春秋左氏·僖二十四年傳》富辰諫曰：『召穆公思周德之不類，故糾合宗族于成周而作詩，曰：「常棣之華，鄂不韡韡。凡今之人，莫如兄弟。」其四章曰：「兄弟鬩于墻，外禦其侮。」如是，則兄弟雖有小忿，不廢懿親。』

鄂不韡韡。

《孔叢子·廣訓》『鄂不韡韡』，言韡韡也。

[一]《粵雅堂叢書》本在『是故』前多引用『蓋聞子發之戰，進如激矢，合如雷電，解如風雨，員之中規，方之中矩，被敵陷陣，莫能壅御，澤戰必克，攻城必下。彼非輕身而樂死，務在於前，遺利於後』。

凡今之人，莫如兄弟。

《春秋左氏·昭元年傳》趙孟賦《常棣》。注：《常棣》，《詩·小雅》。取其『凡今之人，莫如兄弟』。言欲親兄弟之國。

死喪之威，兄弟孔懷。

《春秋左氏·昭七年傳》又曰：『死喪之威，兄弟孔懷。』兄弟之不睦，於是乎不弔。況遠人，誰敢歸之？

《列女·聶政姊傳》君子謂聶政姊仁而有勇，不去死以滅名。《詩》云：『死喪之威，兄弟孔懷。』言死，可畏之事，唯兄弟甚相懷。此之謂也。

脊令在原，兄弟急難。

《春秋左氏·昭七年傳》晉大夫言於范獻子曰：『衛事晉爲睦，晉不禮焉，庇其賊人，而取其地，故諸侯貳。《詩》曰：「鶺鴒在原，兄弟急難。」』

兄弟鬩于墻，外禦其務。

《國語・周語上[一]》富辰諫曰：『人有言曰：「兄弟讒鬩，侮人百里。」』周文公之詩曰：『「兄弟鬩于墻，外禦其侮。」若是則鬩乃內侮，而雖鬩不敗親也。』

妻子好合，如鼓瑟琴。兄弟既翕，和樂且湛。宜爾室家，樂爾妻帑。

《**禮記・中庸**》君子之道，辟如行遠必自邇；辟如登高必自卑。《詩》曰：『妻子好合，如鼓瑟琴。兄弟既翕，和樂且耽。宜爾室家，樂爾妻帑。』子曰：『父母其順矣乎！』

《**春秋左氏・襄二十年傳**》季武子如宋，報向戌之聘也。褚師段逆之以受享，賦《常棣》之七章以卒。注：武子賦也。七章以卒，盡八章。取其『妻子好合，如鼓瑟琴。宜爾室家，樂爾妻帑』。言二國好合，宜其室家，相親如兄弟。

《**韓詩外傳**》**卷八**曰：『賜欲休於事兄弟。』孔子曰：『《詩》云「妻子好合，如鼓瑟琴。兄弟既翕，和樂且耽」。爲之若此，其不易也。如之何其休也？』

是究是圖，亶其然乎？

《**列女・齊傷槐女傳**》景公即時命罷守槐之役，拔植懸之木，廢傷槐之法，出犯槐之囚。君子

[一] 周語上，《粤雅堂叢書》本作『周語中』。按：富辰諫曰及以下，出自《國語・周語上》；周文公之詩曰及以下，出自《國語・周語中》。

曰：『傷槐女能以辭免。』《詩》云：『是究是圖，亶其然乎？』此之謂也。

伐木丁丁，鳥鳴嚶嚶。出自幽谷，遷于喬木。

《中論·貴驗》至言也，非賢友則無取之。故君子必求賢友也。《詩》曰：『伐木丁丁，鳥鳴嚶嚶。出自幽谷，遷于喬木。』言朋友之義，務在切直以升於善道者也。

神之聽之，中和且平。

《韓詩外傳》卷九子夏曰：『與人以實，雖疎必密。與人以虛，雖戚必疎。夫實之與實，如膠如漆。虛之於虛，如薄冰之見晝日。君子可不留意哉！《詩》曰：「神之聽之，終和且平。」』

民之失德，乾餱以愆。

《漢書·宣帝紀》詔曰：『夫婚姻之禮，人倫之大者也；酒食之會，所以行禮樂也。今郡國二千石或擅爲苛禁，禁民嫁娶不得具酒食相賀召，由是廢鄉黨之禮，使民亡所樂，非所以導民也。《詩》不云乎：「民之失德，乾餱以愆。」勿爲苛政。』

無酒酤我。

《漢書·食貨志》羲和魯匡言：『名山大澤，鹽鐵錢布帛，五均賒貨，斡在縣官。唯酒酤獨未斡。酒者，天之美禄，帝王所以頤養天下，享祀祈福，扶衰養疾。百禮之會，非酒不行。故《詩》曰：「無酒酤我。」』

天保定爾，亦孔之固。

《韓詩外傳》卷六《小雅》曰：『天保定爾，亦孔之固。』言天之所以仁義禮智，保定人之甚固也。

靡室靡家，玁狁之故。

《漢書·匈奴傳》至穆王之孫懿王時，王室遂衰，戎狄交侵，暴虐中國。中國被其苦，詩人始作，疾而歌之，曰：『靡室靡家，玁允之故。』『豈不日戒？玁允孔棘。』

豈敢定居？一月三捷。

《春秋左氏·文十三年傳》文子賦《采薇》之四章。注：《采薇》，《詩·小雅》。取其『豈敢定居？一月三捷』。許爲鄭還，不敢安居。

昔我往矣，楊柳依依。今我來思，雨雪霏霏。

《鹽鐵論·備胡》今山東之戎馬甲士戍邊郡者，絶殊遼遠，身在胡、越，心懷老母。老母垂泣，室婦悲恨，推其饑渴，念其寒苦。《詩》云：『昔我往矣，楊柳依依。今我來思，雨雪霏霏。行道遲遲，載渴載饑。我心傷悲，莫之我哀。』

《白虎通·三軍》古者師出不逾時者，爲怨思也。天道一時生，一時養。人者，天之貴物也。逾時則內有怨女，外有曠夫。《詩》云：『昔我往矣，楊柳依依。今我來思，雨雪霏霏。』

我出我車，于彼牧矣。自天子所，謂我來矣。

《荀子·大略篇》天子召諸侯，諸侯輦輿就馬，禮也。《詩》曰：『我出我輿，于彼牧矣。自天子所，謂我來矣。』

豈不懷歸？畏此簡書。

《春秋左氏·閔元年傳》管敬仲言於齊侯曰：『戎狄豺狼，不可厭也。諸夏親暱，不可棄也。宴安酖毒，不可懷也。《詩》云：「豈不懷歸，畏此簡書。」簡書，同惡相恤之謂也。請救邢以從簡書。』

既見君子，我心則降。

《韓詩外傳》卷七匱生曰：『齊有隱士東郭先生梁石君，世之賢士也。隱於深山，終不詘身下志以求仕。相國娶婦，欲娶其不嫁者，取臣獨不取其不仕之臣耶？』於是曹相國因匱生束帛安車迎東郭先生梁石君，厚客之。《詩》曰：『既見君子，我心則降。』

《列女·齊威虞姬傳》於是王大寤，出虞姬，顯之於朝市，封即墨大夫以萬户，烹阿大夫與周破胡。遂起兵收故侵地，齊國震懼。人知烹阿大夫，不敢飾非，務盡其職，齊國大治。君子謂虞姬好善。《詩》云：『既見君子，我心則降。』此之謂也。

《魚麗》，美萬物盛多，能備禮也。

《儀禮·鄉飲酒禮》乃間歌《魚麗》，笙《由庚》。

物其旨矣，維其偕矣。

《荀子·大略篇》《詩》曰：『物其指矣，唯其偕矣。』不時宜，不敬交，不驩欣，雖指非禮也。

物其有矣，維其時矣。

《春秋左氏·襄二十年傳》歸，復命，公享之，賦《魚麗》之卒章。注：《魚麗》，《詩·小雅》。卒章曰：『物其有矣，惟其時矣。』喻聘宋得其時。

《荀子·不苟篇》故曰：君子行不貴苟難，説不貴苟察，名不貴苟傳，唯其當之爲貴。《詩》曰：『物其有矣，唯其時矣。』此之謂也。

《説苑・辨物》《詩》曰：『物其有矣，維其時矣。』物之所以有而不絕者，以其動之時也。

《南有嘉魚》，樂與賢也。

《儀禮・鄉飲酒禮》歌《南有嘉魚》，笙《崇丘》。

我有旨酒，嘉賓式燕以樂。

《列女・魯季敬姜傳》文伯飲南宮敬叔酒，以露堵父爲客。羞鼈焉小，堵父怒，相延食鼈，堵父辭曰：『將使鼈長而食之。』遂出。敬姜聞之，怒曰：『吾聞之先子曰：「祭養尸，饗養上賓。」鼈於人何有，而使夫人怒？』遂逐文伯。五日，魯大夫辭而復之。君子謂敬姜爲慎微。《詩》曰：『我有旨酒，嘉賓式燕以樂。』言尊賓也。

《南山有臺》，樂得賢也。

《儀禮・鄉飲酒禮》歌《南山有臺》，笙《由儀》。

樂只君子，邦家之基。

《春秋左氏・襄二十年傳》公賦《南山有臺》。注：《南山有臺》，《詩・小雅》。取其『樂只君子，邦家之基』，『邦家之光』。喻武子奉使，能爲國光輝。武子去所，曰：『臣不堪也。』**《二十四年傳》**夫令名，德之輿也。

德，國家之基也。有基無壞，無亦是務乎！有德則樂，樂則能久。《詩》云：『樂只君子，邦家之基。』有令德也夫！《昭十三年傳》仲尼謂：『子産於是行也，足以爲國基矣。《詩》曰：「樂只君子，邦家之基。」子産，君子之求樂者也。』

樂只君子，民之父母。

《禮記·大學》《詩》云：『樂只君子，民之父母。』民之所好好之，民之所惡惡之，此之謂民之父母。

遐不黄耇。

《孔叢子·廣訓》『遐不黄耇』，言壽考也。

《蓼蕭》，澤及四海也。

《春秋左氏·襄二十六年傳》國景子相齊侯，賦《蓼蕭》。注：《蓼蕭》，《詩·小雅》。言太平澤及遠，若露之在蕭。以喻晉君恩澤及諸侯。

既見君子，我心寫兮。

《列女·趙佛肸母傳》君子曰：『佛肸之母一言而發襄子之意，使行不遷怒之德，以免其身。』《詩》云：『既見君子，我心寫兮。』此之謂也。

燕笑語兮，是以有譽處兮。

《春秋左氏·昭十二年傳》宋華定來聘，通嗣君也。享之，爲賦《蓼蕭》。弗知，又不答賦。注：《蓼蕭》，《詩·小雅》。義取『燕笑語兮，是以有譽處兮』。樂與華定燕語也。又曰『既見君子，爲龍爲光』，欲以寵光賓也。又曰『宜兄宜弟，令德壽凱』，言賓有令德，可以壽樂也。又曰『和鸞雍雍，萬福攸同』，言欲與賓同福禄也。昭子曰：『必亡。宴語之不懷，寵光之不宣，令德之不知，同福之不受，將何以在？』

其德不爽，壽考不忘。

《中論·夭壽》《詩》云：『其德不爽，壽考不忘。』此聲聞之壽也。

宜兄宜弟。

《禮記·大學》《詩》云：『宜兄宜弟。』『宜兄宜弟』，而后可以教國人。

和鸞雝雝，萬福攸同。

《新書·容經》登車則馬行而鸞鳴，鸞鳴而和應，聲曰和，和則敬。故《詩》曰：『和鸞噰噰，萬福攸同。』言動以紀度，則萬福之所聚也。

《湛露》，天子燕諸侯也。

《春秋左氏・文四年傳》衛甯武子來聘，公與之宴，爲賦《湛露》及《彤弓》。不辭，又不答賦。使行人私焉。對曰：『臣以爲肄業及之也。昔諸侯朝正於王，王宴樂之，於是乎賦《湛露》，則天子當陽，諸侯用命也。』

《彤弓》，天子錫有功諸侯也。

《春秋左氏・文四年傳》諸侯敵王所愾，而獻其功。王於是乎賜之彤弓一、彤矢百、玈弓矢千，以覺報宴。**《襄八年傳》**賓將出，武子賦《彤弓》。注：《彤弓》，天子賜有功諸侯之詩，使晋君繼文之業，復受彤弓於王。宣子曰：『城濮之役，我先君文公獻功於衡雍，受彤弓於襄王，以爲子孫藏。匄也，先君守官之嗣也，敢不承命？』君子以爲知禮。

《孔叢子・記義》於《彤弓》，見有功之必報也。

菁菁者莪，在彼中阿。既見君子，樂且有儀。

《春秋左氏・文三年傳》晋侯享公，賦《菁菁者莪》。注：《菁菁者莪》，《詩・小雅》。取其『既見君子，樂且有儀』。莊叔以公降拜，曰：『小國受命於大國，敢不慎儀？君貺之以大禮，何樂如之？抑小國之樂，大國之惠也。』**《昭十七年傳》**穆公賦《菁菁者莪》。注：《菁菁者莪》，亦《詩・小雅》。取其『既見君子，樂且有儀』。以答采菽。昭子曰：『不有以國，其能久乎？』

《列女・齊宿瘤女傳》君子謂宿瘤女通而有禮。《詩》云：『菁菁者莪，在彼中阿。既見君子，樂且有儀。』此之謂也。《陳辯女傳》君子謂：辯女貞正而有辭，柔順而有守。《詩》云：『既見君子，樂且有儀。』此之謂也。

《中論・藝紀》先王之欲人之爲君子也，故立保氏掌教六藝：一曰五禮，二曰六樂，三曰五射，四曰五御，五曰六書，六曰九數。教六儀：一曰祭祀之容，二曰賓客之容，三曰朝廷之容，四曰喪紀之容，五曰軍旅之容，六曰車馬之容。大胥掌學士之版，春入學，舍采，合萬舞，秋班學，合聲，諷誦講習，不解於時，故《詩》曰：『菁菁者莪，在彼中阿。既見君子，樂且有儀。』美育群[一]材，其猶人之於藝乎！既修其質，且加其文，文質著然後體全，體全然後可登乎清廟，而可羞乎王公。

既見君子，我心則喜。

《列女・齊鍾離春傳》於是宣王喟然而嘆曰：『痛乎！無鹽君之言，今乃一聞。』於是拆[二]漸臺，罷女樂，退諂諛，去雕琢，選兵馬，實府庫，四辟公門，招進直言，延及側陋。卜擇吉日，立太子，進慈母，拜無鹽君爲后。而齊國大安者，醜女之力也。君子謂鍾離春正而有辭。《詩》云：

[一] 群，原本作『□』，據〔三國魏〕徐幹撰，孫啟治解詁《中論解詁》補。

[二] 拆，《粵雅堂叢書》本作『坼』。

『既見君子，我心則喜。』此之謂也。

玁狁孔熾，我是用急。

《鹽鐵論・繇役》大夫曰：『《詩》云：「玁狁孔熾，我是用戒。」「武夫潢潢，經營四方。」故守禦征伐，所由來久。』

王于出征，以匡王國。

《春秋左氏・僖二十三年傳》公賦《六月》。注：《六月》，《詩・小雅》。道尹吉甫佐宣王征伐，喻公子還晉，必能匡王國。趙衰曰：『重耳拜賜。』公子降，拜稽首，公降一級而辭焉。衰曰：『君稱所以佐天子者命重耳，重耳敢不拜。』注：《詩》首章言匡王國，次章言佐天子，故趙衰因通言之。

《國語・晉語第十》秦伯賦《六月》。注，《六月》，《小雅》，道尹吉甫佐宣王征伐，復文、武之業。其《詩》云：『王于出征，以匡王國。』其二章曰：『以佐天子。』其三章曰：『共武之服，以定王國。』此言重耳爲君，必霸諸侯，以匡佐天子。子餘使公子降拜。秦伯降辭。子餘曰：『君稱所以佐天子匡王國者以命重耳，重耳敢有惰心，敢不從德？』

王于出征，以佐天子。

《**春秋左氏·襄十九年傳**》季武子如晋拜師，晋侯享之，賦《六月》。注：《六月》，尹吉甫佐天子征伐之詩。以晋侯比吉甫，出征以匡王國。

元戎十乘，以先啓行。

《**春秋左氏·宣十二年傳**》孫叔曰：『進之，寧我薄人，無人薄我。《詩》云：「元戎十乘，以先啟行。」先人也。』　《**昭十三年傳**》劉獻公對曰：『天子之老，請帥王賦，「元戎十乘，以先啟行」，遲速唯君。』

薄伐玁狁，至于大原。

《**鹽鐵論·繇役**》及後戎、狄猾夏，中國不寧，周宣王、仲山甫式遏寇虐。《詩》云：『薄伐獫狁，至于太原。』『出車彭彭』『城彼朔方。』自古明王不能無征伐而服不義，不能無城壘而禦强暴也。

《**漢書·衛青傳**》使建築朔方城。上曰：『匈奴逆天理，亂人倫，暴長虐老，以盜竊爲務，行詐諸蠻夷，造謀籍兵，數爲邊害。故興師遣將，以征厥罪。《詩》不云乎：「薄伐玁允，至于太原。」「出車彭彭」「城彼朔方。」』　《**韋玄成傳**》太僕王舜、中壘校尉劉歆議曰：『臣聞周室既衰，四夷並侵，玁狁最彊，於今匈奴是也。至宣王而伐之，詩人美而頌之曰：「薄伐玁狁，至於太原。」又曰：「嘽嘽推推，如霆如雷，顯允方叔，征伐玁狁，刑蠻來威。」故稱中興。』《匈奴傳》至懿王曾孫宣王，興師命將以征伐之，詩人美大其功，曰：『薄伐玁允，至于太原。』『出車彭彭』『城彼朔方。』是時四夷賓服，稱爲中興。

吉甫燕喜，既多受祉。來歸自鎬，我行永久。

《漢書·陳湯傳》吉甫之歸，周厚賜之，其《詩》曰：『吉甫宴喜，既多受祉。來歸自鎬，我行永久。』千里之鎬猶以爲遠，况萬里之外，其勤至矣。

張仲孝友。

《爾雅·釋訓》張仲孝友。善父母爲孝，善兄弟爲友。

《潛夫論·志氏姓》《詩》頌宣王，始有『張仲孝友』。

振旅闐闐。

《爾雅·釋天》振旅闐闐。出爲治兵，尚威武也；入爲振旅，反尊卑也。

蠢爾蠻荆，大邦爲讐。

《後漢書·南蠻傳》其在唐、虞，與之要質，故曰要服。夏、商之時漸爲邊患。逮于周世，黨衆彌盛。宣王中興，乃命方叔南伐蠻方，詩人所謂『蠻荆來威』者也。又曰：『蠢爾蠻荆，大邦爲讐。』明其黨衆繁多，是以抗敵諸夏也。

嘽嘽焞焞，如霆如雷。顯允方叔，征伐玁狁，蠻荆來威。

《漢書·陳湯傳》昔周大夫方叔、吉甫爲宣王誅玁狁而百蠻從，其《詩》曰：『嘽嘽焞焞[一]，如霆如雷。顯允方叔，征伐玁狁，蠻荆來威。』《易》曰：『有嘉折首，獲匪其醜。』言美誅首惡之人，而諸不順者，皆來從也。今延壽、湯所誅震[二]，雖《易》之折首、《詩》之雷霆不能及也。

不失其馳，舍失如破。

《孟子·滕文公下》簡子曰：『我使掌與女乘。』謂王良。良不可，曰：『吾爲之範我馳驅，終日不獲一；爲之詭遇，一朝而獲十。《詩》云：「不失其馳，舍失如破。」我不貫與小人乘，請辭。』

允矣君子，展也大成。

《禮記·緇衣》故君子寡言而行，以成其信，則民不得大其美而小其惡。《小雅》曰：『允也君子，

[一] 焞焞，原本作『惇惇』，據《粤雅堂叢書》本改。
[二] 原本無『震』字，據《粤雅堂叢書》本補。

展也大成。』

《吉日》，美宣王田也。

《春秋左氏·昭三年傳》鄭伯如楚，子産相。楚子享之，賦《吉日》。注：《吉日》，《詩·小雅》。宣王田獵之詩。楚王欲與鄭伯共田，故賦之。既享，子産乃具田備，王以田江南之夢。

吉日庚午。

《漢書·翼奉傳》南方之情，惡也；惡行廉貞，寅午主之。西方之情，喜也；喜行寬大，己酉主之。二陽並行，是以王者吉午酉也。《詩》曰：『吉日庚午。』

鴻雁于飛，肅肅其羽。之子于征，劬勞于野。

《後漢書·劉陶傳》臣嘗誦《詩》，至於鴻雁于野之勞，哀勤百堵之事，每喟爾長懷，中篇而嘆。近聽征夫飢勞之聲，甚於斯歌。

爰及矜人，哀此鰥寡。

《春秋左氏·文十三年傳》鄭伯與公宴于棐，子家賦《鴻雁》。注：《鴻雁》，《詩·小雅》。義取侯伯哀恤鰥寡，有征行之勞。言鄭國寡弱，欲使魯侯還晋恤之。季文子曰：『寡君未免於此。』

《漢書·蕭望之傳》古者藏於民，不足則取，有餘則予。《詩》曰：『爰及矜人，哀此鰥寡。』上惠下也。

鴻雁于飛，哀鳴嗷嗷。維此哲人，謂我劬勞。

《春秋左氏·襄十六年傳》穆叔如晉聘，且言齊故。見范宣子，賦《鴻雁》之卒章。注：《鴻雁》，《詩·小雅》。卒章曰：『鴻雁于飛，哀鳴嗷嗷。唯此哲人，謂我劬勞。』言魯憂困，嗷嗷然若鴻雁之失所。宣子曰：『匄在此，敢使魯無鳩乎？』

沔彼流水，朝宗于海。

《春秋左氏·僖二十三年傳》公子賦《河水》。注：《河水》，逸詩。義取河水朝宗于海，海喻秦。

《國語·晉語第十》公子賦《河水》。注：河，當作『沔』，字相似誤也。其《詩》曰：『沔彼流水，朝宗于海。』言己反國，當朝事秦。

莫肯念亂，誰無父母？

《潛夫論·愛日》今公卿始起州郡，而致宰相，此其聰明智慮，未必闇也，患其苟先私計，而後公義爾。《詩》云：『莫肯念亂，誰無父母？』

《後漢書·王符傳》以中農率之，則是歲三百萬人受其飢者也。然則盜賊何從而銷，太平何由而作乎？《詩》云：『莫肯念亂，誰無父母？』

我友敬矣，讒言其興。

《韓詩外傳》卷七傳曰：鳥之美羽勾喙[一]者，鳥畏之；魚之侈口垂腴者，魚畏之；人之利口贍辭者，人畏之。是以君子避三端：避文士之筆端，避武士之鋒端，避辯士之舌端。《詩》曰：『我友敬矣，讒言其興。』

鶴鳴于九皋，聲聞于天。

《荀子·儒效篇》故君子務修其內，而讓之於外；務積德於身，而處之以遵道；如是，則貴名起之如日月，天下應之如雷霆。故曰：君子隱而顯，微而明，辭讓而勝。《詩》曰：『鶴鳴于九皋，聲聞于天。』此之謂也。

《韓詩外傳》卷七孔子曰：『夫學者非爲通也，爲窮而不憂，困而志不衰，先知禍福之始，而心無惑焉。故聖人隱居深念，獨聞獨見。夫舜亦賢聖矣，南面而治天下，惟其遇堯也。使舜居桀、

[一] 喙，原本作『啄』，據《粵雅堂叢書》本改。

紂之世，能自免於刑戮之中，則爲善矣。亦何位之有？桀殺關龍逢，紂殺王子比干，當此之時，豈關龍逢無知，而王子比干不慧乎哉？此皆不遇時也。故君子務學，修身端行而須其時者也，子無惑焉！』《詩》曰：『鶴鳴于九皋，聲聞于天。』

《圻父》，予王之爪牙。

《春秋左氏·襄十六年傳》見中行獻子，賦《圻父》。注：《圻父》，《詩·小雅》。周司馬掌封畿之兵甲，故謂之圻父。詩人責圻父爲王爪牙，不修其職，使百姓受困苦之憂，而無所止居。獻子曰：『偃知罪矣！敢不從執事以同恤社稷，而使魯及此。』

有母之尸饔。

《韓詩外傳》卷七曾子曰：『往而不可還者，親也。至而不可加者，年也。是故，孝子欲養而親不待也，木欲直而時不待也。是故椎牛而祭墓，不如雞豚逮親存也。故吾嘗仕齊爲吏，祿不過鍾釜，尚猶欣欣而喜者，非以爲多也，樂其逮親也。既没之後，吾嘗南游於楚，得尊官焉，堂高九仞，榱題三圍，轉轂百乘，猶北鄉而泣涕者，非爲賤也，悲不逮吾親也。故家貧親老，不擇官而仕。若夫信其志，約其親者，非孝也。』《詩》曰：『有母之尸雍。』

生芻一束，其人如玉。

《後漢書·徐穉傳》及林宗有母憂，穉往弔之，置生芻一束於廬前而去。衆怪，不知其故。林宗曰：『此必南州高士徐孺子也。《詩》不云乎：「生芻一束，其人如玉。」吾無德以堪之。』

不思舊姻。

《白虎通·嫁娶》婦人因夫而成，故曰姻。《詩》云『不惟舊因』，謂夫也。

成不以富，亦秖以異。

《論語·顔淵》子曰：『主忠信，徙義，崇德也。愛之欲其生，惡之欲其死。既欲其生，又欲其死，是惑也。「誠不以富，亦秖以異」。』

《斯干》，宣王考室也。

《漢書·劉向傳》向上疏，諫曰：『周德既衰而奢侈，宣王賢而中興，更爲儉宫室，小寢廟。詩人美之，《斯干》之詩是也。上章道宫室之如制，下章言子孫之衆多也。』

維熊維羆，男子之祥。維虺維蛇，女子之祥。

《潛夫論·夢列》《詩》云：『惟熊惟羆，男子之祥。惟虺惟蛇，女子之祥。』『衆惟魚矣，實惟豐年。旐惟旟矣，室家蓁蓁。』此謂象之夢也。

《漢書·藝文志》衆占非一，而夢爲大，故周有其官。而《詩》載熊羆虺蛇衆魚旐旟之夢，著明大人之占，以考吉凶。

《後漢書·楊賜傳》夫皇極不建，則有蛇龍之孽。《詩》云：『惟虺惟蛇，女子之祥。』

朱芾斯皇，室家君王。

《白虎通·紼冕》紼者，何謂也？紼者，蔽也，行以蔽前。紼蔽者小，有事因以別[一]尊卑，彰有德也。天子朱紼，諸侯赤紼。《詩》云：『朱紼斯皇，室家君王。』又：『赤紼金舄，會同有繹。』又云：『赤紼在股。』皆謂諸侯也。

無非無儀，唯酒食是議。

《列女·鄒孟軻母傳》孟母曰：『夫婦人之禮，精五飯，羃酒漿，養舅姑，縫衣裳而已矣。故有閨内之修，而無境外之志。』《詩》曰：『無非無儀，惟酒食是議。』以言婦人無擅制之義，而有三從之道也。

[一] 別，原本作『卑』，據《粤雅堂叢書》本改。

《節南山》，家父刺幽王也。

《孔叢子・記義》於《節南山》，見忠臣之憂世也。

節彼南山，維石巖巖。赫赫師尹，民具爾瞻。

《孝經・三才章》先王見教之可以化民也，是故先之以博愛，而民莫遺其親；陳之以德義，而民興行；先之以敬讓，而民不爭；導之以禮樂，而民和睦；示之以好惡，而民知禁。《詩》云：『赫赫師尹，民具爾瞻。』

《禮記・緇衣》子曰：『下之事上也，不從其所令，從其所行。上好是物，下必有甚者矣。故上之所好惡，不可不慎也。是民之表也。』子曰：『禹立三年，百姓以仁遂焉，豈必盡仁。《詩》云：「赫赫師尹，民具爾瞻。」』　**《大學》**《詩》云：『節彼南山，維石巖巖。赫赫師尹，民具爾瞻。』有國者不可以不慎，辟則爲天下僇矣。

《春秋繁露・山川頌》且積土成山，無損也；成其功，無害也；成其大，無虧也；小其上，泰其下，久長安後世，無有去就，儼然獨處，惟山之意。《詩》云：『節彼南山，惟石巖巖。赫赫師尹，民具爾瞻。』此之謂也。

《漢書・成帝紀》詔曰：『方今世俗，奢僭罔極，靡有厭足。公卿列侯，親屬近臣，四方所則，未聞修身遵禮，同心憂國者也。或乃奢侈逸豫，務廣第宅，治園池，多畜奴婢，被服綺縠，設鐘鼓，備女樂，車服、嫁娶、葬埋過制。吏民慕效，寖以成俗，而欲望百姓節儉，家給人足，豈不難哉？《詩》不云乎：「赫赫師尹，民具爾瞻。」其申敕有司，以漸禁之。』《**董仲舒傳**》仲舒復對曰：『及至周室之衰，其卿大夫緩於誼而急於利，亡推讓之風而有争田之訟。故詩人疾而刺之，曰：「節彼南山，惟石巖巖。赫赫師尹，民具爾瞻。」爾好誼，則民鄉仁而俗善；爾好利，則民好邪而俗敗。』

憂心如惔，不敢戲談。

《**鹽鐵論·散不足**》夫賢人君子，以天下爲任者也。任大者思遠，思遠者忘近。誠心閔悼，惻隱加爾，故忠心獨而無累。此詩人所以傷而作，比干、子胥遺身忘禍也。其惡勞人若斯之急，安能默乎？《詩》云：『憂心如惔，不敢戲談。』

國既卒斬，何用不監？

《**潛夫論·賢難**》夫衆小朋黨而固位，讒妬群吠齧賢，爲禍敗也豈希？三代之以覆，列國之以滅，後人猶不能革，此萬官所以屢失守，而天命數靡常者也。《詩》云：『國既卒斬，何用不監？』嗚呼！時君俗主不此察也。《**愛日**》上明聖主爲民愛日如此，而有司輕奪民時如彼，蓋所謂有君無臣，有主無佐，元首聰明，股肱怠惰者也。《詩》云：『國既卒斬，何用不監？』傷三公居人尊位，食人重禄，而曾不肯察民之盡瘁也。

天方薦瘥，喪亂弘多。民言無嘉，憯莫懲嗟。

《荀子·富國篇》故墨術誠行，則天下尚儉而彌貧，非鬭而日爭，勞苦頓萃而愈無功，愀然憂戚非樂而日不和。《詩》曰：『天方薦瘥，喪亂弘多。民言無嘉，憯莫懲嗟。』此之謂也。

尹氏大師，維周之氐。秉國之均，四方是維。天子是毗，俾民不迷。

《荀子·宥坐篇》故，先王既陳之以道，上先服之；若不可，尚賢以綦之；若不可，廢不能以單之；綦三年而百姓往矣。邪民不從，然後俟之以刑，則民知罪矣。《詩》曰：『尹氏大師，維周之氐。秉國之均，四方是維。天子是庳，卑民不迷。』是以威厲而不試，刑錯而不用，此之謂也。

《漢書·律曆志》準繩連體，衡權合德，百工繇焉，以定法式，輔弼執玉，以翼天子。《詩》云：『尹氏太師，秉國之鈞，四方是維，天子是毗，俾民不迷。』咸有五象，其義一也。

弗躬弗親，庶民弗信。

《春秋左氏·襄七年傳》又曰：『「弗躬弗親，庶民弗信。」無忌不才，讓，其可乎？』

《國語・楚語上》白公對曰：『君不度憂於二令君，而欲自逸也，無乃不可乎？《周詩》有之曰：「弗躬弗親，庶民弗信。」臣懼民之不信君也，故不敢不言。』

《淮南子・繆稱訓》故君子見善則痛其身焉，身苟正，懷遠易矣。故《詩》曰：『弗躬弗親，庶民弗信。』

《説苑・反質》管仲曰：『臣聞之，君嘗之，臣食之；君好之，臣服之。今君之食也必桂之漿，衣練紫之衣，狐白之裘。此群臣之所奢大也。《詩》云：「不躬不親，庶民不信。」君欲禁之，胡不自親乎？』

式夷式已，無小人殆。

《大戴禮記・衛將軍文子》學以深，厲以斷，送迎必敬，上友下交，銀乎[一]如斷，是卜商之行也。孔子曰：『《詩》云「式夷式已，無小人殆」。而商也，其可謂不險也。』

不弔昊天，亂靡有定。

《春秋左氏・成七年傳》季文子曰：『中國不振旅，蠻夷入伐，而莫之或恤，無弔者也夫。《詩》

[一] 銀乎，〔清〕王聘珍撰，王文錦點校《大戴禮記解詁》作『銀手』。

曰：「不弔昊天，亂靡有定。」其此之謂乎。』《**襄十三年傳**》君子以吳爲不弔。《詩》曰：『不弔昊天，亂靡有定。』

駕彼四牡，四牡項領。我瞻四方，蹙蹙靡所騁。

《**新序·雜事**》夫處勢不便，豈可以量功校能哉？《詩》不云乎：『駕彼四牡，四牡項領。』夫久駕而長不得行，項領不亦宜乎？

《**潛夫論·三式**》且人情莫不以己爲賢而效其能者，周公之戒，不使大臣怨乎不以。《詩》云：『駕彼四牡，四牡項領。』

《**中論·爵禄**》故良農不患疆場之不修，而患風雨之不節；君子不患道德之不建，而患時世之不遇。《詩》曰：『駕彼四牡，四牡項領。我瞻四方，蹙蹙靡所騁。』傷道之不遇也。豈一世哉，豈一世哉！

式訛爾心，以畜萬邦。

《**春秋左氏·昭二年傳**》晉侯使韓宣子來聘，公享之，武子賦《節》之卒章。注：《節》，《詩·小雅》。

卒章取『式訛爾心，以畜萬邦』，喻晋德可以畜萬邦[一]。

《新語·術事》夫進取者不可不圖難，謀事者不可不盡忠，故形立則德散，佞用則忠亡。《詩》云：『式訛爾心，以蓄萬邦。』言一心化天下而國治。此之謂也。

正月繁霜，我心憂傷。民之訛言，亦孔之將。

《漢書·劉向傳》乃上封事諫曰：「霜降失節，不以其時。其《詩》曰：「正月繁霜，我心憂傷。民之訛言，亦孔之將。」言民以是爲非，甚衆大也。」

不自我先，不自我後。

《春秋左氏·昭十年傳》昭子語諸大夫曰：『喪夫人之力，棄德曠宗，以及其身，不亦害乎？《詩》曰：「不自我先，不自我後。」其是之謂乎。』

《韓詩外傳》卷六孟子曰：『吞舟之魚不居潛澤，度量之士不居汙世。夫藾，冬至必彫。吾亦時矣。《詩》曰：「不自我先，不自我後。」非遭彫世者歟？』

瞻彼中林，侯薪侯蒸。

[一] 原本無『邦』字，據《粤雅堂叢書》本補。

《韓詩外傳》卷七左右者爲社鼠，用事者爲惡狗，此國之大患也。《詩》曰：『瞻彼中林，侯薪侯蒸。』言朝廷皆小人也。

召彼故老，訊之占夢。

《漢書·藝文志》然惑者不稽諸躬，而忌訞之見，是以詩刺『召彼故老，訊之占夢』，傷其舍本而憂末，不能勝凶咎也。

具曰予聖，誰知烏之雌雄？

《孔叢子·抗志》子思謂衛君曰：『君臣既自賢矣，而群下同聲賢之。賢之則順而有福，矯之則逆而有禍，故使如此。如此，則善安從生。《詩》曰：「具曰予聖，誰知烏之雌雄。」抑亦似衛之君臣乎？』

謂天蓋高，不敢不局。謂地蓋厚，不敢不蹐。

《鹽鐵論·周秦》文學曰：『紂爲炮烙之刑，而秦有收帑[一]之法，趙高以峻文決罪於內，百官以峭法斷割於外，死者相枕席，刑者相望，百姓側目重足，不寒而慄。《詩》云：「謂天蓋高，不敢

[一] 帑，原本作『孥』，據王利器校注《鹽鐵論校注》改。

不局。謂地蓋厚，不敢不蹐。哀今之人，胡爲虺蜥！」方此之時，豈特冒火蹈刃哉？」

《說苑·敬慎》孔子論《詩》至於《正月》之六章，懼然曰：『不逢時之君子，豈不殆哉！從上依世則廢道，違上離俗則危身；世不與善，己獨由之，則曰非妖則孽也。是以桀殺關龍逢，紂殺王子比干。故賢者不遇時，常恐不終焉。《詩》曰：「謂天蓋高，不敢不局。謂地蓋厚，不敢不蹐。」此之謂也。』

《漢紀》卷二十五夫獨智不容於世，獨行不畜於時，是以昔人所以自退也。雖退猶不得自免，是以離世深藏，以天之高而不敢舉首，以地之厚而不敢投足。《詩》云：『謂天蓋高，不敢不跼。謂地蓋厚，不敢不蹐。哀今之人，胡爲虺蜴！』

維號斯言，有倫有脊。

《春秋繁露·深察名號》是[一]事各順於名，名各順於天，天人之際，合而爲一。同而通理，動而相益。順而相受，謂之德道。《詩》曰：『維號斯言，有倫有迹。』此之謂也。

《列女·楚野辯女傳》婦人曰：『吾鞭則鞭耳，惜子大夫之喪善也！』大夫慚而無以應，遂釋之。君子曰：『辯女能以辭免。』《詩》云：『惟號斯言，有倫有脊。』此之謂也。

[一] 是，蘇輿撰，鍾哲點校《春秋繁露義證》作『是故』。

哀今之人，胡爲虺蜴？

《後漢書・左雄傳》又曰：『哀今之人，胡爲虺蜴？』言人畏吏如虺蜴也。

彼求我則，如不我得。執我仇仇，亦不我力。

《禮記・緇衣》子曰：『大人不親其所賢，而信其所賤；民是以親失，而教是以煩。《詩》云：「彼求我則，如不我得。執我仇仇，亦不我力。」』注：言君始求我，如恐不得我。既得我，持我仇仇，然不堅固，亦不力用我，是不親信我也。

赫赫宗周，褒姒滅之。

《春秋左氏・昭元年傳》叔向對曰：『彊也克弱而安之，彊不義也。不義而彊，其斃必速。《詩》曰：「赫赫宗周，褒姒滅之。」彊不義也。』

《列女・周幽褒姒傳》唯褒姒言是從，上下相諛，百姓乖離。申侯乃與繒、西夷犬戎共攻幽王。幽王舉烽燧徵兵，莫至。遂殺幽王於驪山之下，虜褒姒，盡取周賂而去。《詩》云：『赫赫宗周，褒姒滅之。』此之謂也。

《漢書·谷永傳》臣聞三代所以隕社稷、喪宗廟者，皆由婦人。《詩》云：『燎[一]之方揚，寗或滅之？赫赫宗周，褒姒滅之。』

無棄爾輔，員于爾輻。屢顧爾僕，不輸爾載。

《中論·貴驗》故求益者之居遊也，必近所畏而遠所易。《詩》云：『無棄爾輔，員于爾輻。屢顧爾僕，不輸爾載。』親賢求助之謂也。

潛雖伏矣，亦孔之炤。

《禮記·中庸》《詩》云：『潛雖伏矣，亦孔之昭。』故君子内省不疚，無惡於志。

憂心慘慘，念國之爲虐。

《鹽鐵論·誅秦》今匈奴蠶食内侵，遠者不離其苦，獨邊境蒙其敗。《詩》云：『憂心慘慘，念國之爲虐。』

《漢書·武帝紀》詔曰：『蓋君者心也，民猶支體，支體傷則心憯怛。日者，淮南、衡山修文學，流貨賂，兩國接壤，怵於邪説，而造篡弑，此朕之不德。《詩》云：「憂心慘慘，念國之爲虐。」

[一] 燎，原本作『爒』，據《粤雅堂叢書》本改。

已赦天下，滌除與之更始。」

洽比其鄰，昏姻孔云。

《春秋左氏·僖二十二年傳》富辰言於王曰：『請召大叔。《詩》曰：「協比其鄰，昏姻孔云。」吾兄弟之不協，焉能遠[一]諸侯之不睦？』**《襄二十九年傳》**吉也聞之，棄同即異，是謂離德。《詩》曰：『協比其鄰，昏姻孔云。』晉不鄰矣，其誰云之？

哿矣富人，哀此惸獨。

《孟子·梁惠王下》對曰：『昔者文王之治岐也，耕者九一，仕者世祿，關市譏而不征，澤梁無禁，罪人不孥。老而無妻曰鰥，老而無夫曰寡，老而無子曰獨，幼而無父曰孤，此四者，天下之窮民而無告者。文王發政施仁，必先斯四者。《詩》云：「哿矣富人，哀此煢獨。」』

十月之交，朔日辛卯。日有食之，亦孔之醜。

《漢書·劉向傳》乃上封事諫曰：『當是之時，日月薄蝕而無光，其《詩》曰：「朔日辛卯，日有蝕之，亦孔之醜。」又曰：「彼月而微，此日而微。今此下民，亦孔之哀。」又曰：「日月鞫凶，不

[一] 遠，〔周〕左丘明傳，〔晉〕杜預注，〔唐〕孔穎達正義，浦衛忠等整理《春秋左傳正義》作『怨』。

用其行。四國無政，不用其良。』」

《**後漢書·孝章帝紀**》詔曰：『朕新離供養，愆咎衆著，上天降異，大變隨之。《詩》不云乎：「亦孔之醜。」』《**丁鴻傳**》鴻因日食，上封事曰：『昔周室衰季，皇甫之屬專權于外，黨類彊盛，侵奪主執，則日月薄食。故《詩》云：「十月之交，朔日辛卯。日有食之，亦孔之醜。」』

今此下民，亦孔之哀。

《**漢書·元帝紀**》詔曰：『今朕晻于王道，夙夜憂勞，不通其理，靡瞻不眩，靡聽不惑，是以政令多還，民心未得，邪說空進，事亡成功。此天下所著聞也。公卿大夫，好惡不同，或緣姦作邪，侵削細民，元元安所歸命哉！迺六月晦，日有蝕之。《詩》不云虖：「今此下民，亦孔之哀！」』

日月告凶，不用其行。四國無政，不用其良。

《**韓詩外傳**》**卷五**曰：『粹而王，駁而霸，無一而亡。』《詩》曰：『四國無政，不用其良。』不用其良臣而不亡者，未之有也。

《**後漢書·光武帝紀**》詔曰：『吾德薄不明，寇賊爲害，彊弱相陵，元元失所。《詩》云：「日月告凶，不用其行。」永念厥咎，内疚於心。』《**左雄傳**》及幽、厲昏亂，不自爲政，褒艷用權，七子黨進，賢愚錯緒，深谷爲陵。故其《詩》云：『四國無政，不用其良。』

《漢紀》卷六己丑晦，日有食之，既，在營室九度，爲宮室之中。高后惡之，曰：『此爲我也。』《星傳》曰：『日者德也，月者刑也。日食修德，月食修刑。』則灾異消矣。《詩》云：『日月告凶，不月[一]其行。四國無政，曷用其良！』言人君失政，則日月失行。

彼月而食，則維其常。此日而食，于何不臧？

《春秋左氏·昭七年傳》公曰：『《詩》所謂「彼日而食，于何不臧」者，何也？』對曰：『不善政之謂也。國無政，不用善，則自取謫於日月之灾。故政不可不慎也。務三而已，一曰擇人，二曰因民，三曰從時。』

《漢書·天文志》《詩》云：『彼月而食，則惟其常。此日而食，于何不臧？』《詩傳》曰：『月食非常也，比之日食猶常也，日食則不臧矣。』謂之小變，可也；謂之正行，非也。

百[二]川沸騰，山冢崒崩。高岸爲谷，深谷爲陵。哀今之人，胡憯莫懲。

《春秋左氏·昭三十二年傳》史墨對曰：『社稷無常奉，君臣無常位，自古以然。故《詩》曰：「高岸爲谷，深谷爲陵。」三后之姓，於今爲庶，主所知也。』

〔一〕月，〔漢〕荀悅、〔晉〕袁宏著，張烈點校《兩漢紀》作『用』。

〔二〕百，原本作『曰』，據《粵雅堂叢書》本改。

《荀子·君子篇》亂世則不然。刑罰怒罪，爵賞踰德；以族論罪，以世舉賢。故一人有罪，而三族皆夷，德雖如舜，不免刑均，是以族論罪也。先祖當賢，後子孫必顯；行雖如桀、紂，列從必尊；此以世舉賢也。以族論罪，以世舉賢，雖欲無亂，得乎哉？《詩》曰：『百川沸騰，山冢崒崩。高岸爲谷，深谷爲陵。哀今之人，胡憯莫懲。』此之謂也。

《漢書·劉向傳》乃上封事諫曰：『天變見於上，地變動於下。水泉沸騰，山谷易處。其《詩》曰：「百川沸騰，山冢卒崩。高岸爲谷，深谷爲陵。哀今之人，胡憯莫懲。」』**《李尋傳》**『今汝、潁畎澮皆川水漂踊，與雨水並爲民害，此《詩》所謂「熚熚[一]震電，不甯不令，百川沸騰」者也。其咎在於皇甫卿士之屬。』

胡爲我作，不即我謀。

《韓詩外傳》卷七國人知殺戮之刑專在子罕也，大臣親之，百姓畏之。居不期年，子罕遂去宋君而專其政。故《老子》曰：『魚不可脱於淵，國之利器不可以示人。』《詩》曰：『胡爲我作，不即我謀。』

〔一〕此處原本避諱缺字，據〔漢〕毛亨傳，〔漢〕鄭玄箋，〔唐〕陸德明音義，孔祥軍點校《毛詩傳箋》補。

黽勉從事，不敢告勞。無罪無辜，讒口囂囂。

《**潛夫論·賢難**》《詩》云：『無罪無辜，讒口敖敖。』『彼人之心，于何其臻？』由此觀之，妬媚之攻擊也，亦誠工矣。賢聖之居世也，亦誠危矣。

《**漢書·劉向傳**》乃上封事諫曰：『君子獨處守正，不橈衆枉。勉彊以從王事，則反見憎毒讒愬。故其《詩》曰：「密勿從事，不敢告勞。無罪無辜，讒口嗷嗷。」』

下民之孽，匪降自天。噂沓背憎，職競由人。

《**春秋左氏·僖十五年傳**》韓簡侍曰：『龜，象也；筮，數也。物生而後有象，象而後有滋，滋而後有數。先君之敗德，及可數乎？史蘇是占，勿從何益？《詩》曰：「下民之孽，匪降自天。僔沓背憎，職競由人。」』

《**荀子·正論篇**》堯、舜者，天下之善教化者也，不能使嵬瑣化。何世而無嵬？何時而無瑣？自太皞、燧人莫不有也。故作者不祥，學者受其殃，非者有慶。《詩》曰：『下民之孽，匪降自天。噂沓背憎，職競由人。』此之謂也。

四方有羨，我獨居憂。民莫不穀，我獨不敢休。

《**韓詩外傳**》**卷七**桓公聞之，曰：『衛之亡也，以無道也。今有臣若此，不可不存。』於是復立衛於楚丘。如弘演，可謂忠士矣。殺身以捷其君，非徒捷其君，又令衛之宗廟復立，祭祀不絶，可謂有大功矣。《詩》曰：『四方有羨，我獨居憂。民莫不穀，我獨不敢休。』

舍彼有罪，既伏其辜。若此無罪，淪胥以鋪。

《**鹽鐵論·申韓**》今之所謂良吏者，文察則以禍其民，强力則以厲其下，不本法之所由生，而專己之殘心，文誅假法，以陷不辜，累無罪，以子及父，以弟及兄，一人有罪，州里驚駭，十家奔亡，若癰疽之相濘，色淫之相連，一節動而百枝摇。《詩》云：『舍彼有罪，既伏其辜。若此無罪，淪胥以鋪。』痛傷無罪而累也。

周宗既滅，靡所止戾。正大夫離居，莫知我勩。

《**春秋左氏·昭十六年傳**》叔孫昭子曰：『諸侯之無伯，害哉！齊君之無道也，興師而伐遠方，會之有成而還，莫之亢也，無伯也夫！《詩》曰：「宗周既滅，靡所止戾。正大夫離居，莫知我肄。」其是之謂乎。』

三事大夫，莫肯夙夜。

《**後漢書·孝章帝紀**》詔曰：『行太尉事節鄉侯憙三世在位，爲國元老；司空融典職六年，勤勞不怠。其以憙爲太傅，融爲太尉，竝録尚書事。「三事大夫，莫肯夙夜」，《小雅》之所傷也。「予違汝弼，汝亡[一]面從」，股肱之正義也。群后百僚勉思厥職，各貢忠誠，以輔不逮。申勑四方，稱朕意焉。』

胡不相畏？不畏于天。

《春秋左氏·文十五年傳》季文子曰：『齊侯其不免乎，已則無禮，而討於有禮者，曰：「女何故行禮。」禮以順天，天之道也，已則反天，而又以討人，難以免矣。《詩》曰：「胡不相畏？不畏于天。」君子之不虐幼賤，畏于天也。』

聽言則答，譖言則退。

《新序·雜事》夫雞豚讙嗷，即奪鐘鼓之音；雲霞充咽，則奪日月之明。讒人在側，是以見晚也。《詩》曰：『聽言則對，譖言則退。』庸得進乎？

哀哉不能言，匪舌是出，維躬是瘁。哿矣能言，巧言如流，俾躬處休！

《春秋左氏·昭八年傳》師曠對曰：『石不能言，或馮焉。不然，民聽濫也。抑臣又聞之曰：「作

[一] 亡，〔南朝宋〕范曄撰，〔唐〕李賢等注《後漢書》作『無』。

事不時，怨讟動於民，則有非言之物而言。」今宫室崇侈，民力彫盡，怨讟並作，莫保其性。石言，不亦宜乎？』於是晋侯方築虒祁之宫。叔向曰：『子野之言，君子哉！君子之言，信而有徵，故怨遠於其身。小人之言，僭而無徵，故怨咎及之。《詩》曰：「哀哉不能言，匪舌是出，唯躬是瘁。哿矣能言，巧言如流，俾躬處休。」其是之謂乎。』

昊[一]**天疾威，敷于下土。**

《**列女·雋不疑母傳**》君子謂不疑母能以仁教。《詩》云：『昊天疾威，敷于下土。』言天道好生，疾威虐之行於下土也。

潝潝訿訿，亦孔之哀。謀之其臧，則具是違。謀之不臧，則具是依。

《**荀子·修身篇**》小人反是。致亂而惡人之非己也；致不肖而欲人之賢己也；心如虎狼，行如禽獸，而又惡人之賊己也。諂諛者親，諫争者疏，修正爲笑，至忠爲賊。雖欲無滅亡，得乎哉！《詩》曰：『噏噏呰呰，亦孔之哀。謀之其臧，則具是違。謀之不臧，則具是依。』此之謂也。

《**漢書·劉向傳**》乃上封事諫曰：『衆小在位而從邪議，歙歙相是，而背君子，故其《詩》曰：

〔一〕昊，《粤雅堂叢書》本作『□』。

「歙歙訿訿，亦孔之哀。謀之其臧，則具是違。謀之不臧，則具是依。」』

我龜既厭，不我告猶。

《禮記·緇衣》子曰：『南人有言曰：「人而無恒，不可以爲卜筮。」古之遺言與？龜筮猶不能知也，而況於人乎？《詩》云：「我龜既厭，不我告猶。」』注：猶，道也。言褻而用之，龜厭之，不告以吉凶之道也。

謀夫孔多，是用不集。發言盈庭，誰敢執其咎？如匪行邁謀，是用不得于道。

《春秋左氏·襄八年傳》子駟曰：『《詩》云：「謀夫孔多，是用不集。發言盈庭，誰敢執其咎？如匪行邁謀，是用不得于道。」請從楚，騑也受其咎。』

《韓詩外傳》卷六盍胥對曰：『夫鴻鵠一舉千里，所恃者六翮爾。背上之毛，腹下之毳，益一把飛不爲加高，損一把飛不爲加下。今君之食客門左門右各千人，亦有六翮在其中矣。將皆背上之毛，腹下之毳耶？』《詩》曰：『謀夫孔多，是用不集。』

哀哉爲猶，匪先民是程，匪大猶是經。

《鹽鐵論·復古》文學曰：『扇水都尉所言，當時之利權[一]，一切之術也，不可以久行而傳

[一] 當時之利權，王利器校注《鹽鐵論校注》無『利』字。

世，此非明王所以君國子民之道也。《詩》云：「哀哉爲猶，匪先民是程，匪大猶是經，維邇言是聽。」此詩人刺不通於王道，而善爲權利者。』

如彼泉流，無淪胥以敗。

《**列女·晉羊叔姬傳**》伯碩生時，叔姬往視之。及堂，聞其號也而還，曰：『豺狼之聲也。狼子野心，今將滅羊舌氏者，必是子也。』君子謂叔姬爲能推類。《詩》云：『如彼泉流，無淪胥以敗。』此之謂也。

不敢暴虎，不敢馮河。人知其一，莫知其他。

《**春秋左氏·昭元年傳**》晉樂王鮒曰：『《小旻[一]》之卒章善矣，吾從之。』注：《小旻》，《詩·小雅》。其卒章，義取『非唯暴虎馮河之可畏也，不敬小人亦危殆』。王鮒從斯義，故不敢譏議公子圍。

《**荀子·臣道篇**》仁者必敬人。凡人非賢則案不肖也。人賢而不敬，則是禽獸也；人不肖而不敬，則是狎虎也。禽獸則亂，狎虎則危，灾及其身矣。《詩》曰：『不敢暴虎，不敢馮河。人知其一，莫知其它。戰戰兢兢，如臨深淵，如履薄冰。』此之謂也。

〔一〕旻，原本作『明』，據〔周〕左丘明傳，〔晋〕杜預注，〔唐〕孔穎達正義，浦衛忠等整理《春秋左傳正義》改。

《呂氏春秋・安死》故孝子、忠臣、親父、交友，不可不察於此也。夫愛之而反危之，其此之謂乎。《詩》曰：『不敢暴虎，不敢馮河。人知其一，莫知其他。』此言不知鄰類也。

《淮南子・本經訓》晚世學者，不知道之所一體，德之所總要，取成之迹，相與危坐而説之，鼓歌而舞之，故博學多聞，而不免於惑。《詩》云：『不敢暴虎，不敢馮河。人知其一，不知其他。』此之謂也。

《説苑・雜言》積功甚大，勢利甚高。賢人不用，讒人用事。自知不用，其仁不能去。制敵積功，不失秋毫；避患去害，不見丘山。積其所欲，以至其所惡，豈不爲勢利惑哉！《詩》云：『人知其一，莫知其他。』此之謂也。

《列女・柳下惠妻傳》柳下既死，門人將誄之。妻曰：『將誄夫子之德耶？則二三子不如妾知之也。』君子謂柳下惠妻能光其夫矣。《詩》曰：『人知其一，莫知其他。』此之謂也。

戰戰兢兢，如臨深淵，如履薄冰。

《論語・泰伯》曾子有疾，召門弟子曰：『啓予足，啓予手！《詩》云：「戰戰兢兢，如臨深淵，如履薄冰。」』

《孝經・諸侯章》在上不驕，高而不危；制節謹度，滿而不溢。高而不危，所以長守貴也；滿而不溢，所以長守富也。富貴不離其身，然後能保其社稷，而和其民人。蓋諸侯之孝也。《詩》云：『戰戰兢兢[一]，如臨深淵，如臨薄冰。』

《**春秋左氏・僖二十二年傳**》臧文仲曰：『國無小，不可易也；無備，雖衆不可恃也。《詩》云：「戰戰兢兢，如臨深淵，如履薄冰。」』《**宣十六年傳**》羊舌職曰：『吾聞之：「禹稱善人，不善人遠。」此之謂也夫。《詩》曰：「戰戰兢兢，如臨深淵，如履薄冰。」善人在上也。』

《**淮南子・道應訓**》尹佚對曰：『使之時而敬順之。』王曰：『其度安在？』曰：『如臨深淵，如履薄冰。』王曰：『懼哉，王人乎！』

《**説苑・敬慎**》夫不誠不思而以存身全國者，亦難矣。《詩》曰：『戰戰兢兢，如臨深淵，如履薄冰。』此之謂也。　孔子之周，觀於太廟，右陛之前，有金人焉，三緘其口而銘其背。孔子顧謂弟子曰：『記之。此言雖鄙，而中事情。《詩》曰：「戰戰兢兢，如臨深淵，如履薄冰。」行身如此，豈以口遇禍哉！』

明發不寐，有懷二人。

《**禮記・祭義**》文王之祭也，事死者如事生，思死者如不欲生。忌日必哀，稱諱如見親，祀之忠也。

[一]　兢兢，原本作『競競』，據《粵雅堂叢書》本改。下同。

如見親之所愛，如欲色然，其文王與？《詩》云：『明發不寐，有懷二人。』文王之詩也。祭之明日，明發不寐，饗而致之，又從而思之。注：明發不寐，謂夜至旦也。祭之明日，謂繹日也。言繹之夜不寐也。二人，謂父母。

《國語・晉語第十》秦伯賦《鳩飛》。注：《鳩飛》，《小雅・小宛》之首章也。《詩》曰：『宛彼鳴鳩，翰飛戾天，我心憂傷，念昔先人。明發不寐，有懷二人。』言己念晉先君洎穆姬，不寐，以思安集晉之君臣也。

《春秋繁露・楚莊王》公子慶父之亂，魯危殆亡，而齊桓公之於彼無親[一]，尚來憂我，如何與同姓，而殘賊遇我？《詩》云：『宛彼鳴鳩，翰飛戾天。我心憂傷，念彼先人。明發不昧，有懷二人。』皆有此心也。

彼昏不知，壹醉日富。

《列女・更始夫人傳》尚書奏事，韓夫人曰：『帝方對我飲樂，正用是時來奏事！』由是綱紀不攝，諸侯離叛。《詩》云：『彼昏不知，一醉日富。』其更始與韓夫人之謂也。

各敬爾儀，天命不又。

[一] 而齊桓公之於彼無親，蘇輿撰，鍾哲點校《春秋繁露義證》作『而齊侯安之。於此無親』。下注：『官本云「安」，他本誤公。』

《春秋左氏・昭元年傳》趙孟賦《小宛》之二章。注：《小宛》，《詩・小雅》。二章取其『各敬爾儀，天命不又』。言天命一去，不可復還，以戒令尹[一]。

《新序・雜事》孔子曰：『夫損人而益己，身之不祥也；棄老取幼，家之不祥也；釋賢用不肖，國之不祥也；老者不教，幼者不學，俗之不祥也；聖人伏匿，天下之不祥也。故不祥有五，而東益不與焉。《詩》曰：「各敬爾儀，天命不又。」未聞東益之與爲命也。』

教誨爾子，式穀似之。

《列女・楚子發母傳》夫使人入於死地，而自康樂於其上，雖有以得勝，非其術也。君子謂子發母能以教誨。《詩》云：『教誨爾子，式穀似之。』此之謂也。《王孫氏母傳》王孫母謂賈曰：『今汝事王，王出走，汝不知其處。汝尚何歸乎？』君子謂王孫母義而能教。《詩》云：『教誨爾子，式穀似之。』此之謂也。

題彼脊令，載飛載鳴。我日斯邁，而月斯征。夙興夜寐，無忝爾所生。

《孝經・士章》故以孝事君則忠，以敬事長則順。忠順不失，以事其上，然後能保其祿位，而守其

[一] 原本無『尹』字，據《粵雅堂叢書》本補。

祭祀。蓋士之孝也。《詩》云：『夙興夜寐，無忝爾所生。』

《大戴禮記·曾子立孝》『夙興夜寐，無忝爾所生』，言不自舍也。不耻其親，君子之孝也。

《韓詩外傳》卷八昨日何生？今日何成？必念歸厚，必念治生。日慎一日，完如金城。《詩》曰：『我日斯邁，而月斯征。夙興夜寐，無忝爾所生。』

《中論·貴驗》故君子服過也，非徒餙其辭而已。誠發乎中心，形乎容貌，其愛之也深，其更之也速，如追兔惟恐不逮，故有進業，無退功。《詩》曰：『相彼脊令，載飛載鳴。我日斯邁，而月斯征。』遷善不懈之謂也。

《潛夫論·贊學》《詩》云：『題彼鶺鴒，載飛載鳴。我日斯邁，而月斯征。夙興夜寐，無忝爾所生。』是以君子終日乾乾進德修業者，非直爲博己而已也，蓋乃思述祖考之令問，而以顯父母也。

宜岸宜獄，握粟出卜，自何能穀？

《鹽鐵論·刑德》方今律令百有餘篇。文章繁，罪名重。郡國用之疑惑，或淺或深，自吏明習者，不知所處，而况愚民乎[一]！此斷獄所以滋衆，而民犯禁滋多[二]也。《詩》云：『宜岸宜獄，握粟出卜，自何能穀？』刺刑法繁也。

温温恭人，如集于木。惴惴小心，如臨于谷。戰戰兢兢，如履薄冰。

《韓詩外傳》卷七孫叔敖曰：『吾爵益高，吾志益下；吾官益大，吾心益小；吾禄益厚，吾施益博。可以免於患乎？』狐丘丈人曰：『善哉言乎！堯、舜其猶病諸。』《詩》曰：『温温恭人，如集于木。惴惴小心，如臨于谷。』孔子曰：『昔者越王勾踐與吴戰，大敗之，兼有南夷。當是之時，君南面而立，近臣三，遠臣五，令諸大夫曰：「聞過而不以告我者爲上戮。」此處尊位而恐不聞其過也。昔者晉文公與楚戰，大勝之，燒其草[三]，火三日不息。文公退而有憂色。侍者曰：「君大勝楚而有憂色，何也？」文公曰：「吾聞能以戰勝安[四]者惟聖人。若夫詐勝之徒未嘗不危，吾是以憂也。」此得志而恐驕也。昔者齊桓公得管仲、隰朋，南面而立。桓公曰：「吾得二子也，吾

[一] 原本無『乎』字，據《粤雅堂叢書》本補。
[二] 原本無『滋多』二字，據王利器校注《鹽鐵論校注》補。
[三] 草，〔漢〕韓嬰撰，許維遹校釋《韓詩外傳集釋》作『軍』。
[四] 〔漢〕韓嬰撰，許維遹校釋《韓詩外傳集釋》『安』前有『而』字。

目加明，吾耳加聰。不敢獨擅，進之先祖。」此聞至[一]道而恐不能行者也。由桓公、晉文、越王勾踐觀之，三懼者，明君之務也。』《詩》曰：「温温恭人，如集于木。惴惴小心，如臨于谷。戰戰兢兢，如履薄冰。」此言大[二]王居人上也。』

《新序·雜事》夫執國之柄，履民之上，懔乎如以腐索御犇馬。《詩》曰：『如履薄冰。』不亦危乎？

《漢書·王莽傳》自公受策，以至于今，亹亹翼翼，日新其德，增修雅素以命下國，俊儉隆約以矯世俗，割財損家以帥群下，彌躬執平以逮公卿，教子尊學以隆國化。僮奴衣布，馬不秣穀，食飲之用，不過凡庶。《詩》云『温温恭人，如集于木』公之謂矣。

《小弁》，刺幽王也。

《孟子·告子下》公孫丑問曰：『高子曰：「《小弁》，小人之詩也。」』孟子曰：『何以言之？』曰：『怨。』曰：『《小弁》之怨，親親也。親親，仁也。固矣夫[三]，高叟之爲詩也！』

[一]〔漢〕韓嬰撰，許維遹校釋《韓詩外傳集釋》『至』前有『天下之』三字。
[二] 大，〔漢〕韓嬰撰，許維遹校釋《韓詩外傳集釋》作『文』。
[三] 固矣夫，《粵雅堂叢書》本作『固夫』。

《漢書·杜欽傳》夫少，戒之在色，《小卞》之作，可爲寒心。惟將軍常以爲憂。

我心憂傷，惄焉如擣。假寐永嘆，維憂用老。心之憂矣，疢如疾首。

《漢書·中山靖王勝傳》勝對曰：『臣聞社鼷不灌，屋鼠不熏。何則？所託者然也。臣雖薄也，得蒙肺腑[一]；位雖卑也，得爲東藩，屬又稱兄。今群臣非有葭莩之親，鴻毛之重，群居黨議，朋友相爲，使夫宗室擯却，骨肉冰釋。斯伯奇所以流離，比干所以横分也。《詩》云：「我心憂傷，惄焉如擣。假寐永嘆，唯憂用老。心之憂矣，疢如疾首。」臣之謂也。』

有漼者淵，萑葦淠淠。

《韓詩外傳》卷七楚莊王賜其群臣酒，日暮酒酣，左右皆醉。殿上燭滅，有牽王后衣者，后扢冠纓而絶之。立出令曰：『與寡人飲，不絶纓者，不爲樂也。』《詩》曰：『有漼者淵，萑葦淠淠。』言大者無不容也。

《説苑·雜言》子貢曰：『夫隱括之旁多枉木，良醫之門多疾人，砥礪之旁多頑鈍。夫子修道以俟天下，來者不止，是以雜也。』《詩》云：『菀彼柳斯，鳴蜩嘒嘒。有漼者淵，萑葦淠淠。』言大

[一] 腑，〔漢〕班固撰，〔唐〕顔師古注《漢書》作『附』。

者之旁，無所不容。

行有死人，尚或墐之。

《大戴禮記·曾子制言》天下無道，循道而行，衡塗而僨，手足不揜，四支不被。[一]《詩》云：『行有死人，尚或墐之。』則此非士之罪也，有士者之羞也。

《列女·魏節乳母傳》母吁而言曰：『且夫凡爲人養子者，務生之，非爲殺之也。豈可利賞畏誅之故，廢正義而行逆節哉！妾不能生，而令公子擒也。』君子謂節乳母慈惠敦厚，重義輕財。《詩》云：『行有死人，尚或墐之。』此之謂也。

君子無易由言。

《韓詩外傳》卷五孔子曰：『正假馬之言，而君臣之義定矣。』《論語》曰：『必也正名乎。』《詩》曰：『君子無易由言。』名正也。

我躬不閱，遑恤我後。

[一] 原本此處有『手足節四支，説者由殷勤耳』，〔清〕阮元《曾子注釋·制言中》盧注：『手足即四支，説者中殷勤耳』，原本此處誤入正文，且『即』誤成『節』，『中』誤爲『由』。據删改。

《春秋左氏·襄二十五年傳》衛獻公自夷儀使與甯喜言，甯喜許之。大叔文子聞之，曰：『烏乎！《詩》所謂「我躬不説，皇恤我後」者，甯子可謂不恤其後矣。』

《巧言》，大夫傷於讒。

《後漢書·馬援傳》又前雲陽令同郡朱勃詣闕上書曰：『夫大將在外，讒言在内，微過輒記，大功不計，誠爲國之所慎也。故章邯畏口而奔楚，燕将據聊而不下。豈其甘心末規哉？悼巧言之傷類也。』

昊天已威，予慎無罪。

《列女·王章妻女傳》章上封事，言鳳不可任用。天子不忍退鳳，章由是爲鳳所陷，事至大逆，收繫下獄。《詩》云：『昊天已威，予慎無罪。』言王爲威虐之政，則無罪而遘咎也。

昊天大幠，予慎無辜。

《韓詩外傳》卷四紂作炮烙之刑，王子比干遂諫，三日不去朝，紂囚殺之。《詩》曰：『昊天大幠，予慎無辜。』　桀爲酒池，可以運舟。糟丘，足以望十里，而牛飲者三千人。關龍逢進諫，立而不及朝，桀囚而殺之。君聞之曰：『天之命矣。』《詩》曰：『昊天大幠，予慎無辜。』　**卷七**傳曰：伯奇孝而棄於親，隱公慈而殺於弟，叔武賢而殺於兄，比干忠而誅於君。《詩》曰：『予慎無辜。』紂殺王子比干，箕子被髮佯狂。陳靈公殺泄冶，鄧元去陳以族。《詩》曰：『昊天大憮，予慎無辜。』

君子如怒，亂庶遄沮。君子如祉，亂庶遄已。

《春秋左氏·文二年傳》及彭衙既陳，以其屬馳秦師，死焉。晉師從之，大敗秦師。君子謂狼瞫於是乎君子。《詩》曰：『君子如怒，亂庶遄沮。』**《宣十七年傳》**范武子將老，召文子曰：『燮乎！吾聞之，喜怒以類者鮮，易者實多。《詩》曰：「君子如怒，亂庶遄沮。君子如祉，亂庶遄已。」君子之喜怒，以已亂也。弗已者，必益之。』**《昭三年傳》**君子曰：『仁人之言，其利溥哉！晏子一言而齊侯省刑。《詩》曰：「君子如祉，亂庶遄已。」其是之謂乎。』

《潛夫論·衰制》夫上聖不過堯、舜，而放四子，盛德不過文、武，而赫斯怒。《詩》云：『君子如怒，亂庶遄沮。君子如祉，亂庶遄已。』是故君子之有喜怒也，善以正亂也。故有以誅止殺，以刑禦殘。

《後漢書·孝章帝紀》詔曰：『予一人空虛多疚，纂承尊明，盥洗享薦，慙愧祗慄。《詩》不云乎：「君子如祉，亂庶遄已。」曆數既從，靈耀著明，亦欲與士大夫同心自新。』**《孝順帝紀》**詔曰：『朕託王公之上，涉道日寡，政失厥中，陰陽氣隔，寇盜肆暴，庶獄彌繁，憂悴永嘆，疢如疢首。《詩》云：「君子如祉，亂庶遄已。」三朝之會，朔旦立春，嘉與海内洗心自新。』

君子屢盟，亂是用長。

《春秋左氏・桓十二年傳》君子曰：『苟信不繼，盟無益也。《詩》云：「君子屢盟，亂是用長。」無信也。』**《襄二十九年傳》**裨諶曰：『是盟也，其與幾何？《詩》曰：「君子屢盟，亂是用長。」今是長亂之道也。禍未歇也，必三年而後能紓。』

《荀子・大略篇》不足於行者，説過；不足於信者，誠言。故《春秋》善『胥命』，而《詩》非『屢盟』，其心一也。

《潛夫論・交際》君子屢盟，亂是用長。大人之道，周而不比，微言相感，掩若同符，又焉用盟？

君子信盜，亂是用暴。

《列女・殷紂妲己傳》比干諫曰：『不修先王之典法而用婦言，禍至無日。』紂怒，以爲妖言。《詩》云：『君子信盜，亂是用暴。匪其止共，惟王之卬。』此之謂也。

盜言孔甘，亂是用餤。

《禮記·表記》故君子之接如水，小人之接如醴。君子淡以成，小人甘以壞。《小雅》曰：『盜言孔甘，亂是用餤。』注：盜，賊也。孔，甚也。餤，進也。

《列女·楚考李后傳》園女弟承間謂春申君曰：『今妾知有身矣，而人莫知。妾之幸君未久，誠以君之重而進妾於楚王，楚王必幸妾，賴天有子男，則是君之子爲王也，楚國盡可得，孰與身臨不測之罪乎？』《詩》云：『盜言孔甘，亂是用餤。』此之謂也。

匪其止共，維王之邛。

《禮記·緇衣》臣儀行，不重辭，不援其所不及，不煩其所不知，則君不勞矣。《小雅》曰：『匪其止共，惟王之邛。』注：邛，勞。言臣不止於恭敬其職，惟使王之勞。此臣使君勞之詩也。

《韓詩外傳》卷四若周公之於成王，可謂大忠也。管仲之於桓公，可謂次忠也。子胥之於夫差，可謂下忠也。曹觸龍之於紂，可謂國賊也。皆人臣之所爲也。吉凶賢不肖之效也。《詩》曰：『匪其止恭，惟王之邛。』　孔子曰：『故弓調然後求勁焉，馬服然後求良焉，士信慤而後求知焉。

士不信焉[一]又多知，譬之豺狼[二]，其難以身近也。《周書》曰：「爲虎傅翼也，不亦殆乎？」《詩》曰：「匪其止恭，惟王之邛。」言其不恭其職事，而病其主也。』

《説苑·政理》孔子曰：『哀公有臣三人，内比周公以惑其君，外障距諸侯賓客以蔽其明。故曰政在諭臣。《詩》不云乎：「匪其止共，惟王之邛。」此傷姦臣蔽主以爲亂者也。』

他人有心，予忖度之，躍躍毚兔，遇犬獲之。

《**孟子·梁惠王上**》曰：『無傷也。是乃仁術也，見牛未見羊也。君子之於禽獸也，見其生，不忍見其死；聞其聲，不忍食其肉。是以君子遠庖厨也。王説曰：「《詩》云：『他人有心，予忖度之。』夫子之謂也。」』

《**史記·春申君列傳**》從此觀之，楚國援也，鄰國敵也。《詩》云：『趯趯毚兔，遇犬獲之。他人有心，余忖度之。』今王中道而信韓、魏之善王也，此正吴之信越也。

《**春秋繁露·玉杯**》夫名爲『簒父』，而實免罪者，已有之矣。亦有名爲弑君，而罪不誅者，逆而距之，不若徐而味之，且吾語盾有本。《詩》云：『他人有心，予忖度之。』此言物莫無鄰，察視

[一]　焉，〔漢〕韓嬰撰，許維遹校釋《韓詩外傳集釋》作『慤而』。

[二]　〔漢〕韓嬰撰，許維遹校釋《韓詩外傳集釋》『狼』後有『與』字。

其外，可以見其內也。

《韓詩外傳》卷四東郭先生曰：『目者，心之符也，言之者，行之指也。夫知者之於人也，未嘗求知而後能之也，觀容貌、察氣志，定取舍，而人情畢矣。《詩》曰：「他人有心，予忖度之。」』

蛇蛇碩言，出自口矣。巧言如簧，顏之厚矣。

《潛夫論·交際》世有可患者三。三者何？曰：情實薄而辭稱厚，念實忽而文想憂，懷不來而外克期。不信則懼失賢，信之則詿誤人。此俗士可厭之甚者也。是故孔子疾夫言之過其行者。《詩》曰[一]：『蛇蛇碩言，出自口矣。巧言如簧，顏之厚矣。』

彼何人斯，居河之麋。無拳無勇，職爲亂階。

《春秋左氏·襄十四年傳》孫蒯入使。公飲之酒，使大師歌《巧言》之卒章。注：《巧言》，《詩·小雅》。其卒章曰：『彼何人斯，居河之麋。無拳無勇，職爲亂階。』戚，衛河上邑。公欲以喻文子居河上而爲亂。大師辭，師曹請爲之。公使歌之，遂誦之。

既微且尰。

[一] 曰，原本作『傷』，據〔漢〕王符著，〔清〕汪繼培箋，彭鐸校正《潛夫論箋校正》改。

《爾雅·釋訓》既微且尰。骭瘍爲微，腫足爲尰。

我聞其聲，不見其身。

《列女·衛靈夫人傳》聞車聲轔轔，至闕而止，過闕，復有聲。夫人曰：『此必蘧伯玉也。』君子謂衛夫人明於知人道。夫可欺而不可罔者，其明智乎！《詩》云：『我聞其聲，不見其人。』此之謂也。

不愧于人，不畏于天。

《禮記·表記》是故聖人之制行也，不制以己，使民有所勸勉愧耻，以行其言。禮以節之，信以結之，容貌以文之，衣服以移之，朋友以極之，欲民之有壹也。《小雅》曰：『不愧于人，不畏于天。』

爲鬼爲蜮，則不可得。有靦面目，視人罔極。作此好歌，以極反側。

《荀子·儒效篇》若夫充虛之相施易也，『堅白』『同異』之分隔也，是聰耳之所不能聽也，明目之所不能見也，辯士之所不能言也；雖有聖人之知，未能僂指也。而狂惑贛[一]陋之人，乃始率其群徒，辯其談説，明其辟稱，老身長子，不知惡也。夫是之謂上愚，曾不如相雞狗之可以爲

[一] 贛，梁啟雄著《荀子簡釋》作『戇』。

名也。《詩》曰：『爲鬼爲蜮，則不可得。有靦面目，視人罔極。作此好歌，以極反側。』此之謂也。**《正名篇》**故知者之言也，慮之易知也，行之易安也，持之易立也，成則必得其所好，而不遇其所惡焉。而愚者反是。《詩》曰：『爲鬼爲蜮，則不可得。有靦面目，視人罔極。作此好歌，以極反側。』此之謂也。

《巷伯》，寺人傷於讒。

《漢書·司馬遷傳》贊：迹其所以自傷悼，《小雅·巷伯》之倫。夫唯《大雅》『既明且哲，能保其身』，難矣哉。

萋兮斐兮，成是貝錦。彼譖人者，亦已大甚！

《説苑·立節》晋驪姬譖太子申生於獻公，遂伏劍死。君子聞之曰：『天命矣夫世子！』《詩》曰：『萋兮斐兮，成是貝錦。彼譖人者，亦已太甚！』

慎爾言也，謂爾不信。

《韓詩外傳》卷三受命之士，正衣冠而立，儼然人望而信之；其次，聞其言而信之；其次，見其行而信之；既見其行，而衆皆不信，斯下矣。《詩》曰：『慎爾言矣，謂爾不信。』

取彼譖人，投畀豺虎。豺虎不食，投畀有北。有北不受，投畀有昊。

《禮記·緇衣》惡惡如《巷伯》。注：《巷伯》六章，曰：『取彼讒人，投畀豺虎。豺虎不食，投畀有北。有北不受，投畀有昊。』此其『惡惡』，欲其死亡之甚也。

《説苑·建本》如此人者，骨肉不親也，秀士不友也，此三代之棄民也，人君之所不赦也。故《詩》曰：『投畀豺虎。豺虎不食，投畀有北。有北不受，投畀有昊。』此之謂也。

《漢書·戾太子傳》壺關三老茂上書曰：『《詩》云：「取彼譖人，投畀豺虎。」唯陛下寬心慰意，少察所親，毋患太子之非，亟罷甲兵，無令太子久亡。』

《後漢書·馬援傳》夫操孔父之忠而不能自免於讒，此鄒陽之所悲也。《詩》云：『取彼讒人，投畀豺虎。豺虎不食，投畀有北。有北不受，投畀有昊。』此言欲令上天而平其惡。

《漢紀》卷二十三《詩》云『取彼讒人，投畀豺虎』，疾之深也。若夫石顯，可以痛心泣血矣，豈不疾之哉！

卷二下

將恐將懼，維予與女。將安將樂，女轉棄予。

《**後漢書·陰皇后紀**》迺詔大司空曰：『吾微賤之時，娶于陰氏，因將兵征伐，遂各別離。幸得安全，俱脱虎口。以貴人有母儀之美，宜立爲后，而固辭弗敢當，列于媵妾。朕嘉其義讓，許封諸弟。未及爵土，而遭患逢禍，母子同命，愍傷于懷。《小雅》曰：「將恐將懼，惟予惟汝。將安將樂，汝轉棄予。」風人之戒，可不慎乎？』

將安將樂，棄予如遺。

《**韓詩外傳**》**卷七**宋玉因其友見楚襄王，襄王待之無以異。友曰：『子之事王未耳，何怨於我？』宋玉曰：『昔者齊有狡兔，盡一日而走五百里。于是齊有良狗曰韓盧，亦一日而走五百里[一]。使

［一］原本無『于是齊有良狗曰韓盧，亦一日而走五百里』十七字，據〔漢〕韓嬰撰，許維遹校釋《韓詩外傳集釋》補。

之瞻見指注，雖良狗猶不及狡兔之塵。若攝纓而縱紲之，瞻見指注與？』《詩》曰：『將安將樂，棄予如[一]遺。』

習習谷風，維山崔嵬。無草不死，無木不萎。

《中論·修本》曾子曰：『人而好善，福雖未至，禍其遠矣；人而不好善，禍雖未至，福其遠矣。故《詩》曰：「習習谷風，惟[二]山崔嵬。何木不死，何草不萎！」言盛陽布德之月，草木猶有枯落與時謬者，況人事之應報乎！』

《蓼莪》，孝子不得終養爾。

《孔叢子·記義》於《蓼莪》，見孝子之思養也。

瓶之罄矣，惟罍之耻。

《春秋左氏·昭二十四年傳》子大叔對曰：『今王室實蠢蠢焉，吾小國懼矣。然大國之憂也，吾儕

[一] 如，原本作『作』，據《粵雅堂叢書》本改。
[二] 惟，原本作『維』，據《粵雅堂叢書》本改。

何知焉？吾子其早圖之！《詩》曰：「瓶之罄矣，維[一]罍之恥。」王室之不甯，晋之恥也。」

《後漢書·陳忠傳》忠上疏曰：『周室陵遲，禮制不序，《蓼莪》之人作詩自傷曰：「瓶之罄矣，惟罍之恥。」言己不得終竟子道者，亦上之恥也。』

鮮民之生，不如死之久矣。

《大戴禮記·用兵》子曰：『人生有喜怒，故兵之作，與民皆生。聖人利用而彌之，亂人興之喪厥身。《詩》云：「魚在在藻，厥志在餌。」「鮮民之生矣，不如死之久矣。」「校德不塞，嗣武孫武子。」』

父兮生我，母兮鞠我。拊我畜我，長我育我，顧我復我，出入腹我。

《韓詩外傳》卷七夫爲人父者，必懷慈仁之愛以畜養其子，撫循飲食以全其身。及其有識也，必嚴居正言以先導之。及其束髮也，授明師以成其技。十九見志，請賓冠之，足以死其意[二]。血脈澄静，娉内以定之。信承親授，無有所疑。冠子不詈，髦子不笞[三]，聽其微諫，無令憂之。此爲人父之道也。《詩》曰：『父兮生我，母兮鞠我。拊我畜我，長我育我，顧我復我，出入腹我。』

[一] 維，〔宋〕吕本中撰《春秋集解》作「惟」。

[二] 足以死其意，〔漢〕韓嬰撰，許維遹校釋《韓詩外傳集釋》作「足以成其德」。

[三] 冠子不詈，髦子不笞，原本作「冠子不言，髮子不笞」，據〔漢〕韓嬰撰，許維遹校釋《韓詩外傳集釋》改。

《**後漢書·梁竦傳**》制詔三公、大鴻臚曰：『夫孝莫大于尊尊親親，其義一也。《詩》云：「父兮生我，母兮鞠我。撫我畜我，長我育我，顧我復我，出入腹我。欲報之德，昊天罔極。」朕不敢興事，覽于前世，太宗、中宗，實有舊典，追命外祖，以篤親親。』

周道如砥，其直如矢。君子所履，小人所視。

《**孟子·萬章下**》夫義，路也。禮，門也。惟君子能由是路，出入是門也。《詩》云：『周道如砥，其直如矢。君子所履，小人所視。』

《**荀子·宥坐篇**》今之世則不然。亂其教，繁其刑，其民迷惑而墮焉，則從而制之，是以刑彌繁而邪不勝。三尺之岸而虛車不能登也，百仞之山，任負車登焉。何則？陵遲故也。數仞之墻，而民不逾也，百仞之山而豎子馮而游焉，陵遲故也。今夫世之陵遲亦久矣，而能使民勿逾乎！《詩》曰：『周道如砥，其直如矢。君子所履，小人所視。眷焉顧之，潸焉出涕。』豈不哀哉！

《**鹽鐵論·刑德**》文學曰：『《詩》云：「周道如砥，其直如矢。」言其易也。「君子所履，小人所視。」言其明也。故德明而易從，法約而易行。』

《**韓詩外傳**》**卷三**故道義不易，民不由也。禮樂不明，民不見也。《詩》曰『周道如砥，其直如矢』，言其易也。『君子所履，小人所視』，言其明也。『眷焉顧之，潸焉出涕』，哀其不聞禮教而刑誅也。

《説苑・至公》彼人臣之公，治官事則不營私家，在公門則不言貨利，當公法則不阿親戚，奉公舉賢則不避仇讎。忠於事君，仁於利下，推之以恕道，行之以不黨，伊呂是也。故顯名存於今，是之謂公。《詩》云：『周道如砥，其直如矢。君子所履，小人所視。』此之謂也。

或以其酒，不以其漿。

《韓詩外傳》卷七陳饒曰：『三斗之稷不足於士，而君鴈鶩有餘粟，是君之一過也。果園梨栗，後宮婦人以相提擲，士曾不得一[一]，是君之二過也。綾紈綺縠[二]，靡麗於堂，從風而弊，士曾不得以爲緣，是君之三過也。且夫財者，君之所輕也；死者，士之所重也。君不能行君之所輕，而欲使士致其所重，猶譬鉛刀畜之，而干將用之，不亦難乎！』宋燕面[三]有慙色，逡巡避席曰：『是燕之過也。』《詩》曰：『或以其酒，不以其漿。』

鞙鞙佩璲。

[一]〔漢〕韓嬰撰，許維遹校釋《韓詩外傳集釋》『一』後有『嘗』字。
[二] 縠，原本作『穀』，據《粵雅堂叢書》本改。
[三] 面，原本作『而』，據《粵雅堂叢書》本改。

《後漢書·輿服志》古者君臣佩玉，尊卑有度；上有韍，貴賤有殊。佩，所以章德，服之衷也。韍，所以執事，禮之共也。故禮有其度，威儀之制，三代同之。五伯迭興，戰兵不息，佩非戰器，韍非兵旗，于是解去韍佩，留其係璲，以爲章表。故《詩》曰『鞙鞙佩璲』，此之謂也。

東有啓明。

《大戴禮記·四代》公曰：『大節無廢，小眇其後乎？』子曰：『否，不可後也。《詩》云：「東有開明，於時雞三號，以興庶虞。」』

維南有箕，不可以簸揚。維北有斗，不可以挹酒漿。

《韓詩外傳》卷四今有堅甲利兵，不足以施敵破虜，弓良矢調，不足射[一]遠中微，與無兵等爾。有民不足强甲嚴敵，與無民等爾。故磐石千里，不爲有地；愚民百萬，不爲有民。《詩》曰：『維南有箕，不可以簸揚。維北有斗，不可以挹酒漿。』夫以一人而兼聽天下，其日有餘而下治，是使人爲之也。夫擅使人之權，而不能制衆天下[二]，即在位者非其人也。《詩》曰：『維南有箕，

[一]〔漢〕韓嬰撰，許維遹校釋《韓詩外傳集釋》『射』前有『以』字。

[二]夫擅使人之權，而不能制衆天下，原本作『夫擅使人之廉，而求不能制眾天下』，據〔漢〕韓嬰撰，許維遹校釋《韓詩外傳集釋》改。

不可以簸揚。維北有斗，不可以挹酒漿。』言有位無其事也。

四月維夏，六月徂暑。

《春秋左氏·文十三年傳》文子賦《四月》。注：《四月》，《詩·小雅》。義取行役逾時，思歸祭祀，不欲爲還晉。

《孔叢子·記義》於《四月》，見孝子之思祭也。

先祖匪人，胡甯忍予？

《中論·譴交》古者行役，過時不反，猶作詩刺怨，故《四月》之篇稱『先祖匪人，胡甯忍予？』又況無君命而自爲之者乎！

亂離瘼矣，爰其適歸？

《春秋左氏·宣十二年傳》是役也，鄭石制實入楚師，將以分鄭，而立公子魚臣。辛未，鄭殺僕叔及子服。君子曰：『史佚所謂「毋怙亂」者，謂是類也。《詩》曰：「亂離瘼矣，爰其適歸？」歸於怙亂者也夫。』

《説苑·政理》孔子曰：『夫荆之地廣而都狹，民有離志焉，故曰在於附近而來遠。《詩》不云乎：「亂離瘼矣，爰其適歸？」此傷離散以爲亂者也。』

廢爲殘賊，莫知其尤。

《韓詩外傳》卷七傳曰：善爲政者，循情性之宜，順陰陽之序，通本末之理，合天人之際，如是則天氣奉養而生物豐美矣。不知爲政者，使情厭性，使陰乘陽，使末逆本，使人詭天，氣鞠而不信，鬱而不宣，如是則灾害生、怪異起，群生皆傷，而年穀不熟。是以其動傷德，其静亡救，故緩者事之，急者弗知，日反理而欲以爲治。《詩》曰：『廢爲殘賊，莫知其尤。』

《列女・霍夫人顯傳》顯乃謂女監淳于衍曰：『婦人娩乳大故，十死一生。今皇后當娩身，可因投藥去之。使我女得爲后，富貴共之。』衍承其言，擣附子，碎太醫大丸中，持入，遂藥弑許后。《詩》云：『廢爲殘賊，莫知其尤。』言汰於惡，不知其爲過。霍夫人顯之謂也。

溥天之下，莫非王土。率土之濱，莫非王臣。

《孟子・萬章上》咸丘蒙曰：『《詩》云：「普天之下，莫非王土。率土之濱，莫非王臣。」而舜既爲天子矣，敢問瞽瞍之非臣，如何？』曰：『是詩[一]也，非是之謂也；勞於王事而不得養父母也。』曰：『此莫非王事，我獨賢勞也。』

《春秋左氏・昭七年傳》無宇辭曰：『天子經略，諸侯正封，古之制也。封略之内，何非君土？食

[一] 詩，原本作『時』，據《粤雅堂叢書》本改。

土之毛，誰非君臣？故《詩》曰：「普天之下，莫非王土。率土之濱，莫非王臣。」』

《吕氏春秋·慎人》舜之耕漁，其賢不肖與爲天子同。其未遇時也，以其徒屬，堀地財，取水利，編蒲葦，結罘網，手足胼胝不居，然後免於凍餒之患。其遇時也，登爲天子，賢士歸之，萬民譽之，丈夫女子，振振殷殷，無不戴説。舜自爲詩曰：『普天之下，莫非王土。率土之濱，莫非王臣。』所以見盡有之也。

《新書·匈奴》《詩》曰：『普天之下，莫非王土。率土之濱，莫非王臣。』王者於天下，苟舟車之所至，人迹之所及，雖蠻夷戎狄，孰非天子之所作也。

《史記·司馬相如列傳》且《詩》不云乎：『普天之下，莫匪王土。率土之濱，莫非王臣。』是以六合之内，八方之外，浸潯衍溢懷生之物有不浸潤於澤者，賢君耻之。

《漢書·王莽傳》莽又曰：『「普天之下，莫非王土。率土之賓，莫非王臣。」蓋以天下養焉。《周禮》膳羞百有二十品，今諸侯各食其同、國、則；辟、任、附城食其邑；公、卿、大夫、元士食其采。多少之差，咸有條品。歲豐穰則充其禮，有灾害則有所損，與百姓同憂喜也。』

大夫不均，我從事獨賢。

《春秋左氏·襄十三年傳》及其衰也，其《詩》曰：『大夫不均，我從事獨賢。』言不讓也。

《孔叢子·廣訓》我從事獨賢，勞事獨多也。

《鹽鐵論·地廣》緣邊之民，處寒苦之地，距强胡之難，烽燧一動，有没身之累。故邊民百戰，而中國恬卧者，以邊郡爲蔽扞也。《詩》云：「莫非王事，而我獨勞。」刺不均也。

或燕燕居息，或盡瘁四國。

《春秋左氏·昭七年傳》伯瑕對曰：『六物不同，民心不壹，事序不類，官職不則，同始異終，胡可常也？《詩》曰：「或燕燕居息，或憔悴事國。」其異終也如是。』

無將大車，維塵冥冥。

《荀子·大略篇》取友善人，不可不慎，是德之基也。《詩》曰：『無將大車，維塵冥冥。』言無與小人處也。

《韓詩外傳》卷七簡主曰：『夫春樹桃李，夏得陰其下，秋得食[一]其實；春樹蒺藜，夏不可採其葉，秋得其刺焉。由此觀之，在所樹也。今子所樹，非其人也。故君子先擇而後種也。』《詩》曰：『無將大車，惟塵冥冥。』

[一] 食，原本作『陰』，據《粤雅堂叢書》本改。

自詒伊戚。

《**春秋左氏・僖二十四年傳**》君子曰：『服之不衷，身之灾也。《詩》曰：「自詒伊戚。」其子臧之謂矣。』

靖共爾位，正直是與。神之聽之，式穀以女。

《**禮記・表記**》子曰：『事君不下達，不尚辭，非其人弗自。《小雅》曰：「靖共爾位，正直是與。神之聽之，式穀以女。」』

《**韓詩外傳**》**卷四**詔用干戚，非至樂也；舜兼二女，非達禮也；封黃帝之子十九人，非法義也；往田號泣，未盡命也。以人觀之，則是也；以法量之，則未也。《禮》曰：『禮儀三百，威儀三千。』《詩》曰：『靖恭爾位，正直是與。神之聽之，式穀以女。』

《**中論・法象**》是故君子居身也謙，在敵也讓，臨下也莊，奉上也敬，四者備而怨咎不作，福祿從之。《詩》云：『靖共爾位，正直是與。神之聽之，式穀以汝。』

《**漢書・淮陽憲王欽傳**》遣諫大夫王駿賜欽璽書曰：『推原厥本，不祥自博，惟王之心，匪同于凶。已詔有司勿治王事，遣諫大夫駿申諭朕意。《詩》不云乎：「靖恭爾位，正直是與。」王其勉之！』

靖共爾位，好是正直。神之聽之，介爾景福。

《禮記·緇衣》子曰：『有國家者章善癉惡，以示民厚，則民情不貳。《詩》云：「靖共爾位，好是正直。」』

《春秋左氏·襄七年傳》公族穆子辭曰：『請立起也。與田蘇遊，而曰好仁。《詩》曰：「靖共爾位，好是正直。神之聽之，介爾景福。」恤民爲德，正直爲正，正曲爲直，參和爲仁。如是，則神聽之，介福降之。立之，不亦可乎？』

《荀子·勸學篇》故不登高山，不知天之高也；不臨深溪，不知地之厚也；不聞先王之遺言，不知學問之大也。干、越、夷、貉之子，生而同聲，長而異俗，教使之然也。《詩》曰：『嗟爾君子，無恒安息。靖共爾位，好是正直。神之聽之，介爾景福。』神莫大於化道，福莫長於無禍。

《春秋繁露·祭義》故聖人於鬼神也，畏之而不敢欺也，信之而不獨任，事之而不專恃。恃其公報有德也，幸其不私與人福也。其見於《詩》曰：『嗟爾君子，毋恒安息。靖共爾位，好是正直。神之聽之，介爾景福。』正直者，得福也，不正者，不得福，此其法也。以詩爲天下法矣。何謂不法哉？其辭直而重，有再嘆之，欲人省其意也。

《**韓詩外傳**》**卷四**[一]桓公曰：『寡人不可使燕失禮。』乃割燕君所至之地以與之。諸侯聞之皆朝於齊。《詩》曰：『靖恭爾位，好是正直。神之聽之，介爾景福。』**卷七**昔者衛大夫史魚生以身諫，死以尸諫，可謂直矣。《詩》曰：『靖共爾位，好是正直。』[二]**卷八**景公得弓而射，不穿三札。景公怒，將殺弓人。弓人之妻往見景公，曰：『夫射之道，在手若附枝，掌若握卵，四指如斷短杖，右手發之，左手不知，此蓋射之道。』景公以爲儀而射之，穿七札。蔡人之夫立出矣。《詩》曰：『好是正直。』齊有得罪於景公者，景公大怒。縛置之殿下，召左右肢解之，敢諫者誅。晏子左手持頭，右手磨刀，仰而問曰：『古者明王聖主，其肢解人，不審從何肢解始也？』景公離席曰：『縱之，罪在寡人。』《詩》曰：『好是正直。』

《**忠經·百工章**》故君子之事上也，入則獻其謀，出則行其政，居則思其道，動則有儀。秉職不回，言事無憚。苟利社稷，則不顧其身，上下用成，故昭君德，蓋百工之忠也。《詩》云：『靖共爾位，好是正直。』

[一]《粤雅堂叢書》本在『寡人不可使燕失禮』前多引用『齊桓公伐山戎，其道過燕。燕君送之出境。桓公曰：「畏而失禮也。」』

[二]《粤雅堂叢書》本在『好是正直』後多引用『卷七昔者衛大夫史魚謂其子曰：「我數言蘧伯玉之賢而不能進，彌子瑕不肖而不能退。爲人臣，生不能進賢而退不肖，死不當治喪正堂，殯我於室足矣。」君問其故，子以父言聞。可謂直矣。《詩》曰：「靖共爾位，好是正直。」』

爾位，好是正直。』[一]

《**漢書·董仲舒傳**》制曰：『今子大夫既已著大道之極，陳治亂之端矣，其悉之究之，孰之復之。《詩》不云虖：「嗟爾君子，毋常安息。神之聽之，介爾景福。」朕將親覽焉，子大夫其茂明之。』

淑人君子，其德不回。

《**列女·蓋將之妻傳**》其妻曰：『今子以妻子之故，失人臣之節，無事君之禮，棄忠臣之公道，營妻子之私愛，偷生苟活，妾等耻之，况於子乎！吾不能與子蒙耻而生焉。』遂自殺。君子謂蓋將之妻潔而好義。《詩》曰：『淑人君子，其德不回。』此之謂也。

禮儀卒度，笑語卒獲。

《**禮記·坊記**》子云：『七日戒，三日齊，承一人焉以爲尸，過之者趨走，以教敬也。醴酒在室，醍酒在堂，澄酒在下，示民不淫也。尸飲三，衆賓飲一，示民有上下也。因其酒肉，聚其宗族，以教民睦也。故堂上觀乎室，堂下觀乎上。《詩》云：「禮儀卒度，笑語卒獲。」』

[一]《粤雅堂叢書》本無此條。

《荀子·修身篇》凡用血氣、志意、知慮，由禮則治通，不由禮則勃亂提僈；食飲衣服，居處動静，由禮則和節，不由禮則觸陷生疾；容貌態度，進退趨行，由禮則雅，不由禮則夷固僻違、庸衆而野。故人無禮則不生，事無禮則不成，國家無禮則不寧。《詩》曰：『禮儀卒度，笑語卒獲。』此之謂也。《禮論篇》故君子上致其隆，下盡其殺，而中處其中。步驟馳騁厲鶩，不外是矣，是君子之壇宇宫廷也。人有是，士君子也；外是，民也。於是其中焉，方皇周挾，曲得其次序，是聖人也。故厚者禮之積也；大者禮之廣也；高者禮之隆也；明者禮之盡也。《詩》曰：『禮儀卒度，笑語卒獲。』此之謂也。

《韓詩外傳》卷四如是則近者歌謳之，遠者赴趨之，幽間僻陋之國，莫不趨使而安樂之，若赤子之歸慈母者，何也？仁刑義立，教誠愛深，禮樂交通故也。《詩》曰：『禮儀卒度，笑語卒獲。』　晏子對曰：『夫上堂之禮，君行一，臣行二。今君行疾，臣敢不趨乎？今君之授幣也卑，臣敢不跪乎？』孔子曰：『善！禮中又有禮。《詩》曰：「威[一]儀卒度，笑語卒獲。」晏子之謂也。』

式禮莫愆。

《韓詩外傳》卷七孔子曰：『夫土者，掘之得甘泉焉，樹之得五穀焉，草木植焉，鳥獸魚鼈遂

[一]　威，〔漢〕韓嬰撰，許維遹校釋《韓詩外傳集釋》作『禮』。

焉。生則立焉，死則入焉，多功不言，賞世不絶。故曰：能爲人下者，其惟土乎？』子貢曰：『賜雖不敏，請事斯語。』《詩》曰：『式禮莫愆。』

子子孫孫，勿替引之。

《儀禮·少牢饋食禮》北面于户西，以嘏于主人，曰：『皇尸命工祝，承致多福無疆，于〔一〕女孝孫。來女孝孫，使女受禄于天，宜稼于田，眉壽萬年，勿替引之。』

《韓詩外傳》卷三傳曰：『喪祭之禮廢，則臣子之恩薄；臣子之恩薄，則背死亡生者衆。《小雅》曰：「子子孫孫，勿替引之。」』

我疆我理，南東其畝。

《春秋左氏·成二年傳》賓媚人對曰：『先王疆理天下，物土之宜，而布其利，故《詩》曰：「我疆我理，南東其畝。」今吾子疆理諸侯，而曰「盡東其畝」而已，唯吾子戎車是利，無顧土宜，其無乃非先王之命也乎？』

中田有廬，疆場有瓜。

〔一〕于，原本作『予』，據〔漢〕鄭玄注，〔唐〕賈公彦疏，彭林整理《儀禮注疏》改。

《韓詩外傳》卷四古者八家而井，田方里而爲井[一]。廣三百步、長三百步一[二]里，其田九百畝。廣一步、長百步爲一畝。廣百步長，百步爲百畝。八家爲鄰，家得百畝，餘夫各得二十五畝。家爲公田十[三]，餘二十畝共爲廬舍，各得二畝半。《詩》曰：『中田有廬，疆埸有瓜。』

或耘或耔，黍稷薿薿。

《漢書·食貨志》后稷始甽田，以二耜爲耦，廣尺深尺曰甽，長終晦。一晦三甽，一夫三百甽，而播種於甽中。苗生葉以上，稍耨隴草，因隤其土以附根苗。故其《詩》曰：『或芸或芓，黍稷儗儗。』芸，除草也。耔，附根也。言苗稍壯，每耨輒附根，比盛暑，隴盡而根深，能風與旱，故儗儗而盛也。

有渰萋萋，興雨祁祁。雨我公田，遂及我私。

《孟子·滕文公上》《詩》云：『雨我公田，遂及我私。』惟助爲有公田。由此觀之，雖周亦助也。

《吕氏春秋·務本》《詩》云：『有晻凄凄，興雲祁祁。雨我公田，遂及我私。』三王之佐，皆能

[一]〔漢〕韓嬰撰，許維遹校釋《韓詩外傳集釋》『井』前有『一』字。

[二]〔漢〕韓嬰撰，許維遹校釋《韓詩外傳集釋》『一』前有『爲』字。

[三]〔漢〕韓嬰撰，許維遹校釋《韓詩外傳集釋》『十』後有『畝』字。

以公及其私矣。

《**韓詩外傳**》**卷八**夫賢君之治也，温良而和，寬容而愛，刑清而省，喜賞而惡罰。移風崇教，生而不殺，布惠施恩，仁不偏[一]與，不奪民力，役不踰時，百姓得耕，家有收聚，民無凍餒，食無腐敗。士不造無用，雕文不粥於肆。斧斤以時入山林，國無佚士，皆用於世。黎庶歡樂衍盈，方外遠人歸義，重譯執贄，故得風雨不烈。《小雅》曰：『有弇凄凄，興雲祁祁。』以是知太平無飄風暴雨明矣。

《**鹽鐵論·水旱**[二]》古者，政有德，則陰陽調，星辰理，風雨時。故循行聲聞於外，爲善於下，福德於天。周公載紀而天下太平，國無夭傷，歲無荒年。當此之時，雨不破塊，風不鳴條，旬而一雨，雨必以夜。無丘陵高下皆熟。《詩》曰：『有渰萋萋，興雨祁祁。』

《**漢書·食貨志**》故孔子曰：『道千乘之國，敬事而信，節用而愛人，使民以時。』故民皆勸功樂業，先公而後私。其《詩》曰：『有渰凄凄，興雲祁祁。雨我公田，遂及我私。』《**蕭望之傳**》又曰：『雨我公田，遂及我私。』下急上也。

[一] 偏，原本作『徧』，據《粤雅堂叢書》本改。
[二] 水旱，原本作『授時』，據王利器校注《鹽鐵論校注》改。

《後漢書·左雄傳》上疏陳曰：『分伯建侯，代位親民，民用和穆，禮讓以興。故《詩》云：「有渰凄凄，興雨[一]祁祁。雨我公田，遂及我私。」』

彼有遺秉，此有滯穗，伊寡婦之利。

《禮記·坊記》子云：『君子不盡利，以遺民。《詩》云：「彼有遺秉，此有不穧，伊寡婦之利。」』

《韓詩外傳》卷四故駟馬之家不時雞豚之息，伐冰之家不圖牛羊之入，千乘之君不通貨財，家卿不修幣施，大夫不爲場圃，委積之臣不貪市井之利。是以貧窮有所歡，而孤寡有所措其手足也。《詩》曰：『彼有遺秉，此有滯穗，伊寡婦之利。』

《鹽鐵論·錯幣》古之仕者不穡，田者不漁，抱關擊柝，皆有常秩，不得兼利盡物。如此，則愚知同功，不相傾也。《詩》云：『彼有遺秉，此有滯穗，伊寡婦之利。』言不盡物也。

以享以祀，以介景福。

《韓詩外傳》卷三人事倫則順于鬼神，順于鬼神則降福孔偕。《詩》曰：『以享以祀，以介景福。』

［一］雨，原本作『雲』，據《粤雅堂叢書》本改。

始行也。

韎韐有奭。

《白虎通·爵》世子上受爵命，衣士服，何？謙不敢自專也。故《詩》曰：『韎韐有赩。』世子

《孔叢子·記義》於《裳裳者華》，見古之賢者世保其禄也。

《裳裳者華》，古之仕者世禄。

左之左之，君子宜之。右之右之，君子有之。

《荀子·不苟篇》君子崇人之德，揚人之美，非諂諛也；正義直指，舉人之過，非毁疵也；言己之光美，擬於舜禹，參於天地，非夸誕也；與時屈伸，柔從若蒲葦，非懾怯也；剛彊猛毅，靡所不信，非驕暴也。以義變應，知當曲直故也。《詩》曰：『左之左之，君子宜之。右之右之，君子有之。』此言君子能以義[一]屈信變應故也。

《韓詩外傳》卷七孔子曰：『昔者周公事文王，行無專制，事無由己，身若不勝衣，言若不出口，有奉持于前，洎洎焉若將失之，可謂子矣。武王崩，成王幼，周公承文、武之業，履天子之位，

[一] 原本無『義』字，據〔清〕王先謙撰，沈嘯寰、王星賢點校《荀子集解》補。

聽天子之政，征夷、狄之亂，誅管、蔡之罪，抱成王而朝諸侯，誅賞制斷，無所顧問，威動天地，振恐海内，可謂能武矣。成王壯，周公致政，北面而事之，請然後行，無伐矜之色，可謂臣矣。故一人之身能三變者，所以應時也。』《詩》曰：『左之左之，君子宜之。右之右之，君子有之。』

《説苑·修文》是故士服黼，大夫黻[一]，諸侯火，天子山龍；德彌盛者文彌縟，中彌理者文彌章也。《詩》曰：『左之左之，君子宜之。右之右之，君子有之。』傳曰：『君子者，無所不宜也，是故韠冕厲戒，立于廟堂之上，有司執事無不敬者；斬衰裳，苴絰杖，立于喪次，賓客弔唁無不哀者；被甲纓冑立于桴鼓之間，士卒莫不勇者。故仁者足以懷百姓，勇足以安危國，信足以結諸侯，强足以拒患難，威足以率三軍。故曰爲左亦宜，爲右亦宜，爲君子無不宜者，此之謂也。』

《列女·衛姑定姜傳》鄭皇耳率師侵衛，孫文子卜追之，獻兆於定姜，曰：『兆如山林，有夫出征而喪其雄。』定姜曰：『征者喪雄，禦寇之利也。大夫圖之。』衛人追之，獲皇耳於犬丘。君子謂定姜達於事情。《詩》云：『左之左之，君子宜之。』此之謂也。

維其有之，是以似之。

《春秋左氏·襄三年傳》解狐得舉，祁午得位，伯華得官，建一官而三物成，能舉善也夫。唯善，故

[一] 士服黼，大夫黻，原本作『士服黻，大夫黼』，據盧元駿注譯《説苑今注今譯》改。

能舉其類。《詩》云：『唯其有之，是以似之。』祁奚有焉。

君子樂胥，受天之祜。

《春秋左氏·襄二十七年傳》公孫段賦《桑扈》。注：《桑扈》，《詩·小雅》。義取君子有禮文，故能受天之祐。趙孟曰：『「匪交匪敖」，福將焉往？若保是言也，欲辭福禄，得乎？』

《新書·禮》故禮者，自行之義，養民之道也。受計之禮，主所親拜者二：聞生民之數則拜之，聞登穀則拜之。《詩》曰：『君子樂胥，受天之祜。』胥者，相也。祜，大福也。夫憂民之憂者，民必憂其憂；樂民之樂者，民亦樂其樂。與士民若此者，受天之福矣。

兕觵其觩，旨酒思[一]柔。彼交匪敖，萬福來求。

《春秋左氏·成十四年傳》甯子曰：『苦成家其亡乎！古之爲享食也，以觀威儀，省禍福也。故《詩》曰：「兕觵其觩，旨酒思柔。匪交匪傲，萬福來求。」今夫子傲，取禍之道也。』

有頍者弁。

《後漢書·輿服志》：『古者有冠無幘，其戴也加首有頍，所以安物。故《詩》曰：「有頍者

[一] 思，原本作『斯』，據〔漢〕毛亨傳，〔漢〕鄭玄箋，〔唐〕孔穎達疏，龔抗雲等整理《毛詩正義》改。

弁」，此之謂也。』

死喪無日，無幾相見。

《韓詩外傳》卷四故惟明主能愛其所愛，闇主必[一]危其所愛，此之謂也。《小雅》曰：『死喪無日，無幾相見。』危其所愛之謂也。

《車舝》，周人思得賢女以配君子。

《春秋左氏·昭二十五年傳》宋公享昭子，賦《新宮》，昭子賦《車轄》。注：《詩·小雅》。周人思得賢女以配君子。昭子將爲季孫迎宋公女，故賦之。

辰彼碩女，令德來教。

《列女·楊夫人傳》夫人遽從東廂謂敞曰：『此國之大事，今大將軍議已定，使九卿來報君侯。君侯不疾應，與大將軍同心，猶與無決，先事誅矣！』君子謂敞夫人可謂知事之機者矣。《詩》云：『辰彼碩女，令德來教。』此之謂也。

[一]〔漢〕韓嬰撰，許維遹校釋《韓詩外傳集釋》『必』前有『則』字。

雖無德與女？式歌且舞。

《**春秋左氏·昭二十六年傳**》晏子對曰：『陳氏雖無大德，而有施於民。豆、區、釜、鍾之數，其取之公也薄，其施之民也厚。公厚斂焉，陳氏厚施焉，民歸之矣。《詩》曰：「雖無德與女，式歌且舞。」陳氏之施，民歌舞之矣。』

《**後漢書·孝章帝紀**》詔：『鳳皇、黄龍所見亭部無出二年租賦。加賜男子爵，人二級；先見者帛二十匹，近者三匹，太守三十匹，令、長十五匹，丞、尉半之。《詩》云：「雖亡德與汝，式歌且舞。」它如賜爵故事。』

高山仰止，景行行止。

《**禮記·表記**》《小雅》曰：『高山仰止，景行行止。』子曰：『《詩》之好仁如此。鄉道而行，中道而廢，忘身之老也，不知年數之不足，俛焉日有孳孳，斃而後已。』

《**晏子春秋·問下**》晏子對曰：『《詩》云「高山仰止，景行行止」之者，其人也。故諸侯並立，善而不怠者爲長；列士並學，終善者爲師。』

《**淮南子·説山訓**》撰良馬者，非以逐狐狸，將以射麋鹿。砥利劍者，非以斬縞衣，將以斷兕犀。故『平地仰止，景行行止』，鄉者其人。

《韓詩外傳》卷七假子曰：『夫高比所以廣德也，下比所以狹行也。比於善者自進之階，比於惡者自退之原也。且《詩》不云乎：「高山仰止，景行行止。」吾豈自比君子哉？志慕之而已矣。』

《列女·齊相御妻傳》君子謂命婦知善，故賢人之所以成者，其道博矣，非特師傅朋友相與切磋也，妃匹亦居多焉。《詩》云：『高山仰止，景行行止。』言當常嚮爲其善也。

《中論·治學》故學者如登山焉，動而益高；如寤寐焉，久而愈足。故所由來，則杳然其遠。以其難而懈之，誤且非矣。《詩》云：『高山仰止，景行行止。』好學之謂也。

《潛夫論·贊學》是故聖人以其心來就經典，往合聖心，故修經之賢，德近於聖矣。《詩》云：『高山仰止，景行行止。』

《史記·孔子世家》太史公曰：『《詩》有之「高山仰止，景行行止」。雖不能至，然心鄉往之。』

營營青蠅，止于樊。愷悌君子，無信讒言。

《春秋左氏·襄十四年傳》戎子駒支對曰：『我諸戎飲食衣服不與華同，贄幣不通，言語不達，何惡之能爲？不與於會，亦無瞢焉。』賦《青蠅》而退。注：《青蠅》，《詩，小雅》。取其『愷悌君子，無信讒言』。宣子辭焉，使即事於會，成愷悌也。

《**史記·東方朔列傳**》朔且死時，諫曰：『《詩》云「營營青蠅，止于蕃。愷悌君子，無信讒言。讒言罔極，交亂四國」。願陛下遠巧佞，退讒言。』

《**漢書·戾太子傳**》壺關三老茂上書曰：『《詩》曰：「營營青蠅，止于藩。愷悌君子，無信讒言。讒言罔極，交亂四國。」往者江充讒殺趙太子，天下莫不聞，其罪固宜。』《**昌邑哀王髆傳**》後王夢青蠅之矢積西階東，可五六石，以屋版瓦覆，發視之，青蠅矢也。以問遂，遂曰：『陛下之《詩》不云乎：「營營青蠅，至於藩。愷悌君子，毋信讒言。」陛下左側讒人衆多，如是青蠅惡矣。』

讒人罔極，交亂四國。

《**新語·輔政**》夫據千乘之國，而信讒佞之計，未有不亡者也。故《詩》云：『讒人罔極，交亂四國。』衆邪合黨，以回人君，邦危民忙，不亦宜乎！

《**漢書·東方朔傳**》是以輔弼之臣瓦解，而邪諂之人並進。及蜚廉、惡來輩等，二人皆詐僞，巧言利口以進其身，陰奉琱瑑[一]刻鏤之好[二]，以納其心，務快耳目之欲，以苟容爲度。遂往不戒，身没被戮，宗廟崩阤，國家爲虚，放戮聖賢，親近讒夫。《詩》不云乎：『讒人罔極，交亂四國。』

[一]　瑑，原本作『琢』，據《粤雅堂叢書》本改。
[二]　原本無『好』字，據《粤雅堂叢書》本補。

此之謂也。《孔光傳》以過近臣毀短光者，復免傅嘉，曰：『前爲侍中，毀譖仁賢，誣訴大臣，令俊艾者久失其位。嘉傾覆巧僞，挾姦以罔上，崇黨以蔽朝，傷善以肆意。《詩》不云乎：「讒人罔極，交亂四國。」其免嘉爲庶人，歸故郡。』

大侯既抗，弓矢斯張。射夫既同，獻爾發功。

《説苑·修文》射者必心平體正，持弓矢審固，然後射者能以中。《詩》云：『大侯既抗，弓矢斯張。射夫既同，獻爾發功。』此之謂也。

《漢書·吾丘壽王傳》壽王對曰：『大射之禮，自天子降及庶人，三代之道也。《詩》云：「大侯既抗，弓矢斯張。射夫既同，獻爾發功。」言貴中也。』

發彼有的，以祈爾爵。

《禮記·射義》《詩》云：『發彼有的，以祈爾爵。』祈，求也。求中以辭爵也。酒者，所以養老也，所以養病也。『求中以辭爵』者，辭養也。注：發，猶射也。的，謂所射之識也。言射的必欲中之者，以求不飲女爵也。辭養，讓見養也。爾，或爲『有』。

側弁之俄，屢舞傞傞。既醉而出，並受其福。醉而不出，是謂伐德。

《晏子春秋·雜上》晏子飲景公酒，日暮，公呼具火。晏子辭曰：『《詩》云「側弁之俄」，言失德也。「屢舞傞傞」，言失容也。「既醉以酒，既飽以德，既醉而出，並受其福」，賓主之禮也。「醉而不出，是謂伐德」，賓主[一]之罪也。嬰已卜其日，未卜其夜。』

《采菽》，君子見微而思古焉。

《孔叢子·記義》於《采菽》，見古之明王所以敬諸侯也。

君子來朝，何錫予之？雖無予之，路車乘馬。又何予之？元衮及黼。

《春秋左氏·昭十七年傳》小邾穆公來朝，公與之燕。季平子賦《采菽》。注：《采菽》，《詩·小雅》。取其『君子來朝，何錫與之』，以穆公喻君子。

《國語·晉語第十》秦伯賦《采菽[二]》。注：《采菽》三章，屬《小雅》，王賜諸侯命服之樂也。其首章曰：『君子來朝，何錫予之？雖無予之，路車乘馬。』子餘使公子降拜。秦伯降辭。子餘曰：『君以天子之命服命重耳，重耳敢有安志，敢不降拜？』

《白虎通·考黜》車馬、衣服、樂三等者，賜與其物，《禮》：『天子賜諸侯民服車，路先設，路

[一] 原本無『主』字，據張純一撰，梁運華點校《晏子春秋校注》補。

[二] 菽，原本作『叔』，據徐元誥撰，王樹民、沈長雲點校《國語集解》改。下同。

下四惡之。』[一]又曰：『諸公奉選服。』《王制》曰：『天子賜諸侯樂，則以柷將之。』《詩》曰：『君子來朝，何錫與之？雖無與之，路車乘馬。又何與之？玄衮及黼。』

《後漢書·東平憲王蒼傳》乃遣使手詔國中傅曰：『辭別之後，獨坐不樂，因就車歸，伏軾而吟，瞻望永懷，實勞我心。誦及《采菽》，以增嘆息。』

載驂載駟，君子所屆。

《晏子春秋·諫上》晏子對曰：『昔者，先君桓公之地狹于今，修法治，廣政教，以霸諸侯。今君，一諸侯無能親也。歲凶年饑，道途死者相望也。君不此憂耻，而惟圖耳目之樂。不修先君之功烈，而惟飾駕御之伎，則公不顧民而忘國甚矣。且《詩》曰：「載驂載駟，君子所誡。」夫駕八，固非制也，今又重此，其爲非制也，不滋甚乎。』

彼交匪紓，天子所予。

《荀子·勸學篇》故未可與言而言，謂之傲；可與言而不言，謂之隱；不觀氣色而言，謂之瞽。故君子不傲、不隱、不瞽，謹順其身。《詩》曰：『彼交匪舒，天子所予。』此之謂也。

[一]〔清〕陳立撰，吴則虞點校《白虎通疏證·考黜》作『樂則』『賜侯氏車服』『下四亞之』。

樂只君子，殿天子之邦。樂只君子，萬福攸同。平平左右，亦是率從。

《春秋左氏·襄十一年傳》魏絳辭曰：『夫和戎狄，國之福也。八年之中，九合諸侯，諸侯無慝，君之靈也，二三子之勞也。臣何力之有焉？抑臣願君安其樂而思其終也。《詩》曰：「樂只君子，殿天子之邦。樂只君子，福禄攸同。便蕃左右，亦是帥從。」夫樂以安德，義以處之，禮以行之，信以守之，仁以厲之。而後可以殿邦國，同福禄，來遠人，所謂樂也。』

《荀子·儒效篇》故明主譎德而序位，所以爲不亂也；忠臣誠能，然後敢受職，所以爲不窮也。分不亂於上，能不窮於下，治辨之極也。《詩》曰：『平平左右，亦是率從。』是言上下之交不相亂也。

汎汎楊舟，紼纚維之。

《爾雅·釋水》汎汎楊舟，紼縭維之。紼，繂也。縭，緌也。天子造舟，諸侯維舟，大夫方舟，士特舟，庶人乘泭。

優哉游哉，亦是戾矣。

《春秋左氏·襄二十一年傳》人謂叔向，曰：『子離於罪，其爲不知乎？』叔向曰：『與其死亡若何？《詩》曰：「優哉游哉，聊以卒歲。」知也。』《正義》：此《小雅·采菽》之篇。按彼《詩》云『優哉遊哉，亦是戾矣』。與此不同者，蓋師讀有異。

《韓詩外傳》卷四子爲親隱，義不得正；君誅不義，仁不得愛。雖違仁害法，義在其中矣[一]。《詩》曰：『優哉游哉[二]，亦是戾矣。』**卷八**夫子告門人：『參來，汝不聞昔者舜爲人子乎？小箠則待笞，大杖則逃。索而使之，未嘗不在側；索而殺之，未嘗可得。《詩》曰：「優哉游[三]哉，亦是戾矣。」』

兄弟昏姻，無胥遠矣。

《春秋左氏·襄八年傳》武子賦《角弓》。注：《角弓》，《詩·小雅》。取其兄弟昏姻，無相遠矣。**《昭二年傳》**韓子賦《角弓》。注：《角弓》，《詩·小雅》。取其『兄弟昏姻，無胥遠矣』。言兄弟之國宜相親。季武子拜曰：『敢拜子之彌縫敝邑，寡君有望矣。』

爾之教矣，民胥傚矣。

《春秋左氏·昭六年傳》韓宣子之適楚也，楚人弗逆。公子棄疾及晉境，晉侯將亦弗逆。叔向曰：

[一] 雖違仁害法，義在其中矣，〔漢〕韓嬰撰，許維遹校釋《韓詩外傳集釋》作『雖違仁害義，法在其中矣』。

[二] 優哉游哉，原本作『游哉優哉』，據〔漢〕韓嬰撰，許維遹校釋《韓詩外傳集釋》改。

[三] 游，原本作『柔』，據〔漢〕韓嬰撰，許維遹校釋《韓詩外傳集釋》改。

『楚辟我衷，若何效辟？《詩》曰：「爾之教矣，民胥效矣。」從我而已，焉用效人之辟？』

《白虎通·三教》教者，何謂也？教者效也。上爲之，下效之，民有質朴，不教而成。《詩》云：『爾之教矣，欲民斯效。』

此令兄弟，綽綽有裕。不令兄弟，交相爲瘉。

《禮記·坊記》子云：『睦於父母之黨，可謂孝矣。故君子因睦以合族。《詩》云：「此令兄弟，綽綽有裕。不令兄弟，交相爲瘉。」』

民之無良，相怨一方。受爵不讓，至于己斯亡。

《禮記·坊記》子云：『觴酒豆肉，讓而受惡，民猶犯齒。衽席之上，讓而坐下，民猶犯貴。朝廷之位，讓而就賤，民猶犯君。《詩》云：「民之無良，相怨一方。受爵不讓，至于己斯亡。」』注：良，善也。言無善之人，善遥相怨，貪爵禄，好得無讓，以至亡已。

《春秋左氏·宣二年傳》君子謂羊斟『非人也，以其私憾，敗國殄民。於是刑孰大焉。《詩》所謂「人之無良」者，其羊斟之謂乎！殘民以逞』。

《荀子·儒效篇》鄙夫反是：比周而譽俞少，鄙争而名俞辱，煩勞以求安利，其身俞危。《詩》曰：『民之無良，相怨一方。受爵不讓，至於己斯亡。』此之謂也。

《韓詩外傳》卷四管仲曰：『王者以百姓爲天。百姓與之即安，輔之即强，非之即危，倍之即亡。』《詩》曰：『民之無良，相怨一方。』民皆居一方而怨其上，不亡者未之有也。 善御者不忘其馬，善射者不忘其弓，善爲上者不忘其下。 誠愛而利之，四海之内闔若一家。不愛而利[一]，子或殺父，而况天下乎？《詩》曰：『民之無良，相怨一方。』 有君不能事，有臣欲其忠；有父不能事，有子欲其孝；有兄不能敬，有弟欲其從令。《詩》曰：『受爵不讓，至于己斯亡，言能知于人，而不能自知也。』

《漢書·劉向傳》乃上封事諫曰：『下至幽、厲之際，朝廷不和，轉相非怨，詩人疾而憂之曰：「民之無良，相怨一方。」』

毋教猱升木。

《列女·齊女傅母傳》公子州吁，嬖人之子也。有寵，驕而好兵，莊公弗禁，後州吁果殺桓公。《詩》曰：『毋教猱升木。』此之謂也。

雨雪瀌瀌，見晛日消。 莫肯下遺，式居婁驕。

[一]〔漢〕韓嬰撰，許維遹校釋《韓詩外傳集釋》『利』後有『之』字。

《荀子・非相篇》人有三不祥：幼而不肯事長，賤而不肯事貴，不肖而不肯事賢，是人之三不祥也。人有三必窮：爲上則不能愛下，爲下則好非其上，是人之一必窮也；鄉則不若，偝[一]則謾之，是人之二必窮也；知行淺薄，曲直，有以縣矣，然而仁人不能推，知士不能明，是人之三必窮也。人有此三數行者，[二]以爲上則必危，爲下則必滅。《詩》曰：『雨雪瀌瀌，宴然聿消。莫肯下隧，式居屢驕。』此之謂也。

《韓詩外傳》卷四上則法舜、禹之制，下則仲尼之義，以務息十子之説，如是者則仁人之事畢矣，天下之害除矣，聖人之迹著矣。《詩》曰：『雨雪漉漉，見晛聿消。』**卷七**孔子曰：『大人出，小人匿；聖者起，賢者伏。回與執政，則由、賜焉施其能哉！』《詩》曰：『雨雪漉漉，見晛日消。』

《漢書・劉向傳》乃上封事諫曰：『夫執狐疑之心者，來讒賊之口；持不斷之意者，開群枉之門。讒邪進則衆賢退，群枉盛則正士消。故《易》有「否」「泰」。小人道長，君子道消，君子道消，則政日亂，故爲「否」。「否」者，閉而亂也。君子道長，小人道消，小人道消，則政日治，故爲「泰」。

[一] 偝，原木作『偕』，據《粤雅堂叢書》本改。

[二] 梁啟雄著《荀子簡釋》『有以縣』作『有以相縣』，『三數行者』注引王引之曰『三數行』文不成義，當作『有此數行』，『三』字衍。

「泰」者，通而治也。《詩》又云：「雨雪瀌瀌[一]，見晛[二]聿消。」與《易》同義。』

如蠻如髦，我是用憂。

《韓詩外傳》卷四小人大心即慢而暴，小心即淫而傾，知即攫盗而漸，愚則毒賊而亂，喜則輕易而快，憂則挫而懾[三]，達則驕而偏，窮則棄而累。其肢體之序，與禽獸同節；言語之暴，與蠻夷不殊。出則爲宗族患，入則爲鄉里憂。《詩》曰：『如蠻如髦，我則用憂。』

上帝甚蹈，無自瘵焉。

《韓詩外傳》卷四孫子因爲賦曰：『璇玉瑶珠不知佩，雜布與錦不知異。閭娵子都莫之媒，嫫母力父是之喜。以盲爲明，以聾爲聰。以是爲非，以吉爲凶。嗚呼上天，曷維其同！』《詩》曰：『上帝甚慆，無自瘵焉。』

行歸于周，萬民所望。

[一] 瀌瀌，原本作『麃麃』，據《粤雅堂叢書》本改。

[二] 晛，原本作『晛』，據《粤雅堂叢書》本改。

[三] 懾，原本作『攝』，據《粤雅堂叢書》本改。

《**禮記·緇衣**》子曰："長民者，衣服不貳，從容有常，以齊其民，則民德壹。《詩》云：'彼都人士，狐裘黄黄。其容不改，出言有章。行歸于周，萬民所望。'"注：黄衣，則狐裘大蜡之服也。詩人見而説焉。章，文章也。忠信爲周。此《詩》，毛氏有之，三家則亡。

《**春秋左氏·襄十四年傳**》君子謂："子囊忠。君薨不忘增其名，將死不忘衛社稷，可不謂忠乎？忠，民之望也。《詩》曰：'行歸于周，萬民所望。'忠也。"

彼君子女，綢直如髮。

《**列女·齊孝孟姬傳**》公遊於琅琊，華孟姬從[一]，車奔，姬墮車碎。孝公使駟馬立車載姬以歸，姬使侍御者舒帷以自障蔽，而使傅母應使者曰："妾聞妃后逾閾，必乘安車輜軿，下堂必從傅母保阿。進退則鳴玉環佩，内飾則結紐綢繆，野處則帷裳擁蔽，所以正心壹意，自斂制也。"君子謂孟姬好禮。《詩》曰："彼君子女，綢直如髮。"此之謂也。

五日爲期，六日不詹。

《**後漢書·劉瑜傳**》且天地之性，陰陽正紀，隔絶其道，則水旱爲并。《詩》云："五日爲期，六

[一] 從，原本作"後"，據绿净譯注《古列女傳》改。

日不詹。』怨曠作歌，仲尼所録。

芃芃黍苗，陰雨膏之。悠悠南行，召伯勞之。

《春秋左氏・襄十九年傳》范宣子爲政，賦《黍苗》。注：《黍苗》，《詩・小雅》。美召伯勞來諸侯，如陰雨之長黍苗也。喻晉君憂勞魯國，猶召伯。武子興再拜稽首，曰：『小國之仰大國也，如百穀之仰膏雨焉！若常[一]膏之，其天下輯睦，豈惟敝邑？』

《國語・晉語第十》子餘使公子賦《黍苗》。注：《黍苗》，亦《小雅》，道邵伯述職，勞來諸侯也。其《詩》曰：『芃芃黍苗，陰雨膏之。悠悠南行，邵伯勞之。』子餘曰：『重耳之卬君也，若黍苗之卬陰雨也。若君實庇廕膏澤之，使能成嘉穀，薦在宗廟，君之力也。』

《史記・晉世家》趙衰歌《黍苗》詩。《集解》韋昭曰：『《詩》云「芃芃黍苗，陰雨膏之」。』繆公曰：『知子欲急反國矣。』趙衰與重耳下，再拜曰：『孤臣之仰君，如百穀之望時雨。』

我任我輦，我車我牛。我行既集，蓋云歸哉。

《荀子・富國篇》故其知慮足以治之，其仁厚足以安之，其德音足以化之。得之則治，失之

[一] 常，原本作『嘗』，據《粵雅堂叢書》本改。

則亂。百姓誠賴其知也，故相率而爲之勞苦，以務佚之，以養其知也；誠美其厚也，故爲之出死斷亡，以覆救之，以養其厚也；誠美其德也，故爲之雕琢刻鏤，黼黻文章，以藩飾之，以養其德也。故仁人在上，百姓貴之如帝，親之如父母，爲之出死斷亡而愉者，無它故焉，其所是焉誠美，其所得焉誠大，其所利焉誠多。《詩》曰：『我任我輦，我車我牛。我行既集，蓋云歸哉。』此之謂也。

肅肅謝功，召伯營之。烈烈征師，召伯成之。

《春秋左氏·襄二十七年傳》子西賦《黍苗》之四章。注：《黍苗》，《詩·小雅》。四章曰：『肅肅謝功，召伯營之。列列征師，召伯成之。』比趙孟于召伯。趙孟曰：『寡君在，武何能焉？』

原隰既平，泉流既清。

《説苑·建本》孔子曰：『君子務本，本立而道生。』夫本不正者末必倚，始不盛者終必衰。《詩》云：『原隰既平，泉流既清。』

既見君子，其樂如何。

《春秋左氏·襄二十七年傳》子産賦《隰桑》。注：《隰桑》，《詩·小雅》。義取思見君子，盡心以事之。曰：『既見君子，其樂如何。』趙孟曰：『武請受其卒章。』

既見君子，德音孔膠。

《韓詩外傳》卷四夫習之於人，微而著，深而固，是暢於筋骨，貞於膠漆。是以君子務爲學也。《詩》曰：『既見君子，德音孔膠。』

《列女·周宣姜后傳》又曰：『《隰桑》有阿，其葉有幽。既見君子，德音孔膠。』夫婦人以色親，以德固。姜氏之德行，可謂孔膠也。

心乎愛矣，遐不謂矣。中心臧之，何日忘之？

《孝經·事君章》子曰：『君子之事上也，進思盡忠，退思補過，將順其美，匡救其惡。故上下能相親也。《詩》云：「心乎愛矣，遐不謂矣。中心藏之，何日忘之。」』

《禮記·表記》子曰：『事君欲諫不欲陳。《詩》云：「心乎愛矣，瑕不謂矣。中心藏之，何日忘之？」』

《韓詩外傳》卷四故學問之道無他焉，求其放心而已。《詩》曰：『中心藏之，何日忘之？』 人同材鈞而貴賤相萬者，盡性致志也。《詩》曰：『中心藏之，何日忘之？』

《新序·雜事》子張曰：『今臣聞君好士，故不遠千里之外以見君。七日不禮，君非好士也，好夫似士而非士者也。《詩》曰：「中心藏之，何日忘之？」敢託而去。』

鼓鐘于宮，聲聞于外。

于外。」

《韓詩外傳》卷四知刑之本，不怒而威，不言而信。誠，德之主。《詩》曰：『鼓鐘于宮，聲聞于外。』　顔淵蹙然變色曰：『夫形，體也；色，心也，閔閔乎其薄也。苟有温良在中，則眉睫與之矣。疵瑕在中，則眉睫不能匿之。』《詩》曰：『鼓鐘于宮，聲聞于外。』　僞詐不可長，空虚不可守，朽木不可雕，情亡不可久。《詩》曰：『鐘鼓于宮，聲聞于外。』言有中者必見外也。　**卷七**子曰：『鄉者丘鼓瑟，有鼠出游，狸見於屋，循梁微行，造焉而避，厭目曲脊，求而不得。丘以瑟淫其音。參以丘爲貪狼邪僻，不亦宜乎。』《詩》曰：『鼓鐘于宮，聲聞于外。』

《史記·東方朔列傳》傳曰：『天下無害菑，雖有聖人，無所施其才；上下和同，雖有賢者，無所立功。』故曰時異事異。雖然，安可以不務修身乎？《詩》曰：『鼓鐘于宮，聲聞于外。』『鶴鳴九皋，聲聞于天。』苟能修身，何患不榮！

之子無良，二三其德。

《韓詩外傳》卷四所謂庸人者，口不能道乎善言，心不能知先王之法，動作而不知所務，止立而不知所定，日選於物而不知所貴，不知選賢人善士而託其身焉，從物而流，不知所歸，五藏爲政，心從而壞，遂不反，是以動而形危，静則名辱。《詩》曰：『之子無良，二三其德。』

飲之食之，教之誨之。

《荀子·大略篇》不富無以養民情，不教無以理民性，故家五畝宅，百畝田，務其業而勿奪其時，所以富之也。立大學，設庠序，修六禮，明十教，所以道之也。《詩》曰：『飲之食之，教之誨之。』王事具矣。

《春秋繁露·仁義法》是故內治反理以正身，處祉以勸福。外治推恩以廣施，寬制以容衆。孔子謂冉子：『治民者先富之，而後加教。』語樊遲曰：『治身者，先難後獲。』以此之謂治身之與治民，所先後者不同焉矣。《詩》云：『飲之食之，教之誨之。』先飲食而後教誨，謂治人也。

緡蠻黃鳥，止于丘隅。

《禮記·大學》《詩》云：『緡蠻黃鳥，止于丘隅。』子曰：『於止，知其所止，可以人而不如鳥乎？』

豈敢憚行，畏不能趨。

《韓詩外傳》卷四客曰：『疾言則翕翕，徐言則不聞，言乎將毋？』周公唯唯：『旦也逾。』明日興師而誅管、蔡，故客善以不言之說，周公善聽不言之說，若周公可謂能聽微言矣。故君子之告人也微，其救人之急也[一]。《詩》曰：『豈敢憚行，畏不能趨。』

[一]〔漢〕韓嬰撰，許維遹校釋《韓詩外傳集釋》『也』後有『婉』字。

《瓠葉》，故思古之人，不以微薄廢禮焉。

《春秋左氏·昭元年傳》子皮戒趙孟，禮終，趙孟賦《瓠葉》。注：《瓠葉》，《詩·小雅》。義取古人不以微薄廢禮，雖《瓠葉》兔首，猶與賓客享之。子皮遂戒穆叔，且告之穆叔曰：『趙孟欲一獻，子其從之。』

月離于畢，俾滂沱矣。

《史記·仲尼弟子列傳》他日，弟子進問曰：昔夫子當行，使弟子持雨具，已而果雨。弟子問曰：『夫子何以知之？』夫子曰：『《詩》不云乎：「月離于畢，俾滂沱矣。」昨暮月不宿畢乎？』

《漢書·天文志》西方爲雨。雨，少陰之位也。月失中道，移而西入畢，則多雨。故《詩》云：『月離于畢，俾滂沱矣。』言多雨也。

知我如此，不如無生。

《潛夫論·交際》今世俗之交也，未相昭察而求深固，探懷扼腕，附心祝詛，苟欲相護論議而已；分背之日，既得之後，則相棄忘。或受人恩德，先以濟度，不能拔舉，則因毀之，爲生瑕釁，明言我不遺力，無奈自不可爾。《詩》云：『知我如此，不如無生。』先合而後忤，有初而無終，不若本無生意，彊自誓也。

匪兕匪虎，率彼曠野。

《史記·孔子世家》孔子知弟子有愠心，乃召子路而問曰：『《詩》云「匪兕匪虎，率彼曠野」。吾道非邪？吾何爲於此？』子路曰：『意者吾未仁邪？人之不我信也。意者吾未知邪？人之不我行也。』子貢入見。孔子曰：『賜，《詩》云「匪兕匪虎，率彼曠野」。吾道非邪？吾何爲於此？』子貢曰：『夫子之道至大也，故天下莫能容夫子。夫子蓋少貶焉？』顔回入見。孔子曰：『回，《詩》云「匪兕匪虎，率彼曠野」。吾道非邪？吾何爲於此？』顔回曰：『夫子之道至大，故天下莫能容。雖然，夫子推而行之，不容何病？不容然後見君子！夫道之不修也，是吾醜也。夫道既已大修而不用，是有國者之醜也。不容何病，不容然後見君子！』

卷三上

大雅

《禮記·樂記》師乙曰：『廣大而静，疏達而信者，宜歌《大雅》。』

《春秋左氏·襄二十九年傳》爲之歌《大雅》，曰：『廣哉，熙熙乎！曲而有直體，其文王之德乎！』

《史記·司馬相如列傳》太史公曰：『《大雅》言王公大人而德逮黎庶，《小雅》譏小己之得失，其流及上。』

《文王》，文王受命作周也。

《春秋左氏·襄四年傳》工歌《文王》之三，又不拜。韓獻子使行人子員問之，對曰：『《文王》，兩君相見之樂也。臣不敢及。』

《國語·魯語下》夫歌《文王》《大明》《綿》，則兩君相見之樂也。

《史記·孔子世家》《文王》，爲《大雅》始。

文王在上，於昭于天。周雖舊邦，其命維新。

《孟子·滕文公上》《詩》云：『周雖舊邦，其命惟新。』《文王》之謂也。

《禮記·大學》《詩》曰：『周雖舊邦，其命惟新。』是故君子無所不用其極。

《呂氏春秋·古樂》周文王處岐，諸侯去殷三淫而翼文王。散宜生曰：『殷可伐也。』文王弗許。周公旦乃作詩曰：『文王在上，於昭于天。周雖舊邦，其命維新。』以繩文王之德。

《淮南子·繆稱訓》文王聞善如不及，宿不善如不祥，非爲日不足也，其憂尋推之也。故《詩》曰：『周雖舊邦，其命維新。』

《韓詩外傳》卷五故人主用俗人，則萬乘之國亡。用俗儒，則萬乘之國存。用雅儒，則千里之國安。用大儒，則千[一]里之地，久而三年，天下爲一[二]，諸侯爲臣。用萬乘之國，則舉錯而定，一朝之[三]白。《詩》曰：『周雖舊邦，其命維新。』可謂白矣，謂文王亦可謂大儒已矣。

文王陟降，在帝左右。

[一] 千，〔漢〕韓嬰撰，許維遹校釋《韓詩外傳集釋》作『百』。

[二] 原本無『爲一』二字，據〔漢〕韓嬰撰，許維遹校釋《韓詩外傳集釋》補。

[三] 之，〔漢〕韓嬰撰，許維遹校釋《韓詩外傳集釋》作『而』字。

《春秋左氏·襄三十年傳》君子曰：『信其不可不慎乎！《詩》曰：「文王陟降，在帝左右。」信之謂也。』

《墨子·明鬼下》子墨子曰：『《周書·大雅》有之。《大雅》曰：「文王在上，於昭于天。周雖舊邦，其命維新。有周不顯，帝命不時。文王陟降，在帝左右。穆穆文王，令問不已。」若鬼神無有，則文王既死，彼豈能在帝之左右哉？此吾所以知《周書》之鬼也。』

陳錫哉周。

《春秋左氏·宣十五年傳》士伯庸中行伯，君信之亦庸士伯，此之謂明德矣。文王所以造周，不是過也。故《詩》曰『陳錫載周』，能施也。**《昭十年傳》**凡公子、公孫之無禄者，私分之邑。國之貧約孤寡者，私與之粟。曰：『《詩》云「陳錫載周」，能施也。桓公是以霸。』

《國語·周語上》芮良夫曰：『《大雅》曰：「陳錫載周。」是不布利而懼難乎，故能載周以至於今。今王學專利，其可乎？』

文王孫子，本支百世。

《春秋左氏·莊六年傳》夫能固位者，必度於本末，而後立衷焉。不知其本，不謀；知本之不枝，弗强。《詩》云：『本枝百世。』

《**漢書·王子侯表**》於是制詔御史：『諸侯王或欲推私恩分子弟邑者，令各條上，朕且臨定其號名。』自是支庶畢侯矣。《詩》云：『文王孫子，本支百世。』信矣哉！

世之不顯，厥猶翼翼。思皇多士，生此王國。

《**列女·梁夫人嫕傳**》君子謂梁夫人以哀辭發家，開悟時主，榮父之魂，遺母萬里，爲家門開三族之拜，使天子成母子之禮。《詩》云：『世之不顯，厥猶翼翼。思皇多士，生此王國。』此之謂也。

《**漢書·王褒傳**》褒對曰：『故世必有聖知之君，而後有賢明之臣。故虎嘯而冽風，龍興而致雲，蟋蟀竢秋唫，蜉蝤出以陰。《易》曰：「飛龍在天，利見大人。」《詩》曰：「思皇多士，生此王國。」故世平主聖，俊艾將自至。』

《**後漢書·徐穉傳**》尚書令陳蕃、僕射胡廣等上疏薦穉等曰：『臣聞善人天地之紀，政之所由也。《詩》云：「思皇多士，生此王國。」天挺俊乂，爲陛下出，當鋪弼明時，左右大業者也。』

王國克生，維周之楨。

《**漢書·東方朔傳**》故治亂之道，存亡之端，若此易見，而君人者莫肯爲也，臣愚竊以爲過。故《詩》云：『王國克生，惟周之楨。濟濟多士，文王以甯。』此之謂也。

濟濟多士，文王以寧。

《春秋左氏·成二年傳》子重曰：『君弱，群臣不如先大夫，師衆而後可。《詩》曰：「濟濟多士，文王以寧。」夫文王猶用衆，况吾儕乎？』

《荀子·君道篇》故人主無便嬖左右足信者，謂之闇；無卿相輔佐足任者，謂之獨；所使於四鄰諸侯者非其人，謂之孤；孤獨而晻，謂之危。國雖若存，古之人曰亡矣。《詩》云：『濟濟多士，文王以寧。』此之謂也。

《新書·君道》曰：『昔者，文王常擁此。』故愛思文王，猶敬其梏，况其法教乎？《詩》曰：『濟濟多士，文王以寧。』言輔翼賢王，則身必已安也。

《鹽鐵論·相刺》且夫帝王之道多隳壞而不修。《詩》云：『濟濟多士。』意者誠任用其計，非苟陳虛言而已。

《韓詩外傳》卷八故三公典其職，憂其分，舉其辯，明其隱[一]，此三公之任也。《詩》曰：『濟濟多士，文王以寧。』　**卷十**桓公曰：『寡人賴宗廟之福，社稷之靈，使寡人遇叟於此。』扶而載之，自御以歸，薦之於廟而斷政焉。桓公之所以九合諸侯，一匡天下，不以兵車者，非獨管仲也，

[一] 隱，〔漢〕韓嬰撰，許維遹校釋《韓詩外傳集釋》作『德』。

亦遇之於是。《詩》曰：『濟濟多士，文王以寧。』鮑叔薦管仲，曰：『臣所不如管夷吾者五：寬惠柔愛，臣弗如也；忠信可結於百姓，臣弗如也；制禮約法於四方，臣弗如也；決獄折中，臣弗如也；執枹鼓立於軍門，使士卒勇，臣弗如也。』《詩》曰：『濟濟多士，文王以寧。』里鳧須造見曰：『臣能安晋國。』於是文公大悦，從其計，使驂乘於國中。百姓見之，皆曰：『夫里鳧須且不誅而驂乘，吾何懼也！』是以晋國大寧。《詩》曰：『濟濟多士，文王以寧。』

《新序·雜事》善相人者對曰：『臣非能相人，能觀人之交也。』莊王曰：『善。』於是乃招聘四方之士，夙夜不懈。遂得孫叔敖、將軍子重之屬，以備卿相，遂成霸功。《詩》曰：『濟濟多士，文王以寧。』此之謂也。

《説苑·君道》於是燕王常置郭隗上坐，南面，居三年。蘇子聞之，從周歸燕；鄒衍聞之，從齊歸燕；樂毅聞之，從趙歸燕；屈景聞之，從楚歸燕。四子畢至，果以弱燕并强齊。夫燕、齊非均權敵戰之國也，所以然者，四子之力也。《詩》曰：『濟濟多士，文王以寧。』此之謂也。**《修文》**諸侯三年一貢士。士一適謂之好德，再適謂之尊賢，三適謂之有功。然後天子比年秩官之無文者而黜之，以諸侯之所貢士代之。《詩》云：『濟濟多士，文王以寧。』此之謂也。

《列女·魯季敬姜傳》[一]於是乃擇嚴師賢友而事之。所與遊處者皆黃耄倪齒也，文伯引衽攘捲而親饋之。敬姜曰：『子成人矣。』君子謂敬姜備於教化。《詩》云：『濟濟多士，文王以寧。』此之謂也。

《忠經·廣爲章》是故師保道德，股肱賢良。内睦以文，外威以武，被服禮樂，提防政刑。故得大化興行，蠻夷率服，人臣和悦，邦國平康。此君能任臣，下忠上信之所致也。《詩》云：『濟濟多士，文王以寧。』

《漢書·賈山傳》又曰：『「濟濟多士，文王以寧。」天下未嘗亡士也，然而文王獨言以寧者，何也？文王好仁，則仁興；得士而敬之，則士用。』**《梅福傳》**士者，國之重器；得士則重，失士則輕。《詩》云：『濟濟多士，文王以寧。』**《李尋傳》**馬不伏歷，不可以趨道；士不素養，不可以重國。《詩》云：『濟濟多士，文王以寧。』

穆穆文王，於緝熙敬止。

《禮記·緇衣》子曰：『君子道人以言，而禁人以行。故言必慮其所終，而行必稽其所敝，則民謹

[一]《粤雅堂叢書》本在『於是』前多引用『彼二聖一賢者，皆霸王之君也。而下人如此。其所與遊者，皆過己者也。是以日益而不自知也。今以子年之少而位之卑，所與遊者，皆爲服役。子之不益，亦以明矣。文伯乃謝罪』。

於言而慎於行。《大雅》曰：「穆穆文王，於緝熙敬止。」』**《大學》**《詩》云：『穆穆文王，於緝熙敬止。』爲人君止於仁，爲人臣止於敬，爲人子止於孝，爲人父止於慈，與國人交止於信。

侯服于周，天命靡常。殷士膚敏，祼將于京。

《孟子·離婁上》師文王，大國五年，小國七年，必爲政於天下矣。《詩》云：『商之孫子，其麗不億。上帝既命，侯于周服。侯服于周，天命靡常。殷士膚敏，祼將于京。』孔子曰：『仁不可爲衆也。夫國君好仁，天下無敵。』

《春秋繁露·堯舜不擅移湯武不專殺》且天之生民，非爲王也；而天立王以爲民也。故其德足以安樂民者，天予之；其惡足以賊害民者，天奪之。《詩》云：『殷士膚敏，祼將于京。侯服于周，天命靡常。』言天之無常予，無常奪也。

《漢書·劉向傳》向上疏諫曰：『孔子論《詩》至於「殷士膚敏，祼將于京」，喟然嘆曰：「大哉天命！善不可不傳于子孫。」是以富貴無常，不如是，則王公其何以戒慎，民萌何以勸勉？』蓋傷微子之事周，而痛殷之亡也。**《王莽傳》**莽乃策命孺子曰：『咨爾嬰，昔皇天右乃太祖，歷世十二，享國二百一十載，曆數在于予躬。《詩》不云乎：「侯服于周，天命靡常。」封爾爲定安公，永爲新室賓。』

厥作祼將，常服黼冔。

《獨斷》冕冠，殷曰冔。殷黑而微白，前大後小。《詩》曰：『常服黼冔。』

《白虎通·三正》《詩》曰：『厥作祼將，常服黼冔。』言微子服殷之冠，助祭於周也。

無念爾祖，聿修厥德。

《孝經·開宗明義章》夫孝，始於事親，中於事君，終於立身。《大雅》云：『無念爾祖，聿修厥德。』

《春秋左氏·文二年傳》趙成子言於諸大夫曰：『秦師又至，將必辟之。懼而增德，不可當也。《詩》曰：「毋念爾祖，聿修厥德。」孟明念之矣。念德不忘[一]，其可敵乎？』《昭二十三年傳》沈尹戌曰：『子常必亡郢，苟不能衛，城無益[二]也。《詩》曰：「無念爾祖，聿修厥德。」無亦監乎若敖、蚡冒至於武、文，土不過同，慎其四竟，猶不城郢。今土數圻，而郢是城，不亦難乎？』

《漢書·匡衡傳》願陛下詳覽統業之事，留神於遵制揚功，以定群下之心。《大雅》曰：『無念爾祖，聿修厥德。』孔子著之《孝經》首章，蓋至德之本也。

永言配命，自求多福。

[一] 忘，〔清〕洪亮吉撰，李解民點校《春秋左傳詁》作『怠』。

[二] 益，原本作『邑』，據《粵雅堂叢書》本改。

《孟子・公孫丑上》今國家閒暇，及是時，般樂怠敖，是自求禍也。禍福無不自己求之者。《詩》云：『永言配命，自求多福。』**《離婁上》**行有不得者，皆反求諸己。其身正，而天下歸之。《詩》云：『永言配命，自求多福。』

《春秋左氏・桓六年傳》大子曰：『人各有耦，齊大，非吾耦也。《詩》云：「自求多福。」在我而已，大國何爲？』**《昭二十八年傳》**仲尼又聞其命賈辛也，以爲忠。《詩》曰『永言配命，自求多福』，忠也。

《漢書・東平思王宇傳》今聞王自修有闕，本朝不和，流言紛紛，謗自內興，朕甚憯焉，爲王懼之。《詩》不云乎：『毋念爾祖，述修厥德。永言配命，自求多福。』

殷之未喪師，克配上帝。宜鑒于殷，駿命不易！

《禮記・大學》《詩》云：『殷之未喪師，克配上帝。儀鑒于殷，峻命不易。』道得衆則得國，失衆則失國。

《漢書・翼奉傳》臣聞三代之祖積德以王，然皆不過數百年而絕。周至成王，有上賢之材，因文武之業，以周召爲輔，有司各敬其事，在位莫非其人。天下甫二世耳，然周公猶作《詩》《書》深戒成王，以恐失天下。《書》則曰：『王毋若殷王紂。』其《詩》則曰：『殷之未喪師，克配上帝。

宜監于殷，駿命不易。』

上天之載，無聲無臭。

《**禮記·中庸**》毛猶有倫。『上天之載，無聲無臭』，至矣！

《**韓詩外傳**》**卷五**輪扁曰：『夫以規爲圓，矩爲方，此其可付乎子孫者也。若夫合三木而爲一，應乎心，動乎體，其不可得而傳者也。以爲所傳真糟粕耳。』故唐虞之法可得而改也，其喻人心，不可及矣。《詩》曰：『上天之載，無聲無臭。』其孰能及之！

《**漢紀**》**卷六**荀悦曰：『凡三光精氣變異，此皆陰陽之精也。其本在地，而上發於天也。政失於此，則變見於彼。由影之象形，響之應聲，是以明王見之而悟，敕身正己，省其咎，謝其過，則禍除而福生，自然之應也。《詩》云：「上天之載，無聲無臭。」其詳難得而聞矣，豈不然乎！』

儀刑文王，萬邦作孚。

《**禮記·緇衣**》子曰：『好賢如《緇衣》，惡惡如《巷伯》，則爵不瀆而民作愿，刑不試而民咸服。《大雅》曰：「儀刑文王，萬國作孚。」』

《**春秋左氏·襄十三年傳**》周之興也。其《詩》曰：『儀刑文王，萬邦作孚。』言刑善也。《**昭六年傳**》叔向使詒子産書曰：『今吾子相鄭國，作封洫，立謗政，制參辟，鑄刑書，將以靖民，不亦難乎？』

又曰：『儀刑文王，萬邦作孚。』如是，何辟之有？

明明在下，赫赫在上。

《春秋左氏·昭元年傳》令尹享趙孟，賦《大明》之首章。注：《大明》，《詩·大雅》。首章言文王明明照於下，故能赫赫盛於上。令尹意在首章，故特稱首章以自光大。趙孟謂叔向曰：『令尹自以爲王矣。』

《荀子·正論篇》故主道莫惡乎難知，莫危乎使下畏己。傳曰：『惡之者衆則危。』《詩》曰：『明明在下。』故先王明之，豈特玄[一]之耳哉！**《解蔽篇》**君人者，宣則直言至矣，而讒言反矣；君子邇而小人遠矣！《詩》曰：『明明在下，赫赫在上。』此言上明而下化也。

天難忱斯，不易維王。

《韓詩外傳》卷十傳曰：言爲王之不易也。大命之至，其太宗、太史、太祝，斯素服執策，北面而弔乎天子曰：『大命既至矣。如之何，憂之長也！』授天子策一矣，曰：『敬享以祭，永主天命，畏之無疆，厥躬無敢甯。』授天子策二矣，曰：『敬之。夙夜伊祝[二]，厥躬無怠，萬民望之。』授天子策三矣，曰：『天子南面授於帝位，以治爲憂，未以位爲樂也。』《詩》曰：『天難忱斯，不易惟

[一] 玄，原本作『元』，據〔清〕王先謙撰，沈嘯寰、王星賢點校《荀子集解》改。

[二] 祝，原本作『視』，據《論語·子路篇》改。

王。』

《漢書・貢禹傳》天生聖人，蓋爲萬民，非獨使自娛樂而已也。故《詩》曰：『天難諶斯，不易惟王。』『上帝臨女，毋貳爾心。』

《後漢書・胡廣傳》竊惟王命之重，載在篇典，當令縣于日月，固于金石，遺則百王，施之萬世。《詩》云：『天難諶斯，不易惟王。』可不慎與！

天位殷適，使不挾四方。

《韓詩外傳》卷五夫貴爲天子，富有天下，及周師至而令不行乎左右，悲夫！當是之時，索爲匹夫，不可得也。《詩》曰：『天位殷適，使不俠四方。』

維此文王，小心翼翼。昭事上帝，聿懷多福。厥德不回，以受方國。

《禮記・表記》有君民之大德，有事君之小心。《詩》云：『惟此文王，小心翼翼。昭事上帝，聿懷多福。厥德不回，以受方國。』

《春秋左氏・昭二十六年傳》晏子曰：『且天之有彗也，以除穢也。君無穢德，又何禳焉？若德之穢，禳之何損？《詩》曰：「惟此文王，小心翼翼。昭事上帝，聿懷多福。厥德不回，以受方國。」君無違德，方國將至，何患於彗？』

《**吕氏春秋·行論**》文王曰：『父雖無道，子敢不事父乎？君雖不惠，臣敢不事君乎？孰王而可畔也？』紂乃赦之。天下聞之，以文王爲畏上而哀下也。《詩》曰：『惟此文王，小心翼翼。昭事上帝，聿懷多福。』

《**淮南子·主術訓**》堯、舜、禹、湯、文、武，[一]可謂至貴矣，然而戰戰慄慄，日慎一日。由此觀之，則聖人之心小矣。《詩》云：『惟此文王，小心翼翼。昭事上帝，聿懷多福。』其斯之謂歟！

《**春秋繁露·郊祭**》天者，百神之大君也。事天不備，雖百神猶無益也。何以言其然也？祭而地神者，《春秋》譏之，孔子曰：『獲罪於天，無所禱也。』是其法也。故未見秦國致大福如周國也。《詩》云：『唯此文王，小心翼翼。昭事上帝，允懷多福。』多福者，非謂人也，事功也，謂天之所福也。[二]

《**忠經·聖君章**》是以兢兢戒慎，日增其明。禄賢官能，式敷大化，惠澤長久，黎民咸懷。故得皇猷丕丕，行於四方，揚於後代，以保社稷，以光祖考，蓋聖君之忠也。《詩》云：『昭事上帝，聿

[一]《粤雅堂叢書》本在『堯、舜、禹、湯、文、武』後多引用『皆坦然天下而南面焉。當此之時，鼛鼓而食，奏《雍》而徹，已飯而祭，竈行不用巫祝，鬼神弗敢祟，山川弗敢禍』。

[二]《粤雅堂叢書》本在此處多引用『《傳》曰：周國子多賢，審殖至于駢厚男者四，四産而得八男，皆君子俊雄也』。

懷多福。』[二]

《漢書・董仲舒傳》仲舒復對曰：『故盡小者大，慎微者著。《詩》云：「惟此文王，小心翼翼。」故堯兢兢日行其道，而舜業業日致其孝，善積而名顯，德章而身尊，此其寖明寖昌之道也。』

大邦有子，俔天之妹。文定厥祥，親迎于渭。造舟爲梁，不顯其光。

《列女・周室三母傳》太姒者，武王之母。禹後有莘似氏之女，仁而明道。文王嘉之，親迎于渭，造舟爲梁。及入，太似思媚太姜、太任，旦夕勤勞，以進婦道。太似號曰文母。文王治外，文母治内。君子謂太姒仁明而有德。《詩》曰：『大邦有子，俔天之妹。文定厥祥，親迎于渭。造舟爲梁，不顯其光。』

《白虎通・嫁娶》天子下至士，必親迎授綏者何？以陽下陰也，欲得其歡心，示親之心也。夫親迎，輪三周下車曲顧者，防淫泆也。《詩》云：『文定厥祥，親迎于渭。造舟爲梁，不顯其光。』　人君及宗子無父母，自定娶者，卑不主尊，賤不主貴，故自定之。《昏禮經》曰：『親皆没，已躬命之。』《詩》云：『文定厥祥，親迎于渭。』　王者之娶，必先選于大國之女。禮儀備，所見多。《詩》云：『大邦有子，俔天之妹。文定厥祥，親迎于渭。』明王者必娶大國也。

[二]《粤雅堂叢書》本無此條。

命此文王，于周于京。

《**白虎通·號**》何以知即政立號也？《詩》云：『命此文王，于周于京。』此改號爲周，易邑爲京也。《春秋傳》曰：『王者受命而王，必擇天下之美號以自號也。』《**三軍**》《詩》曰：『命此文王，于周于京。』此言文王誅伐，故改號爲周，易邑爲京也，明天著忠臣孝子之義也。

上帝臨女，無貳爾心。

《**春秋左氏·襄二十四年傳**》『上帝臨女，無貳爾心』，有令名也夫。

《**國語·晋語第十**》姜氏言於公子曰：『從者將以子行，子必從之，不可以貳，貳無成命。《詩》云：「上帝臨女，無貳爾心。」先王其知之矣，貳將可乎？子去晋難而極於此。自子之行，晋無甯歲，民無成君。天未喪晋，無異公子，有晋國者，非子而誰？子其勉之！上帝臨子矣，貳必有咎。』

《**春秋繁露·天道無二**》，是故君子賤二而貴一。人孰無善？善不一，故不足以立身；治孰無常？常不一，故不足以致功。《詩》云：『上帝臨汝，無二汝心。』知天道者之言也。

牧野洋洋，檀車煌煌，駟騵彭彭。維師尚父，時維鷹揚。涼彼武王，肆伐大商，會朝清明。

《**韓詩外傳**》**卷三**武王曰：『於戲！天下已定矣。』乃修武勒兵於甯，更名邢丘曰懷，甯曰修武，行克紂於牧之野。《詩》曰：『牧野洋洋，檀車皇皇，駟騵彭彭。維師尚父，時維鷹揚。涼彼武王，肆伐大商，會朝清明。』

《漢書・王莽傳》非陛下莫引立公，非公莫克此禍。《詩》云：『惟師尚父，時惟鷹揚。亮彼武王。』公之謂矣。

古公亶父，來朝走馬。率西水滸，至于岐山。爰及姜女，聿來胥宇。

《孟子・梁惠王下》對曰：『昔者太王好色，愛厥妃。《詩》云：「古公亶父，來朝走馬。率西水滸，至于岐下。爰及姜女，聿來胥宇。」當是時也，内無怨女，外無曠夫。』

爰始爰謀，爰契我龜。

《春秋左氏・哀二[一]年傳》卜戰，龜焦。樂丁曰：『《詩》曰：「爰始爰謀，爰契我龜。」謀協以故兆，詢可也。』

廼立冢土，戎醜攸行。

《爾雅・釋天[二]》乃立冢土，戎醜攸行。起大事，動大衆，必先有事乎社而後出，謂之宜。

[一] 二，原本作『三』，據《粵雅堂叢書》本改。

[二] 釋天，原本作『講武』，據〔清〕郝懿行撰，王其和、吴慶峰、張金霞點校《爾雅義疏》改。

《**漢書·郊祀志**》莽又言：『帝王建立社稷，百王不易。社者，土也。宗廟，王者所居。稷者，百穀之主，所以奉宗廟，共粢盛，人所食以生活也。王者莫不尊重親祭，自爲之主，禮如宗廟。《詩》曰「乃立冢土」。又曰「以御田祖，以祈甘雨」。《禮記》曰「唯祭宗廟社稷，爲越紼而行事」。聖漢興，禮儀稍定，已有官社，未立官稷。』遂於官社後立官稷，以夏禹配食官社，后稷配食官稷。稷種穀樹。

肆不殄厥愠，亦不隕厥問。

《**孟子·盡心下**》孟子曰：『士憎兹多口。「肆不殄厥愠，亦不隕厥問」，文王也。』

混夷駾矣，維其喙矣！

《**孟子·梁惠王下**》文王事昆夷。注：《詩》云『昆夷兑矣，唯其喙矣』，謂文王也。

予曰有疏附，予曰有先後。予曰有奔奏，予曰有禦侮。

《**春秋左氏·昭二年傳**》季武子賦《緜》之卒章。注：《緜》，《詩·大雅》。卒章義取文王有四臣，故能以緜致興盛。以晋侯比文王，以韓子比四輔。

《**尚書大傳·殷傳**》文王胥附、奔輳、先後、禦侮，謂之四鄰，以免乎牖里之害。

芃芃棫樸，薪之槱之。濟濟辟王，左右趣之。濟濟辟王，左右奉璋。奉璋峩峩，髦士攸宜。

《晏子春秋・問下》晏子對曰：『夫偪邇于君之側者，距本朝之勢，國之所以殆[一]也；左右讒諛，相與塞善，行之所以衰也；士者持禄，遊者交養，身之所以危也。《詩》曰：「芃芃棫樸，薪之槱之。濟濟辟王，左右趨之。」此言古者聖王明君之使以善也。故外知事之情，而内得心之誠，是以不迷也。』

《新書・禮》[二]古者年九歲，入就小學，蹍小節焉，業小道焉；束髮就大學，蹍大節焉，業大道焉。是以邪放非辟，無因入之焉。諺曰：『君子重襲，小人無由入；正人十倍，邪辟無由來。』古之人其謹於所近乎？《詩》曰：『芃芃棫樸，薪之槱之。濟濟辟王，左右趨之。』此言左右日以善趨也。

《春秋繁露・郊祀》爲人子而不事父者，天下莫能以爲可，今爲天之子而不事天，何以異是？是故天子每至歲首，必先郊祭以享天，乃敢爲地行子禮也；每將興師，必先郊祭以告天，乃敢征伐行子道也。文王受天命而王天下，先郊乃敢行事，而興師伐崇，其《詩》曰：『芃芃棫樸，薪之

[一]　殆，原本作『治』，據張純一撰，梁運華點《晏子春秋校注》改。

[二]　本節録自《新書・容經》，『九歲』，《大戴禮記・保傅》、《公羊傳・僖公十年傳注》、《漢書・食貨志》《藝文志》、許慎《説文・叙》皆作八歲。疑原誤，或另有所據。見賈誼撰，閻振益、鍾夏校注《新書校釋》。

櫄之。濟濟辟王，左右趨之。濟濟辟王，左右奉璋。奉璋峩峩，髦士攸宜。』此郊辭也。《四祭》孝子孝婦緣天之時，因地之利，已受命而王，必先祭天，乃行王事。文王之伐崇是也。《詩》曰：『濟濟辟王，左右奉璋。奉璋峩峩，髦士攸宜。』此文王之郊也。

淠彼涇舟，烝徒楫之。周王于邁，六師及之。

《**春秋繁露·四祭**》其下之辭曰：『淠彼涇舟，烝徒檝之。周王于邁，六師及之。』此文王之伐崇也。上言奉璋，下言伐崇，以是見文王之先郊而後伐也。文王受命則郊，郊乃伐崇。崇國之民方困於暴亂之君，未得被聖人德澤，而文王已郊矣。安在德澤未洽者不可以郊乎？其下[一]曰：『淠彼涇舟，烝徒檝之。周王于邁，六師及之。』此伐辭也。其下曰：『文王受命，有此武功。既伐于崇，作邑于豐。』以此辭者，見文王受命則郊，郊乃伐崇，伐崇之時，民何處央乎？

追琢其章，金玉其相。勉勉我王，綱紀四方。

《**荀子·富國篇**》古者先王分割而等異之也，故使或美或惡，或厚或薄，或佚或樂、或劬或勞，非特以爲淫泰夸麗之聲，將以明仁之文，通仁之順也。故爲之雕琢刻鏤、黼黻文章，使足以辨貴

[一]《粤雅堂叢書》本在『其下』前多引用『《郊祀》其下曰』。蘇輿撰，鍾哲點校《春秋繁露義證》注，此與下《郊祀篇》文重，凌（曙）本並移前《郊祭篇》末，似未合。《黄氏日鈔》引亦屬此篇，知宋本如此，今空一格别出。

賤而已，不求其觀；爲之鐘鼓管磬、琴瑟竽笙，使足以辨吉凶、合歡、定和而已，不求其餘；爲之宫室臺榭，使足以避燥溼、養德、辨輕重而已，不求其外。《詩》曰：『雕琢其章，金玉其相。亹亹我王，綱紀四方。』此之謂也。

《韓詩外傳》卷五夫五色雖明，有時而渝；豐交之木，有時而落；物有盛衰，不得自若。故三王之道，周而復始，窮則反本，非務變而已，將以正惡扶微，絀繆淪非，調和陰陽，順萬物之宜也。《詩》曰：『亹亹文王，綱紀四方。』

《説苑·修文》故聖人之與聖也，如矩之三雜，規之三雜，周則又始，窮則反本也。《詩》曰：『彫琢其章，金玉其相。』言文質美也。

《中論·修本》乘扁舟而濟者，其身也安；粹大道而動者，其業也美。故《詩》曰：『追琢其章，金玉其相。勉勉我王，綱紀四方。』

《白虎通·三綱六紀》何謂綱紀？綱者張也，紀者理也。大者爲綱，小者爲紀。所以張理上下，整齊人道也。人皆懷五常之性，有親愛之心，是以綱紀爲化，若羅網之有紀綱而萬目張也。《詩》云：『亹亹文王，綱紀四方。』

瞻彼旱麓，榛楛濟濟。豈弟君子，干禄豈弟。

《國語·周語下》單穆公曰：『《詩》亦有之曰：「瞻彼旱麓，榛楛濟濟。愷悌君子，干禄愷悌。」夫旱鹿之榛楛殖，故君子得以易樂干禄焉。若夫山林匱竭，林鹿散亡，藪澤肆既，民力彫盡，田疇荒蕪，資用乏匱，君子將險哀之不暇，而何易樂之有焉？』

鳶飛戾天，魚躍于淵。

《禮記·中庸》《詩》云：『鳶飛戾天，魚躍于淵。』言其上下察也。注：言聖人之德至于天，則『鳶飛戾天』；至于地，則『魚躍于淵』，是其著明於天地也。

豈弟君子，遐不作人。

《春秋左氏·成八年傳》君子曰：『從善如流，宜哉！《詩》曰：「愷悌君子，遐不作人。」求善也夫！作人，斯有功績矣。』

清酒既載，騂牡既備。

《白虎通·三正》又曰：『清酒既載，騂牡既備。』言文王之牲用騂。周尚赤也。

豈弟君子，神所勞矣。

《春秋左氏·僖十二年傳》君子曰：『管氏之世祀也。宜哉！讓不忘其上。《詩》曰：「愷悌君子，神所勞矣。」』

莫莫葛藟，施于條枚。豈弟君子，求福不回。

《**禮記·表記**》是故君子恭儉以求役仁，信讓以求役禮。不自尚其事，不自尊其身。儉於位而寡於欲，讓於賢；卑己而尊人，小心而畏義；求以事君，得之自是；不得自是，以聽天命。《詩》云：「莫莫葛藟，施于條枚。凱弟君子，求福不回。」其舜、禹、文王、周公之謂與？

《**國語·周語中**》襄公曰：『人有言曰：「兵在其頸。」其郤至之謂乎！君子不自稱也，非以讓也，惡其蓋人也。夫人性，陵上者也，不可蓋也。求蓋人，其抑下滋甚，故聖人貴讓。《詩》曰：「愷悌君子，求福不回。」』

《**晏子春秋·雜上**》晏子曰：『劫吾以刃而失其志，非勇也；回吾以利而倍其君，非義者。崔子，子獨不爲夫詩乎！《詩》云：「莫莫葛虆，施於條枚。愷悌君子，求福不回。」今嬰且可以回而求福乎？』

《**淮南子·泰族訓**》天下，大利也，比之身則小；身之重也，比之義則輕。義，所全也。《詩》曰：『愷悌君子，求福不回。』言以信義爲準繩也。

《**說苑·修文**》韓子曰：『吾不爲人之惡我而改吾志，不爲我將死而改吾義。』言未已，舟泆然行。韓褐子曰：『《詩》云「莫莫葛藟，施于條枚。愷悌君子，求福不回」。鬼神且不回，况於人乎？』

《列女·楚平伯嬴傳》伯嬴持刃曰：『且妾聞，生而辱不若死而榮。若使君王棄其儀表，則無以臨國。妾有淫端，則無以生世。壹舉而兩辱，妾以死守之，不敢承命。且凡所欲妾者爲樂也。近妾而死，何樂之有？如先殺妾，又何益於君王？』於是吴王慙，遂退舍。君子謂伯嬴勇而精壹。《詩》曰：『莫莫葛藟，施于條枚。豈弟君子，求福不回。』此之謂也。

《後漢書·蘇竟傳》五七之家三十五姓，彭、秦、延氏不得豫焉。如何怪惑，依而恃之？《葛藟》之詩，『求福不回』，其若是乎！

大姒嗣徽音，則百斯男。

《列女·周室三母傳》大姒生十男：長伯邑考、次武王發、次周公旦、次管叔鮮、次蔡叔度、次曹叔振鐸、次霍叔武、次成叔處、次康叔封、次冉季載。大姒教誨十子，自少及長，未嘗見邪僻之事。及其長，文王繼而教之，卒成武王、周公之德。君子謂太姒仁明而有德。又曰：『大姒嗣徽音，則百斯男。』此之謂也。

惠于宗公，神罔時怨，神罔時恫。

《國語·晋語第十》胥臣對曰：『及其即位也，詢于八虞，而咨于二虢，度于閎夭，而謀于南宫，諏于蔡、原，而訪于辛、尹，重之以周、召、畢、榮，憶甯百神，而柔和萬民。故《詩》曰：「惠于宗公，神罔時恫。」是則文王非專教誨之力也。』

刑于寡妻，至于兄弟，以御于家邦。

《**孟子·梁惠王上**》老吾老以及人之老，幼吾幼以及人之幼，天下可運於掌。《詩》云：『刑于寡妻，至于兄弟，以御于家邦。』言舉斯心加諸彼而已。

《**春秋左氏·僖十九年傳**》子魚言於宋公曰：『文王聞崇德亂而伐之。軍三旬而不降，退修教而復伐之，因壘而降。《詩》曰：「刑于寡妻，至于兄弟，以御于家邦。」今君德無乃猶有所闕，而以伐人，若之何？』

《**國語·晋語第十**》胥臣對曰：『文王在母不憂，在傅弗勤，處師弗煩，事王不怒，孝友二虢，而惠慈二蔡，刑于大姒，比于諸弟。《詩》云：「刑于寡妻，至于兄弟，以御于家邦。」』於是乎用四方之賢良。

《**荀子·大略篇**》『然則，賜願息於妻子。』孔子曰：『《詩》云：「刑于寡妻，至于兄弟，以御于家邦。」妻子難，妻子焉可息哉！』

《**後漢書·鍾離意傳**》入言于太守曰：『《春秋》先内後外，《詩》云「刑于寡妻，以御于家邦」，明政化之本，由近及遠。今宜先清府内，且闊略遠縣細微之愆。』

《漢紀》卷五荀悦曰：『夫婦之際，人道之大倫也。《詩》稱：「刑于寡妻，至于兄弟，以御于家邦。」《易》稱：「正家道，家道正而天下大定矣。」』

肆成人有德，小子有造。

《説苑·建本》『成人有德，小子有造』，大學之教也；時禁於其未發之曰預，因其可之曰時，相觀於善之曰磨，學不陵節而施之曰馴。發然後禁，則扞格而不勝；時過然後學，則勤苦而難成；雜施而不遜，則壞亂而不治；獨學而無友，則孤陋而寡聞。故曰：『有昭辟雍，有賢泮宫。田里周行，濟濟鏘鏘。而相從執質，有族以文。』

皇矣上帝！臨下有赫。監觀四方，求民之莫。

《潛夫論·班禄》故天之立君，非私此人也，以役民，蓋以誅暴除害利黎元也。是以人謀鬼謀，能者處之。《詩》云：『皇矣上帝！臨下以赫。監觀四方，求民之瘼[一]。惟此二國，其政不獲。惟此四國，爰究爰度。上帝指之，憎其式惡。乃睠西顧，此惟與度。』蓋此言也。

[一] 瘼，原本作『莫』，據〔漢〕王符著，〔清〕汪繼培箋，彭鐸校正《潛夫論箋校正》改。

《漢書·叙傳》《詩》云：『皇矣上帝，臨下有赫。鑒觀四方，求民之莫。』今民皆謳吟思漢，鄉仰劉氏，已可知矣。

維此二國，其政不獲。維彼四國，爰究爰度。

《**春秋左氏·文四年傳**》楚人滅江，秦伯爲之降服，出次，不舉；過數。君子曰：《詩》云：『維彼二國，其政不獲。維此四國，爰究爰度。』其秦穆之謂也。

乃眷西顧，此維與宅。

《**淮南子·氾論訓**》存，在得道，而不在於大也。亡，在失道，而不在於小也。《詩》云：『乃眷西顧，此惟與宅。』言去殷而遷於周也。

《**漢書·郊祀志**》於是衡、譚奏議曰：『又曰「迺眷西顧，此維予宅」，言天以文王之都爲居也。』《**谷永傳**》終不改寤，惡洽變備，不復譴告，更命有德。《詩》云：『迺眷西顧，此維予宅。』

自太伯、王季，維此王季，因心則友。則友其兄，則篤其慶[一]**，載錫之光。受禄無喪，奄有四方。**

[一] 慶，原本作『廣』，據《粤雅堂叢書》本改。

《**韓詩外傳**》**卷十**孔子曰：『泰伯獨見，王季獨知。伯見父志，季知父心。故太王、太伯、王季，可謂見始知終而能承志矣。』《詩》曰：『自太伯、王季。惟此王季，因心則友。則友其兄，則篤其慶，載錫之光，受禄無喪，奄有四方。』此之謂也。

維此王季，帝度其心。貊其德音，其德克明。克明克類，克長克君。王此大邦，克順克比。比于文王，其德靡悔。既受帝祉，施于孫子。

《**禮記·樂記**》子夏對曰：『夫古者，天地順而四時當，民有德而五穀昌，疾疢不作而無妖祥，此之謂大當。然後聖人作爲父子君臣，以爲紀綱。紀綱既正，天下大定。天下大定，然後正六律，和五聲，弦歌《詩·頌》，此之謂德音。德音之謂樂。《詩》云：「莫其德音，其德克明。克明克類，克長克君。王此大邦，克順克俾。俾于文王，其德靡悔。既受帝祉，施于孫子。」此之謂也。』

《**春秋左氏·昭二十八年傳**》成鱄對曰：『昔武王克商，光有天下。其兄弟之國者十有五人，姬姓之國者四十人，皆舉親也。夫舉無他，唯善所在，親疏一也。《詩》曰：「唯此文王，帝度其心。莫其德音，其德克明。克明克類，克長克君。王此大國，克順克比。比于文王，其德靡悔。既受帝祉，施于孫子。」心能制義曰度，德正應和曰莫，照臨四方曰明，勤施無私曰類，教誨不倦曰長，賞慶刑威曰君，慈和遍服曰順，擇善而從之曰比，經緯天地曰文。九德不愆，作事無悔，故襲天禄，子孫賴之。主之舉也，近文德矣，所及其遠哉！』

王赫斯怒，爰整其旅，以按徂旅。以篤于周祜，以對于天下。

《**孟子·梁惠王下**》《詩》云：『王赫斯怒，爰整其旅，以遏徂莒，以篤周祜，以對于天下。』此文王之勇也。文王一怒而安天下之民。

《**春秋左氏·文二年傳**》又曰：『王赫斯怒，爰整其旅。』怒不作亂，而以從師，可謂君子矣。

《**春秋繁露·楚莊王**》又曰：『王赫斯怒，爰整其旅。』當是時紂爲無道，諸侯大亂，民樂文王之怒，而詠歌之也。

《**白虎通·禮樂**》武王曰：『《象》者，像太平而作樂，示已太平也。合曰《大武》者，天下始樂周之征伐行武。故詩人歌之：「王赫斯怒，爰整其旅。」當此之時，天下樂文王之怒以定天下，故樂其武也。』

帝謂文王：予懷明德，不大聲以色。

《**禮記·中庸**》是故君子篤恭而天下平。《詩》云：『予懷明德，不大聲以色。』

《**墨子·天志中**》《皇矣》道之曰：『帝謂文王，予懷明德，不大聲以色，不長夏以革不識不知，順帝之則。』帝善其順法則也，故舉殷以賞之，使貴爲天子，富有天下，名譽至今不息。故夫愛人利人，順天之意，得天之賞者，既可得留而已。《**天志下**》故子墨子置天志以爲儀法，非獨子墨子以天之志爲法也，於先王之書《大夏》之道之然：『帝謂文王，予懷明德，毋大聲以色，毋長夏以革。不識不知，順帝之則。』此誥文王之以天志爲法也，而順帝之則也。

不識不知，順帝之則。

《**春秋左氏·僖九年傳**》公孫枝對曰：『臣聞之，唯則定國。《詩》曰：「不識不知，順帝之則。」文王之謂也。』《**襄三十一年傳**》《詩》云：『不識不知，順帝之則。』言則而象之也。

《**荀子·修身篇**》[一]故學也者，禮法也。夫師以身爲正儀，而貴自安者也。《詩》云：『不識不知，順帝之則。』此之謂也。

《**淮南子·詮言訓**》故聖人不以行求名，不以智見譽。法修自然，己無所與。慮不勝數，行不勝德，事不勝道。爲者有不成，求者有不得。人有窮而道無不通，與道爭則凶。故《詩》曰：『弗識弗知，順帝之則。』

《**新書·君道**》又曰：『弗識弗知，順帝之則。』言士民説其德義，則效而象之也。

[一]《粤雅堂叢書》本在『故學也者』前多引用『故非禮是無法也，非師是無師也。不是師法，而好自用，譬之是猶以盲辨色，以聾辨聲也，舍亂妄無爲也』。

《春秋繁露·煖燠孰多》故聖王在上位，天覆地載，風令雨施。雨施者，布德均也。風令者，言令直也。《詩》云：『不識不知，順帝之則。』言弗能知識，而效天之所爲云爾。

《韓詩外傳》卷五[一]則是君子之道。言中倫，行中理，天下順矣。《詩》曰：『不識不知，順帝之則。』

《忠經·廣至理章》無爲而天下自清，不疑而天下自信，不私而天下自公。賤珍則人去貪，徹侈則人從儉，用實則人不僞，崇讓則人不争。故得人心和平，天下淳質，樂其生，保其壽，優游聖德，以爲自然之至也。《詩》云：『不識不知，順帝之則。』[二]

帝謂文王：詢爾仇方，同爾弟兄。以爾鉤援，與爾臨衝，以伐崇墉。

《後漢書·伏湛傳》湛上疏諫曰：『臣聞文王受命而征伐五國，必先詢之同姓，然後謀之群臣，加占蓍龜，以定行事，故謀則成，卜則吉，戰則勝。其《詩》曰：「帝謂文王：詢爾仇方，同爾弟兄。以爾鉤援，與爾臨衝，以伐崇墉。」崇國城守，先退後伐，所以重人命，俟時而動，故參分天下而有

[一]《粤雅堂叢書》本在『則是君子之道』前多引用『禮者，首天地之體。因人之情而爲之節文者也。無禮，何以正身？無師吾安知禮之是也？禮然而然，是情安於禮也；師云而云，是知若師也。情安禮，知若師也』。

[二]《粤雅堂叢書》本無此條。

其二。』

是類是禡。

《禮記·王制》禡于所征之地。

《爾雅·釋天〔一〕》是類是禡，師祭也。

《靈臺》，民始附也。

《孔叢子·嘉言》陳惠公大城因起凌陽之臺，既而見夫子。問曰：『昔周作靈臺亦戮人乎？』答曰：『文王之興，附者六州。六州之衆，各以子道來。故區區之臺，未及期日而已成矣，何戮之有乎？』

《鹽鐵論·未通》牧民之道，除其所疾，適其所安，安而不擾，使而不勞，是以百姓勸業而樂公賦。若此，則君無賑於民，民無利於上，上下交讓〔二〕而頌聲作。故取而民不厭，役而民不苦。《靈臺》之詩，非或使之，民自爲之。若斯，則君何不足之有乎？

〔一〕釋天，原本作『祭名』，據〔清〕郝懿行撰，王其和、吴慶峰、張金霞點校《爾雅義疏》改。

〔二〕交讓，王利器校注《鹽鐵論校注》作『相讓』。

經始靈臺，經之營之。庶民攻之，不日成之。經始勿亟，庶民子來。王在靈囿，麀鹿攸伏。麀鹿濯濯，白鳥翯翯。王在靈沼，於牣魚躍。

《孟子·梁惠王上》孟子對曰：「《詩》云：『經始靈臺，經之營之。庶民攻之，不日成之。經始勿亟，庶民子來。王在靈囿，麀鹿攸伏。麀鹿濯濯，白鳥鶴鶴。王在靈沼，於牣魚躍。』文王以民力爲臺爲沼，而民歡樂之，謂其臺曰靈臺，謂其沼曰靈沼，樂其有麋鹿魚鼈。古之人與民偕樂，故能樂也。」

《春秋左氏·昭九年傳》叔孫昭子曰：「《詩》曰：『經始勿亟，庶民子來，』焉用速成？其以勦民也。無囿猶可，無民，其可乎？」

《國語·楚語上》伍舉對曰：「故先王之爲臺榭也，榭不過講軍實，臺不過望氛祥。故榭度於大卒之居，臺度於臨觀之高。其所不奪穡地，其爲不匱財用，其事不煩官業，其日不廢時務，瘠磽之地，於是乎爲之；城守之木，於是乎用之；官寮之暇，於是乎臨之；四時之隙，於是乎成之。故《周詩》曰：『經始靈臺，經之營之。庶民攻之，不日成之。經始勿亟，庶民子來。王在靈囿，麀鹿攸伏。』」

《新書·君道》文王志之所在，意之所欲，百姓不愛其死，不憚其勞，從之如集。《詩》曰：『經始靈臺。』『庶民攻之，不日成之。經始勿亟，庶民子來。』文王有志爲臺，令[一]近境之民聞之者，

[一] 令，原本作『今』，據〔漢〕賈誼撰，閻振益、鍾夏校注《新書校注》改。

裹糧而至，問業而作之，日日以衆。故弗趨而疾，弗期而成。命其臺曰靈臺，命其囿曰靈囿，謂其沼曰靈沼，愛敬之至也。《詩》曰：『王在靈囿，麀鹿攸伏。麀鹿濯濯，白鳥翯翯。王在靈沼，於牣魚躍。』文王之澤，下被禽獸，洽於魚鱉，咸若攸樂，而況士民乎！《**禮**》《詩》曰：『王在靈囿，麀鹿攸伏。麀鹿濯濯，白鳥翯翯。王在靈沼，於牣魚躍。』言德至也。聖主所在，魚鼈禽獸猶得其所，况於人民乎！故仁人行其禮，則天下安，而萬理得矣。

《**白虎通·辟雍**》天子所以有靈臺者何？所以考天人之心，察陰陽之會，揆星辰之證驗，爲萬物獲福無方之元。《詩》云：『經始靈臺。』

成王之孚，下土之式。永言孝思，孝思維則。

《**孟子·萬章上**》孝子之至，莫大乎尊親；尊親之至，莫大乎以天下養。爲天子父，尊之至也；以天下養，養之至也。《詩》曰：『永言孝思。孝思維則。』此之謂也。

《**禮記·緇衣**》子曰：『下之事上也，不從其所令，從其所行。上好是物，下必有甚者矣。故上之所好惡，不可不慎也，是民之表也。』《大雅》曰：『成王之孚，下土之式。』

《**韓詩外傳**》**卷五**故君子修身及孝，則民不倍矣。敬孝達乎下，則民知慈愛矣。好惡喻乎百姓，則下應其上如影響矣。是則兼制天下，定海内，臣萬姓之要法也，明王聖主之所不能須臾而舍也。《詩》曰：『成王之孚，下土之式。永言孝思，孝思惟則。』

媚兹一人，應侯順德。

《大戴禮記·衛將軍文子》子貢對曰：『夙興夜寐，諷誦崇禮，行不貳過，稱言不苟，是顔淵之行也。孔子説之以詩，《詩》云：「媚兹一人，應侯順德。」「永言孝思，孝思惟則。」故國一逢有德之君，世受顯命，不失厥名，以御于天子以申之。』

《荀子·仲尼篇》可貴可賤也，可富可貧也，可殺而不可使爲姦也，是持寵處位、終身不厭之術也。雖在貧窮徒處之埶，亦取象於是矣。夫是之謂吉人。《詩》曰：『媚兹一人，應侯順德。永言孝思，孝思惟則。』此之謂也。

《淮南子·繆稱訓》人以其所願於上，以交其下，誰弗戴？以其所欲於下，以事其上，誰弗喜？《詩》云：『媚兹一人，應侯慎德。』慎德大矣，一人小矣。能善小，斯能善大矣。

受天之祜，四方來賀。

《後漢書·張純傳》臣伏見陛下受中興之命，平海内之亂，修復祖宗，撫存萬姓，天下曠然，咸蒙更生，恩德雲行，惠澤雨施，黎元安凝，夷狄慕義。《詩》云：『受天之祜，四方來賀。』

於萬斯年，不遐有佐。

《韓詩外傳》卷五周公曰：『吾何以見賜也？』譯曰：『吾受命國之黄髮，曰：久矣，天之不迅風疾雨也，海不波溢也，三年於兹矣。意者中國殆有聖人，盍往朝之。於是來也。』周公乃敬求其所以來。《詩》曰：『於萬斯年，不遐有佐。』

文王受命，有此武功。既伐于崇，作邑于豐。

《春秋繁露·楚莊王》是故舜作《韶》而禹作《夏》，湯作《頀》而文王作《武》。四代殊名，則各順其民，始樂於己也。吾見其效矣。《詩》云：『文王受命，有此武功。既伐于崇，作邑于豐。』樂之風也。

《白虎通·聖人》何以言文王、武王、周公皆聖人？《詩》曰：『文王受命。』非聖不能受命。

《史記·齊太公世家》周西伯政平，及斷虞、芮之訟，而詩人稱西伯受命曰文王。伐崇、密須、犬夷，大作豐邑。天下三分，其二歸周者，太公之謀計居多。

匪棘其欲，遹追來孝。

《禮記·禮器》堯授舜，舜授禹，湯放桀，武王伐紂，時也。《詩》云：『匪革其猶，聿追來孝。』注：革，急也。猶，道也。聿，述也。言文王改作者，非必欲急行己之道，乃追述先祖之業，來居此爲孝。

鎬京辟廱，自西自東，自南自北，無思不服。

《**孝經·感應章**》孝悌之至，通於神明，光於四海，無所不通。《詩》云：『自西自東，自南自北，無思不服。』

《**孟子·公孫丑上**》以德服人者，中心悦而誠服也，如七十子之服孔子也。《詩》云『自西自東，自南自北，無思不服』，此之謂也。

《**禮記·祭義**》曾子曰：『夫孝，置之而塞乎天地，溥之而横乎四海，施諸後世而無朝夕，推而放諸東海而準，推而放諸西海而準，推而放諸南海而準，推而放諸北海而準。《詩》云：「自西自東，自南自北，無思不服。」此之謂也。』

《**荀子·儒效篇**》其爲人上也，廣大矣！志意定乎内，禮節修乎朝，法則度量正乎官，忠信愛利形乎下。行一不義，殺一無罪，而得天下，不爲也。此君義信乎人矣，通於四海，則天下應之如讙。是何也？則貴明[一]白而天下治也。故近者歌謳而樂之，遠者竭蹶而趨之，四海之内若一家，通達之屬，莫不從服。夫是之謂人師。《詩》曰：『自西自東，自南自北，無思不服。』此之謂也。《**王霸篇**》故百里之地，其等位爵服，足以容天下之賢士矣；其官職事業，足以容天下

[一] 明，《粤雅堂叢書》本作『名』。

之能士矣；循其舊法，擇其善者而明用之，足以順服好利之人矣。賢士一焉，能士官焉，好利之人服焉，三者具而天下盡，無有是其外矣。故百里之地，足以竭埶矣。致忠信，著仁義，足以竭人矣。兩者合而天下取，諸侯後同者先危。《詩》曰：『自西自東，自南自北，無思不服。』一人之謂也。

《議兵篇》凡誅，非誅其百姓也，誅其亂百姓者也；百姓有扞其賊，則是亦賊也。以故順刃者生，蘇刃者死，犇命者貢[一]。微子開封於宋，曹觸龍斷於軍，殷之服民，所以養生之者也，無異周人。故近者歌謳而樂之，遠者竭蹷而趨之，無幽閒辟陋之國，莫不趨使而安樂之，四海之内若一家，通達之屬莫不從服。夫是之謂人師。《詩》曰：『自西自東，自南自北，無思不服。』此之謂也。

《鹽鐵論·繇役》文學曰：『舜執干戚而有苗服，文王底德而懷四夷。《詩》云：「鎬京辟雍，自西自東，自南自北，無思不服。」』

《韓詩外傳》卷四若夫明道而均分之，誠愛而時使之，則下之應上如影響矣；有不由命，然後俟之以刑，刑一人而天下服，下不非其上，知罪在己也。是以刑罰競消而威行如流者，無他，由是道故也。《詩》曰：『自東自西，自南自北，無思不服。』

[一] 貢，梁啟雄著《荀子簡釋》『犇命者貢』注引劉師培曰：貢字係『置』字之訛，因字形有脱筆，後人遂妄改爲『貢』。

《説苑·修文》是故聖王修禮文，設庠序，陳鐘鼓，天子辟雍，諸侯泮宮，所以行德化。《詩》云：『鎬京辟雍，自西自東，自南自北，無思不服。』此之謂也。

考卜維王，宅是鎬京。維龜正之，武王成之。

《禮記·坊記》子云：『善則稱人，過則稱己。則民讓善。《詩》云：「考卜惟王，度是鎬京。惟龜正之，武王成之。」』注：度，謀也。鎬京，鎬宮也。言武王卜而謀居此鎬邑，龜則出吉兆正之，武王築成之。此臣歸美於君。

豐水有芑，武王豈不仕？詒厥孫謀，以燕翼子。

《禮記·表記》《詩》云：『豐水有芑，武王豈不仕？詒厥孫謀，以燕翼子。』數世之仁也。

《春秋左氏·文三年傳》子桑之忠也，其知人也，能舉善也。『詒厥孫謀，以燕翼子』，子桑有焉。

《晏子春秋·諫下》晏子曰：『臣聞明君必務正其治，以事利民，然後子孫享之。《詩》云：「武王豈不事，貽厥孫謀，以燕翼子。」』

《韓詩外傳》卷四文王欲立貴道，欲白貴名，兼制天下，以惠中國，而不可以獨，故舉是人而用之。貴道果立，貴名果白，兼制天下。立國七十二，姬姓獨居五十二。周之子孫，苟不狂惑，莫不爲天下顯諸侯。夫是之謂能愛其所愛矣。《大雅》曰：『貽厥孫謀，以燕冀子。』

《**列女·陳嬰母傳**》君子曰：『嬰母知天命，又能守先故之業，流祚後世，謀慮深矣。』《詩》曰：『貽厥孫謀，以燕翼子。』此之謂也。

《**後漢書·班彪傳**》昔成王之爲孺子，出則周公、召公、大史佚，入則太顛、閎夭、南宮括、散宜生，左右前後，禮無違者。故成王一日即位，天下曠然太平。是以《春秋》『愛子教以義方，不納于邪。驕奢淫佚，所自邪也』。《詩》云：『詒厥孫謀，以宴翼子。』言武王之謀遺子孫也。

厥初生民。

《**史記·三代世表補**》后稷母爲姜嫄，出，見大人蹟而履踐之，知於身，則生后稷。姜嫄以爲無父，賤而棄之道中，牛羊避不踐也。抱之山中，山者養之。又捐之大澤，鳥覆席食之。姜嫄怪之，於是知其天子，乃取長之。堯知其賢才，立以爲大農，姓之曰姬氏。姬者，本也。詩人美而頌之曰『厥初生民』，深修益成，而道后稷之始也。

履帝武敏歆。

《**爾雅·釋訓**》履帝武敏。武，迹也。敏，拇也。

即有邰家室。

《白虎通·京師》周家始封於何？后稷封于邰，公劉去邰之邠。《詩》云：『即有邰家室。』

誕降嘉種。

《孔叢子·執節》魏王問子順曰：『寡人聞昔者上天神異后稷，而爲之下嘉穀，周以遂興。往中山之地，無故有穀，非人所爲，云天雨之。反亡國，何故也？』答曰：『天雖至神，自古及今，未聞下穀與人也。《詩》美后稷，能大教民種嘉穀以利天下，故《詩》曰「誕降嘉種」，猶《書》所謂「稷降播種，農殖嘉穀」，皆説種之，其義一也。若中山之穀，妖怪之事，非所謂天祥也。』

后稷肇祀，庶無罪悔，以迄于今。

《禮記·表記》子曰：『后稷之祀易富也。其辭恭，其欲儉，其禄及子孫。《詩》曰：「后稷兆祀，庶無罪悔，以迄于今。」』

《行葦》，周家忠厚，仁及草木。

《列女·晋弓工妻傳》平公怒，將殺弓人。妻曰：『君聞昔者公劉之行乎？羊牛踐葭葦，惻然爲民痛之。恩及草木，豈欲殺不辜者乎！』

敦彼行葦，牛羊勿踐履。方苞方體，維葉泥泥。

《**潛夫論・德化**》夫形體骨幹爲堅彊也。然猶隨政變易，又況乎心氣精微，不可養哉？《詩》云：『敦彼行葦，羊牛勿踐履。方苞方體，惟葉握握。』又曰：『鳶飛戾天，魚躍于淵。愷悌君子，胡不作人？』公劉厚德，恩及草木，羊牛六畜，且猶感德。消息於心，己之所無，不以責下；我之所有，不以譏彼。感己之好敬也，故接士以禮；感己之好愛也，故遇人有恩；『己欲立而立人，己欲達而達人』；善人之憂我也，故先勞人；惡人之忘我也，故常念人。[一]

《**後漢書・孝章帝紀**》敕侍御史司空曰：『方春，所過無得有所伐殺。車可以引避，引避之；騑馬可以輟解，輟解之。《詩》云：「敦彼行葦，牛羊勿踐履。」《禮》，人君伐一草木不時，謂之不孝。俗知順人，莫知順天。其明稱朕意。』

戚戚兄弟，莫遠具爾。

《**漢書・梁懷王揖傳**》大中大夫谷永上疏曰：『臣聞「禮，天子外屏，不欲見外」也。是故帝王之意，不窺人閨門之私，聽聞中冓之言。《春秋》爲親者諱。《詩》云：「戚戚兄弟，莫遠具爾。」』

敦弓既堅。

[一] 從『消息於心』到『故常念人』，皆出自《潛夫論・交際》。

《列女・晉弓工妻傳》今妾之夫，治造此弓，其爲之亦勞。其幹生於太山之阿，一日三覩陰，三覩陽。傅以燕牛之角，纏以荆麋之筋，糊以阿魚之膠。此四者，皆天下之妙選也。而君不能以穿一札，是君之不能射也。而反欲殺妾之夫，不亦謬乎！妾聞射之道，左手如拒，右手如附枝，右手發之，左手不知，此蓋射之道也。君子謂弓工妻可與處難。《詩》曰：『敦[一]弓既堅，舍矢既鈞。』言射有法也。

既醉以酒，既飽以德。

《孟子・告子上》《詩》云：『既醉以酒，既飽以德。』言飽乎仁義也，所以不願人之膏粱之味也。

《禮記・坊記》子云：『敬則用祭器，故君子不以菲廢禮，不以美没禮。故食禮，主人親饋則客祭，主人不親饋則客不祭。故君子苟無禮，雖美不食焉。《易》曰：「東鄰殺牛，不如西鄰之禴祭，實受其福。」《詩》云：「既醉以酒，既飽以德。」』注：言君子饗燕，非專爲酒肴，亦以觀威儀，講德美。

《春秋左氏・襄二十七年傳》楚薳罷如晉涖盟，晉侯享之。將出，賦《既醉》。注：《既醉》，《詩・大雅》。曰：『既醉以酒，既飽以德。君子萬年，介爾景福。』以美晉侯，比之太平君子也。叔向曰：『薳氏之有後於楚國也，宜哉！承君命，不忘敏。』

[一] 敦，原本作『敢』，據《粵雅堂叢書》本改。

《説苑·修文》凡人之有患禍者，生於淫泆暴慢。淫泆暴慢之本，生於飲酒。故古者慎其飲酒之禮。使耳聽雅音，目視正儀，足行正容，心論正道。故終日飲酒而無過失。近者數日，遠者數月，皆人有德焉，以益善。《詩》云：『既醉以酒，既飽以德。』此之謂也。

朋友攸攝，攝以威儀。

《禮記·緇衣》子曰：『輕絶貧賤，而重絶富貴，則好賢不堅，而惡惡不著也。人雖曰「不利」，吾不信也。《詩》云：「朋友攸攝，攝以威儀。」』注：攸，所也。言朋友以禮義相攝正，不以貧富貴賤之利也。

《春秋左氏·襄三十一年傳》《周詩》曰：『朋友攸攝，攝以威儀。』言朋友之道，必相教訓以威儀也。

《荀子·大略篇》『然則賜願息於朋友？』孔子曰：『《詩》云：「朋友攸攝，攝以威儀。」朋友難，朋友焉可息哉！』

孝子不匱，永錫爾類。

《禮記·坊記》子云：『從命不忿，微諫不倦，勞而不怨。可謂孝矣。《詩》云：「孝子不匱。」』注：匱，乏也。孝子無乏止之時。

《春秋左氏·隱元年傳》君子曰：『潁考叔，純孝也，愛其母，施及莊公。《詩》曰：「孝子不匱，永錫爾類。」其是之謂乎。』**《成二年傳》**賓媚人對曰：『蕭同叔子非他，寡君之母也。若以匹敵，則亦晋君之母也。吾子布大命於諸侯，而曰：「必質其母以爲信。」其若王命何？且是以不孝令也。《詩》曰：「孝子不匱，永錫爾類。」若以不孝令於諸侯，其無乃非德類也乎？』

《荀子·子道篇》故勞苦彫萃而能無失其敬，災禍患難而能無失其義，則不幸不順見惡而能無失其愛，非仁人莫能行。《詩》曰：『孝子不匱。』此之謂也。

《韓詩外傳》卷八曰：『賜欲休於事父。』孔子曰：『《詩》云：「孝子不匱，永錫爾類。」爲之若此其不易也，如之何其休也！』

《忠經·保孝行章》故君子行其孝，必先以忠；竭其忠，則福禄至矣。故得盡愛敬之心，以養其親，施及於人，此之謂保孝行也。《詩》云：『孝子不匱，永錫爾類。』[一]

其類維何？室家之壼。君子萬年，永錫祚允。

《國語·周語下》叔向告之曰：『單若不興，子孫必蕃，後世不忘。《詩》曰：「其類維何？室家之壼。君子萬年，永錫祚允。」類也者，不忝前哲之謂也。壼也者，廣裕民人之謂也。萬年也者，令聞不

[一]《粵雅堂叢書》本無此條。

忘之謂也。祚胤也者，子孫蕃育之謂也。』[一]

釐爾女士，從以孫子。

《**列女·啟母塗山傳**》[二]塗山獨明教訓，而致其化焉。及啟長，化其德而從其教，卒致令名。[三]君子謂塗山彊於教誨。《詩》云：『釐爾士女，從以孫子。』此之謂也。

假樂君子，顯顯令德。宜民宜人，受禄于天。保右命之，自天申之。[四]

《**禮記·中庸**》《詩》曰：『嘉樂君子，憲憲令德。宜民宜人，受禄于天。保佑命之，自天申之。』故大德者必受命。

《**春秋左氏·文三年傳**》公賦《嘉樂》。注：《嘉樂》，《詩·大雅》。義取其『顯顯令德，宜民宜人，受禄于天』。《**襄二十六年傳**》齊侯、鄭伯爲衛侯故，如晉，晉侯兼享之。晉侯賦《嘉樂》。注：《嘉樂》，《詩·大雅》。

[一]《粤雅堂叢書》本在此處多引用『單子朝夕不忘成王之德，可謂不忝前哲矣。膺保明德，以佐王室，可謂廣裕人民矣。若能類善物，以混厚人民者，必有章譽蕃育之祚，則單子必當之矣』。

[二]《粤雅堂叢書》本在『塗山獨明教訓』前多引用『既生啟，辛壬癸甲，啟呱呱泣，禹去治水，惟荒度土功，三過其家，不入其門』。

[三]《粤雅堂叢書》本此處多引用『禹爲天子，而啟爲嗣，持禹之功而不殞』。

[四]《粤雅堂叢書》本此條引用無『保右命之，自天申之』。

雅》。取其『嘉樂君子，顯顯令德。宜民宜人，受禄于天』。

《漢書·刑法志》《詩》云：『宜民宜人，受禄于天。』《書》曰：『立功立事，可以永年。』言爲政而宜於民者，功成事立，則受天禄而永年命。所謂『一人有慶，萬民賴之』者也。《董仲舒傳》仲舒對曰：『更化則可善治，善治則灾害日去，福禄日來。《詩》云：「宜民宜人，受禄于天。」爲政而宜於民者，固當受禄于天。』《王莽傳》於是乃改元定號，海内更始。新室既定，神祇歡喜，申以福應，吉瑞累仍。《詩》曰：『宜民宜人，受禄于天。保右命之，自天申之。』此之謂也。

不愆不忘，率由舊章。

《孟子·離婁上》今有仁心仁聞，而民不被其澤，不可法於後世者，不行先王之道也。故曰：徒善不足以爲政，徒法不能以自行。《詩》云：『不愆不忘，率由舊章。』遵先王之法而過者，未之有也。

《淮南子·詮言訓》凡人之性，少則猖狂，壯則暴强，老則好利，一人之身，既數變矣。又况君數易法，國數易君！人以其位通其好憎，下之徑衢，不可勝理，故君失一則亂，甚於無君之時。故《詩》曰：『不愆不忘，率由舊章。』此之謂也。

《春秋繁露·郊語》問聖人者，問其所爲，而無問其所以爲也。問其所以爲，終弗能見，不如勿問，問爲而爲之，所不爲而勿爲，是與聖人同實也，何過之有？《詩》云：『不騫不忘，率由舊章。』舊章者，先聖人之故文章也；率由，各有修從之也，此言先聖人之故文章者，雖不能深見而詳知其則，猶不知其美譽之功矣。

《韓詩外傳》卷五子夏曰：『臣聞黃帝學乎大填[一]，顓頊學乎祿圖，帝嚳學乎赤松子，堯學乎務成子附，舜學乎尹壽，禹學乎西王國，湯學乎貸子相，文王學乎錫疇子斯，武王學乎太公，周公學乎虢叔，仲尼學乎老聃。此十二[二]聖人，未遭此師則功業不能著乎天下，名號不能傳乎後世者也。』《詩》曰：『不騫不忘，率由舊章。』　**卷六**孔子曰：『可與言終日而不倦者，其惟學乎！其身體不足觀也，勇力不足憚也，族姓不足稱也，宗祖不足道也，而可以聞於四方，而昭於諸侯者，其惟學乎。《詩》曰：「不愆不忘，率由舊章。」夫學之謂也。』

《漢書·郊祀志》杜鄴說商曰：『《詩》曰「率由舊章」。舊章，先王法度，文王以之，交神于祀，子孫千億。宜如異時公卿之議，復還長安南北郊。』

《後漢書·孝章帝紀》詔曰：『朕以眇身，託于王侯之上，統理萬機，懼失厥中，兢兢業業，未知所濟。深惟守文之主，必建師傅之官。《詩》不云乎：「不愆不忘，率由舊章。」』

[一] 填，原本作『墳』，據〔漢〕韓嬰撰，許維遹校釋《韓詩外傳集釋》改。

[二] 二，〔漢〕韓嬰撰，許維遹校釋《韓詩外傳集釋》作『一』。

威儀抑抑，德音秩秩。無怨無惡，率由群匹。

《春秋繁露·楚莊王》吾以其近近而遠遠，親親而踈踈也。亦知其貴貴而賤賤，重重而輕輕也。有知其厚厚而薄薄，善善而惡惡也。有知其陽陽而陰陰，白白而黑黑也。百物皆有合偶，偶之合之，仇之匹之，善也。《詩》云：「威儀抑抑，德音秩秩。無怨無惡，率由仇匹。」此之謂也。

《說苑·修文》凡從外入者，莫深於聲音，變人最極，故聖人因而成之以德，曰樂。樂者，德之風。《詩》曰：『威儀抑抑，德音秩秩。』謂禮樂也。故君子以禮正外，以樂正內。內須臾離樂，則邪氣生矣；外須臾離禮，則慢行起矣。

《列女·周宣姜后傳》君子謂姜后善於威儀而有德行。夫禮，后夫人御於君，以燭進，至於君所。滅燭，適房中，脱朝服，衣褻服，然後進御於君。雞鳴，樂師擊鼓以告旦。后夫人鳴佩而去。《詩》曰：『威儀抑抑，德音秩秩。』

不解于位，民之攸墍。

《春秋左氏·成二年傳》君子曰：『位其不可不慎也乎！蔡、許之君，一失其位，不得列於諸侯，況其下乎？《詩》曰：「不解于位，民之攸墍。」其是之謂矣。』**《昭二十一年傳》**蔡太子朱失位，位在卑。昭子嘆曰：『蔡其亡乎！若不亡，是君也必不終。《詩》曰：「不解于位，民之攸墍。」今蔡侯始即位而適[一]卑，身將從之。』《哀五年傳》鄭駟秦富而侈，嬖大夫也，而常陳卿之車服於其庭。鄭人惡而殺之。子思曰：『《詩》曰：「不解于位，民之攸塈。」不守其位，而能久者鮮矣。』

迺積迺倉，迺裹餱糧，于橐于囊。思輯用光，弓矢斯張，干戈戚揚，爰方啓行。

《**孟子·梁惠王下**》對曰：『昔者公劉好貨，《詩》云：「乃積乃倉，乃裹餱糧，于橐于囊。思戢用光，弓矢斯張，干戈戚揚，爰方啓行。」故居者有積倉，行者有裹糧也，然後可以爰方啓行。』

泂酌彼行潦，挹彼注茲。

《**鹽鐵論·和親**》范蠡出於越。由余長於胡，皆爲伯王賢佐。故政有不從之教，而世無不可化之民。《詩》云：『酌彼行潦，挹彼注茲。』

豈弟君子，民之父母。

《**孝經·廣至德章**》子曰：『君子之教以孝也，非家至而日見之也。教以孝，所以敬天下之爲人父者也。教以悌，所以敬天下之爲人兄者也。教以臣，所以敬天下之爲人君者也。《詩》云：「愷悌君子，民之父母。」非至德，其孰能順民如此其大者乎？』

[一] 適，原本作『通』，據《粤雅堂叢書》本改。

《禮記·孔子閒居》子夏曰：『敢問《詩》云：「凱弟君子，民之父母。」何如斯可謂民之父母矣？』孔子曰：『夫民之父母乎，必達于禮樂之原，以致五至而行三無，以横于天下，「四方」有敗，必先知之。此之謂「民之父母」矣。』**《表記》**子言之：『君子之所謂仁者，其難乎？《詩》云：「凱弟君子，民之父母。」凱以强教之，弟以説安之。樂而毋荒，有禮而親，威莊而安，孝慈而敬，使民有父之尊，有母之親。如此而後，可以爲民父母矣。非至德其孰能如此乎？』

《大戴禮記·衛將軍文子》業功不伐，貴位不善，不侮可侮，不佚可佚，不敖無告，是顓孫之行也。孔子言之曰：『其不伐則猶可能也，其不弊百姓者則仁也。《詩》云：「愷悌君子，民之父母。」』夫子以其仁爲大也。

《荀子·禮論篇》君之喪所以取三年，何也？曰：君者，治辨之主也，文理之原也，情貌之盡也，相率而致隆之，不亦可乎！《詩》曰：『愷悌君子，民之父母。』彼君子者，固有爲民父母之説焉。

《吕氏春秋·不屈》白圭告人曰：『今惠子之遇我尚新，其説我有大甚者。』惠子聞之，曰：『《詩》曰：「愷悌君子，民之父母。」愷者，大也；悌者，長也。君子之德，長且大者，則爲民父母。父母之教子也，豈待久哉？何事比我於新婦乎？』

《新書·君道》《詩》曰：『愷悌君子，民之父母。』言聖王之德也。

《**韓詩外傳**》**卷六**《詩》曰：『愷悌君子，民之父母。』君子爲民父母，何如？曰：『君子者，貌恭而行肆，身儉而施博，故不肖者不能逮也。』　**卷八**子賤治單父，其民附，孔子曰：『惜乎！不齊为之大功，乃與堯、舜条矣。』《詩》曰：『愷悌君子，民之父母。』子賤其似之矣。　度地圖居以立國，崇恩博利以懷衆，明好惡以正法度，率民力稼，學校庠序以立教，事老養孤以化民，升賢賞功以勸善，懲姦絀失以醜惡，講御習射以防患，禁姦止邪以除害，接賢連友以廣智，宗親族附以益强。《詩》曰：『愷悌君子。』

《**説苑·政理**》[一]孔子曰：『薄賦斂則民富，無事則遠罪，遠罪則民壽。』公曰：『若是則寡人貧矣。』孔子曰：『《詩》云「愷悌君子，民之父母」，未見其子富而父母貧者也。』

《**白虎通·號**》或稱君子何？道德之稱也。君之爲言群也；子者，大夫之通稱也。何以言[二]知其通稱也，以天子至於民。故《詩》云：『愷悌君子，民之父母。』

《**忠經·守宰章**》夫人莫不欲安，君子順而安之；莫不欲富，君子教以富之。篤之以仁義，以固其心；道之以禮樂，以和其氣。宣君德，以宏大其化；明國法，以至於無刑。視君之人，如觀

[一]《粤雅堂叢書》在『孔子曰』前多引用『魯哀公問政於孔子，孔子對曰：「政有使民富且壽。」哀公曰：「何謂也？」』

[二]何以言，〔清〕陳立撰，吴則虞點校《白虎通疏證》作『何以』。

乎子，則人愛之，如愛其親。蓋守宰之忠也。《詩》云：『愷悌君子，民之父母。』[一]

《史記·孝文本紀》乃下詔曰[二]：『《詩》曰「愷悌君子，民之父母」。今人有過，教未施而刑加焉，或欲改行爲善而道毋由也，朕甚憐之！夫刑至斷支體，刻肌膚，終身不息，何其楚痛而不德也，豈稱爲民父母之意哉！其除肉刑。』

來游來歌，以矢其音。

《韓詩外傳》卷六孔子止之曰：『夫詩書之不習，禮樂之不講，是丘之罪也。若吾非陽虎，而以我爲陽虎，則非丘之罪也，命也我[三]！歌子和若。』子路歌，孔子和之，三終而圍罷。《詩》曰：『來游來歌。』以陳盛德之和而無爲也。

《列女·趙津女娟傳》爲簡子發《河激》之歌，其辭曰：『升彼阿兮面觀清，水揚波兮杳冥冥。禱求福兮醉不醒，誅將加兮妾心驚。罰既釋兮瀆乃清。妾持楫兮操其維，蛟龍助兮主將歸，呼來櫂兮行勿疑。』君子曰：『女娟通達而有辭。』《詩》云：『來游來歌，以矢其音。』此之謂也。

[一]《粵雅堂叢書》本無此條。

[二]《粵雅堂叢書》本在『乃下詔曰』後多引用『今法有肉刑三，而姦不止，其咎安在？非乃朕德薄而教不明歟，吾甚自愧。故夫馴道不純，而愚民陷焉』。

[三]我，〔漢〕韓嬰撰，許維遹校釋《韓詩外傳集釋》作『夫』。

豈弟君子，四方爲則。

《**韓詩外傳**》**卷八**可於君，不可於父，孝子弗爲也。可於父，不可於君，君子亦弗爲也。故君不可奪，親亦不可奪。《詩》曰：『愷悌君子，四方爲則。』

《**列女·齊義繼母傳**》其母對曰：『且殺兄活弟，是以私愛廢公義也；背言忘信，是欺死者也。夫言不約束，已諾不分，何以居於世哉？子雖痛乎，獨謂行何？』泣下沾襟。君子謂義母信而好義，絜而有讓。《詩》曰：『愷悌君子，四方爲則。』此之謂也。

顒顒卬卬，如圭如璋，令聞令望。豈弟君子，四方爲綱。

《**荀子·正名篇**》是故邪説不能亂，百家無所竄。有兼聽之明，而無奮矜之容；有兼覆之厚，而無伐德之色。説行則天下正，説不行則白道而冥窮，是聖人之辨説也。《詩》曰：『顒顒卬卬，如珪如璋，令聞令望。豈弟君子，四方爲綱。』此之謂也。

《**中論·修本**》故以歲之有凶穰而荒其稼穡者，非良農也；以利之有盈縮而棄其資貨者，非良賈也；以行之有禍福而改其善道者，非良士也。《詩》云：『顒顒卬卬，如珪如璋，令聞令望。愷悌君子，四方爲綱。』舉珪璋以喻其德，貴不變也。

鳳皇于飛，翽翽其羽，亦集爰止。藹藹王多吉士，維君子使，媚于天子。

《韓詩外傳》卷八於是黃帝乃服黃衣，戴黃冕，致齋於宫。鳳乃蔽日而至。黃帝降於東階，西面，再拜稽首，曰：『皇天降祉不[一]，敢不承命！』鳳乃止帝東園，集帝梧桐，食帝竹實，没身不去。《詩》曰：『鳳凰于飛，翽翽其羽，亦集爰止。』　於是文侯大悦，曰：『欲知其子，視其母；欲知其君，視其所使。中山君不賢，惡能得賢？』遂廢太子訢，召中山君以爲嗣。《詩》曰：『鳳凰于飛，翽翽其羽，亦集爰止。藹藹王多吉士，惟君子使，媚于天子。』

鳳凰鳴矣，于彼高岡；梧桐生矣，于彼朝陽。菶菶萋萋，雝雝喈喈。

《爾雅·釋訓》噰噰喈喈，民協服也。

《説苑·辨物》於是乃備黃冕，帶黃紳，齋於中宫，鳳乃蔽日而降。黃帝降自東階，西面啟首曰：『皇天降兹，敢不承命？』於是鳳乃遂集東囿，食帝竹實，栖帝梧樹，終身不去。《詩》云：『鳳凰鳴矣，于彼高岡；梧桐生矣，于彼朝陽。菶菶萋萋，雍雍喈喈。』此之謂也。

民亦勞止，汔可小康。惠此中國，以綏四方。

《春秋左氏·僖二十八年傳》君子謂：『文公其能刑矣，三罪而民服。《詩》云：「惠此中國，以綏

[一] 降祉不，〔漢〕韓嬰撰，許維遹校釋《韓詩外傳集釋》作『降祉』。

四方。」不失賞刑之謂也。』《**昭二十年傳**》仲尼曰：『善哉！政寬則民慢，慢則糾之以猛。猛則民殘，殘則施之以寬。寬以濟猛，猛以濟寬，政是以和。《詩》曰：「民亦勞止，汔可小康。惠此中國，以綏四方。」施之以寬也。「毋從詭隨，以謹無良。式遏寇虐，慘不畏明。」糾之以猛也。「柔遠能邇，以定我王。」平之以和也。』

《**荀子·致士篇**》川淵深而魚鼈歸之，山林茂而禽獸歸之，刑政平而百姓歸之，禮義備而君子歸之。故禮及身而行修，義及國而政明，能以禮挾而貴名白，天下願，令行禁止，王者之事畢矣。《詩》曰：『惠此中國，以綏四方。』此之謂也。

《**淮南子·泰族訓**》聖主在上，廓然無形，寂然無聲。官府若無事，朝廷若無人。無隱士，無軼民，無勞役，無冤刑，四海之内莫不仰上之德。象主之指，夷狄之國，重譯而至。非户辯而家説之也，推其誠心，施之天下而已矣。《詩》曰：『惠此中國，以綏四方。』内順而外甯矣。

《**鹽鐵論·論勇**》文學曰：『湯得伊尹，以區區之亳兼臣海内。文王得太公，廓酆、鄗以爲天下。齊桓公得管仲、甯戚以伯諸侯。秦穆公得百里奚、由余，西戎八國服。聞得賢聖而蠻、貊來享，未聞劫殺人主以懷遠也。《詩》云：「惠此中國，以綏四方。」故「自彼氐、羌，莫敢不來王」。非畏其威，畏其德也。』

《**漢書·元帝紀**》詔曰：『往者有司緣臣子之義，奏徙郡國民以奉園陵，令百姓遠棄先祖墳墓，破業失産，親戚別離。人懷思慕之心，家有不安之意。是以東垂被虛耗之害，關中有無聊之民，非長久之策也。《詩》不云虖：「民亦勞止，迄可小康。惠此中國，以綏四方。」』

《後漢書・班超傳》妾竊聞古者十五受兵，六十還之，亦有休息不任職也。緣陛下以至孝理天下，得萬國之歡心，不遺小國之臣，況超得備侯伯之位，故敢觸死爲超求哀，匄超餘年。一得生還，復見闕庭，使國永無勞遠之慮，西域無倉卒之憂，超得長蒙文王葬骨之恩，子方哀老之惠。《詩》云：『民亦勞止，汔可小康。惠此中國，以綏四方。』

無縱詭隨，以謹無良。

《後漢書・陳忠傳》上疏曰：『臣聞輕者重之端，小者大之源，故堤潰蟻孔，氣泄鍼芒。是以明者慎微，智者識幾。《詩》云：「無縱詭隨，以謹無良。」蓋所以崇本絕末，鉤深之慮也。』

柔遠能邇，以定我王。

《說苑・君道》故牧者所以辟四門，明四目，達四聰也，是以近者親之，遠者安之。《詩》曰：『柔遠能邇，以定我王。』此之謂矣。

《新序・雜事》孔子聞之曰：『楚莊王霸，其有方矣！下士以一言而敵還，以安社稷。其霸不亦宜乎！《詩》曰：「柔遠能邇，以定我王。」此之謂也。』

無縱詭隨，以謹罔極。

《春秋左氏·文十年傳》宋公違命，無畏抶其僕以狥。或謂子舟曰：『國君不可戮也。』子舟曰：『當官而行，何彊之有？《詩》曰：「剛亦不吐，柔亦不茹。」「毋縱詭隨，以謹罔極。」是亦非辟彊也。敢愛死以亂官乎？』

敬慎威儀，以近有德。

《春秋左氏·昭二年傳》叔向曰：『子叔子知禮哉！吾聞之曰：「忠信，禮之器也；卑讓，禮之宗也。」辭不忘國，忠信也；先國後己，卑讓也。《詩》曰：「敬慎威儀，以近有德。」夫子近德矣。』

上帝板板，下民卒癉。

《禮記·緇衣》故君民者，章好以示民俗，慎惡以禦民之淫，則民不惑矣。《詩》云：『上帝板板，下民卒擅。』注：上帝，喻君也。板板，辟也。卒，盡也。擅，病也。此君使民惑之詩。

《韓詩外傳》卷五勞心苦思，從欲極好，靡財傷情，毀名損壽，悲夫傷哉！窮君之反於是道而愁百姓。《詩》曰：『上帝板板，下民卒癉。』

《後漢書·李固傳》竊聞長水司馬武宣、開陽城門候羊迪等，無他功德，初拜便真。此雖小失，而漸壞舊章。先聖法度，所宜堅守，政教一跌，百年不復。《詩》云：『上帝板板，下民卒癉。』刺周王變祖法度，故使下民將盡病也。

猶之未遠，是用大諫。

《春秋左氏·成八年傳》《詩》曰：『猶之未遠，是用大簡。』行父懼晋之不遠猶而失諸侯也，是以敢私言之。

《列女·楚江乙母傳》母曰：『昔者周武王有言曰：「百姓有過，在予一人。」上不明則下不治，相不賢則國不甯。所謂國無人者，非無人也，無理人者也。王其察之。』君子謂乙母善以微喻。《詩》云：『猷之未遠，是用大諫。』此之謂也。

天之方蹶，無然泄泄。

《孟子·離婁上》《詩》曰：『天之方蹶，無然泄泄。』泄泄，猶沓沓也。事君無義，進退無禮，言則非先王之道者，猶沓沓也。

辭之輯矣，民之洽矣。辭之懌矣，民之莫矣。

《春秋左氏·襄三十一年傳》叔向曰：『辭之不可以已也如是夫！子産有辭，諸侯賴之。若之，何其釋辭也？《詩》曰：「辭之輯矣，民之協矣。辭之繹矣，民之莫矣。」其知之矣。』

《韓詩外傳》卷十齊王曰：「寡人之所以爲寶與王異。吾將以照千里之外，豈特十二乘哉！」魏王慚，不懌而去。《詩》曰：「辭之懌矣，民之莫矣。」　傳曰：公子目夷以辭得國，今要離以辭得身，言不可不文，猶若此乎！《詩》曰：「辭之懌矣，民之莫矣。」　楚王賢其言，辯其詞，因留而賜之，終身以爲上客。故使者必矜文辭，喻誠信，明氣志，解結申屈，然後可使也。《詩》曰：「辭之懌矣，民之莫矣。」

《新序·雜事》唐且一説，定彊秦之筴，解魏國之患，散齊楚之兵，一舉而折衝消難，辭之功也。孔子曰：「言語宰我、子貢。」故《詩》曰：「辭之集矣，民之洽矣。辭之懌矣，民之莫矣。」

《説苑·善説》子貢曰：「出言陳辭，身之得失，國之安危也。」《詩》云：「辭之繹矣，民之莫矣。」

《列女·齊女徐吾傳》君子曰：「婦人以辭不見棄於鄰，則辭安可以已乎哉？」《詩》云：「辭之輯矣，民之協矣。」此之謂也。**《齊太倉女傳》**君子謂緹縈一言發聖主之意，可謂得事之宜矣。《詩》云：「辭之懌矣，民之莫矣。」此之謂也。

我雖異事，及爾同僚。我即爾謀，聽我囂囂。

《潛夫論·明忠》夫神明之術，其在君身而忽[一]之，故令臣鉗口結舌而不敢言。此耳目所以

[一]〔漢〕王符著，〔清〕汪繼培箋，彭鐸校正《潛夫論箋校正》「忽」前有「君」字。

蔽塞，聰明所以不得也。制下之權，日陳君前，而君釋之，故令群[一]臣懈弛而背朝。此威德所以不照，而功名所以不建也。《詩》云：『我雖異事，及爾同僚。我即爾謀，聽我敖敖。』

我言維服。

《列女·衛姑定姜傳》定姜曰：『且公之行，舍大臣而與小臣謀，一罪也。先君有冢卿以爲師保而蔑之，二罪也。余以巾櫛侍先君而暴妾使余，三罪也。告亡而已，無告無罪。』其後賴鱄力，獻公復得反國。君子謂定姜能以辭教。《詩》云：『我言惟服。』此之謂也。

先民有言，詢于芻蕘。

《禮記·坊記》子云：『上酌民言，則下天上施；上不酌民言，則犯也；下不天上施，則亂也。故君子信讓以涖百姓，則民之報禮重。《詩》云：「先民有言，詢于芻蕘。」』注：先民，謂上古之君也。詢，謀也。芻蕘，下民之事也。言古之人君將有政教，必謀之於庶民乃施之。

《春秋左氏·文七年傳》先蔑之使也，荀林父止之，曰：『夫人、大子猶在，而外求君，此必不行。』『同官爲寮，吾嘗同寮，敢不盡心乎？』弗聽。爲賦《板》之三章。注：《板》，《詩·大雅》。其三章義取

[一] 群，原本作『君』，據《粵雅堂叢書》本改。

芻蕘之言，猶不可忽，况同寮乎？又弗聽。及亡，荀伯盡送其帑及其器用財賄於秦，曰：『爲同寮故也。』

《荀子·大略篇》天下、國有俊士，世有賢人。迷者不問路，溺者不問遂，亡人好獨。《詩》曰：『我言維服，勿用爲笑。先民有言，詢于芻蕘。』言博問也。

《鹽鐵論·刺議》丞相史曰：『故多見者博，多聞者知，距諫者塞，專己者孤。故謀及下者無失策，舉及衆者無頓功。《詩》云：「詢於芻蕘。」故布衣皆得風議，何况公卿之史乎？』

《韓詩外傳》卷三鄙人曰：『夫太山不讓礫石，江海不辭小流，所以成其大也。《詩》曰：「先民有言，詢于芻蕘。」博謀也。』**卷五**大舉在人上，則王公之材也，小用使在位，則社稷之臣也，雖巖居穴處，而王侯不能與争名，何也？仁義之化存爾。如使王者聽其言，信其行，則唐虞之法可得而觀，頌聲可得而聽。《詩》曰：『先民有言，詢于芻蕘。』取謀之博也。故獨視不若與衆視之明也，獨聽不若與衆聽之聰也，獨慮不若與衆慮之切[一]也。故明王使賢臣輻輳竝進，所以通中正而致隱居之士。《詩》曰：『先民有言，詢于芻蕘。』此之謂也。

《列女·齊管妾婧傳》其妾笑曰：『古有《白水》之詩。《詩》不云乎：「浩浩白水，鯈鯈之魚。君來召我，我將安居？國家未定，從我焉如？」此甯戚之欲得仕國家也。』君子謂妾婧爲可與謀。

[一] 切，〔漢〕韓嬰撰，許維遹校釋《韓詩外傳集釋》作『工』。

《詩》云：『先民有言，詢于芻蕘。』此之謂也。

《潛夫論·明闇》是故人君通必兼聽，則聖日廣矣；庸説偏信，則過日甚矣。《詩》云：『先民有言，詢于芻蕘。』

老夫灌灌，小子蹻蹻。匪我言耄，爾用憂謔。

《韓詩外傳》卷十楚邱先生曰：『惡君謂我老！惡君謂我老！意者將使我投石超距乎？追車赴馬乎？逐麋鹿搏豹虎乎？吾則死矣，何暇老哉！將使我深計遠謀乎？定猶豫而決嫌疑乎？出正辭而當諸侯乎？吾乃始壯耳，何老之有？』孟嘗君赧然，汗出至踵，曰：『文過矣！文過矣！』《詩》曰：『老夫灌灌。』

《列女·趙將括母傳》其母上書言於王曰：『括不可使將。』王曰：『母置之，吾計已決矣。』括母曰：『王終遣之，即有不稱，妾得無隨乎？』王曰：『不也。』括既行，代廉頗，三十餘日，趙兵果敗，括死軍覆。王以括母先言，故卒不加誅。君子謂括母爲仁智。《詩》曰：『老夫灌灌，小子蹻蹻。匪我言耄，爾用憂謔。』此之謂也。

多將熇熇，不可救藥。

《韓詩外傳》卷三夫重臣群下者，人主之心腸支體也。心腹支體無疾，則人主無疾矣。故非有賢醫，莫能治也。人主皆有此十二疾而不用賢醫，則國非其國也。《詩》曰：『多將熇熇，不可救藥。』終亦必亡而已矣。**卷十**扁鵲曰：『吾不能起死人，直使夫當生者起。』死者猶可藥，而况生乎？悲夫！亂君之治，無可藥而息也。《詩》曰：『不可救藥。』言必亡而已矣。

《**列女·晉伯宗妻傳**》其妻常戒之曰：『盜憎主人，民愛其上。有愛好人者，必有憎妒人者。夫子好直言，枉者惡之，禍必及身矣。』君子謂伯宗之妻知天道。《詩》云：『多將熇熇，不可救藥。』伯宗之謂也。

喪亂蔑資，曾莫惠我師。

《**説苑·政理**》孔子曰：『齊景公奢於臺榭，淫於苑囿，五官之樂不解，一旦而賜人百乘之家者三，故曰「政在於節用」。《詩》不云乎：「相亂蔑資，曾莫惠我師。」此傷奢侈不節以爲亂者也。』

牖民孔易。

《**禮記·樂記**》爲人君者謹其所好惡而已矣。君好之則臣爲之，上行之則民從之。《詩》云：『誘民孔易。』此之謂也。

《**韓詩外傳**》**卷五**故聖王之教其民矣，必因其情而節之以禮，必從其欲而制之以義，義簡而備，禮易而法，去情不遠，故民之從命也速。孔子知道之易行，曰：『《詩》云「誘民孔易」』。非虚辭也。」

民之多辟，無自立辟。

《**春秋左氏·宣九年傳**》洩冶諫曰：『公卿宣淫，民無效焉。且聞不令，君其納之！』公曰：『吾能改矣。』公告二子，二子請殺之。公弗禁，遂殺洩冶。孔子曰：『《詩》云：「民之多辟，無自立辟。」其洩冶之謂乎！』《**昭二十八年傳**》叔游曰：『《鄭書》有之：「惡直醜正，實蕃有徒。」無道立矣，子懼不免。《詩》曰：「民之多辟，無自立辟。」姑已，若何？』

介人維藩，大師維垣。大邦維屏，大宗維翰，懷德維甯，宗子維城。無俾城壞，無獨斯畏。

《**春秋左氏·僖五年傳**》士蔿稽首而對曰：『臣聞之，無喪而戚，憂必讎焉。無戎而城，讎必保焉。寇讎之保，又何慎焉！守官廢命不敬，固讎之保不忠，失忠與敬，何以事君？《詩》云：「懷德惟甯，宗子惟城。」君其修德而固宗子，何城如之？』《**昭六年傳**》左師曰：『女夫也，必亡！女喪而宗室，於人何有？人亦于女何有？《詩》曰：「宗子維城，毋俾城壞，毋獨斯畏。」女其畏哉！』

《**荀子·彊國篇**》故君人者，愛民而安，好士而榮，兩者無一焉而亡。《詩》曰：『价人維藩，大師維垣。』此之謂也。

《**漢書·諸侯王表**》昔周監於二代，三聖制法，立爵五等，封國八百，同姓五十有餘。周公、康叔建於魯、衛，各數百里；太公於齊，亦五侯九伯之地。《詩》載其制曰：『介人惟藩，大師惟垣。太邦惟屏，大宗惟翰。懷德惟甯，宗子惟城。毋俾城壞，毋獨斯畏。』所以親親賢賢，褒表功德，關諸盛衰，深根固本，爲不可拔者也。

敬天之怒，無敢戲豫。敬天之渝，無敢馳驅。

《春秋左氏·昭三十二年傳》衛彪傒曰：『魏子必有大咎。干位以令大事，非其任也。《詩》曰：「敬天之怒，不敢戲豫。敬天之渝，不敢馳驅。」況敢干位以作大事乎？』

《後漢書·郎顗傳》今陛下多積宫人，以違天意，故皇允[一]多夭，嗣體莫寄。《詩》云：『敬天之怒，不敢戲豫。』**《丁鴻傳》**陛下未深覺悟，故天重見戒，誠宜畏懼，自防其禍。《詩》云：『敬天之怒，不敢戲豫。』**《楊秉傳》**秉因上疏諫曰：『臣聞瑞由德至，災應事生。傳曰：「禍福無門，唯人自召。」天不言語，以災異譴告，是以孔子迅雷風烈必有變動。《詩》云：「敬天之威，不敢驅馳。」』**《蔡邕傳》**夫宰相大臣，君之四體，委任責成，優劣已分，不宜聽納小吏，雕琢大臣也。又尚方工技之作，鴻都篇賦之文，可且消息，以示惟憂。《詩》云：『畏天之怒，不敢戲豫。』天戒，誠不可戲也。

[一] 允，〔南朝宋〕范曄撰，〔唐〕李賢等注《後漢書》作『胤』。

卷三下

疾威上帝，其命多辟。

《**説苑·至公**》夫公生明，偏生暗，端慤生達，詐僞生塞，誠信生神，誇誕生惑。此六者，君子之所慎也，而禹、桀之所以分也。《詩》云：『疾威上帝，其命多僻。』言不公也。

天生烝民，其命匪諶。靡不有初，鮮克有終。

《**春秋左氏·宣二年傳**》士季稽首而對曰：『人誰無過！過而能改，善莫大焉。《詩》曰：「靡不有初，鮮克有終。」夫如是，則能補過者鮮矣。君能有終，則社稷之固也，豈惟群臣賴之。』《**襄三十一年傳**》北宮文子見令尹圍之威儀，言于衛侯曰：『令尹似君矣，將有他志。雖獲其志，不能終也。《詩》云：「靡不有初，鮮克有終。」終之實難，令尹其將不免。』

《**大戴禮記·衛將軍文子**》在貧如客，使其臣如藉；不遷怒，不探怨，不録舊罪，是冉雍之行也。孔子曰：『有土君子，有衆使也，有刑用也，然後怒；匹夫之怒，惟以亡其身。』《詩》云：『靡不有初，鮮克有終。』以告之。

《晏子春秋·諫上》嬰聞之，能長保國者，能終善者也。諸侯並立，能終善者爲長；列士並學，能終善者爲師。《詩》曰：『靡不有初，鮮克有終。』不能終善者，不遂其君。

《戰國策》卷六王若負人徒之衆，材兵革之强，壹毀魏氏之威，而欲以力臣天下之主，臣恐有後患。《詩》云：『靡不有初，鮮克有終。』《易》曰：『狐濡其尾。』此言始之易，終之難也。

《韓詩外傳》卷五繭之性爲絲，弗得女工燔以沸湯，抽其統理，不成爲絲。卵之性爲雛，不得良雞覆伏孕育，積日累久，則不成爲雛。夫人性善，非得明王聖主扶攜，内之以道，則不成爲君子。《詩》曰：『天生烝民，其命匪訦。靡不有初，鮮克有終。』言惟明王聖主然後使之然也。**卷八**官怠於有成，病加於小愈，禍生於懈惰，孝衰於妻子。察此四者，愼終如始。《易》曰：『小狐汔濟，濡其尾。』《詩》曰：『靡不有初，鮮克有終。』 **卷十**卞莊子曰：『夫北以養母也。今母歿矣，吾責塞矣。吾聞之：節士不以辱生。遂奔敵，殺七十人而死。君子聞之曰：三北已塞責，又滅世斷宗，士節小具矣，而於孝未終也。《詩》曰：「靡不有初，鮮克有終。」』

《漢書·賈山傳》今從豪俊之臣，方正之士，直與之日日獵射，擊兔伐狐，以傷大業，絶天下之望，臣竊悼之。《詩》曰：『靡不有初，鮮克有終。』

《後漢書[一]**·左周黄傳論》**向使廟堂納其高謀，彊埸宣其智力，帷幄容其謇辭，舉厝稟其成式，則武、宣之軌，豈其遠而？《詩》云：『靡不有初，鮮克有終。』可爲恨哉！

流言以對，寇攘式内。

《列女·趙靈吴女傳》主父遊沙丘宫，章以其徒作亂，李兑乃起四邑之兵擊章，章走主父，主父閉之。兑因圍主父宫。既殺章，乃相與謀曰：『以章圍主父，即解兵，吾屬夷矣。』《詩》曰：『流言以對，寇攘式内。』言不善之從内出也。

不明爾德，時無背無側。爾德不明，以無陪無卿。

《韓詩外傳》卷五語曰：『淵廣者其魚大，主明者其臣惠。』相觀而志合，必由其中。故同明相見，同音相聞，同志相從，非賢者莫能用賢。故輔弼左右，所任[二]使者，有存亡之機，得失之要也，可無慎乎？《詩》曰：『不明爾德，時無背無側。爾德不明，以無陪無卿[三]。』**卷八**夫吞舟之魚大矣，蕩而失水，則爲螻蟻所制，失其輔也。故曰：『不明爾德，時無背無側。爾德不明，以

[一] 原本缺『後漢書』三字，誤接排于上條《漢書·賈山傳》後。

[二] 任，原本作『仕』，據《粤雅堂叢書》本改。

[三] 卿，〔漢〕韓嬰撰，許維遹校釋《韓詩外傳集釋》作『側』。

無陪無卿。』　**卷十**故曰：『有諤諤争臣者，其國昌；有默默諛臣者，其國亡。』《詩》曰：『不明爾德，時無背無側。爾德不明，以無陪無卿。』言文王咨嗟，痛殷商無輔弼諫諍之臣而亡天下矣。

《漢書·五行志》『視之不明，是謂不悊』，悊，知也。《詩》云：『爾德不明，以亡陪亡卿。不明爾德，以亡背亡仄。』言上不明，暗昧蔽惑，則不能知善惡，親近習，長同類。亡功者受賞，有罪者不殺，百官廢亂。失在舒緩，故其咎舒也。

式號式呼，俾晝作夜。

《説苑·貴德》人之有鬥，何哉？比之狂惑疾病乎，則不可面目人也，而好惡多同。人之鬥，誠愚惑失道者也。《詩》云：『式號式呼，俾晝作夜。』言鬥行也。

如蜩如螗，如沸如羹。

《漢書·五行志》『言之不從』，從，順也。『是謂不乂』，乂，治也。孔子曰：『君子居其室，出其言不善，則千里之外違之，況其邇者虖！』《詩》曰：『如蜩如螗，如沸如羹。』言上號令不順民心，虛譁憒亂，則不能治海内。失在過差，故其咎僭。僭差也。

匪上帝不時，殷不用舊。雖無老成人，尚有典刑。曾是莫聽，大命以傾。

《**荀子·非十二子篇**》遇君則修臣下之義，遇鄉則修長幼之義，遇長則修子弟之義，遇友則修禮節辭讓之義，遇賤而少者則修告導寬容之義。無不愛也，無不敬也，無與人争也，恢然如天地之苞萬物。如是則賢者貴之，不肖者親之。如是而不服者，則可謂訞怪狡猾之人矣。雖則子弟之中，刑及之而宜。《詩》云：『匪上帝不時，殷不用舊。雖無老成人，尚有典刑。曾是莫聽，大命以傾。』此之謂也。

《**鹽鐵論·遵道**》文學曰：『上自五帝，下及三王，莫不明德教、謹庠序、崇仁義、立教化。此百世不易之道也。殷、周因修而昌，秦王變法而亡，《詩》云：「雖無老成人，尚有典刑。」言法教故没而存之，舉而貫之，貫而行之，何更爲哉？』

《**説苑·臣術**》故諫諍輔弼之人，社稷之臣也，明君之所尊禮，而闇君以爲己賊；故明君之所賞，闇君之所殺也。明君好問，闇君好獨，明君上賢使能而享其功；闇君畏賢妒能而滅其業，罰其忠而賞其賊。夫是之謂至闇，桀、紂之所以亡也。《詩》云：『曾是莫聽，大命以傾。』此之謂也。

《**列女·楚武鄧曼傳**》鄧曼曰：『大夫非衆之謂也，其謂君撫小民以信，訓諸司以德，而威莫敖以刑也。莫敖狃於蒲騷之役，將自用也，必小羅。君若不鎮撫，其不設備乎？』君子謂鄧曼爲知人。《詩》云：『曾是莫聽，大命以傾。』此之謂也。

《**漢書·外戚傳**》君子之道，樂因循而重改作。昔魯人爲長府，閔子騫曰：『仍舊貫如之何？

何必改作！』蓋惡之也。《詩》云：『雖亡老成人，尚有典刑。曾是莫聽，大命以傾。』

枝葉未有害，本實先撥。

《韓詩外傳》卷五傳曰：驕溢之君寡忠，口惠之人鮮信。故盈把之木，無合拱之枝；榮澤之水，無吞舟之魚。根淺則枝葉短，本絶則枝葉枯。《詩》曰：『枝葉未有害，本實先撥。』禍福自己出也。

《列女·齊東郭姜傳》君子曰：『東郭姜殺一國君而滅三室，又殘其身，可謂不祥矣。』《詩》曰：『枝葉未有害，本實先敗。』此之謂也。

殷鑒不遠，在夏后之世。

《孟子·離婁上》暴其民甚，則身弑國亡；不甚，則身危國削。名之曰幽、厲，雖孝子慈孫，百世不能改也。《詩》云：『殷鑒不遠，在夏后之世。』此之謂也。

《國語·周語下[一]**》**太子晋諫曰：『天所崇之子孫，或在畎畝，由欲亂民也；畎畝之人或在社稷，由欲靖民也。無有異焉！《詩》云：「殷鑒不遠[二]，在夏后之世。」』

[一] 原本無『下』字，據徐元誥撰，王樹民、沈長雲點校《國語集解》補。

[二] 遠，原本作『遠近』，據徐元誥撰，王樹民、沈長雲點校《國語集解》删改。

《韓詩外傳》卷五故夏之所以亡者，而殷爲之；殷之所以亡者，而周爲之。故殷可以鑒于夏，而周可以鑒于殷。《詩》云：『殷鑒不遠，在夏后之世。』　**卷十**丈夫曰：『夫日日慎桃，何患之有？故亡國之社以戒諸侯，庶人之戒在於桃殳。』桓公説其言，與之共載。來年正月庶人皆佩。《詩》曰：『殷監不遠。』

《漢書·劉向傳》懷不能已，復上奏，其辭曰：『臣聞帝舜戒伯禹，毋若丹朱敖；周公戒成王，毋若殷王紂。《詩》曰：「殷監不遠，在夏后之世。」亦言湯以桀爲戒也。』　**《杜欽傳》**欽復重言：『《詩》云「殷監不遠，在夏后氏之世」，刺戒者至迫近，而省聽者常怠忽，可不慎哉！』　**《谷永傳》**《詩》云：『殷監不遠，在夏后之世。』願陛下追觀夏、商、周、秦所以失之，以鏡考己行。有不合者，臣當伏妄言之誅！

《抑》，衛武公刺厲王，亦以自警也。

《國語·楚語上》左史曰：『昔衛武公年數九十有五矣，猶箴儆於國。曰：「自卿以下至於師長士，苟在朝者，無謂我老耄而舍我，必恭恪於朝，朝夕以交戒我；聞一二之言，必誦志而納之，以訓道我。」在輿有旅賁之規，位宁有官師之典，倚几有誦訓之諫，居寢有褻御之箴，臨事有瞽史之道，宴居有師工之誦。史不失書，矇不失誦，以訓御之，於是乎作《懿》戒以自儆也。』

抑抑威儀，維德之隅。

《漢書·馮奉世傳》贊：《詩》稱『抑抑威儀，惟德之隅』。宜鄉侯參鞠躬履方，擇地而行，可謂淑人君子。

《後漢書·東平憲王蒼傳》惟陛下因行田野，循視稼穡，消揺仿佯，弭節而旋。至秋冬，乃振威靈，整法駕，備周衛，設羽旄。《詩》云：『抑抑威儀，惟德之隅。』

人亦有言，靡哲不愚。

《淮南子·人間訓》今知所以自行也，而未知所以爲人行也，其所論未之究者也。人能由昭昭於冥冥，則幾於道矣。《詩》曰：『人亦有言，無哲不愚。』此之謂也。

《韓詩外傳》卷六比干諫而死，箕子曰：『知不用而言，愚也。殺身以彰君之惡，不忠也。二者不可，然且爲之，不祥莫大焉。』遂被髮佯狂而去。君子聞之曰：『勞矣箕子！盡其精神，竭其忠愛。見比干之事免其身，仁知之至。』《詩》曰：『人亦有言，靡哲不愚。』

有覺德行，四國順之。

《孝經·孝治章》是以天下和平，災害不生，禍亂不作。故明王之以孝治天下也如此。《詩》云：『有覺德行，四國順之。』

《禮記·緇衣》子曰：『上好仁，則下之爲仁争先人。故長民者章志、貞教、尊仁，以子愛百姓，民致行己，以説其上矣。《詩》云：「有梏德行，四國順之。」』

《春秋左氏·襄二十一年傳》叔向曰：『祁大夫外舉不棄讎，内舉不失親，其獨遺我乎？詩曰：「有覺德行，四國順之。」夫子，覺者也。』**《昭五年傳》**仲尼曰：『叔孫昭子之不勞，不可能也。《詩》云：「有覺德行，四國順之。」』

《春秋繁露·郊祭》今爲其天子，而闕然無祭於天，天何必善之？所聞曰：『天下和平，則災害不生。今灾害生，見天下未和平也。天下所未和平者，天子之教化不行也。《詩》曰：「有覺德行，四國順之。」覺者，著也。王者有明著之德，行于世，則四方莫不回應，風化善於彼矣。』

《韓詩外傳》卷五水淵深廣，則龍魚生之；山林茂盛，則禽獸歸之；禮義修明，則君子懷之。故禮及身而行修，禮及國而政明。能以禮扶身，則貴名自揚，天下願[一]焉。令行禁止，而王者之事畢矣。《詩》曰：『有覺德行，四國順之。』夫此之謂也。**卷六**桓公曰：『吾聞之，布衣之士，不欲富貴，不輕身於萬乘之君。萬乘之君，不好仁義，不輕身於布衣之士。縱夫子不欲富貴可也，吾不好仁義不可也。』五往而得見也。天下諸侯聞之，謂桓公猶下布衣之士，而况國君乎！於是

[一] 願，〔漢〕韓嬰撰，許維遹校釋《韓詩外傳集釋》作『順』。

相率而朝，靡有不至。桓公之所以九合諸侯，一匡天下者，此也。《詩》曰：『有覺德行，四國順之。』

《**列女·魯義姑姊傳**》婦人曰：『己之子，私愛也。兄之子，公義也。夫背公義而嚮私愛，亡兄子而存妾子，幸而得幸，則魯君不吾畜，大夫不吾養，庶民國人不吾與也。夫如是，則脅肩無所容，而累足無所履也。子雖痛乎，獨謂義何？故忍棄子而行義，不能無義而視魯國。』於是齊將按兵而止。《詩》云：『有覺德行，四國順之。』此之謂也。

敬慎威儀，維民之則。

《**春秋左氏·襄三十一年傳**》北宮文子對曰：『《詩》云：「敬慎威儀，惟民之則。」令尹無威儀，民無則焉。民所不則，以在民上，不可以終。』

《**韓詩外傳**》**卷六**如是，則群下百吏，莫不修己然後敢安仕，成能然後敢受職。小人易心，百姓易俗，姦宄之屬莫不反愨。夫是之謂政教之極，則不可加矣。《詩》曰：『訏謨定命，遠猶辰告。敬慎威儀，惟民之則。』

《**列女·秦穆姬傳**》君子曰：『慈母生孝子。』《詩》云：『敬慎威儀，維民之則。』穆姬之謂也。

《**中論·法象**》夫容貌者，人之符表也。符表正，故情性治；情性治，故仁義存；仁義存，故盛德著；盛德著，故可以爲法象，斯謂之君子矣。《詩》云：『敬爾威儀，惟民之則。』若夫墮其威儀，恍其瞻視，忽其辭令，而望民之則我者，未之有也。

《漢書·匡衡傳》蓋欽翼祗栗，事天之容也；温恭敬遜，承親之禮也；正躬嚴恪，臨衆之儀也；嘉惠和説，饗下之顔也。舉錯動作，物遵其儀，故形爲仁義，動爲法則。《大雅》云：『敬慎威儀，惟民之則。』

顛覆厥德，荒湛于酒。

《韓詩外傳》卷十管仲曰：『臣聞之，酒入口者舌出，舌出者棄身[一]，與其棄身，不寧棄酒乎？』桓公曰：『善！』《詩》曰：『荒湛于酒。』

《漢書·五行志》谷永對曰：『臣聞三代所以喪亡者，皆繇婦人群小，湛湎於酒。《詩》曰：「顛覆厥德，荒湛于酒。」』

夙興夜寐，洒掃庭内。

《韓詩外傳》卷六子路治蒲三年，孔子過之。孔子曰：『入其境，田疇草萊甚辟，此恭敬以信，

[一]〔漢〕韓嬰撰，許維遹校釋《韓詩外傳集釋》『棄身』前有『言失，言失者』五字。

故民盡力。入其邑，墉屋甚尊，樹木甚茂，此忠信以寬，其民不偷。入其庭，甚閑，此明察以斷，故民不擾也。《詩》曰：「夙興夜寐，灑掃庭内。」』

修爾車馬，弓矢戎兵。用戒戎作，用逷蠻方。

《**潛夫論·勸將**》德稍弊薄，邪心孳生，次聖繼之，觀民設教，坐爲誅賞，以威勸之，既作五兵，又爲之憲，以正厲之。《詩》云：『修爾輿馬，弓矢戈兵。用戒作則，用逖蠻方。』

質爾人民，謹爾侯度，用戒不虞。

《**春秋左氏·襄二十二年傳**》鄭公孫黑肱曰：『吾聞之，生於亂世，貴而能貧，民無求焉，可以後亡。敬共事君，與二三子。生在敬戒，不在富也。』己巳，伯張卒。君子曰：『善戒。《詩》曰：「慎爾侯度，用戒不虞。」鄭子張其有焉。』

《**韓詩外傳**》**卷六**古者有命：民之有能敬長憐孤、取舍好讓、居事力者，告於其君，然後君命得乘飾車駢馬，未得命者不得乘飾車駢馬，皆[一]有罰。故民雖有餘財侈物，而無禮義功德，則無所用。故皆興仁義而賤財利，賤財利則不争，不争則强不凌弱，衆不暴寡，是君之所以象典刑而

[一]〔漢〕韓嬰撰，許維遹校釋《韓詩外傳集釋》『皆』前有『乘者』二字。

民莫犯法，民莫犯法，而亂斯止矣。《詩》曰：『質爾人民，謹爾侯度，用戒不虞。』

《鹽鐵論·世務》大夫曰：『事不豫辨，不可以應卒。內無備，不可以禦敵。《詩》云：「詰爾民人，謹爾侯度，用戒不虞。」故有文事，必有武備。』

慎爾出話，敬爾威儀。

《禮記·緇衣》子曰：『君子道人以言，而禁人以行。故言必慮其所終，而行必稽其所敝[一]。則民謹於言而慎於行。《詩》云：「慎爾出話，敬爾威儀。」』

《說苑·君道》陳靈公行僻而言失，泄冶曰：『《詩》曰「慎爾出話，敬爾威儀，無不柔嘉」，此之謂也。今君不是之慎而縱恣焉，不亡必弒。』

白圭之玷，尚可磨也。斯言之玷，不可爲也。

《論語·先進》南容三復白圭。

《大戴禮記·衛將軍文子》獨居思仁，公言言義，其聞之詩也，一日三復白圭之玷，是南宮縚之行也。夫子信其仁，以爲異姓。

［一］敝，原本作『蔽』，據《粵雅堂叢書》本改。

可磨也。斯言之玷，不可爲也。』

《**禮記·緇衣**》故君子寡言而行，以成其信，則民不得大其美而小其惡。《詩》云：『白圭之玷，尚可磨也。斯言之玷，不可爲也。』

《**春秋左氏·僖九年傳**》君子曰：『《詩》所謂「白圭之玷，尚可磨也。斯言之玷，不可爲也」，荀息有焉。』

《**説苑·説叢**》夫言行者，君子之樞機，樞機之發，榮辱之本也，可不慎乎？故蒯子羽曰：『言猶射也。括既離弦，雖有所悔焉，不可從而追已。』《詩》曰：『白圭之玷，尚可磨也。斯言之玷，不可爲也。』

無易由言，無曰苟矣。

《**韓詩外傳**》**卷五**孔子曰：『夫談説之術，齊莊以立之，端誠以處之，堅强以待[一]之，辟稱以喻之，分以[二]明之，歡忻芬芳以送之，寶之珍之，貴之神之。如是則説恒無不行矣。夫是之謂能貴其所貴。若夫無類之説，不形之行，不贊之辭，君子慎之。《詩》曰：『無易由言，無曰苟矣。』』**卷六**夫不疏其指而弗知，謂之隱；外意外身，謂之諱；幾廉倚跌，謂之移；指緣謬辭，謂

[一] 待，〔漢〕韓嬰撰，許維遹校釋《韓詩外傳集釋》作『持』。

[二] 〔漢〕韓嬰撰，許維遹校釋《韓詩外傳集釋》『以』前有『别』字。

之苟。四者所不爲也，故理可同睹也。夫隱、諱、移、苟，争言競爲而後息，不能無害其爲君子也，故君子不爲也。《論語》曰：『君子于其言，無所苟而已矣。』《詩》曰：『無易由言，無曰苟矣。』

無言不讎，無德不報。

《**禮記·表記**》子曰：『以德報德，則民有所勸；以怨報怨，則民有所懲。《詩》曰：「無言不讎，無德不報。」』

《**荀子·富國篇**》今之世而不然：厚刀布之斂，以奪之財；重田野之税，以奪之食；苛關市之征，以難其事。不然而已矣：有掎挈伺詐、權謀傾覆，以相顛倒，以靡敝之。百姓曉然，皆知其汙漫暴亂，而將大危亡也。是以臣或弑其君，下或殺其上，粥其城，倍其節，而不死其事者，無它故焉，人主自取之。《詩》曰：『無言不讐，無德不報。』此之謂也。《**致士篇**》師術有四，而博習不與焉：尊嚴而憚，可以爲師；耆艾而信，可以爲師；誦説而不陵不犯，可以爲師；知微而論，可以爲師。故師有四術，而博習不與焉。水深則回，樹落糞本[一]，弟子通利則思師。《詩》曰：『無言不讐，無德不報。』此之謂也。

[一] 水深則回，樹落糞本，梁啟雄著《荀子簡釋》作『水深而回，樹落則糞本』。

《韓詩外傳》卷十[一]晏子曰：『王不見夫江南之樹乎？名橘，樹之江北，則化爲枳。何則？地土使然爾。夫子處齊之時，冠帶而立，儼有伯夷之廉，今居楚而善盜，意土地之化使然爾，王又何怪乎？』《詩》曰：『無言不讐，無德不報。』

《春秋繁露·郊祀對》臣仲舒對曰：『武王崩，成王立而在襁褓之中，周公繼文武之業，成二聖之功，德漸天地，澤被四海，故成王賢而貴之。《詩》云：「無德不報。」故成王使祭周公以白牡，上不得與天子同色，下有異於諸侯。仲舒愚以爲報德之禮。』

《列女·周主忠妾傳》[二]媵婢曰：『殺主以自生，又有辱主之名。吾死則死耳，豈言之哉？』君子謂忠妾爲仁厚。夫名無細而不聞，行無隱而不彰。《詩》云：『無言不讎，無德不報。』此之謂也。

《忠經·報國章》報國之道有四：一曰貢賢，二曰獻猷，三曰立功，四曰興利。賢者國之幹，猷者國之規，功者國之將，利者國之用，是皆報國之道，惟其能而行之。《詩》云：『無言不酬，無德不報。』

[一]《粤雅堂叢書》本在『晏子曰』前多引用『齊景公遣晏子南使楚。束徒以過之。王曰：「何爲者也？」有司對曰：「是齊人善盜，束而詣吏。」王欣然大笑曰：「齊乃冠帶之國，辨士之化，固善盜乎？」』

[二]《粤雅堂叢書》本在『媵婢曰』前多引用『主父驚，乃免媵婢，而笞殺其妻。使人陰問媵婢曰：「汝知其事，何以不言，而反幾死乎？」』

德不報，况忠臣之於國乎？』[一]

《**漢書·宣帝紀**》又曰：『朕微眇時，御史大夫丙吉，中郎將史曾、史玄，長樂衛尉許舜，侍中光禄大夫許延壽，皆與朕有舊恩。及故掖庭令張賀輔導朕躬，修文學經術，恩惠卓異，厥功茂焉。《詩》不云乎：「無德不報。」各以恩深淺報之。』　《**王莽傳**》非特止此，六子皆封。《詩》曰：『無[二]言不讐，無德不報。』報當如之，不如非報也。

《**後漢書·孝明帝紀**》詔曰：『三老李躬，年耆學明。五更桓榮，授朕《尚書》。《詩》曰：「亡德不報，亡言不酬。」』　《**孫程傳**》中黄門孫程、王康，長樂太官丞王國，中黄門黄龍、彭愷、孟叔、李建、王成、張賢、史泛、馬國、王道、李元、楊佗、陳予、趙封、李剛、魏猛、苗光等，懷忠憤發，勠力協謀，遂埽滅元惡，以定王室。《詩》不云乎：『無言不讐，無德不報。』　《**陳球傳**》竇太后崩，中常侍曹節、王甫欲用貴人禮殯。帝曰：『太后親立朕躬，統承大業。《詩》云：「無德不報，無言不酧。」豈宜以貴人終乎？』

惠于朋友，庶民小子。子孫繩繩，萬民靡不承。

[一]《粤雅堂叢書》本無此條。

[二]無，原本作『亡』，據〔漢〕班固撰，〔唐〕顔師古注《漢書》改。下同。

《韓詩外傳》卷六吾語子，夫服人之心，高上尊貴，不以驕人；聰明聖知，不以幽人；勇猛强武，不以侵人；齊給便捷，不以欺誣人。不能則學，不知則問。雖知必讓，然後爲知。遇君則修臣下之義，出鄉則修長幼之義，遇長老則修子弟之義，遇等夷則修朋友之義，遇少而賤者則修告道寬裕之義。故無不愛也，無不敬也，無與人争也，曠然而天地苞萬物也。如是，則老者安之，少者懷之，朋友信之。《詩》曰：『惠于朋友，庶民小子，子孫繩繩，萬民靡不承。』

相在爾室，尚不愧于屋漏。

《禮記·中庸》君子之所不可及者，其惟人之所不見乎？《詩》云：『相在爾室，尚不愧于屋漏。』

無曰不顯，莫予云覯。

《列女·晉羊叔姬傳》叔姬曰：『今肸與鮒，童子也。隨大夫而化者，不可食以不義之肉，不若埋之以明不與。』君子謂叔姬爲能防善遠疑。《詩》曰：『無曰不顯，莫予云覯。』此之謂也。

神之格思，不可度思，矧可射思。

《禮記·中庸》使天下之人，齊明盛服，以承祭祀。洋洋乎如在其上，如在其左右。《詩》曰：『神之格思，不可度思，矧可射思。』

《**淮南子·泰族訓**》夫鬼神視之無形，聽之無聲，然而郊天、望山川，禱祠而求福，雩兑而請雨，卜筮而决事。《詩》云：『神之格思，不可度思，矧可射思。』此之謂也。

淑慎爾止，不愆于儀。

《**禮記·緇衣**》子曰：『王言如絲，其出如綸；王言如綸，其出如綍。故大人不倡游言。可言也，不可行，君子弗言也；可行也，不可言，君子弗行也。則民言不危行，而行不危言矣。《詩》云：「淑慎爾止，不愆于儀。」』

《**列女·宋恭伯姬傳**》伯姬嘗遇夜失火，左右曰：『夫人少避火。』伯姬曰：『婦人之義，保傅不來，夜不下堂，待保傅來也。』保母至矣，傅母未至也。左右又曰：『夫人少避火。』伯姬曰：『婦人之義，傅母不至，夜不可下堂，越義求生，不如守義而死。』遂逮於火而死。《春秋》詳録其事，爲賢伯姬。以爲婦人以貞爲行者也。伯姬之婦道盡矣。《詩》云：『淑慎爾止，不愆于儀。』伯姬可謂不失儀矣。

不僭不賊，鮮不爲則。

《**春秋左氏·僖九年傳**》公孫枝對曰：『臣聞之，唯則定國。又曰：「不僭不賊，鮮不爲則。」無好無惡，不忌不克之謂也。』《**昭元年傳**》文子曰：『且吾聞之：「能信，不爲人下。」吾未能也。《詩》

曰：「不僭不賊，鮮不爲則。」信也。能爲人則者，不爲人下矣。』

《**荀子·臣道篇**》若夫忠信端慤而不害傷，則無接而不然，是仁人之質也。忠信以爲質，端慤以爲統，禮義以爲文，倫類以爲理，喘而言，臑而動，而一可以爲法則。《詩》曰：『不僭不賊，鮮不爲則。』此之謂也。

《**列女·代趙夫人傳**》夫人曰：『且吾聞之，婦人執義無二夫，吾豈有二夫哉？欲迎我何之？以弟慢夫，非義也；以夫怨弟，非仁也。吾不敢怨，然亦不歸。』遂泣而呼天，自殺於靡笄之地。代人皆懷之。《詩》云：『不僭不賊，鮮不爲則。』此之謂也。《**郃陽友娣傳**》季兒乃告其大女曰：『汝父殺吾兄，義不可以留，又終不復嫁矣。吾去汝而死，善視汝兩弟。』遂以繦自經而死。馮翊王讓聞之，大其義，令縣復其三子而表其墓。《詩》曰：『不僭不賊，鮮不爲則。』季兒可以爲則矣。

投我以桃，報之以李。

《**墨子·兼愛下**》姑嘗本原先[一]王之所書，《大雅》之所道。曰：『「無言而不讎，無德而不報。投我以桃，報之以李。」即此言愛人者必見愛也，而惡人者必見惡也。』

[一] 吴毓江撰，孫啟治點校《墨子校注》「先」前有「之」字。

《**鹽鐵論·和親**》其後，王恢誤謀馬邑，匈奴絶和親，故當路結[一]，禍紛拏而不解，兵連而不息，邊民不解甲弛弩，行數十年，介胄而耕耘，鉏耰而候望，燧燔烽舉，丁壯弧弦而出門，老者超越而入葆。言之足以流涕寒心，則仁者不忍也。《詩》云：『投我以桃，報之以李。』未聞善往而有惡來者。

温温恭人，維德之基。

《**禮記·表記**》子曰：『恭近禮，儉近仁，信近情，敬讓以行。此雖有過，其不甚矣。夫恭寡過，情可信，儉易容也；以此失之者，不亦鮮乎？《詩》曰：「温温恭人，惟德之基。」』

《**荀子·不苟篇**》君子寬而不僈，廉而不劌，辯而不争，察而不激，寡立而不勝，堅彊而不暴，柔從而不流，恭敬謹慎而容。夫是之謂至文。《詩》曰：『温温恭人，惟德之基。』此之謂矣。《**非十二子篇**》故君子耻不修，不耻見汙；耻不信，不耻不見信；耻不能，不耻不見用。是以不誘於譽，不恐於誹，率道而行，端然正己，不爲物傾側。夫是之謂誠君子。《詩》云『温温恭人，維德之基』，此之謂也。《**君道篇**》故天子不視而見，不聽而聰，不慮而知，不動而功，塊然獨坐而天下

[一] 故當路結，王利器校注《鹽鐵論校注》據陳遵默説校改爲『攻當路塞』，且引《史記·汲黯傳》《漢書·汲黯傳》證之。

從之如一體，如四肢之從心。夫是之謂大形。《詩》曰：『温温恭人，維德之基。』此之謂也。

《説苑・修文》行步中矩，折旋中規，立則磬折，拱則抱鼓。其以入君朝，尊以嚴；其以入宗廟，敬以忠；其以入鄉曲，和以順；其以入州里族黨之中，和以親。《詩》曰：『温温恭人，維德之基。』孔子曰：『恭近於禮，遠耻辱也。』

《列女・晋趙衰妻傳》姬以盾爲賢，請立爲嫡子，使三子下之。以叔隗爲内婦，姬親下之。君子謂趙姬恭而有讓。《詩》曰：『温温恭人，維德之基。』趙姬之謂也。

其維哲人，告之話言，順德之行。

《春秋左氏・襄二年傳》君子曰：『禮無所逆。婦養姑者也，虧姑以成婦，逆莫大焉。《詩》曰：「其惟哲人，告之話言，順德之行。」季孫於是爲不哲矣。』

《新序・雜事》好學，智也；受規諫，仁也。江出汶山，其源若甕口，至楚國，其廣十里，無他故，其下流多也。人而好學受規諫，宜哉其立也。《詩》曰：『其惟哲人，告之話言，順德之行。』此之謂也。

借曰未知，亦既抱子。

《漢書・霍光傳》今陛下嗣孝昭皇帝後，行淫辟不軌。《詩》云：『藉曰未知，亦既抱子。』五辟之屬，莫大不孝。

誨爾諄諄，聽我藐藐。匪用爲教，覆用爲虐。

《中論·虛道》下愚反此道也，以爲己既仁矣、智矣、神矣、明矣，兼此四者，何求乎衆人？是以辜罪昭著，腥德發聞，百姓傷心，鬼神怨痛，曾不自聞[一]，愈休如也。若有告之者，則曰：『斯事也，徒生乎子心，出乎子口。』於是刑焉、戮焉、辱焉、禍焉不能免，則曰：『與我異德故也，未達我道故也，又安足責？』是己之非，遂初之繆，至於身危國亡，可痛矣夫！《詩》曰：『誨爾諄諄，聽之藐藐。匪用爲教，覆用爲虐。』

聽用我謀，庶無大悔。

《列女·齊靈仲子傳》仲子曰：『夫光之立也，列於諸侯矣。今無故而廢之，是專絀諸侯而以難犯不祥也。君必悔之。』君子謂仲子明於事理。《詩》云：『聽用我謀，庶無大悔。』仲子之謂也。

取譬不遠，昊天不忒。

《列女·周郊婦人傳》周郊婦人遇郊，尤之，曰：『處則勸人爲禍，行則數日而反，是其過三歲

[一] 聞，原本作『□』，據〔三國魏〕徐幹撰，孫啟治解詁《中論解詁》補。

乎？』君子謂周郊婦人惡尹氏之助亂，知天道之不祐，示以大期，終如其言。《詩》云：『取譬不遠，昊天不忒。』此之謂也。

四牡騤騤，旟旐有翩。亂生不夷，靡國不泯。

《**國語·周語下**》太子晋諫曰：『今吾執政無乃實有所避，而滑夫二[一]川之神，使至於争明以妨王宫，王而飾之，無乃不可乎！《詩》曰：「四牡騤騤，旟旐有翩。亂生不夷，靡國不泯。」』

誰生厲階，至今爲梗。

《**春秋左氏·昭二十四年傳**》沈尹戌曰：『亡郢之始，於此在矣。王一動而亡二姓之帥，幾如是而不及郢？《詩》曰：「誰生厲階，至今爲梗？」其王之謂乎？』

告爾憂恤，誨爾序爵。誰能執熱，逝不以濯？

《**孟子·離婁上**》夫國君好仁，天下無敵。今也欲無敵於天下，而不以仁，是猶執熱而不以濯也。《詩》云：『誰能執熱，逝不以濯？』

《**春秋左氏·襄三十一年傳**》北宮文子言於衛侯曰：『鄭有禮，其數世之福也，其無大國之討乎！

[一] 二，原本作『三』，據《粤雅堂叢書》本改。

《詩》曰：「誰能執熱，逝不以濯？」禮之於政，猶熱之有濯也。濯以救熱，何患之有？」

《**墨子·尚賢中**》何謂三本？曰：爵位不高，則民不敬也；蓄禄不厚，則民不信也；政令不斷，則民不畏也。故古聖王高予之爵，重予之禄，任之以事，斷予之令。夫豈爲其臣賜哉？欲其事之成也。《詩》曰：『告女憂卹，誨女序爵。孰能執熱，鮮不用濯？』則此語古者國君諸侯之不可以不執善，承嗣輔佐也。譬之猶執熱之有濯也，將休其手焉。

其何能淑，載胥及溺。

《**孟子·離婁上**》苟不志於仁，終身憂辱，以陷於死亡。《詩》云：『其何能淑，載胥及溺。』此之謂也。

《**韓詩外傳**》**卷四**令民相伍，有罪相伺，有刑相舉，使搆造怨仇，而民相殘，傷和睦之心，賊仁恩，害士化，所和者寡，欲敗者巨，於仁道泯焉。《詩》曰：『其何能淑，載胥及溺。』　**卷六**子曰：『不學而好思，雖知不廣矣；學而慢其身，雖學不尊矣。不以誠立，雖立不久矣；誠未著而好言，雖言不信矣。美材也，而不聞君子之道，隱小物以害大物者，災必及身矣。』《詩》曰：『其何能淑，載胥及溺。』」

稼穡維寶，代食維好。

《韓詩外傳》卷十公子晏子曰：『臣聞之，王者藏于天下，諸侯藏于百姓，商賈藏於篋匱。今百姓之於外，短褐不蔽形，糟糠不充口，虛耗而賦斂無已，王收大半而藏之臺，是以天火之。且臣聞之，昔者桀殘賊海內，賦斂無度，萬民甚苦，是故湯誅之，爲天下戮笑。今皇天降灾於藏臺，是君之福也，而不自知變悟，亦恐君之爲鄰國笑矣。』公曰：『善！自今已往，請藏於百姓之間。』《詩》曰：『稼穡維寶，代食維好。』

天降喪亂，滅我立王。

《韓詩外傳》卷八於是君素服率群臣而哭之，既而祠焉，河斯流矣。君問伯宗，何以知之，伯宗不言受輦者，詐以自知。《詩》曰：『天降喪亂，滅我立王。』 **卷十**里克對曰：『數戰則民疲，數勝則主驕；驕則恣，恣則極。上下俱極，吳之亡猶晚矣！此夫差所以自喪於干遂。』《詩》曰：『天降喪亂，滅我立王。』

靡有旅力，以念穹蒼。

《韓詩外傳》卷六民勞思佚，治暴思仁，刑危思安，國亂思天。《詩》曰：『靡有旅力，以念穹蒼。』

惟此惠君，民人所瞻，秉心宣猶，考慎其相。

《列女·明德馬后傳》太后詔曰：『吾自束修，冀欲上不負先帝，下不虧先人之德，身服大練縑裙，食不求所甘。左右旁人，皆無香熏之飾，但布帛耳。如是者，欲身帥衆也。』君子謂德后在家則可爲衆女師範，在國則可爲母后表儀。《詩》云：『惟此惠君，民人所瞻。秉心宣猷，考慎其相。』此之謂也。

人亦有言，進退維谷。

《晏子春秋·問下》且嬰聞君子之事君也，進不失忠，退不失行。不苟合以隱忠，可謂不失忠；不持利以傷廉，可謂不失行。叔向曰：『善哉！《詩》有之曰：「進退維谷。」其此之謂歟？』

《韓詩外傳》卷六石他曰：『生亂世，不得正行；劫乎暴人，不得全義。悲夫！』乃進盟，以免父母；退伏劍，以死其君。《詩》曰：『人亦有言，進退惟谷。』石先生之謂也。**卷十**申鳴曰：『受君之禄，避君之難，非忠臣也；正君之法，以殺其父，又非孝子也。行不兩全，名不兩立。悲夫！若此而生，亦何以示天下之士哉！』遂自刎而死。《詩》曰：『進退惟谷。』

維此聖人，瞻言百里。

《韓詩外傳》卷五百禮洽則百意遂，百意遂則陰陽調，陰陽調則寒暑均，寒暑均則三光清，三光清則風雨時，風雨時則群生甯，如是而天道得。夫是以不出户而知天下，不窺牖而見天道。《詩》曰：『惟此聖人，瞻言百里。』　**卷十**昔者太公望、周公旦受封而見。太公問周公何以治魯。周公曰：『尊尊親親。』太公曰：『魯從此弱矣。』周公問太公曰：『何以治齊？』太公曰：『舉賢賞[一]功。』周公曰：『後世必有劫殺之君矣。』後齊日以大，至于霸，二十四世而田氏代之。魯日以削，三十四世而亡。由此觀之，聖人能知微矣。《詩》曰：『惟此聖人，瞻言百里。』

匪言不能，胡斯畏忌。

《中論·虛道》夫酒食，人之所愛者也，而人相見莫不進焉。不吝於所愛者，以彼之嗜之也。使嗜忠言甚於酒食[二]，人豈愛之？故忠言之不出，以未有嗜之者也。《詩》云：『匪言不能，胡其畏忌。』

《漢書·賈山傳》秦皇帝居滅絶之中而不自知者，何也？天下莫敢告也。其所以莫敢告者，何也？亡養老之義，亡輔弼之臣，亡進諫之士，縱恣行誅，退誹謗之人，殺直諫之士，是以道諛媮合苟容，比其德則賢於堯、舜，課其功則賢於湯、武，天下已潰而莫之告也。《詩》曰：『匪言不能，

〔一〕賞，〔漢〕韓嬰撰，許維遹校釋《韓詩外傳集釋》作『尚』。

〔二〕使嗜忠言甚於酒食，原本作『使嗜者甚於酒食』，據〔三國魏〕徐幹撰，孫啟治解詁《中論解詁》改。

胡此畏忌。聽言則對，譖言則退。』此之謂也。

民之貪亂，甯爲荼毒？

《**禮記・坊記**》子曰：『貧而好樂，富而好禮，衆而以甯者，天下其幾矣！《詩》云：「民之貪亂，甯爲荼毒？」』

《**國語・周語下**》太子晋諫曰：『又曰：「民之貪亂，甯爲荼毒？」夫見亂而不惕，所殘必多，其飾彌章。民有怨亂，猶不可遏，而況神乎？』

《**荀子・儒效篇**》凡人莫不欲安榮而惡危辱，故唯君子爲能得其所好，小人則日徼其所惡。《詩》曰：『維此良人，弗求弗迪。維彼忍心，是顧是復。民之貪亂，甯爲荼毒？』此之謂也。

維彼不順，征以中垢。

《**韓詩外傳**》**卷五**故曰：以明扶明，則昇於天；以明扶闇，則歸其人；兩瞽相扶，不傷墻木，不陷井穽，則其幸也。《詩》曰：『惟彼不順，往以中垢。』闇行也。

大風有隧，貪人敗類。聽言則對，誦言如醉。匪用其良，覆俾我悖。

《**春秋左氏・文元年傳**》秦大夫及左右皆言於秦伯曰：『是敗也，孟明之罪也，必殺之。』秦伯曰：

『是孤之罪也。周芮良夫之詩曰：「大風有隧，貪人敗類，聽言則對，誦言如醉。匪用其良，覆俾我悖。」是貪故也，孤之謂矣。』

《韓詩外傳》卷五夫土地之生不益，山澤之出有盡。懷不富之心，而求不益之物。挾百倍之欲，而求有盡之財。是桀紂之所以失其位也。《詩》曰：『大風有隧，貪人敗類。』**卷六**故先生者當年霸，楚莊王是也。後生者三年而復，宋昭公是也。不生者死中野，爲虎狼所食，郭君是也。有先生者，後生者，有不生者。《詩》曰：『聽言則對，誦言如醉。』

《列女·晉羊叔姬傳》叔姬之始生叔魚也，而視之曰：『是虎目而豕喙，鳶肩而牛腹，溪壑可盈，是不可饜也。必以賂死。』叔姬可謂智矣。《詩》云：『貪人敗類。』此之謂也。

《潛夫論·班禄》是以賢者不能行禮以從道，品臣不能無枉以從利。君又驟赦以縱賊，民無耻而多盜竊。何者？咸氣加而化上風，患害切而迫饑寒，此臧紇所以不能詰其盜者也。《詩》云：『大風有隧，貪人敗類。』『爾之教矣，民斯效矣。』

《雲漢》，仍叔美宣王也。

《春秋繁露·郊祀》周宣王時，天下旱，歲惡甚，王憂之。其《詩》曰：『倬彼雲漢，昭回于天。王曰嗚乎！何辜今之人？天降喪亂，饑饉薦臻。靡神不舉，靡愛斯牲，珪璧既卒，甯莫我聽。旱既太甚，蘊隆蟲蟲。不殄禋祀，自郊徂宫。上下奠瘞，靡神不宗。后稷不克，上帝不臨。耗射下土，甯丁我躬。』宣王自以爲不能乎后稷，不中乎上帝，故有此灾。

自郊徂宫。

《後漢書·楊秉傳》王者至尊，出入有常，警蹕而行，静室而止，自非郊廟之事，則鑾旗不駕。故《詩》稱『自郊徂宫』。

上下奠瘞，靡神不宗。

《説苑·君道》湯之時大旱七年，雒坼[一]川竭，煎沙爛石，於是使人持三足鼎，祝山川，教之祝曰：『政不節耶？使人疾耶？苞苴行耶？讒夫昌耶？宫室營耶？女謁盛耶？何不雨之極也！』蓋言未已而天大雨。故天之應人，如影之隨形，響之效聲者也。《詩》云：『上下奠瘞，靡神不宗。』言疾旱也。

周餘黎民，靡有孑遺。

[一] 坼，原本作『圻』，據《粤雅堂叢書》本改。

《孟子·萬章上》故説《詩》者，不以文害辭，不以辭害志；以意[一]逆志，是爲得之。如以辭而已矣，《雲漢》之詩曰：『周餘黎民，靡有孑遺。』信斯言也，是周無遺民也。

崧高維嶽，駿及于天。維嶽降神，生甫及申。維申及甫，維周之翰。四國于蕃，四方于宣。

《禮記·孔子閒居》清明在躬，氣志如神。耆欲將至，有開必先。天降時雨，山川出雲。其在《詩》曰：『嵩高維嶽，峻極于天。維嶽降神，生甫及申。維申及甫，爲周之翰。四國于蕃，四方于宣。』此文、武之德也。

亹亹申伯，王纘之事。于邑于謝，南國是式。

《潛夫論·三式》周宣王時，輔相大臣，以德佐治，亦獲有國。故尹吉甫作封頌二篇，其《詩》曰：『亹亹申伯，王纘之事，于邑于謝，南國是式。』**《志氏姓》**或封於申城在南陽宛北序山之下，故《詩》云：『亹亹申伯，王薦之事。于邑于序，南國爲式。』

周邦咸喜，戎有良翰。

《韓詩外傳》卷八昔者周德大衰，道廢於厲，申伯、仲山甫輔相宣王，撥亂世，反之正，天下略

[一]意，原本作『義』，據《粤雅堂叢書》本改。

振，宗廟復興，申伯、仲山甫乃竝順天下，匡救邪失，喻德教，舉遺士，海内翕然向風。故百姓勃然詠宣王之德。《詩》曰：『周邦咸喜，戎有良翰。』又曰：『邦國若否，仲山甫明之。既明且哲，以保其身。夙夜匪懈，以事一人。』如是，可謂救世矣。

天生烝民，有物有則。民之秉彝，好是懿德。

《孟子·告子上》仁義禮智，非由外鑠我也，我固有之也，弗思耳矣。故曰求則得之，舍則失之，或相倍蓰而無算者，不能盡其才者也。《詩》曰：『天生蒸民，有物有則。民之秉夷，好是懿德。』孔子曰：『爲此詩者，其知道乎！故有物必有則；民之秉夷也，故好是懿德。』

《韓詩外傳》卷六《大雅》曰：『天生烝民，有物有則。民之秉彝，好是懿德。』言民之秉德，以則天也。

《潛夫論·德化》是故凡立法者，非以司民短而誅過誤，乃以防姦惡而救禍敗，檢淫邪而内正道爾。《詩》云：『民之秉夷，好是懿德。』

令儀令色，小心翼翼。古訓是式，威儀是力。

《列女·宋鮑女宗傳》女宗曰：『且婦人有七見去，夫無一去義。七去之道，妬正爲首。淫僻、竊盗、長舌、驕侮，無子、惡病，皆在其後。吾姒不教吾以居室之禮，而反欲使吾爲見棄之行，將安所用此？』遂不聽，事姑愈謹。君子謂女宗謙而知禮。《詩》云：『令儀令色，小心翼翼。故訓是式，威儀是力。』此之謂也。

赫赫王命，仲山甫將之。邦國若否，仲山甫明之。

《韓詩外傳》卷六王者必立牧，方二[一]人，使闚遠牧衆也。遠方之民有飢寒而不得衣食，有獄訟而不平其冤，失賢而不舉者，入告乎天子。天子於其君之朝也，揖而進之，曰：『噫，朕之政教有不得爾者邪？何如乃有飢寒而不得衣食，有獄訟而不平其冤，失賢而不舉？』然後其君退而與其卿大夫謀之。遠方之民聞之，皆曰：『誠天子也！夫我居之僻，見我之近也；我居之幽，見我之明也。可欺乎哉？』故牧者所以開四[二]目，通四聰也。《詩》曰：『邦國若否，仲山甫明之。』此之謂也。

《後漢書·郎顗傳》臣聞刳舟剡楫，將欲濟江海也；聘賢選佐，將以安天下也。昔唐堯在上，群龍爲用，文武創德，周召作輔，是以能建天地之功，增日月之耀者也。《詩》云：『赫赫王命，仲山甫將之。邦國若否，仲山甫明之。』宣王是賴，以致雍熙。

［一］二，〔漢〕韓嬰撰，許維遹校釋《韓詩外傳集釋》作『三』。

［二］〔漢〕韓嬰撰，許維遹校釋《韓詩外傳集釋》『四』前有『四門明』。

既明且哲，以保其身。

《禮記·中庸》是故居上不驕，爲下不倍。國有道，其言足以興，國無道，其默足以容。《詩》曰：「既明且哲，以保其身。」其此之謂與？

《晏子春秋·問下》叔向問晏子曰：『人何以則可謂保其身？』晏子對曰：『《詩》曰「既明且哲，以保其身。夙夜匪懈，以事一人」。不庶幾，不要幸，先其難乎而後幸。得之時其所也，失之非其罪也，可謂保其身矣。』

《荀子·堯問篇》當是時也，知者不得慮，能者不得治，賢者不得使。故君上蔽而無睹，賢人距而不受。然則孫卿懷將聖之心，蒙佯狂之色，視天下以愚。《詩》曰：『既明且哲，以保其身。』此之謂也。

《韓詩外傳》卷八人得氣則生，失氣則死；其氣非金帛珠玉也，不可求於人也；非繒布五穀也，不可糴買而得也。在吾身耳，不可不慎也。《詩》曰：『既明且哲，以保其身。』

《列女·曹僖氏妻傳》負羈之妻言於夫曰：『今其從者，皆卿相之僕也，則其君必霸王之主也。若加禮焉，必能報施矣。若有罪焉，必能討過。子不早圖，禍至不久矣。』君子謂僖氏之妻能遠識。《詩》云：『既明且哲，以保其身。』此之謂也。

《漢書·蓋寬饒傳》太子庶子王生予書曰：『夫君子直而不挺，曲而不詘。《大雅》云：「既明且哲，以保其身。」狂夫之言，聖人擇焉。唯裁省覽。』

夙夜匪解，以事一人。

《孝經·卿大夫章》是故非法不言，非道不行；口無擇言，身無擇行；言滿天下無口過，行滿天下無怨惡。三者備矣，然後能守其宗廟。蓋卿大夫之孝也。《詩》云：『夙夜匪懈，以事一人。』

《春秋左氏·文三年傳》孟明之臣也，其不解也，能懼思也。『夙夜匪解，以事一人』，孟明有焉。**《襄二十五年傳》**大叔文子聞之曰：『《詩》曰：「夙夜匪懈，以事一人。」今甯子事君不如弈棋，其何以免乎？』

《韓詩外傳》卷八荆蒯芮曰：『吾聞之，食其食，死其事，吾既食亂君之食，又安得治君而死之！』遂驅車而入，死其事。《詩》曰：『夙夜匪懈，以事一人。』荆先生之謂也。　曰：『賜欲休於事君。』孔子曰：『《詩》云「夙夜匪懈，以事一人」。爲之若此，其不易也，若之何其休也！』

《漢書·董仲舒傳》自非大亡道之世者，天盡欲扶持而全安之，事在彊勉而已矣。彊勉學問，則聞見博而知益明；彊勉行道，則德日起而大有功：此皆可使還至而立有效者也。《詩》曰『夙夜匪解』，《書》云『茂哉茂哉！』皆彊勉之謂也。**《王莽傳》**開門延士，下及白屋，屢省朝政，綜管衆治，親見牧守以下，考迹雅素，審知白黑。《詩》云『夙夜匪懈，以事一人』，公之謂矣。

《漢紀》卷二十八初，丞相，秦之制。本次國命卿，故置左右丞相，故[一]三公之官。《詩》云『夙夜匪懈，以重一人』，一人者，謂天子也。

柔亦不茹，剛亦不吐。

《春秋左氏·文十年傳》子舟曰：『當官而行，何彊之有？《詩》曰：「剛亦不吐，柔亦不茹。」是亦非辟彊也。』

《韓詩外傳》卷六楚莊王伐鄭，鄭伯肉袒，左把茅旌，右執鸞刀，以進言于莊王[二]。莊王受節，左右麾楚軍退舍七里。既，晋之救鄭者至，乃遂還師以逆晋寇。莊王援桴而鼓之，晋師大敗。莊王曰：『噫，吾兩君不相好，百姓何罪？』乃退楚師，以佚晋寇。《詩》曰：『柔亦不茹，剛亦不吐。』　**卷八**遜而直上也，切次之，謗諫爲下，懦爲死。《詩》曰：『柔亦不茹，剛亦不吐。』　仇牧聞君弑，趨而至，遇之於門，手劍而叱之。萬臂撥仇牧，碎其首，齒著乎門闔。仇牧可謂不畏强禦矣。《詩》曰：『惟仲山甫，柔亦不茹，剛亦不吐。』

不侮矜寡，不畏彊禦。

[一] 故，〔漢〕荀悦、〔晋〕袁宏著，張烈點校《兩漢紀》作『無』。

[二] 原本無『言于莊王』四字，據〔漢〕韓嬰撰，許維遹校釋《韓詩外傳集釋》補。

《春秋左氏・昭元年傳》叔向曰：『且夫以千乘去其國，彊禦已甚。《詩》曰：「不侮鰥寡，不畏彊禦。」』 **《定四年傳》**辛曰：『君討臣，誰敢讎之？君命，天也。若死天命，將誰讎？《詩》曰：「柔亦不茹，剛亦不吐，不侮矜寡，不畏彊禦。」唯仁者能之。』

《韓詩外傳》卷六君子崇人之德，揚人之美，非道諛也；正言直行，指人之過，非毀疵也；詘柔順從，剛强猛毅，與物周流，道德不外。《詩》曰：『柔亦不茹，剛亦不吐。不侮矜寡，不畏强禦。』 子夏曰：『所貴爲士者，上攝萬乘，下不敢敖乎匹夫，外立節矜而敵不侵擾，内禁殘害而君不危殆，是士之所長，君子之所致貴也。』於是靈公避席抑手曰：『寡人雖不敏，請從先生之勇。』《詩》曰：『不侮鰥寡，不畏强禦。』卜先生之謂也。

《漢書・王莽傳》孝哀即位，高昌侯董宏希指求美，造作二統，公手劾之，以定大綱。建白定陶太后不宜在乘輿幄坐，以明國體。《詩》曰『柔亦不茹，剛亦不吐。不侮鰥寡，不畏强圉』，公之謂矣。

德輶如毛，民鮮克舉之。我儀圖之，維仲山甫舉之，愛莫助之。

《禮記・中庸》子曰：『聲色之於以化民，末也。《詩》曰：「德輶如毛。」』 **《表記》**子曰：『中心安仁者，天下一人而已矣。《大雅》曰：「德輶如毛，民鮮克舉之。我儀圖之，惟仲山甫舉之，愛莫助之。」』

《荀子·彊國篇》霸者之善箸焉，可以時託也；王者之功名，不可勝日志也。財物貨寶以大爲重，政教功名反是；能積微者速成。《詩》曰：『德輶如毛，民鮮克舉之。』此之謂也。

《春秋繁露·玉英》匹夫之反道以除咎尚難，人主之反道以除咎甚易。《詩》云『德輶如毛』，言其易也。

《韓詩外傳》卷五德也者，包天地之美，配日月之明，立乎四時之調，覽乎陰陽之交。寒暑不能動，四時不能化也。斂乎太陰而不濕，散乎太陽而不枯。鮮潔清明而備，嚴威務疾而神。兢清而福乎天地之間者，德也。微聖人其孰能與於此矣！《詩》曰：『德輶如毛，民鮮克舉之。』

衮職有闕，維仲山甫補之。

《春秋左傳·宣二年傳》士季稽首而對曰：『人誰無過，過而能改，善莫大焉。又曰：「衮職有闕，惟仲山甫補之。」能補過也。君能補過，衮不廢矣。』

四牡彭彭，八鸞鏘鏘。王命仲山甫，城彼東方。

《潛夫論·三式》又曰：『四牡彭彭，八鸞鏘鏘。王命仲山甫，城彼東方。』此言申伯山甫文德致昇平，而王封以樂土，賜以盛服也。

諸娣從之，祁祁如雲。韓侯顧之，爛其盈門。

《白虎通·嫁娶》姪娣年雖少，猶從適人者，明人君無再娶之義也。《詩》云：『姪娣從之，祁祁如雲。韓侯顧之，爛其盈門。』

蹶父孔武，靡國不到。爲韓姞相攸，莫如韓樂。

《春秋左氏·成九年傳》季文子如宋致女，復命，公享之。賦《韓奕》之五章。注：《韓奕》，《詩·大雅》篇名。其五章言蹶父嫁女於韓侯，爲女相所居，莫如韓樂。文子喻魯侯有蹶父之德，宋公如韓侯，宋土如韓樂。

魴鱮甫甫，麀鹿噳噳。

《孔叢子·廣訓》『魴鱮甫甫』，語其大也。『麀鹿麌麌』，語其衆也。

溥彼韓城，燕師所完。

《潛夫論·志氏姓》昔周宣王亦有韓侯，其國也近燕，故《詩》云：『普彼韓城，燕師所完。』

文武受命，召公維翰。

《白虎通·王者不臣》《禮服傳》曰：『子得爲父臣者，不遺善之義也。』《詩》云：『文武受命，召公維翰。』召公，文王子也。

肇敏戎功，用錫爾祉。

《**後漢書·周舉傳**》故光禄大夫周舉，性侔夷、魚，忠踰隨、管，前授牧守，及還納言，出入京輦，有欽哉之績，在禁闈有密静之風。予録乃勳，用登九列。方欲式序百官，亮協三事，不永夙終，用乖遠圖。朝廷愍悼，良爲愴然。《詩》不云乎：『肇敏戎功，用錫爾祉。』其令將大夫以下到喪發日復會弔。加賜錢十萬，以旌委蛇素絲之節焉。

釐爾圭瓚，秬鬯一卣。

《**韓詩外傳**》**卷八**傳曰：諸侯之有德，天子錫之：一錫車馬，再錫衣服，三錫虎賁，四錫樂器，五錫納陛，六錫朱户，七錫弓矢，八錫鈇鉞，九錫秬鬯。《詩》曰：『釐爾圭瓚，秬鬯一卣。』

明明天子，令聞不已。矢其文德，洽此四國。

《**禮記·孔子閒居**》三代之王也，必先其令聞。《詩》云：『明明天子，令聞不已。』三代之德也。『弛其文德，協此四國。』大王之德也。

《**春秋繁露·竹林**》今戰伐之於民，其爲害幾何！攷意而觀指，則春秋之所惡者，不任德而任力，驅民而殘賊之；其所好者，設而勿用，仁義以服之也。《詩》云『弛其文德，洽此四國』，此春秋之所善也。

王命卿士，南仲大祖。

《白虎通·爵》封諸侯於廟者，示不自專也。明法度皆祖之制也，舉事必告焉。《詩》云：『王命卿士，南仲太祖。』

王謂尹氏，命程伯休父。

《潛夫論·志氏姓》故重黎氏，世序天地，别其分主，以歷三代，而封於程。其在周世，爲宣王大司馬，詩[一]美王，謂尹氏命程伯休父。

綿綿翼翼，不測不克。

《韓詩外傳》卷八子貢曰：『臣譬仲尼，譬猶兩手捧土而附泰山，其無益亦明矣；使臣不譽仲尼，譬猶兩手把泰山，無損亦明矣。』景公曰：『善之其然，豈其然！』《詩》曰：『綿綿翼翼，不測不克。』

王猶允塞，徐方既來。

《荀子·君道篇》故械數者，治之流也，非治之原也。君子者，治之原也。官人守數，君子養

[一] 詩，原本作『誇』，據《粤雅堂叢書》本改。

原；原清則流清，原濁則流濁。故上好禮義，尚賢使能，無貪利之心，則下亦將綦辭讓，致忠信，而謹於臣子矣。故斂忘費，事業忘勞，寇難忘死，城郭不待飾而固，兵刃不待陵而勁，敵國不待服而詘，四海之民不待令而一。夫是之謂至平。《詩》曰：『王猶允塞，徐方既來。』此之謂也。**《議兵篇》**雕雕焉縣貴爵重賞於其前，縣明刑大辱於其後，雖欲無化，能乎哉！故民歸之如流水，所存者神，所爲者化。而[一]順暴悍勇力之屬爲之化而愿，旁辟曲私之屬爲之化而公，矜糾收繚之屬爲之化而調。夫是之謂大化至一。《詩》曰：『王猶允塞，徐方既來。』此之謂也。

《韓詩外傳》卷六必修禮以齊朝，正法以齊官，平政以齊下，然後禮義節奏齊乎朝，法則度量正乎官，忠信愛利平乎下。行一不義，殺一無罪，而得天下不爲也。故近者競親，而遠者願至。上下一心，三軍同力。名聲足以薰炙之，威强足以一齊之，則拱揖指麾，而强暴之國莫不趨使，如赤子歸慈母者，何也？仁形義立，教誠愛深。故《詩》曰：『王猷允塞，徐方既來。』　夫不降席而匡天下者，求之己也。孔子曰：『其身正，不令而行；其身不正，雖令不從。』先王之所以拱揖指麾，而四海來賓者，誠德之至也，色以形於外也。《詩》曰：『王猷允塞，徐方既來。』　襄子曰：

[一] 梁啟雄著《荀子簡釋》注：今本『而』前有奪文，據汪（中）據下文補『之屬爲之化』五字。

『吾聞之於叔向曰「君子不乘人於利，不厄人於險」。使其[一]城然後攻之。』中牟聞其義而請降。曰：『善哉！襄子之謂也。』《詩》曰：『王猷允塞，徐方既來。』

《漢書·功臣表》昔《書》稱『蠻夷帥服』，《詩》云『徐方既俫』，《春秋》列潞子之爵，許其慕諸夏也。

《嚴助傳》淮南王安上書諫曰：『陛下垂德惠以覆露之，使元元之民，安生樂業，則澤被萬世，傳之子孫，施之無窮。天下之安猶泰山而四維之也，夷狄之地何足以爲一日之閒，而煩汗馬之勞乎！《詩》云：「王猶允塞，徐方既來。」言王道甚大而遠方懷之也。』

徐方既同，天子之功。

《荀子·非相篇》故君子賢而能容罷，知而能容愚，博而能容淺，粹而能容雜。夫是之謂兼術。《詩》曰：『徐方既同，天子之功。』此之謂也。

彼宜有罪，女覆說之。

《潛夫論·述赦》天下本以民不能相治，故爲立王者以統治之。天子[二]在於奉天威命，共行賞罰。《詩》刺『彼宜有罪，汝反脱之』。

[一]〔漢〕韓嬰撰，許維遹校釋《韓詩外傳集釋》『其』前有『修』字。

[二]子，原本作『下』，據《粤雅堂叢書》本改。

哲夫成城，哲婦傾城。

《晏子春秋·諫上》且賢良廢滅，孤寡不振，而聽嬖妾以禄御夫，以蓄怨，與民爲讎之道也。《詩》曰：『哲夫成城，哲婦傾城。』今君不免成城之求，而惟傾城之務，國之亡日至矣。君其圖之！

懿厥哲婦，爲梟爲鴟。

《列女·夏桀末喜傳》美於色，薄於德，亂孽無道，女子行大夫心，佩劍帶冠。《詩》曰：『懿厥哲婦，爲梟爲鴟。』此之謂也。

《漢書·谷永傳》臣聞三代所以隕社稷、喪宗廟者，皆由婦人。《詩》曰：『懿厥哲婦，爲梟爲鴟。』『匪降自天，生自婦人。』

婦有長舌，維厲之階。

《列女·晋獻驪姬傳》於是，驪姬乃説公曰：『曲沃，君之宗邑也；蒲與二屈，君之境也。不可以無主。宗邑無主，則民不畏；邊境無主，則開寇心。夫寇生其心，民嫚其政，國之患也。若使太子主曲沃，二公子主蒲與二屈，則可以威民而懼寇矣。』《詩》曰：『婦有長舌，惟厲之階。』又曰：『哲婦傾城。』此之謂也。

亂匪降自天，生自婦人。

《列女·魯桓文姜傳》文姜與襄公通，桓公怒，禁之不止。文姜以告襄公，襄公享桓公酒，醉之，使公子彭生抱而乘之，因拉其脅而殺之，遂死於車。《詩》曰：『亂匪降自天，生自婦人。』此之謂也。

匪教匪誨，時維婦寺。

《列女·齊靈聲姬傳》時國佐相靈公，會諸侯于柯陵，高子、鮑子處内守。及還，將至，閉門而索客。孟子訴之曰：『高、鮑將不納君，而欲立公子角，國佐知之。』公怒，刖鮑牽而逐高子、國佐。及靈公薨，高、鮑皆復，遂殺孟子，齊亂乃息。《詩》云：『匪教匪誨，時維婦寺。』此之謂也。

婦無公事，休其蠶織。

《列女·魯季敬姜傳》敬姜嘆曰：『今我寡也，爾又在下位，朝夕處事，猶恐忘先人之業，况有怠惰，其何以辟？吾冀汝朝夕修我曰：「必無廢先人。」爾今也曰：「胡不自安？」以是承君之官，余懼穆伯之絶祀也。』仲尼聞之，曰：『弟子記之，季氏之婦不淫矣！』《詩》曰：『婦無公事，休其蠶織。』言婦人以織績爲公事者也。休之非禮也。

人之云亡，邦國殄瘁。

《春秋左氏·文六年傳》君子曰：『秦穆之不爲盟主也，宜哉！死而棄民。先王違世，猶詒之法，而況奪之善人乎！《詩》曰：「人之云亡，邦國殄瘁。」無善人之謂。若之何奪之？』**《襄二十六年傳》**歸生聞之：『與其失善，甯其利淫。無善人，則國從之。《詩》曰：「人之云亡，邦國殄瘁。」無善人之謂也。』

《韓詩外傳》卷六昔者秦繆公困於肴，疾據五羖大夫、蹇叔、公孫支而小霸。晉文公困於驪氏，疾據咎犯、趙衰、介子推而遂爲君。越王勾踐困於會稽，疾據范蠡、大夫種而霸南國。齊桓公困於長勺，疾據管仲、甯戚、隰朋而匡天下。此皆困而知疾據賢人者也。夫困而不知疾據賢人而不亡者，未嘗有之也。《詩》曰：『人之云亡，邦國殄瘁。』無善人之謂也。

《漢書·王莽傳》而公被胥、原之訴，遠去就國，朝政崩壞，綱紀廢弛，危亡之禍，不隧如髮。《詩》云『人之云亡，邦國殄顇』，公之謂矣。

人之云亡，心之憂矣。

《春秋左氏·昭二十五年傳》樂祁曰：『政在季氏三世矣，魯君喪政四公矣。無民而能逞其志者，未之有也。國君是以鎮撫其民。《詩》曰：「人之云亡，心之憂矣。」』

心之憂矣，甯自今矣。

《列女·嚴延年母傳》謂延年曰：『天道神明，人不可獨殺。我不自意老當見壯子被刑戮也。行矣！去汝東海，埽除墓地耳。』君子謂嚴母仁智信道。《詩》云：『心之憂矣，甯自全矣。』其嚴母之謂也。

昊[一]天疾威，天篤降喪。瘨我饑饉，民卒流亡。

《韓詩外傳》卷六夫道德之威成乎衆强，暴察之威成乎危弱，狂妄之威成乎滅亡。故威名同而吉凶之効遠矣，故不可不審察也。《詩》曰：『昊天疾威，天篤降喪。瘨我饑饉，民卒流亡。』

我居圉卒荒。

《韓詩外傳》卷八一穀不升謂之鎌，二穀不升謂之飢，三穀不升謂之饉，四穀不升謂之荒，五穀不升謂之大侵。大侵之禮，君食不兼味，臺榭不飾，道路不除。百官補而不制，鬼神禱而不祠，此大侵之禮也。《詩》曰：『我居圉卒荒。』此之謂也。

如彼歲旱，草不潰茂。

[一] 昊，《粤雅堂叢書》本作「□」。

《韓詩外傳》卷五如歲之旱，草不潰茂。然天涔然興雲，沛然下雨，則萬物無不興起之者。民非無仁義根於心者也，王政怵迫，使不得見。憂鬱而不得出，聖王在彼躧爲。視不出閣，而[一]天下隨，唱而天下和，何如在此有以應哉！《詩》曰：『如彼歲旱，草不潰茂。』

池之竭矣，不云自頻。泉之竭矣，不云自中。

《列女·趙飛燕姊娣傳》君子謂趙昭儀之凶嬖，與褒姒同行，成帝之惑亂，與周幽王同風。《詩》云：『池之竭矣，不云自濱。泉之竭矣，不云自中。』成帝之時，舅氏擅外，趙氏專内，其自竭極，蓋亦池泉之勢也。

〔一〕〔漢〕韓嬰撰，許維遹校釋《韓詩外傳集釋》『而』前有『動』字。

卷四

周頌

《禮記·樂記》師乙曰：『寬而静，柔而正者，宜歌《頌》。』

《春秋左氏·襄二十九年傳》爲之歌《頌》，曰：『至矣哉！直而不倨[一]，曲而不屈；邇而不偪，遠而不攜；遷而不淫，復而不厭；哀而不愁，樂而不荒；用而不匱，廣而不宣；施而不費，取而不貪；處而不底，行而不流。五聲和，八風平；節有度，守有序。盛德之所同也！』

《清廟》，祀文王也。

《史記·孔子世家》，《清廟》爲《頌》始。

於穆清廟，肅雝顯相。濟濟多士，秉文之德。

[一] 倨，原本作『据』，據〔周〕左丘明傳，〔晋〕杜預注，〔唐〕孔穎達正義，浦衛忠等整理《春秋左傳正義》改。

《漢書·劉向傳》乃上封事諫曰：『及至周文，開基西郊，雜遝衆賢，罔不肅和，崇推讓之風，以銷分争之訟。文王既没，周公思慕，歌詠文王之德，其《詩》曰：「於穆清廟，肅雍顯相。」』

不顯不承，無射于人斯。

《禮記·大傳》親親故尊祖，尊祖故敬宗，敬宗故收族，收族故宗廟嚴，宗廟嚴故重社稷，重社稷故愛百姓，愛百姓故刑罰中，刑罰中故庶民安，庶民安故財用足，財用足故百志成，百志成故禮俗刑，禮俗刑然後樂。《詩》云：『不顯不承，無斁於人斯。』此之謂也。

維天之命，於穆不已。於乎不顯，文王之德之純。

《禮記·中庸》《詩》云：『維天之命，於穆不已。』蓋曰：天之所以爲天也，『於乎不顯，文王之德之純』。蓋曰：文王之所以爲文也，純亦不已。

假以溢我，我其收之。

《春秋左氏·襄二十七年傳》左師曰：『我將亡，夫子存我，德莫大焉。又可攻乎？』君子曰：『「何以恤我，我其收之。」』注：《逸詩》，恤，憂也。收，取也。向戌之謂乎！』

《維清》，奏象舞也。

《春秋左氏·襄二十九年傳》見舞《象箾》《南籥》者，曰：『美哉！猶有憾。』

烈文辟公，錫兹祉福。

《白虎通·文質》王者始立，諸侯皆見何？當受法稟正教也。《周頌》曰：『烈文辟公，錫兹祉福。』言武王伐紂定天下，諸侯來朝會〔一〕，聚於京師，受法度也。

惠我無疆，子孫保之。

《春秋左氏·襄二十一年傳》於是祁奚老矣，聞之，乘馹而見宣子，曰：『《詩》曰：「惠我無疆，子孫保之。」夫謀而鮮過、惠訓不倦者，叔向有焉，社稷之固也。猶將十世宥之，以勸能者。今壹不免其身，以棄社稷，不亦惑乎？』

無封靡于爾邦，維王其崇之。

《白虎通·誅伐》王者受命而起，諸侯有臣弑君而立當誅，君身死，子不得繼者，以其逆無所承也。《詩》云：『毋封靡于爾邦，惟王其崇之。』此言追誅大罪也。

〔一〕本節録自《白虎通·瑞贄·諸侯朝會合符信》，〔清〕陳立撰，吴則虞點校《白虎通疏證》『諸侯來朝會』無『朝』字。

無競維人，四方其訓之。

《**春秋左氏·昭元年傳**》君子曰：『莒展之不立，棄人也夫！人可棄乎？《詩》曰：「無競維人。」善矣。』《**哀二十六年傳**》子贛私於使者曰：『今君再在孫矣，内不聞獻之親，外不聞成之卿，則賜不識所由入也。《詩》曰：「無競惟人，四方其順之。」若得其人，四方以爲主，而國於何有？』

不顯維德，百辟其刑之。

《**禮記·中庸**》是故君子不賞而民勸，不怒而民威於鈇鉞。《詩》曰：『不顯惟德，百辟其刑之。』《**列女·有虞二妃傳**》二女承事舜於畎畝之中，不以天子之女故而驕盈怠嫚，猶謙謙恭儉，思盡婦道。君子曰：『二妃德純而行篤。』《詩》云：『不顯惟德，百辟其刑之。』此之謂也。

於乎前王不忘。

《**禮記·大學**》《詩》云：『於戲前王不忘！』君子賢其賢而親其親，小人樂其樂而利其利，此以没世不忘也。

天作高山，大王荒之。彼作矣，文王康之。

《**國語·晋語第十**》叔詹諫曰：『在《周頌》曰：「天作高山，大王荒之。」荒，大之也，大天所作，可謂親有天矣。」

《**荀子·王制篇**》故天之所覆，地之所載，莫不盡其美，致其用，上以飾賢良、下以養百姓而安樂之。夫是之謂大神。《詩》曰：『天作高山，大王荒之。彼作矣，文王康之。』此之謂也。《**天論篇**》得地則生，失地則死，是又禹、桀之所同也；禹以治，桀以亂，治亂非地也。《詩》曰：『天作高山，大王荒之。彼作矣，文王康之。』此之謂也。

岐有夷之行，子孫保之。

《**韓詩外傳**》**卷三**忠易爲禮，誠易爲辭，賢人易爲民，工巧易爲材。《詩》曰：『岐[一]有夷之行，子孫保之。』

《**說苑·君道**》尹文對曰：『大道容衆，大德容下，聖人寡爲而天下理矣。』詩人曰：『岐有夷之行，子孫保之。』宣王曰：『善。』

《**後漢書·西南夷傳**》輔上疏曰：『臣聞《詩》云：「彼徂者岐，有夷之行。」傳曰：「岐道雖僻，而人不遠。」詩人誦詠，以爲符驗。』

[一] 岐，原本作『政』，據《粤雅堂叢書》本改。

昊天有成命。

《國語・周語下》晉羊舌肸聘於周，發幣於大夫，及單靖公。靖公享之，儉而敬。賓禮贈餞，視其上而從之，燕無私，送不過郊，語說《昊天有成命》。單之老送叔向，叔向告之曰：『異哉！吾聞之曰：「一姓不再興。」今周其興乎？其有單子也。昔史佚有言曰：「動莫若敬，居莫若儉，德莫若讓，事莫若咨。」單子之貺我，禮也，皆有焉。夫宮室不崇，器無彤鏤，儉也；身聳除潔，外內齊給，敬也；宴好享賜，不踰其上，讓也；賓之禮事，放上而動，咨也。如是而加之以無私，重之以不殺，能辟怨矣。居儉動敬，德讓事咨，而能辟怨，以爲卿佐，其有不興乎！且其語說《昊天有成命》，《頌》之盛德也，其詩曰：「昊天有成命，二后受之，成王不敢康。夙夜基命宥密，於[一]緝熙，亶厥心，肆其靖之。」是道成王之德也，成王能明文昭，能定武烈者也。夫道成王[二]者而稱昊天，翼其上也。二后受之，讓於德也。成王不敢康，敬百姓也。夙夜，恭也。基，始也。命，信也。宥，寬也。密，甯也。緝，明也。熙，廣也。亶，厚也。肆，固也。靖，龢也。其始也，翼上德讓而敬百姓。其中也，恭儉信寬。帥歸於甯。其終也，廣厚其心以固龢之。始於德讓，中於信寬，終於固龢，故曰成。』

[一] 原本無『於』字，據徐元誥撰，王樹民、沈長雲點校《國語集解》補。
[二] 王，原本作『命』，據徐元誥撰，王樹民、沈長雲點校《國語集解》改。

夙夜基命宥密。

《禮記·孔子閒居》孔子曰：『「夙夜其命宥密」，無聲之樂也。』注：《詩》讀『其』爲『基』，聲之誤也。基，謀也。密，静也。言君夙夜謀爲政教以安民，則民樂之，此非有鐘鼓之聲也。

《鹽鐵論·未通》周公抱成王聽天下，恩塞海内，澤被四表，矧惟南面，含仁保德，靡不得其所。《詩》云：『夙夜基命宥密。』

《我將》，祀文王於明堂也。

《孝經·聖治章》宗祀文王於明堂，以配上帝。

儀式刑文王之典，日靖四方。

《春秋左氏·昭六年傳》叔向使詒子産書曰：『今吾子相鄭國，作封洫，立謗政，制參辟，鑄刑書，將以靖民，不亦難乎？』《詩》曰：『儀式刑文王之德，日靖四方。』**《十六年傳》**宣子皆獻馬焉，而賦《我將》。注：《我將》，《詩·頌》。取其『日靖四方』『我其夙夜，畏天之威』，言志在靖亂，畏懼天威。子産拜，使五卿皆拜，曰：『吾子靖亂，敢不拜德！』

畏天之威，于時保之。

《孟子·梁惠王下》孟子對曰：『以大事小者，樂天者也；以小事大者，畏天者也。樂天者保天下，畏天者保其國。《詩》云：「畏天之威，于時保之。」』

《春秋左氏·文四年傳》君子是以知出姜之不允於魯也。曰：『貴聘而賤逆之，君而卑之，立而廢之，棄信而壞其主，在國必亂，在家必亡。不允宜哉？《詩》曰：「畏天之威，于時保之。」敬主之謂也。』**《十五年傳》**季文子曰：『在《周頌》曰：「畏天之威，于時保之。」不畏於天，將何能保？』

《春秋繁露·必仁》且知災者，天之譴也；異者天之威也。譴之而不知，乃畏之以威。《詩》云：『畏天之威，殆此謂也。』

《韓詩外傳》卷三有殷之時，穀生湯之廷，三日而大拱。湯乃齋戒靜處，夙興夜寐，弔死問疾，赦過賑窮，七日而穀亡，妖孽不見，國家其昌。《詩》曰：『畏天之威，于時保之。』　昔者周文王之時，莅國八年，夏[一]六月，文王寢疾，五日而地動，東西南北不出國郊。於是遂謹其禮節，秩皮革以交諸侯，飾其詞令幣帛以禮俊士，頒其爵列等級田疇以賞有功。遂與群臣行此，無幾何而疾止。《詩》曰：『畏天之威，于時保之。』　**卷八**梁山崩，晉君召大夫伯宗，道逢輦者，君問伯宗以其言對。於是君素服，率群臣而哭之，既而祠焉，河斯流矣。君問伯宗何以知之，伯宗不言受輦

[一] 夏，原本作『歲』，據〔漢〕韓嬰撰，許維遹校釋《韓詩外傳集釋》改。

者，詐以自知。孔子聞之，曰：『伯宗其無後，攘人之善。』又曰：『畏天之威，于時保之。』

實右序有周。薄言震之，莫不震疊。

《**韓詩外傳**》**卷八**景公謂晏子曰：『夫晋，天下大國也，使范昭來觀齊國之政，今子怒大國之使者，將奈何？』晏子曰：『范昭之爲人也，非陋而不知禮也，是欲試吾君〔一〕，嬰故不從。』孔子聞之，曰：『善乎晏子，不出俎豆之間，折衝千里。』《詩》曰：『實右序有周，薄言震之，莫不震疊。』

《**後漢書·李固傳**》夫表曲者影必邪，源清者流必絜，猶叩樹百枝皆動也。《周頌》曰：『薄言震之，莫不震疊。』此言動之於内，而應於外者也。

懷柔百神，及河喬嶽。

《**荀子·禮論篇**》天能生物，不能辨物也；地能載人，不能治人也；宇中萬物、生人之屬，待聖人然後分也。《詩》曰：『懷柔百神，及河喬嶽。』此之謂也。

《**淮南子·泰族訓**》故聖人者，懷天心，聲然能動化天下者也。故精誠感於内，形氣動於天，

〔一〕〔漢〕韓嬰撰，許維遹校釋《韓詩外傳集釋》『君』後有『臣』字。

則景星見，黄龍下，祥鳳至，醴泉出，嘉穀生，河不滿溢，海不溶波。故《詩》云：『懷柔百神，及河喬嶽。』

明昭有周，式序在位。

《韓詩外傳》卷三王者之論德也，而[一]不尊無功，不官無德，不誅無罪，朝無幸位，民無幸生。故上賢使能，而等級不逾；折暴禁悍，而刑罰不過。百姓曉然，皆知夫爲善於家，取賞於朝也；爲不善於幽，而蒙刑於顯。夫是之謂定論，是王者之德。《詩》曰：『明昭有周，式序在位。』若夫有王之法，若別黑白；應當世變，若數三綱；行禮要節，若性四支；因化之功，若推四時；天下得序，群物安居，是聖人也。《詩》曰：『明昭有周，式序在位。』　李克曰：『且子焉得與魏成子比！魏成子食禄日千鍾，什一在内，以聘約天下之士。是以得卜子夏、田子方、段千木。此三人，君皆師友之。子之所進皆臣之，子焉得與魏成子比乎！』翟黄逡巡再拜曰：『鄙人固陋，失對於夫子。』《詩》曰：『明昭有周，式序在位。』　**卷八**司馬主天，司空主土，司徒主人。故陰陽不和，四時不節，星辰失度，灾變非常，則責之司馬。山陵崩竭，川谷不流，五穀不值，草木不茂，則責之司空。君臣不正，人道不和，國多盗賊，下怨其上，則責之司徒。又曰：『明昭有周，式序在位。』

〔一〕〔漢〕韓嬰撰，許維遹校釋《韓詩外傳集釋》無『而』字。

言各稱職也。

載戢干戈，載櫜弓矢。我求懿德，肆于時夏，允王保之。

《**春秋左氏·宣十二年傳**》潘黨曰：『君盍築武軍，而收晋尸以爲京觀？臣聞克敵必示子孫，以無忘武功。』楚子曰：『非爾所知也。夫文，止戈爲武。武王克商。作《頌》曰：「載戢干戈，載櫜弓矢。我求懿德，肆于時夏，允王保之。」』

《**國語·周語上**》祭公謀父諫曰：『先王耀德不觀兵。夫兵戢而時動，動則威，觀則玩，玩則無震。是故周文公之《頌》曰：「載戢干戈，載櫜弓矢。我求懿德，肆于時夏，允王保之。」』

《**鹽鐵論·論菑**》文學曰：『兵者，凶器也。甲堅兵利，爲天下殃。以母制子，故能久長。聖人法之，厭而不揚。《詩》云：「載戢干戈，載櫜弓矢，我求懿德，肆于時夏。」』

鐘鼓喤喤，磬莞將將，降福穰穰。降福簡簡，威儀反反。既醉既飽，福禄來反。

《**荀子·富國篇**》故儒術誠行，則天下大而富，使有功，撞鐘擊鼓而和。《詩》曰：『鐘鼓喤喤，管磬瑲瑲，降福穰穰。降福簡簡，威儀反反。既醉既飽，福禄來反。』此之謂也。

《**韓詩外傳**》卷三將修禮以齊朝，正法以齊官，平政以齊政，然後節奏于朝，法則度量正乎官，忠信愛利刑於下。如是，百姓愛之如父母，畏之如神明。是以德澤洋乎海内，福祉歸乎王公。

《詩》曰：『降福簡簡，威儀反反。既醉既飽，福禄來反。』　**卷五**若夫重色而成文，累味而備珍，則聖人所以分賢長，明貴賤。故得道則澤流群生而福歸王公。澤流群生則下安而和，福歸王公則尊而榮。百姓皆懷安和之心而樂戴其上，夫是之謂下治而上通。下治而上通，頌聲之所以興也。《詩》曰：『降福簡簡，威儀反反。既醉既飽，福禄來反。』

《潛夫論・正列》《孝經》云：『夫然，故生則親安之，祭則鬼享之。』由此觀之，德義無違，神乃享；鬼神受享，福祚乃隆。故《詩》云：『降福穰穰，降福簡簡，威儀板板。既醉既飽，福禄來反。』此言人德義茂美，神歆享醉飽，乃反報之以福也。

《鹽鐵論・論菑》周文、武尊賢受諫，敬戒不殆，純德上休，神祇[一]相貺。《詩》云：『降福穰穰，降福簡簡。』

《漢書・禮樂志》至於萬物不夭，天地順而嘉祥降。故《詩》曰：『鐘鼓鍠鍠，磬管鏘鏘，降福穰穰。』　**《劉向傳》**武王、周公繼政，諸侯和於下，天應報於上，故《周頌》曰『降福穰穰』。

《思文》，后稷配天也。

《孝經・聖治章》昔者周公郊祀《后稷》以配天。

[一] 祇，原本作『祗』，據《粵雅堂叢書》本改。

立我烝民，莫匪爾極。

《春秋左氏・成十六年傳》申叔時對曰：『民生厚而德正，用利而事節，時順而物成。上下和睦，周旋不逆，求無不具，各知其極。故《詩》曰：「立我烝民，莫匪爾極。」』

《國語・周語上》芮良夫曰：『夫王人者，將導利而布之上下者也，使神人百物，無不得其極，猶日怵惕懼怨之來也。故《頌》曰：「思文后稷，克配彼天。立我烝民，莫匪爾極。」』

《列女・棄母姜嫄傳》棄之性明而仁，能育其教，卒致其名。堯使棄居稷官，更國邰地，遂封棄於邰，號曰后稷。又曰：『思文后稷，克配彼天，立我烝民。』此之謂也。

詒我來牟。

《漢書・劉向傳》武王、周公繼政，諸侯和於下，天應報於上。又曰『飴我釐辨』，釐辨，麥也，始自天降。

嗟嗟保介。

《韓詩外傳》卷三莊王曰：『古者聖王之祭不過望，濉、漳、江、漢，楚之望也。寡人雖不得，河非所獲罪也。』遂不祭，三日而疾有瘳。《詩》曰：『嗟嗟保介。』莊王之謂也。

在彼無惡，在此無斁。庶幾夙夜，以永終譽。

《禮記·中庸》是故君子動而世爲天下道，行而世爲天下法，言而世爲天下則。遠之則有望，近之則不厭。《詩》曰：『在彼無惡，在此無射。庶幾夙夜，以永終譽。』君子未有不如此，而蚤有譽於天下者也。

爲酒爲醴，烝畀祖妣。以洽百禮，降福孔偕。

《春秋左氏·襄二年傳》且姜氏，君之妣也。《詩》曰：『爲酒爲醴，烝畀祖妣。以洽百禮，降福孔偕。』

《韓詩外傳》卷五夫百姓内不乏食，外不患寒，則可教御以禮義矣。《詩》曰：『蒸畀祖妣，以洽百禮。』

《説苑·貴德》《周頌》曰：『豐年多黍多稌，亦有高廩，萬億及秭。爲酒爲醴，烝畀祖妣。以洽百禮，降福孔偕。』《禮記》曰：『上牲損則用下牲，下牲損則祭不備物。』以其舛之爲不樂也。故聖人之於天下也，譬猶一堂之上也，今有滿堂飲酒者，有一人獨索然向隅而泣，則一堂之人皆不樂矣；聖人之於天下也，譬猶一堂之上也，有一人不得其所者，則孝子不敢以其物薦進。

有瞽有瞽，在周之庭。

《韓詩外傳》卷三傳曰：太平之時，無瘖聾、跛眇、尪蹇、侏儒、折短，父不哭子，兄不哭弟，道無襁負之遺育，然各以序終者，賢醫之用也。故安止平正，除疾之道無他焉，用賢而已矣。《詩》曰：『有瞽有瞽，在周之庭。』紂之餘民也。

肅雝和鳴，先祖是聽。

《禮記·樂記》子夏對曰：『鄭音好濫淫志，宋音燕女溺志，衛音趨數煩志，齊音敖辟喬志：此四者皆淫於色而害於德，是以祭祀弗用也。《詩》云：「肅雝和鳴，先祖是聽。」夫肅肅敬也；雝雝和也。夫敬以和，何事不行？』

有來雝雝，至止肅肅。相維辟公，天子穆穆。

《論語·八佾》三家者以《雍》徹。子曰：『「相維辟公，天子穆穆」，奚取於三家之堂？』

《漢書·劉向傳》乃上封事諫曰：『武王、周公繼政，朝臣和於内，萬國驩於外，故盡得其驩心，以事其先祖。其《詩》曰：「有來雍雍，至止肅肅。相維辟公，天子穆穆。」言四方皆以和來也。』**《韋玄成傳》**丞相玄成、御史大夫鄭弘、太子太傅嚴彭祖、少府歐陽地餘、諫大夫尹更始等七十人皆曰：『臣聞祭，非自外至者也，繇中出，生於心也。故惟聖人爲能饗帝，孝子爲能饗親。立廟京師之居，躬親承事，四海之内各以其職來助祭，尊親之大義，五帝三王所共，不易之道也。

《詩》云：「有來雍雍，至止肅肅。相維辟公，天子穆穆。」

綏我眉壽，介以繁祉。

《鹽鐵論・申韓》夫知塞宣房而福來，不知塞亂原而天下治也。周國用之，刑錯不用，黎民若，四時各終其序，而天下不孤。《頌》曰：『綏我眉壽，介以繁祉。』此夫爲福，亦不小矣！

載見辟王，曰求厥章。

《墨子・尚同中》是以先王之書《周頌》之道之曰：『載來見彼王，聿求厥章。』則此語古者國君諸侯之以春秋來朝聘天子之廷，受天子之嚴教，退而治國，政之所加，莫敢不賓。

有客有客，亦白其馬。

《白虎通・王者不臣》不臣二王之後者，尊先王通天下之三統也。《詩》云：『有客有客，亦白其馬。』謂微子朝周也。

有客宿宿，有客信信。

《爾雅・釋訓》『有客宿宿』，言再宿也。『有客信信』，言四宿也。

無競維烈。

《春秋左氏·宣十二年傳》隨武子曰：『《武》曰：「無競惟烈。」撫弱耆昧以務烈所，可也。』

勝殷遏劉，耆定爾功。

《春秋左氏·宣十二年傳》又作《武》，其卒章曰：『耆定爾功。』

《韓詩外傳》卷三既反商，及下車[一]，封黃帝之後於薊，封帝堯之後於祝，封舜之後於陳。下車而封夏后氏之後於杞，封殷之後於宋，封比干之墓，釋箕子之囚，表商[二]容之閭。濟河而西，馬放華山之陽，示不復乘；牛放桃林之野，示不復服也；車甲衅而藏之於府庫，示不復用也。於是廢軍而郊射，左射《貍首》，右射《騶虞》，然後天下知武王不復用兵也。祀乎明堂，而民知孝；朝覲，然後諸侯知以敬[三]；坐三老於大學，天子執醬而饋，執爵而酳，所以教諸侯之悌也。此四者，天下之大教也。夫武之久，不亦宜乎！《詩》曰：『勝殷遏劉，耆定爾功。』言[四]伐紂而殷亡

[一] 及下車，〔漢〕韓嬰撰，許維遹校釋《韓詩外傳集釋》本作『未及下車』。

[二] 商，原本作『啇』，據《粵雅堂叢書》本改。

[三] 『朝覲，然後諸侯知以敬』，杜澤遜、莊大鈞譯注《韓詩外傳選譯》本作『朝覲，然後諸侯知所以臣；耕籍，然後諸侯知所以敬』。與下文『此四者』意合。

[四] 言，原本作『信』，據〔漢〕韓嬰撰，許維遹校釋《韓詩外傳集釋》改。

武也。

嬛嬛在疚。

《漢書・匡衡傳》竊願陛下雖聖性得之，猶復加聖心焉。《詩》云『煢煢在疚』，言成王喪畢思慕，意氣未能平也，蓋所以就文武之業，崇大化之本也。

念茲皇祖，陟降庭止。

《漢書・匡衡傳》昔者成王之嗣位，思述文武之道以養其心，休烈盛美皆歸之二后而不敢專其名，是以上天歆享，鬼神祐焉。其《詩》曰：『念我皇祖，陟降庭止。』言成王常思祖考之業，而鬼神祐助其治也。

《後漢書・東海恭王彊傳》夫勸善厲俗，爲國所先。曩者東平孝王敞兄弟行孝，喪母如禮，有增户之封。《詩》云：『永世克孝，念茲皇祖。』今增臻封五千户，儉五百户，光啟土宇，以酬厥德。

《敬之》，群臣進戒嗣王也。

《新書・禮容語》單襄公告魯成公曰：『晉將有亂，其君與三郤其當之乎？』『齊國武子亦將有禍。』居二年，晉殺三卿。明年，厲公弑於東門。是歲也，齊人果殺國武子。《詩》曰：『敬之敬之，天惟顯思，命不易哉！毋曰高高在上，陟降厥士，日監在兹。維予小子，不聰敬止。日就月將，學有緝熙于光明。佛時仔肩，視我顯德行。』故弗順弗敬，天下不定；忘敬而怠，人必乘之。嗚呼，戒之哉！

敬之敬之，天維顯思，命不易哉！

《春秋左氏·僖二十二年傳》臧文仲曰：『又曰：「敬之敬之，天惟顯思，命不易哉！」先王之明德，猶無不難也，無不懼也，况我小國乎！』**《成四年傳》**季文子曰：『晋侯必不免。《詩》曰：「敬之敬之！天惟顯思，命不易哉！」夫晋侯之命在諸侯矣，可不敬乎？』

《列女·魏曲沃負傳》負曰：『今大王亂人道之始，棄綱紀之務。敵國五六，南有從楚，西有横秦，而魏國居其間，可謂僅存矣。王不憂此而從亂無別，父子同女，妾恐大王之國政危矣。』君子謂魏負知禮。《詩》云：『敬之敬之，天維顯思。』此之謂也。

《漢書·孔光傳》臣聞師曰：『天右與王者，故灾異數見，以譴告之，欲其改更。若不畏懼，有以塞除，而輕忽簡誣，則凶罰加焉，其至可必。《詩》曰：「敬之敬之，天惟顯思，命不易哉！」又曰：「畏天之威，于時保之。」皆謂不懼者凶，懼之則吉也。』

《後漢書·齊武王演傳》論：志高慮遠，禍發所忽。嗚呼！古人以蜂蠆爲戒，蓋謂此也。《詩》

云：『敬之敬之，命不易哉！』

無曰高高在上，陟降厥士，日監在兹。

《**漢書·郊祀志**》衡、譚奏議曰：『《詩》曰「毋曰高高在上，陟降厥士，日監在兹」，言天之日監王者之處也。』

日就月將，學有緝熙于光明。

《**淮南子·修務訓**》夫瘠地之民多有心者，勞也；沃地之民多不才者，饒也。由此觀之，知人無務，不若愚而好學。自人君公卿至於庶人，不自彊而功成者，天下未之有也。《詩》云：『日就月將，學有緝熙於光明。』此之謂也。　夫事有易成者名小，難成者功大。君子修美，雖未有利，福將在後至。故《詩》云：『日就月將，學有緝熙於光明。』此之謂也。

《**韓詩外傳**》**卷三**閔子曰：『禮有來，學無往教。致師而學不能禮；往教則不能化君也。』於是孟嘗君曰：『敬聞命矣。』明日袪衣請受業。《詩》曰：『日就月將。』　子夏問《詩》，學一而知二，孔子曰：『起予者商也，始可與言《詩》已矣。』孔子賢乎英傑而聖德備，弟子被光景而德彰。《詩》曰：『日就月將。』　故太學之禮，雖詔於天子，無北面，尊師尚道也。故不言而信，不怒而威，師之謂也。《詩》曰：『日就月將，學有緝熙于光明。』　**卷八**子貢曰：『君子亦有休乎？』

孔子曰：『「闔棺兮乃止播耳，不知其時之易遷兮」，此之謂君子所休也。故學而不已，闔棺乃止。』《詩》曰：『日就月將。』言學者也。　冉有對曰：『夫子路、子貢皆學問於孔子，遂爲天下顯士。桃賈、百里奚、太公望、管仲皆嘗卑賤窮辱矣，然其聲名馳於後世，豈非學問之所致乎？由此觀之，士必學問然後成君子。《詩》曰：「日就月將。」』

《中論·治學》群道統乎己心，群言一乎己口，惟所用之。故出則元亨，處則利貞，默則立象，語則成文。述千載之上，若共一時；論殊俗之類，若與同室。度幽明之故，若見其情；原治亂之漸，若指已效。故《詩》曰：『學有緝熙于光明。』此之謂也。

《潛夫論·贊學》是故聖人以其心來就經典，往合聖心，故修經之賢，德近於聖矣。《詩》云：『日就月將，學有緝熙于光明。』

佛時仔肩，示我顯德行。

《韓詩外傳》卷三孔子曰：『昔桀、紂不任其過，其亡也忽焉。成湯、文王知任其過，其興也勃焉。過而改之，是不過也。』宋人聞之，乃夙興夜寐，弔死問疾，戮力宇内。三歲，年豐政平。鄉使宋人不聞孔子之言，則年穀未豐，而國家未寗。《詩》曰：『弗時仔肩，示我顯德行。』　故形其仁義，謹其教道，使民目晰焉而見之，使民耳晰焉而聞之，使民心晰焉而知之，則道不迷而民志不惑矣。《詩》曰：『示我顯德行。』

百室盈止，婦子寧止。

《**鹽鐵論·力耕**》文學曰：『草萊不闢，田疇不治，雖擅山海之財，通百味之利，猶不能澹也。[一]是以古者尚力務本而種樹繁，躬耕趣時而衣食足，雖累凶年而人不病也。故衣食者民之本，稼穡者民之務也，二者修，則國富而民安也。《詩》云：「百室盈止，婦子寧止也。」』大夫曰：『夫中國一端之縵，得匈奴累金之物，而損敵國之用。是以贏驢馲駞，銜尾入塞，驒騱騵馬，盡爲我畜，鼲鼦狐貉，采旃文罽，充於內府，而璧玉珊瑚琉璃，咸爲國之寶。是則外國之物內流，而利不外泄也。異物內流則國用饒，利不外泄則民用給矣。《詩》曰：「百室盈止，婦子寧止。」』

自堂徂基，自羊徂牛，鼐鼎及鼒。

《**韓詩外傳**》卷三鄙人曰：『夫九九薄能耳，而君猶禮之，况賢於九九者乎？』朞月，四方之士相導而至矣。《詩》曰：『自堂徂基，自羊徂牛。』以小成大。

《**史記·孝武本紀**》有司皆曰：『聞昔太帝興，神鼎一。一者，一統天地，萬物所繫終也。黄

[一] 王利器校注《鹽鐵論校注》『味』作『末』，『澹』作『贍』，注稱『百末』漢人習用語。

帝作寶鼎三，象天地人也。禹收九牧之金，鑄九鼎，皆嘗鬺烹上帝鬼神。遭聖則興，遷於夏、商。周德衰，宋之社亡，鼎乃淪伏而不見。《頌》云「自堂徂基，自羊徂牛，鼐鼎及鼒。不虞不驁，胡[一]考之休。」』

於鑠王師。

《春秋左氏·宣十二年傳》隨武子曰：『《汋》曰：「於鑠王師，遵養時晦。」耆昧也。』

《韓詩外傳》卷三故國有所安，地有所主，聖人刳木爲舟，剡木爲檝，以通四方之物，使澤人足乎木[二]，山人足乎魚，餘衍之財有所流。故豐膏不獨樂，磽确不獨苦，雖遭凶年饑歲，禹湯之水旱，而民無凍餓之色。故生不乏用，死不轉壑。夫是之謂樂。《詩》曰：『於鑠王師，遵養時晦。』故用不靡則足以養其生，而天下稱其仁也；養不害性，足以成教，而天下稱其義也；適情辟餘，不求非其有，而天下稱其廉也；行成不可掩，息刑不可犯，執一道而輕萬物，天下稱其勇也。四行在乎民，居則婉愉，怒則勝敵。故審其所以養而治道具矣，治道具而遠近畜矣。《詩》曰：『於鑠王師，遵養時晦。』言相養者之至於晦也。

[一] 胡，原本作『朝』，據《粤雅堂叢書》本改。
[二] 木，原本作『水』，據《粤雅堂叢書》本改。

綏萬邦，屢豐年。

《春秋左氏・宣十二年傳》又作《武》，其六曰：『綏萬邦，屢豐年。』

于以四方，克定厥家。

《漢書・匡衡傳》陛下聖德純備，莫不修正，則天下無爲而治。《詩》云：『于以四方，克定厥家。』

文王既勤止，我應受之。敷時繹思，我徂維求定。時周之命，於繹思。

《春秋左氏・宣十一年傳》郤成子曰：『吾聞之，非德莫如勤，非勤何以求人？能勤有繼，其從之也。《詩》曰：「文王既勤止。」文王猶勤，況寡德乎？』**《十二年傳》**又作《武》，其三曰：『鋪時繹思，我徂惟[一]求定。』

《中論・爵禄》先王將建諸侯而錫爵禄也，必於清廟之中，陳金石之樂，宴賜之禮，宗人擯相，內史作策也。其頌曰：『文王既勤止，我應受之。敷時繹思，我徂維求定。時周之命，於繹思。』

於皇時周，陟其高山，嶞山喬嶽，允猶翕河。

[一] 原本無『惟』字，據《粵雅堂叢書》本補。

《**白虎通·封禪**》太平乃封，知告於天，必也於岱宗何？明知易姓也。刻石紀號，知自紀於百王也。燎祭天，報之義也，望祭山川，祀群神也。《詩》云：『於皇明周，陟其高山。』言周太平封太山也。又曰：『墮山喬獄，允猶翕河。』言望祭山川，百神來歸也。

思無邪。

《**論語·爲政**》子曰：『《詩》三百，一言以蔽之，曰「思無邪」。』

《**韓詩外傳**》**卷三**公儀休曰：『夫欲嗜魚，故不受也。受魚而免於相，則不能自給魚；無受而不免於相，長自給於魚。』此明於魚爲己者也。故《老子》曰：『後其身而身先，外其身而身存。非以其無私乎，故能成其私。』《詩》曰：『思無邪。』此之謂也。

君子有穀，詒孫子。

《**列女·魯季敬姜傳**》文伯卒，敬姜戒其妾曰：『吾聞之，好內，女死之；好外，士死之。今吾子夭死，吾惡其以好內聞也。二三婦之辱共祀先祀者，請毋瘠色，毋揮涕，毋陷膺，毋憂容，有降服，毋加服。從禮而靜，是昭吾子。』仲尼聞之曰：『女知莫如婦，男知莫如夫。公父氏之婦知矣，欲明其子之令德。』《詩》曰：『君子有穀，貽厥孫子。』此之謂也。

思樂泮水，薄采其芹。

《白虎通·辟雍》何以知其圓也，以其言辟也。何以知有外也？又《詩》云：『思樂泮水，薄采其芹。』《詩訓》曰：『水圓如璧。』

載色載笑，匪怒伊教。

《韓詩外傳》卷三孔子退朝，門人子路難曰：『父子訟，道邪？』孔子曰：『非也。』子路曰：『然則夫子胡爲君子而免之也？』孔子曰：『不戒責成，害也；慢令致期，暴也；不教而誅，賊也。君子爲政，避此三者。且《詩》曰：「載色載笑，匪怒伊教。」』當舜之時，有苗[一]不服。其不服者，衡山在南，岐山在北，左洞庭之陂，右彭澤之水，由此險也。以其不服，禹請伐之，而舜不許，曰：『吾喻教猶未竭也。』久喻教，而有苗氏請服。天下聞之，皆薄禹之義，而美舜之德。《詩》曰：『載色載笑，匪怒伊教。』舜之謂也。賜聞之，託法而治謂之暴，不戒致期謂之虐，不教而誅謂之賊，以身勝人謂之責。責者失身，賊者失臣，虐者失政，暴者失民。且賜聞居上位行此四者而不亡者，未之有也。於是季孫稽首謝曰：『謹聞命矣。』《詩》曰：『載色載笑，匪怒伊教。』**卷**

〔一〕有苗，〔漢〕韓嬰撰，許維遹校釋《韓詩外傳集釋》作『有苗氏』。

八夫子告門人：『參！來。今汝委身以待暴怒，拱立不去，非王者之民其罪何如？』[一]又曰：『載色載笑，匪怒伊教。』

《列女·鄒孟軻母傳》今子成人也，而我老矣。子行乎子義，吾行乎吾禮。君子謂孟母知婦道。《詩》云：『載色載笑，匪怒匪教。』此之謂也。

思樂泮水，薄采其茆。魯侯戾止，在泮飲酒。

《韓詩外傳》卷三問者曰：『夫智者何以樂於水也？』曰：『夫水者，緣理而行，不遺小間，似有智者；動而下之，似有禮者；蹈深不疑，似有勇者；漳汸而清，似知命者；歷險致遠，卒成不毀，似有德者。天地以成，群物以生，國家以寧，萬事以平，品物以正。此智者所以樂於水也。』《詩》曰：『思樂泮水，薄采其茆。魯侯戾止，在泮飲酒。』樂水之謂也。

自求伊祜。

《韓詩外傳》卷八狐卷子對曰：『望人者不至，恃人者不久。君欲治，從身始。人何可恃乎？』《詩》曰：『自求伊祜。』

[一] 此小段係節録，加之原依據本文字脱落較多，故難解。參見〔漢〕韓嬰撰，許維遹校釋《韓詩外傳集釋》，中華書局二〇一九年一月版，第二九六—二九七頁。

明明魯侯，克明其德。既作泮宫，淮夷攸服。

《**白虎通·辟雍**》諸侯曰泮宫者，半於天子宫也。明尊卑有差，所化少也。半者，象璜也，獨南面禮儀之方有水耳。其餘壅之言垣，宫名之别尊卑也。明不得化四方也。不曰泮壅何？嫌但半天子制度也。《詩》云：『穆穆魯侯，克明其德。既作泮宫，淮夷攸服。』

赫赫姜嫄，其德不回，上帝是依。

《**列女·棄母姜嫄傳**》姜嫄之性，清静專一，好種稼穡。及棄長，而教之種樹桑麻。君子謂姜嫄静而有化。《詩》云：『赫赫姜嫄，其德不回，上帝是依。』

王曰叔父，建爾元子，俾侯于魯。大啟爾宇，爲周室輔。

《**白虎通·封公侯**》周公不之魯何？爲周公繼武王之業也。《春秋傳》曰：『周公曷爲不之魯？欲天下之一乎周也。』《詩》云：『王曰叔父，建爾元子，俾侯于魯。』《**攷黜**》諸侯始封，爵土相隨者何？君子重德薄刑，賞疑從重，《詩》云：『王曰叔父，建爾元子，俾侯于魯。』《**王者不臣**》諸父諸兄不名。諸父諸兄者親，與己父兄有敵體之義也。《詩》云：『王曰叔父。』

《**漢書·淮陽憲王欽傳**》駿諭指曰：『禮爲諸侯制相朝聘之義，蓋以考禮壹德，尊事天子也。

且王不學《詩》乎？《詩》云：「俾侯于魯，爲周室輔。」』《**王莽傳**》是故成王之與[一]周公也，度百里之限，越九錫之檢，開七百里之宇，兼商、奄之民，賜以附庸殷民六族，大路大旂，封父之繁弱，夏后之璜，祝宗卜史，備物典策，官司彝器，白牡之牲，郊望之禮。王曰：『叔父，建爾元子。』子父俱延拜而受之。可謂不檢亡原者矣。

《**後漢書・光武帝紀**》大司空融、固始侯通、膠東侯復、高密侯禹、太常登等奏議曰：『古者封建諸侯，以藩屏京師。周封八百，同姓諸姬並爲建國，夾輔王室，尊事天子，享國永長，爲後世法。故《詩》云：「大啟爾宇，爲周室輔。」』《**東平憲王蒼傳**》帝以蒼冒涉寒露，遣謁者賜貂裘，及大官食物珍果，使大鴻臚竇固持節郊迎。帝乃親自循行邸第，豫設帷牀，其錢帛器物無不充備。下詔曰：『《詩》云：「叔父，建爾元子。」』敬之至也。《**黃瓊傳**》帝欲襃崇大將軍梁冀，使中朝二千石以上，會議其禮。特進胡廣、太常羊溥、司隸校尉祝恬、太中大夫邊韶等，咸稱冀之勳德，其制度賚賞，以宜比周公，錫之山川、土田、附庸。瓊獨建議曰：『冀前以親迎之勞，增邑三千，又其子胤，亦加封賞。昔周公輔相成王，制禮作樂，化致太平，是以大啟土宇，開地七百。』

春秋匪解，享祀不忒。皇皇后帝！皇祖后稷！

[一]與，〔漢〕班固撰，〔唐〕顏師古注《漢書》作『於』。

《春秋左氏·文二年傳》是以《魯頌》曰：『春秋匪解，享祀不忒。皇皇后帝！皇祖后稷！』君子曰禮，謂其后稷親而先帝也。

戎狄是膺，荆舒是懲，則莫我敢承。

《孟子·滕文公上》《魯頌》曰：『戎狄是膺，荆舒是懲。』周公方且膺之。《滕文公下》《詩》云：『戎狄是膺，荆舒是懲，則莫我敢承。』無父無君，是周公所膺也。

《史記·建元以來侯者年表》太史公曰：『自《詩》《書》稱三代「戎狄是膺[一]，荆荼是徵」。』《淮南衡山列傳》太史公曰：『《詩》之所謂「戎狄是膺，荆舒是懲」，信哉是言也。夫荆楚僄勇輕悍，好作亂，乃自古記之矣。』

《漢書·賈捐之傳》贊：《詩》稱『戎狄是膺，荆舒是懲』，久矣，其爲諸夏患也。

壽胥與試。

《新序·雜事》楚丘先生曰：『噫，將我而老乎？噫，將使我追車而赴馬乎？投石而超距乎？逐麋鹿而搏豹虎乎？吾已死矣，何暇老哉！噫，將使我出正辭而當諸侯乎？決嫌疑而定猶豫乎？

［一］膺，原本作『應』，據〔漢〕司馬遷撰，〔南朝宋〕裴駰集解，〔唐〕司馬貞索隱，〔唐〕張守節正義《史記》改。

吾始壯矣，何老之有！』孟嘗君逡巡避席，面有愧色。《詩》曰：『壽胥與試。』美用老人之言以安國也。

萬有千歲，眉壽無有害

《中論·夭壽》夫形體固自朽弊消亡之物。壽與不壽，不過數十歲；德義立與不立，差數千歲，豈可同日言也哉！顔淵時，有百年之人，今甯復知其姓名耶？《詩》云：『萬有千歲，眉壽無有害。』人豈有萬壽千歲者，皆令德之謂也。由此觀之，仁者壽豈不信哉！

泰山巖巖，魯邦所詹。

《韓詩外傳》卷三問者曰：『夫仁者何以樂於山也？』曰：『夫山者，萬民之所瞻仰也。草木生焉，萬物植焉，飛鳥集焉，走獸休焉，四方益取與焉。出雲道風，嵸乎天地之間。天地以成，國家以甯。此仁者所以樂於山也。』《詩》曰：『太山巖巖，魯邦所瞻。』樂山之謂也。

奏鼓簡簡，衎我烈祖。

《白虎通·禮樂》樂所以作四夷之樂何？德廣及之也。《易》曰：『先王以作樂崇德，殷薦之上帝，以配祖考。』《詩》云：『奏鼓簡簡，衎我烈祖。』

既和且平，依我磬聲。

《韓詩外傳》卷八傳曰：居處齊則色姝，食飲齊則氣珍，言語齊則信聽，思齊則成，志齊則盈。五者齊，斯神居之。《詩》曰：『既和且平，依我磬聲。』

自古在昔，先民有作。温恭朝夕，執事有恪。

《國語·魯語下》閔馬父對曰：『昔正考父校商之名《頌》十二篇於周大師，以《那》爲首，其輯之亂曰：「自古在昔，先民有作。温恭朝夕，執事有恪。」先聖王之傳恭，猶不敢專，稱曰「自古」，古曰「在昔」，昔曰「先民」。』

《荀子·大略篇》子貢問於孔子曰：『賜倦於學矣，願息事君。』孔子曰：『《詩》云：「温恭朝夕，執事有恪。」事君難，事君焉可息哉！』

《列女·楚莊樊姬傳》明日，王以姬言告虞丘子。丘子避席，不知所對。於是避舍，使人迎孫叔敖而進之，王以爲令尹。治楚三年而莊王以霸。楚史書曰：『莊王之霸，樊姬之力也。』又曰：『温恭朝夕，執事有恪。』此之謂也。

亦有和羹，既戒既平。鬷假無言，時靡有争。

《禮記·中庸》故君子不動而敬，不言而信。《詩》曰：『奏假無言，時靡有争。』注：假，大也。此《頌》

也，言奏大樂於宗廟之中，人皆肅敬。金聲玉色，無有言者，以時太平和合，無所争也。

《春秋左氏·昭二十年傳》晏子對曰：『和如羹焉，水、火、醯、醢、鹽、梅，以烹魚肉，燀之以薪，宰夫和之，齊之以味；濟其不及，以泄其過。君子食之，以平其心。君臣亦然。君所謂可而有否焉，臣獻其否以成其可；君所謂否而有可焉，臣獻其可以去其否。是以政平而不干，民無争心。故《詩》曰：「亦有和羹，既戒既平。鬷嘏無言，時靡有争。」』

天命玄鳥，降而生商。

《列女·契母簡狄傳》當堯之時，與其妹娣浴於玄丘之水。有玄鳥銜卵，過而墜之，五色甚好。簡狄與其妹娣競往取之。簡狄得而含之，誤而吞之，遂生契焉。又曰：『天命玄鳥，降而生商。』此之謂也。

邦畿千里，維民所止。

《禮記·大學》《詩》云：『邦畿千里，維民所止。』

殷受命咸宜，百禄是何。

《春秋左氏·隱三年傳》君子曰：『宋宣公可謂知人矣。立穆公，其子饗之，命以義夫。《商頌》

曰：「殷受命咸宜，百禄是荷。」其是之謂乎！」

有娀方將，帝立子生商。

《列女・契母簡狄傳》簡狄性好人事之治，上知天文，樂於施惠。及契長，而教之理，順之序。君子謂簡狄仁而有禮。《詩》云：『有娀方將，立子生商。』

玄王桓撥，受小國是達，受大國是達。

《白虎通・文質》王者始立，諸侯皆見何？當受法稟正教也。《詩》云：『玄王桓撥，受小國是達，受大國是達。』言湯王天下，大小國諸侯皆來見，湯能通達以禮義也。

率履不越，遂視既發。相土烈烈，海外有截。

《韓詩外傳》卷三文公曰：『噫！我豈忘是子哉！高明至賢，志行全成，湛我以道，説我以仁，變化我行，昭明我[一]，使我爲成人者，吾以爲上賞。恭我以禮，防我以義，藩援我，使我不爲非者，吾以爲次。勇猛强武，氣勢自御，難在前則處前，難在後則處後，免我危難之中者，吾以爲次。然勞苦之士次之。』《詩》曰：『率履不越，遂視既發。』今不内自訟過，不悦百姓，將何錫之哉！

[一]〔漢〕韓嬰撰，許維遹校釋《韓詩外傳集釋》『我』後有『名』字。

《漢書·宣帝紀》詔有司議，咸曰：『聖王之制，施德行禮，先京師而後諸夏，先諸夏而後夷狄。《詩》云：「率禮不越，遂視既發。相土烈烈，海外有截。」』

帝命不違，至于湯齊。

《**禮記·孔子閒居**》孔子曰：『天無私覆，地無私載，日月無私照。奉斯三者，以勞天下，此之謂「三無私」。其在《詩》曰：「帝命不違，至于湯齊。湯降不遲，聖敬日齊。昭假遲遲，上帝是祗[一]。帝命式于九圍。」是湯之德也。』

《**韓詩外傳**》**卷三**夫五帝之前無傳人，非無賢人，久故也；五帝之中無傳政，非無善政，久故也；虞夏有傳政，不如殷周之察也，非無善政，久故也。夫傳者，久則愈略，近則愈詳。略則舉大，詳則舉細。故愚者聞其大不知其細，聞其細不知其大，是以久而差。三王五帝，政之至也。《詩》曰：『帝命不違，至于湯齊。』言古今一也。　舜生於諸馮，遷於負夏，卒於鳴條，東夷之人也。文王生於岐周，卒于畢郢，西夷之人也。地之相去也，千有餘里，世之相後也，千有餘歲。然得志行乎中國，若合符節。孔子曰：『先聖後聖，其揆一也。』《詩》曰：『帝命不違，至于湯齊。』

[一] 祗，原本作『祇』，據《粵雅堂叢書》本改。

湯降不遲，聖敬日躋。

《國語·晉語第十》公孫固言於襄公曰：『晋公子亡，長幼矣，而好善不厭，父事狐偃，師事趙衰，而長事賈佗。殆有禮矣。樹於有禮，必有艾。《商頌》曰：「湯降不遲，聖敬日躋。」降，有禮之謂也。君其圖之。』

《韓詩外傳》卷三孔子曰：『德性[一]寬裕者，守之以恭；土地廣大者，守之以儉；祿位尊盛者，守之以卑；人衆兵强者，守之以畏；聰明睿知者，守之以愚；博聞强記者，守之以淺。夫是之謂抑而損之。《詩》曰：「湯降不遲，聖敬日躋。」』周公誡之曰：『夫天道虧盈而益謙，地道變盈而流謙，鬼神害盈而福謙，人道惡盈而好謙。是以衣成則必缺衽，宫成則必缺隅，屋成則必加拙[二]，示不成者，天道然也。《易》曰：「謙亨，君子有終吉。」《詩》曰：「湯降不遲，聖敬日躋。」誡之哉！其[三]無以魯國驕士也。』孔子曰：『故君子知之爲知之，不知爲不知，言之要也。能之爲能之，不能爲不能，行之要也。言要則知，行要則仁。既知且仁，又何加哉！《詩》曰：「湯降不遲，聖敬日躋。」』**卷八**湯作《護》，聞其宫聲，使人温良而寬大；聞其商聲，使人方廉

[一] 性，〔漢〕韓嬰撰，許維遹校釋《韓詩外傳集釋》作『行』。
[二] 拙，〔漢〕韓嬰撰，許維遹校釋《韓詩外傳集釋》作『措』。
[三] 〔漢〕韓嬰撰，許維遹校釋《韓詩外傳集釋》『其』前有『子』字。

而好義；聞其角聲，使人惻隱而愛仁；聞其徵聲，使人樂養而好施；聞其羽聲，使人恭敬而好禮。《詩》曰：『湯降不遲，聖敬日躋。』孔子曰：『夫《易》有一道焉。大足以治天下，中足以安家國，近足以守其身者。其惟謙德乎！《詩》曰：「湯降不遲，聖敬日躋。」』昔者田子方出，見老馬於道，喟然有志焉，以問於御者曰：『此何馬也？』曰：『故公家畜也，罷而不爲用，故出放也。』田子方曰：『少盡其力，而老去[一]其身，仁者不爲也。』束帛而贖之。窮士聞之，知所歸心矣。《詩》曰：『湯降不遲，聖敬日躋。』齊莊公出獵，有螳螂舉足，將搏其輪。問其御曰：『此何蟲也？』御曰：『此是螳螂也。其爲蟲，知進而不知退，不量力而輕就敵。』莊公曰：『以爲人，必爲天下勇士矣。』於是廻車避之，而勇士歸之。《詩》曰：『湯降不遲，聖敬日躋。』

受小球大球，爲下國綴旒。

《荀子·臣道篇》殺然後仁；上下易位，然後貞；功參天地，澤被生民。夫是之謂權險之平，湯、武是也。《詩》曰：『受小球大球，爲下國綴旒。』此之謂也。

不競不絿，不剛不柔。

[一] 去，〔漢〕韓嬰撰，許維遹校釋《韓詩外傳集釋》作「棄」。

《春秋左氏・昭二十年傳》仲尼曰：『又曰：「不競不絿，不剛不柔，布政優優，百禄是遒。」和之至也。』

《韓詩外傳》卷三故君子行不貴苟難，説不貴苟察，名不貴苟傳，維其當之爲貴。《詩》曰：『不競不絿，不剛不柔。』言當之爲貴也。　伯夷，聖人之清者也；柳下惠，聖人之和者也；孔子，聖人之中者也。《詩》曰：『不競不絿，不剛不柔。』中庸和通之謂也。　**卷五**聖人養一性而御大[一]氣，持一命而節滋味。奄治天下，不遺其小，存其精神，以補其中，謂之志。《詩》曰：『不競不絿，不剛不柔。』言得中也。　朝廷之士爲禄，故入而不出；山林之士爲名，故往而不返。入而亦不[二]出，往而亦能返，通移有常，聖也。《詩》曰：『不競不絿，不剛不柔。』言得中也。

《後漢書・陳寵傳》夫爲政猶張琴瑟，大弦急者小弦絶。故子貢非臧孫之猛法，而美鄭喬之仁政。《詩》云：『不剛不柔，布政優優。』[三]

敷政優優，百禄是遒。

［一］　大，〔漢〕韓嬰撰，許維遹校釋《韓詩外傳集釋》作『六』。
［二］　不，〔漢〕韓嬰撰，許維遹校釋《韓詩外傳集釋》作『能』。
［三］　《粤雅堂叢書》本無此條。

《春秋左氏·成二年傳》[一]四王之王也，樹德而濟同欲焉；五伯之霸也，勤而撫之，以役王命；今吾子求合諸侯，以逞無疆之欲。《詩》曰：『布政優優，百禄是遒。』子實不優，而棄百禄，諸侯何害焉？

《韓詩外傳》卷三王者之等賦正事，田野什一，關市譏而不征，山林澤梁以時入而不禁。相地而正壤，理道而致貢。萬物群來，無有流滯，以相通移。近者不隱其能，遠者不疾其勞。雖幽閒僻陋之國，莫不趨使而安樂之。夫是之謂王者之等賦正事。《詩》曰：『敷政優優，百禄是遒。』

《忠經·政理章》德者，爲理之本也；任政非德，則薄；任刑非德，則殘。故君子務於德，修於政，謹於刑。固其忠以明其信，行之匪懈，何不理之人乎？《詩》云：『敷政優優，百禄是遒。』[二]

受小共大共，爲下國駿厖。何天之龍，敷奏其勇。

《大戴禮記·衛將軍文子》不畏强禦，不侮矜寡，其言曰性，都其富哉，任其戎，是仲由之行也。夫子未知以文也。《詩》云：『受小共大共，爲下國恂蒙。何天之寵，傅奏其勇。』夫强乎武哉！

《荀子·榮辱篇》夫貴爲天子，富有天下，是人情之所同欲也；然則從人之欲，則執不能容，物不能贍也。故先王案爲之制禮義以分之，使有貴賤之等，長幼之差，知賢愚、能不能之分，皆使

[一]《粤雅堂叢書》本在『四王之王也』前多引用『賓媚人對曰：「反先王則不義，何以爲盟主？其晋實有闕。」』

[二]《粤雅堂叢書》本未引此條，但引用《後漢書·陳寵傳》的文字。

人載其事，而各得其宜。然後使慤禄多少厚薄之稱，是夫群居和一之道也。故曰：斬而齊，枉而順，不同而一。夫是之謂人倫。《詩》曰：『受小共大共，爲下國駿蒙。』此之謂也。

武王載旆，有虔秉鉞。如火烈烈，則莫我敢曷。

《**荀子·議兵篇**》故仁人之兵，聚則成卒，散則成列。延則若莫邪之長刃，嬰之者斷；兑則若莫邪之利鋒，當之者潰。圜居而方止，則若磐石然，觸之者角摧，案角鹿埵、隴種、東籠而退耳。且夫暴國之君，將誰與至哉？彼其所與至者，必其民也。而其民之親我，歡若父母，其好我，芬若椒蘭；彼反顧其上，則若灼黥，若仇讎。人之情，雖桀、跖，豈又肯爲其所惡，賊其所好者哉！是猶使人之子孫，自賊其父母也，彼必將來告之，夫又何可詐也！故仁人用，國日明，諸侯先順者安，後順者危，慮敵之者削，反之者亡。《詩》曰：『武王載發，有虔秉鉞。如火烈烈，則莫我敢遏。』此之謂也。

《**漢書·五行志**》説曰：金，西方，萬物既成，殺氣之始也。故立秋而鷹隼擊，秋分而微霜降。其於王事，出軍行師，把旄杖鉞，誓士衆，抗威武，所以征畔逆、止暴亂也。《詩》云：『有虔秉鉞，如火烈烈。』又曰：『載戢干戈，載櫜弓矢。』動静應誼，『説以犯難，民忘其死』。金得其性矣。

《**刑法志**》故以桀攻桀，猶有巧拙；以桀詐堯，若卵投石，夫何幸之有？《詩》曰：『武王載旆，有虔秉鉞。如火烈烈，則莫我敢遏。』言以仁誼綏民者，無敵於天下也。

自彼氐羌，莫敢不來享，莫敢不來王。

《後漢書·西羌傳》及殷室中衰，諸夷皆叛。至于武丁，征西戎、鬼方，三年乃克。故其詩曰：『自彼氐羌，莫敢不來王。』

不僭不濫，不敢怠遑。命于下國，封建厥福。

《春秋左氏·襄二十六年傳》歸生聞之：『「善爲國者，賞不僭而刑不濫。」賞僭，則懼及淫人；刑濫，則懼及善人。若不幸而過，寧僭無濫。《商頌》有之曰：「不僭不濫，不敢怠皇，命于下國，封建厥福。」此湯所以獲天福也。』《哀公五年傳》鄭駟秦富而侈，嬖大夫也，而常陳卿之車服於其庭。鄭人惡而殺之。子思曰：『《商頌》曰：「不僭不濫，不敢怠皇，命以多福。」』

商邑翼翼，四方之極。赫赫厥聲，濯濯厥靈。壽考且寧，以保我後生。

《漢書·匡衡傳》臣聞教化之流，非家至而人說之也。賢者在位，能者布職，朝廷崇禮，百僚敬讓。道德之行，由內及外，自近者始，然後民知所法，遷善日進而不自知。是以百姓安，陰陽和，神靈應，而嘉祥見。《詩》曰：『商邑翼翼，四方之極。壽考且寧，以保我後生。』此成湯所以建至治，保子孫，化異俗而懷鬼方也。

卷五

尚書今文

《禮記·經解》疏通知遠，《書》教也。

《孔叢子·論書》孔子曰：『《書》之於事也，遠而不闊，近而不迫，志盡而不怨，辭順而不諂。』子夏讀《書》既畢，而見於夫子。夫子謂曰：『子何爲於《書》？』子夏對曰：『《書》之論事也，昭昭然若日月之代明，離離然若星辰之錯行。上有堯、舜之道，下有三王之義。』

堯典

《孔叢子·論書》子曰：『吾於《帝典》，見堯、舜之聖焉。』『故《帝典》可以觀美。』

曰：放勳、欽、明、文。〔一〕

〔一〕《粤雅堂叢書》本此條作『曰：放勳、欽明、文思、安安』。

《孟子·滕文公上》放勳曰：『勞之來之，匡之直之，輔之翼之，使自得之，又從而振德之。』

《白虎通·爵》何以知帝亦稱天子也？以法天下也。《中候》曰：『天子臣放勛。』

《中論·智行》《書》美唐堯，欽明爲先，驩兜之舉共工，四嶽之薦鯀，堯知其行，衆尚未知信也。若非堯，則裔土多凶族，兆民長愁苦矣。明哲之功也如是。

克明俊德，以親九族。

《禮記·大學》《帝典》曰『克明峻德』，皆自明也。

《白虎通·宗族》族者，何也？族者凑也，聚也，謂恩愛相流凑也。生相親愛，死相哀痛，有會聚之道，故謂之族。《尚書》曰：『以親九族。』族所以九何？九之爲言究也。親疏恩愛究竟也，謂父族四，母族三，妻族二。

《漢書·宣帝紀》詔曰：『蓋聞堯親九族，以和萬國。朕蒙遺德，奉承聖業，惟念宗室屬未盡而以罪絕。若有賢材，改行勸善，其復屬，使得自新。』《平當傳》昔者帝堯南面而治，先『克明俊德，以親九族』，而化及萬國。

平章百姓。

《白虎通·姓名》姓，生也，人所稟天氣所以生者也。《詩》云：『天生烝民。』《尚書》曰：

『平章百姓。』姓所以有百者何？以爲古者聖人吹律定姓，以記其族。人含五常而生，聲有五音，宫、商、角、徵、羽，轉而相雜，五五二十五，轉生四時，故百而異也。氣殊音悉備，故殊百也。

協和萬邦。

《史記·高祖功臣侯[一]**年表》**《書》曰『協和萬國』，遷于夏、商，或數千歲。蓋周封八百，幽、厲之後，見于《春秋》。《尚書》有唐虞之侯伯，歷三代千有餘載，自全以蕃衛天子，豈非篤于仁義，奉上法哉？

黎民於變時雍。

《漢書·成帝紀》詔曰：『昔在帝堯立羲、和之官，命以四時之事，令不失其序。故《書》云「黎民於蕃時雍」，明以陰陽爲本也。今公卿大夫或不信陰陽，薄而小之，所奏請多違時政。傳以不知，周行天下，而欲望陰陽和調，豈不繆哉！其務順四時月令。』

乃令羲、和，欽若昊天。

《中論·曆數》其後三苗復九黎之德，堯復育重、黎之後，不忘舊者，使復典教之。故《書》

[一]〔漢〕司馬遷撰，〔南朝宋〕裴駰集解，〔唐〕司馬貞索隱，〔唐〕張守節正義《史記》『侯』後有『者』字。

曰：『乃命羲、和，欽若昊天，曆象日月星辰，敬授民時。』於是陰陽調和，灾厲不作，休徵時至，嘉生蕃育，民人樂康，鬼神降福，舜、禹受之，循而勿失也。

曆象日月星辰。

《漢書·李尋傳》《書》曰『曆象日月星辰』，此言仰視天文，俯察地理，觀日月消息，候星辰行伍，揆山川變動，參人民繇俗，以制法度，者[一]禍福。舉措誖逆，咎敗將至，徵兆爲之先見。明君恐懼修正，側身博問，轉禍爲福；不可救者，即蓄備以待之，故社稷亡憂。

敬授人時。

《尚書大傳·唐傳》主春者，張昏中，可以種穀；主夏者，火昏中，可以種黍菽；主秋者，虚昏中，可以種麥；主冬者，昴昏中，可以收斂蓋藏。田獵斷伐，當告乎天子，而天子賦之民。故天子南面而視四方星之中，知民之緩急。急則不賦籍，則不舉力。故曰：『敬授民時。』此之謂也。

《漢書·李尋傳》《書》曰：『敬授民時。』故古之王者，尊天地，重陰陽，敬四時，嚴月令。順之以善政，則和氣可立致，猶枹鼓之相應也。

[一] 者，〔漢〕班固撰，〔唐〕顔師古注《漢書》作『考』。

宅嵎夷，曰暘谷。

《後漢書·東夷列傳》昔堯『命羲和[一]宅嵎夷，曰暘谷』，蓋日之所出也。

寅餞納日，平秩西成。

《尚書大傳·唐傳》寅餞入日，辯秩西成。傳曰：天子以秩命三公將帥，選士厲兵，以征不義。決獄訟、斷刑罰、趨收斂，以順天道，以佐秋殺。

平在朔易，日短星昴。

《尚書大傳·唐傳》辯在朔易，日短星昴。朔，始也。傳曰：天子以冬命三公，謹蓋藏，閉門閭，固封竟，入山澤田獵，以順天道，以佐冬固藏也。

朞三百有六旬有六日，以閏月定四時成歲。允釐百工，庶績咸熙。

《白虎通·四時》所以名爲歲何？歲者遂也。三百六十六日一周天，萬物畢死，故爲一歲也。《尚書》曰：『朞三百有六旬有六日，以閏月定四時成歲。』

《漢書·律曆志》堯復育重、黎之後，使纂其業，故《書》曰：『迺命羲、和，欽若昊天。曆象日

[一] 和，〔南朝宋〕范曄撰，〔唐〕李賢等注《後漢書》作『仲』。

月星辰，敬授民時。』『歲三百有六旬有六日，以閏月定四時成歲，允釐百官，衆功皆美。』

驩兜曰：『都！共工。』

《**後漢書・楊賜傳**》今妾媵嬖人閹尹之徒，共專國朝，欺罔日月。又鴻都門下，招會群小，造作賦說，以蟲篆小技見寵於時，如驩兜、共工更相薦說。

静言庸違，象恭滔天。

《**中論・考僞**》今僞名者之亂德也，豈徒鄉願之謂乎？萬事雜錯，變數滋生，亂德之道，固非一端而已。《書》曰：『静言庸違，象恭滔天。』皆亂德之類也。

《**漢書・王尊傳**》夫人臣而傷害陰陽，死誅之罪也；靖言庸違，放殛之刑也。

朕在位七十載。

《**獨斷**》朕，我也。古者尊卑共之，貴賤不嫌，則可同號之義也。堯曰：『朕在位七十載。』皋陶與帝舜言曰：『朕言惠，可底[一]行。』

[一] 底，〔清〕孫星衍撰，陳抗、盛冬鈴點校《尚書今古文注疏》作『厎』。

有鰥在下，曰虞舜。

《孔叢子·論書》子張問曰：『禮，丈夫三十而室。昔者舜三十徵庸，而《書》云「有鰥在下，曰虞舜」，何謂也？曩師聞諸夫子曰：「聖人在上，君子在位。則内無怨女，外無曠夫。」堯爲天子而有鰥在下，何也？』孔子曰：『夫男子二十而冠，冠而後娶，古今通義也。舜，父頑母嚚，莫克圖室家之端焉，故逮三十而謂之鰥也。』

克諧，以孝烝烝乂。〔一〕

《後漢書·孝章帝紀》陛下『至孝烝烝』，奉順聖德。**《鄧皇后紀》**宜令史官著《長樂宫注》《聖德頌》，以敷宣景耀，勒勳金石，縣之日月，攄之罔極。以崇陛下『烝烝之孝』。**《張禹傳》**陛下體烝烝之至孝，親省方藥，恩情發中，久處單外，百官露止，議者所不安。**《謝弼傳》**願陛下仰慕有虞蒸蒸之化，俯思《凱風》慰母之念。

釐降二女于嬀汭，嬪于虞。

《孟子·萬章上》帝使其子九男二女，百官牛羊倉廩備，以事舜於畎畝之中。**《萬章下》**堯之於

〔一〕此句習見斷句作『以孝烝烝，乂不格姦』。

舜也，使其子九男事之，二女女焉。

《後漢書·荀爽傳》《堯典》曰：『釐降二女于嬀汭，嬪于虞。』降者，下也。嬪者，婦也。言雖帝堯之女，下嫁于虞，猶屈體降下，勤修婦道。

《漢紀》卷十七荀悦曰：『尚公主之制，人道之大倫也。昔堯降釐[一]二女於嬀汭，嬪於虞。《易》曰：「帝乙歸妹，以祉元吉。」春秋稱王姬歸於齊。古之達禮也。』

慎徽五典，五典克從；納于百揆，百揆時叙；賓于四門，四門穆穆。

《春秋左氏·文十八年傳》季文子使大史克對曰：『故《虞書》數舜之功，曰「慎徽五典，五典克從」，無違教也。曰「納于百揆，百揆時序」，無廢事也。曰「賓于四門，四門穆穆」，無凶人也。』

納于大麓，烈風雷電弗迷。

《孔叢子·論書》宰我問：『《書》云「納于大麓，烈風雷雨弗迷」，何謂也？』孔子曰：『此言人事之應乎天也。堯既得舜，歷試諸難。已而納之於尊顯之官，使大録萬機之政。是故陰陽清和，五星不悖，烈風雨各以其應，不有迷錯愆伏。明舜之行，合於天也。』

[一] 降釐，〔漢〕荀悦、〔晋〕袁宏著，張烈點校《兩漢紀》本作「釐降」。

《尚書大傳·唐傳》納之大麓之野，烈風雷雨不迷，致之以昭華之玉。

《漢書·王莽傳》比三世爲三公，再奉送大行，秉冢宰職，填安國家，四海輻奏[一]，靡不得所。《書》曰『納于大麓，烈風雷雨不迷』，公之謂矣。

舜讓于德，弗嗣。

《漢書·王莽傳》將爲皇帝定立妃后，有司上名，公女爲首，公深辭讓，迫不得已然後受詔。父子之親天性自然，欲其榮貴甚於爲身。皇后之尊侔於天子，當時之會千載希有。然而公惟國家之統，揖大福之恩，事事謙退，動而固辭。《書》曰『舜讓于德不嗣』，公之謂矣。

正月上日，受終于文祖。

《孔叢子·論書》子張問曰：『聖人受命必受諸天，而《書》云「受終于文祖」，何也？』孔子曰：『受命於天者，湯、武是也。受命於人者，舜、禹是也。』

在璿璣玉衡，以齊七政。

《尚書大傳·唐傳》正月上日，受終于文祖，在琁璣玉衡，以齊七政。琁璣者何也？傳曰：琁

[一] 奏，〔漢〕班固撰，〔唐〕顔師古注《漢書》作『湊』。

者，還也；機[一]者，幾也，微也；其變幾微，而所動者大，謂之璇機。是故璇機謂之北極。受，謂舜也。上日元日，萬物非天不生，非地不載，非春不動，非夏不長，非秋不收，非冬不藏，故《書》：『湮于六宗。』此之謂也。

《史記·律書》太史公曰：『故旋璣玉衡以齊七政，即天地二十八宿。十母，十二子，鍾律調自上古。建律運曆造日度，可據而度也。合符節，通道德，即從斯之謂也。』

禋于六宗，望于山川，徧于群神。

《孔叢子·論書》宰我曰：『敢問禋于六宗，何謂也？』孔子曰：『所宗者六，皆潔祀之也。埋少牢於太昭，所以祭時也。祖迎於坎壇，所以祭寒暑也。主於郊宮，所以祭日也。夜明所以祭月也。幽禜所以祭星也。雩禜所以祭水旱也。禋于六宗，此之謂也。』

《說苑·辨物》山川何以視子男也？能出物焉，能潤澤物焉，能生雲雨；爲恩多，然品類以百數，故視子男也。《書》曰：『禋于六宗，望秩于山川，徧于群神矣。』

輯五瑞。

[一] 機，原本作『璣』，據《粵雅堂叢書》本改。下同。

《白虎通·文質》王者始立，諸侯皆見何？當受法稟正教也。《尚書》：『輯五瑞，覲四嶽。』謂舜始即位，見四方諸侯，合符信。

歲二月，東巡守至于岱宗，柴。望秩于山川，肆覲東后。協時月正日，同律度量衡。修五禮、五玉、三帛、二生、一死贄，如五器，卒乃復。五月，南巡守至于南嶽，如岱禮。八月，西巡守至于西嶽，如初。十有一月，朔巡守至于北嶽，如西禮。

《禮記·王制》歲二月，東巡守，至于岱宗，柴而望祀山川，覲諸侯，問百年者就見之。命大師陳詩，以觀民風；命市納賈，以觀民之所好惡，志淫好辟；命典禮考時、月，定日，同律、禮、樂、制度、衣服，正之。山川神祇，有不舉者，爲不敬；不敬者，君削以地。宗廟，有不順者爲不孝；不孝者，君絀以爵。變禮易樂者，爲不從；不從者，君流。革制度衣服者爲畔，畔者君討。有功德于民者，加地進律。五月，南巡守至于南嶽，如東巡守之禮。八月，西巡守至于西嶽，如南巡守之禮。十有一月，北巡守至于北嶽，如西巡守之禮。

《白虎通·巡守》王者所以巡狩者何？巡者，循也；狩，牧也，爲天下循行守牧民也。道德太平，恐遠近不同化，幽隱有[一]不得所，考禮義，正法度，同律曆，計時月，皆爲民也。《尚書》曰：

[一] 有，原本作『自』，據《粤雅堂叢書》本改。

『遂覲東后，叶時月正日，同律度量衡，修五禮。』　巡狩所以四時出何？當承宗廟，故不踰時也。以夏之仲月者，同律度，當得其中也。二月八月晝夜分，五月十一月陰陽終。《尚書》曰：『二月，東巡狩至于岱宗，柴。五月，南巡狩至于南岳，八月，西巡狩至於西岳。十有一月，朔巡狩至于北岳。』　巡狩祭天何？本巡狩爲祭天告至。《尚書》曰：『東巡狩至于岱宗柴也。』

《史記·封禪書》《尚書》曰：舜在琁璣玉衡，以齊七政。遂類于上帝，禋于六宗，望山川，遍群神。輯五瑞，擇吉月日，見四岳諸牧，還瑞。歲二月，東巡狩，至于岱宗。岱宗，泰山也。柴，望秩于山川。遂覲東后。東后者，諸侯也。合時月正日，同律度量衡，修五禮，五玉、三帛、二生、一死贄。五月，巡狩至南岳。南岳，衡山也。八月，巡狩至西岳。西岳，華山也。十一月，巡狩至北岳。北岳，恒山也。皆如岱宗之禮。中岳，嵩高也。五載一巡狩。禹遵之。

《漢書·律曆志》《虞書》曰『乃同律度量衡』，所以齊遠近，立民信也。

《後漢書·律曆志》又曰：『歲二月，東巡狩至岱宗，柴，望秩于山川。遂覲東后，協時月正日。』祖堯岱宗，同律度量，考在璣衡，以正曆象，庶乎有益。**《張純傳》**純奏上宜封禪曰：『自古受命而帝，治世之隆，必有封禪，以告成功焉。《書》曰：「歲二月，東巡狩至于岱宗。柴，則封禪之義也。」』

歸格于藝祖，用特。

《禮記·王制》歸假于祖禰，用特。

《白虎通·三軍》王者將出，辭於禰；還格祖禰者，言子辭面之禮，尊親之義也。《王制》曰：『王者將出，類于上帝，宜于社，造于禰。』《尚書》曰：『歸格于藝祖。』出所以告天。至告祖無二元后廟後告者。示不敢留尊者之命也。[一]　**《巡狩》**王者出必告廟何？孝子出辭反面，事死如事生。《尚書》曰：『歸假于祖禰。』

五載一巡狩。

《禮記·王制》天子五年一巡守。

《尚書大傳·唐傳》歸假于禰祖，用特。五載一巡守，群后德讓，貢正聲而九族具成。雖禽獸之聲，猶悉關于律。

《白虎通·巡狩》所以五歲巡狩何？爲太煩也，過五年，爲太疏也。因天道時有所生，歲有所成。三歲一閏，天道小備；五歲再閏，天道大備。故五歲一巡狩。

[一]〔清〕陳立撰，吳則虞點校《白虎通疏證》謂舊有『至告祖無元后廟後告者。示不敢留尊者之命也告天』句，舛誤難讀，依盧氏删去。見中華書局二〇一五年十月版，第二〇三頁。今依原本仍保留。

《史記・封禪書》又下詔曰：『古者天子五載一巡狩，用事太山，諸侯有朝宿地。其令諸侯各治邸太山下。』

明試以功，車服以庸。

《尚書大傳・唐傳》見諸侯，問百年，太師陳詩以觀民風俗，命市納賈以觀民好惡。山川神祇，有不舉者爲不敬，不敬者削以地。宗廟，有不順者爲不孝，不孝者黜以爵。變禮易樂爲不從，不從者君流。改制度衣服爲畔，畔者君討。有功者賞之。《書》曰：『明試以功，車服以庸。』

《後漢書・輿服志》《書》曰：『明試以功，車服以庸。』言昔者聖人興天下之大利，除天下之大害，躬親其事，身履其勤，憂之勞之，不避寒暑，使天下之民物，各得安其性命，無夭昏暴陵之灾。

惟刑之恤哉。

《漢書・刑法志》復下詔曰：『其與中二千石、二千石、博士及明習律令者，議減死刑及可蠲除約省者，令較然易知，條奏。《書》不云乎：「惟刑之恤哉！」其審核之，務準古法，朕將盡心覽焉。』

殛鯀于羽山。

《**禮記·祭法**》鯀障鴻水而殛死。

《**春秋左氏·昭七年傳**》子産對曰：『昔堯殛鯀于羽山，其神化爲黄熊，以入于羽淵，實爲夏郊，三代祀之。』

《**國語·周語下**》[一]大子晋曰：『其在有虞，有崈伯鯀，播其淫心。稱遂共工之過，堯用殛之于羽山。』

《**淮南子·修務訓**》堯立孝慈仁愛，使民如子弟。西教沃民，東至黑齒，北撫幽都，南道交趾。放驩兜於崇山，竄三苗於三危，流共工於幽州，殛鯀於羽山。

四罪而天下咸服。

《**孟子·萬章上**》萬章曰：『舜流共工于幽州，放驩兜于崇山，殺三苗于三危，殛鯀于羽山，四罪而天下咸服，誅不仁也。』

《**漢書·刑法志**》唐虞之際，至治之極，猶流共工，放驩兜，竄三苗，殛鯀，然後天下服。

《**後漢書·楊震傳**》震上疏曰：『臣聞政以得賢爲本，理以去穢爲務。是以唐虞俊乂在官，四

[一] 原本無『下』字，據徐元誥撰，王樹民、沈長雲點校《國語集解》補。

凶流放，天下咸服，以致雍熙。」

二十有八載，帝乃殂落。百姓如喪考妣，三載，四海遏密八音。

《**孟子·萬章上**》孟子曰：「《堯老而舜攝也。《堯典》曰：「二十有八載，放勳乃徂落，百姓如喪考妣，三年，四海遏密八音。」孔子曰：「天無二日，民無二王。」舜既爲天子矣，又帥天下諸侯以爲堯三年喪，是二天子矣。」

《**春秋繁露·暖燠孰多**》堯視民如子，民視堯如父母。《尚書》曰：『二十有八載，放勳乃徂落，百姓如喪考妣。四海之内，闕密八音三年。』三年陽氣壓於陰，陰氣大興，此禹所以有水名也。

《**白虎通·四時**》二帝爲載，三王言年，皆謂闚闔。故《尚書》曰：『三載，四海遏密八音。』謂二帝也。又曰：『諒陰三年。』謂三王也。

闢四門，明四目，達四聰。

《**潛夫論·明闇**》夫堯、舜之治，闢四門，明四目，達四聰，是以天干輻輳，而聖無不昭；故共、鯀之徒弗能塞也，靖言庸回，弗能惑也。

咨十有二牧。

《白虎通·封公侯》唐虞謂之牧何？尚質，使大夫往來牧諸侯，故謂之牧。旁立三人，凡十二人。《尚書》曰：『咨十有二牧。』

《漢書·朱博傳》初，何武爲大司空，又與丞相方進共奏言：『古選諸侯賢者以爲州牧，《書》曰「咨，十有二牧」，所以廣聰明，燭幽隱也。』

蠻夷率服。

《漢書·功臣表》昔《書》稱『蠻夷帥服』，許其慕諸夏也。

汝后稷，播時百穀。

《列女·棄母姜嫄傳》舜即位，乃命之曰：『棄！黎民阻飢，汝居稷，播時百穀。』

汝作司徒，敬敷五教。

《孟子·滕文公上》人之有道也，飽食煖衣、逸居而無教，則近於禽獸。聖人有憂之，使契爲司徒，教以人倫：父子有親，君臣有義，夫婦有別，長幼有序，朋友有信。

汝作士。

《獨斷》四代獄之別名。唐虞曰士官。《史記》曰『臯陶爲理』。《尚書》曰『臯陶作士』。

五流有宅，五宅三居。

《禮記・王制》屏之四方，唯其所之，不及以政，示弗故生也。注：屏，猶放去也。已施刑則放之棄之，役賦不與，亦不授之以田，困乏又無賙餼也。《虞書》曰『五流有宅，五宅三居』，是也。

咨伯。

《白虎通・王者不臣》先王老臣不名。親與先王戮力，共治國，同功於天下，故尊而不名也。

《尚書》曰：『咨爾伯。』不言名也。

帝曰：『夔！命汝典樂，教胄子，直而温，寬而栗，剛而無虐，簡而無傲。詩言志，歌永言，聲依咏，律和聲。』

《漢書・禮樂志》典者自卿大夫師瞽以下，皆選有道德之人，朝夕習業，以教國子。國子者，卿大夫之子弟也，皆學歌九德，誦六詩，習六舞五聲、八音之和。故帝舜命夔曰：『女典樂，教胄子，直而温，寬而栗，剛而無虐，簡而無傲。詩言志，歌永言，聲依咏，律和聲，八音克諧。』此之謂也。

《**後漢書·律曆志**》以六十律分朞之日，黄鍾自冬至始，及冬至而復，陰陽寒燠風雨之占[一]生焉。於以檢攝群音，考其高下，苟非草[二]木之聲，則無不有所合。《虞書》曰『律和聲』，此之謂也。

八音克諧，無相奪倫，神人以和。

《**春秋繁露·正貫**》如是則言雖約，説必布矣；事雖小，功必大矣。聲響盛化，運於物，散入於理；德在天地，神明休集，並行而不竭，盈於四海而頌詠。《書》曰：『八音克諧，無相奪倫，神人以和。』乃是謂也。

帝曰：龍，朕堲讒説殄行，震驚朕師。

《**潛夫論·斷訟**》今一歲斷獄，雖以萬計，然辭訟之辨[三]，鬭賊之發，鄉部之治，獄官之治者，其狀一也。本皆起民不誠信，而數相欺紿也。舜敕龍以讒説殄行，震驚朕師，乃自上古患之矣。

《**漢書·賈捐之傳**》迺下興、捐之獄，令皇后父陽平侯禁與顯共雜治，奏『興、捐之懷詐僞，以

[一] 占，原本作『古』，據《粤雅堂叢書》本改。
[二] 草，〔南朝宋〕范曄撰，〔唐〕李賢等注《後漢書》作『革』。
[三] 辨，〔漢〕王符著，〔清〕王繼培箋，彭鐸校正《潛夫論箋校正》作『辯』。

上語相風，更相薦譽，欲得大位，漏泄省中語，罔上不道。《書》曰：「讒説殄行，震驚朕師。」《王制》：「順非而澤，不聽而誅。」請論如法』。

三載考績，三考黜陟幽明。

《**尚書大傳·唐傳**》《書》曰：『三歲攷績，三攷黜陟幽明。』其訓曰：三歲而小攷者，正職而行事也。九歲而大攷者，絀無職而賞有功也。一之三，以至九年，天數窮矣，陽德終矣。積不善至于幽，六極以類降，故黜之。善至于明，五福以類相升，故陟之，皆所自取，聖無容心也。

《**潛夫論·考績**》是故大人不考功，則子孫惰而家破窮；官長不考功，則吏怠傲而姦宄興；帝王不考功，則直賢抑而詐僞勝。故《書》曰：『三載考績，黜陟幽明。』蓋所以昭賢愚而勸能否也。

《**白虎通·考黜**》諸侯所以考黜何？王者所以勉賢抑惡，重民之至也。《尚書》曰：『三載考績，三考黜陟。』　所以三歲一考績何？三年有成，故於是賞有功，黜不肖。《尚書》曰：『三載考績，三考黜陟。』何以知始考輒黜之？《尚書》曰：『三年一考，少黜以地。』《書》所以言三考黜陟者，謂爵土異也。

《**漢書·谷永傳**》治天下者尊賢考功則治，簡賢違功則亂。誠審思治人之術，歡樂得賢之福，論材選士，必試於職，明度量以程能，考功實以定德，毋用比周之虛譽，毋聽浸潤之譖愬，則抱功修職之吏無蔽傷之憂，比周邪僞之徒不得即工。小人日銷，俊艾日隆。經曰：『三載考績，三考黜陟幽明。』又曰：『九德咸事，俊艾在官。』未有功賞得於前衆賢布於官而不治者也。**《李尋傳》**辰星主正四時，當效於四仲；四孟皆出，爲易王命；四季皆出，星家所諱。今幸獨出寅孟之月，蓋皇天所以篤右陛下也，宜深自改。治國，故不可以戚戚，欲速則不達。經曰：『三載考績，三考黜陟。』

《後漢書·楊賜傳》賜復上疏曰：『臣聞天生蒸民，不能自理。故立君長，使司牧之，是以唐虞兢兢業業，周文日昃不暇，明慎庶官，俊乂在職，三載考績，以觀厥成。』

《漢紀》卷八三年耕則餘一年之畜，故三年有成，成此功也。故王者三載考績，三考黜陟。

大禹謨　皋陶謨　益稷

《孔叢子·論書》於《大禹》《皋陶謨》《益稷》見禹、稷、皋陶之忠勤功勳焉。《大禹謨》《禹貢》可以觀事，《皋陶謨》《益稷》可以觀政。

曰若稽古，皋陶。

《白虎通·聖人》何以言皋陶聖人也？以目[一]篇曰：『若稽古皋陶。』聖人而能爲舜陳道，『朕言惠，可底行』。又『旁施象刑維明』。

慎厥身修思永。

《漢書·元帝紀》自今以來，公卿大夫其勉思天戒，慎身修永，以輔朕之不逮。直言盡意，無有所諱。

惇叙九族。

《漢書·平帝紀》詔曰：『蓋聞帝王以德撫民，其次親親以相及也。昔堯睦九族，舜惇叙之。』

惟帝其難之。

《孔叢子·儒服》子高曰：『夫以周公之聖，兄弟相知之審，而近失於管、蔡，明人難知也。臣與乂相見，觀其材志，察其所履，齊國之志[二]，弗能過也。《書》曰：「知人則哲，惟帝難之。」穿何慚焉？』

[一] 目，原本作『自』，據《粤雅堂叢書》本改。

[二] 志，白冶鋼譯注《孔叢子譯注》作『士』。

《白虎通·封公侯》曾子問曰：「立適以長不以賢，何以言？爲賢不肖不可知也。《尚書》曰：『惟帝其難之。』」

《漢書·武帝紀》詔曰：「朕聞咎繇對禹，曰在知人，知人則哲，惟帝難之。」

《後漢書·虞延傳》衍在職不服父喪，帝聞之，廼歎曰：「『知人則哲，惟帝難之。』信哉，斯言！」衍慚而退，由是以延爲明。

知人則哲，能官人。

《漢書·五行志》《書》云：「知人則悊，能官人。」故堯舜舉群賢而命之朝，遠四佞而放諸壄。《薛宣傳》谷永上疏曰：「帝王之德莫大於知人，知人則百僚任職，天工不曠。故皋陶曰：『知人則哲，能官人。』」《王莽傳》於是公乃白內故泗水相豐、藜令邯，與大司徒光、車騎將軍舜建定社稷，奉節東迎，皆以功德受封益土，爲國名臣。《書》曰『知人則哲』，公之謂也。

《後漢書·楊秉傳》秉復上疏諫曰：「臣聞先王建國，順天制官。太微積星，名爲郎位，入奉宿衛，出牧百姓。皋陶誡虞，在於官人。」

安民則惠，黎民懷之。

《後漢書·孝順帝紀》詔曰：「連年灾潦，冀部尤甚。比蠲除實傷，贍恤窮匱，而百姓猶有棄業，流亡不絶。疑郡縣用心怠惰，恩澤不宣。《易》美「損上益下」。《書》稱「安民則惠」。其令[一]冀部勿收今年田租、芻稾。』《左雄傳》上疏陳曰：『臣聞柔遠和邇，莫大甯人，甯人之務，莫重用賢，用賢之道，必存考黜。是以皋陶對禹，貴在知人。「安人則惠，黎民懷之。」』

能哲而惠，何憂乎驩兜，何遷乎有苗？

《**淮南子·泰族訓**》故仁知，人材之美者也。所謂仁者，愛人也；所謂知者，知人也。愛人則無虐刑矣，知人則無亂政矣。治由文理，則無悖謬之事矣；刑不侵濫，則無暴虐之行矣。上無煩亂之治，下無怨望之心，則百殘除而中和作矣，此三代之所昌。故《書》曰：『能哲且惠，黎民懷之。何憂讙兜，何遷有苗？』

俊乂在官，百僚師師，百工惟時。

《**鹽鐵論·刺復**》夫綱維不張[二]，禮義不行，公卿之憂也。案上之文，期會之事，丞史之任也。《尚書》曰：『俊乂在官，百僚師師，百工惟時，庶尹允諧。』言官得其人，人任其事，故官治而不亂，事起而不廢，士守其職，大夫理其位，公卿總要執凡而已。

[一] 令，原本作『今』，據《粤雅堂叢書》本改。
[二] 張，原本作『長』，據《粤雅堂叢書》本改。

《中論·譴交》其爵之命也，各隨其才之所宜，不以大司小，不以輕任重。故《書》曰：『百僚師師，百工惟時。』此先王取士官人之法也。

無教逸欲有邦兢兢業業，一日二日萬幾。

《漢書·王嘉傳》嘉復奏封事曰：『臣聞咎繇戒帝舜曰：「亡敖佚欲有國兢兢業業，一日二日萬機。」』

《後漢書·陳蕃傳》蕃上疏諫曰：『臣聞人君有事於苑囿，唯仲秋西郊，順時講武，殺禽助祭，以敦孝敬。如或違此，則爲肆縱。故皋陶戒舜「無教逸游」，周公戒成王「無槃于遊田」。虞舜、成王猶有此戒，况德不及二王者乎！』

無曠庶官，天工，人其代之。

《中論·爵禄》由此觀之，爵禄者先王之所重也，非所輕也。故《書》曰：『無曠庶官，天工人其代之。』爵禄之賤也，由處之者不宜也，賤其人斯賤其位矣；其貴也，由處之者宜之也，貴其人斯貴其位矣。

《**潛夫論·忠貴**》是以君子任職則思利民，達上則思進賢，功孰大焉？故居上[一]而下不重也，在前而後不殆也。《書》稱『天工，人其代之』。王者，法天而建官，自公卿以下，至于小司，輒非天官也？是故明王不敢以私愛，忠臣不敢以誣能。

《**漢書·律曆志**》人者，繼天順地，序氣成物，統八卦，調八風，理八政，正八節，諧八音，舞八佾，監八方，被八荒，以終天地之功。故八八六十四，其義極天地之變，以天地五位之合終於十者，秉[二]之，爲六百四十分，以應六十四卦，大族之實也。《書》曰：『天功，人其代之。』《**孔光傳**》君秉社稷之重，總百僚之任，上無以匡朕之闕，下不能綏安百姓。《書》不云乎：『毋曠庶官，天工，人其代之。』《**王莽傳**》舜等即共[三]令太后下詔曰：『蓋聞天生衆民，不能相治，爲之立君以統理之。君年幼稚，必有寄託而居攝焉，然後能奉天施而成地化，群生茂育。《書》不云乎：「天工，人其代之。」』

《**後漢書·馬嚴傳**》嚴上封事曰：『臣聞日者衆陽之長，食者陰浸之徵。《書》曰：「無曠庶官，天工，人其代之。」言王者代天官人也。故考績黜陟，以明褒貶。無功不黜，則陰盛陵陽。』

[一] 上，原本作『之』，據《粤雅堂叢書》本改。
[二] 秉，〔漢〕班固撰，〔唐〕顏師古注《漢書》作『乘』。
[三] 共，原本作『其』，據《粤雅堂叢書》本改

《漢紀》卷四夫帝王之作，必有神人之助。非德無以建業，非命無以定衆。或以文昭，或以武興，或以聖立，或以人崇，焚魚斬蛇，異功同符，豈非精靈之感哉！《書》曰：『天工，人其代之。』《易》曰：『湯、武革命，順乎天而應乎人。』其斯之謂乎！

天秩有禮。

《漢書・刑法志》《書》云『天秩有禮』，『天討有罪』。故聖人因天秩而制五禮，因天討而作五刑。

天命有德，五服五章哉！

《尚書大傳・虞傳》天子衣服，其文華蟲、作繪、宗彝、璪火、山龍；諸侯，作繪、宗彝、璪火、山龍；子、男，宗彝、璪火、山龍；大夫，璪火、山龍；士，山龍。故《書》曰：『天命有德，五服五章哉！』

《漢書・王嘉傳》因奏封事諫上及太后曰：『臣聞爵禄土地，天之有也。《書》云：「天命有德，五服五章哉！」王者代天爵人，尤宜慎之。裂地而封，不得其宜，則衆庶不服，感動陰陽，其害疾自深。』

天討有罪，五刑五用哉！

《**潛夫論・述赦**》天下本以民不能相治，故爲立王者以統治之。天下在於奉天威命，共行賞罰。故經稱『天命有德，五服五章；天罰有罪，五刑五用』。

《**後漢書・梁統傳**》統對曰：『聞聖帝明王，制立刑罰，故雖堯、舜之盛，猶誅四凶。經曰：「天討有罪，五刑五庸哉！」』《**應劭傳**》初，安帝時河間人尹次、潁川人史玉皆坐殺人，當死。次兄初及玉母軍竝詣官曹求代其命，而縊而物故。尚書陳忠以罪疑從輕，議活次、玉。劭後追駮之，據正典刑，有可存者。其議曰：『《尚書》稱「天秩有禮，五服五章哉！天討有罪，五刑五用哉！」』

天聰明。

《**漢書・李尋傳**》乃說根曰：『《書》云「天聰明」，蓋言紫宫極樞，通位帝紀，大微四門，廣開大道，五經六緯，尊術顯士，翼張舒布，燭臨四海，少微處士，爲比爲輔，故次帝廷，宫女在後。聖人承天，賢賢易色，取法於此。天官上相上將，皆顓面正朝，憂責甚重，要在得人。得人之效，成敗之機，不可不勉也。』

懋遷有無，化居。

《漢書·食貨志》贊：《書》云『楙遷有無』，故民賴其利，萬國作乂。《叙傳》商以足用，『茂遷有無』。

予欲觀古人之象。

《詩·鄘風》象服是宜。箋：人君之象服，則舜所云『予欲觀古人之象，日月星辰』之屬。

《尚書大傳·虞傳》山龍青也，華蟲黄也，作繪黑也，宗彝白也，璪火赤也。天子服五，諸侯服四，次國服三，大夫服二，士服一。

予欲聞六律五聲八音。

《白虎通·禮樂》聲者何？謂聲鳴也，聞其聲即知其所生。音者飲也，言其剛柔清濁，和而相飲也。《尚書》曰：『予欲聞六律五聲八音。』

欽四鄰。

《孔叢子·論書》孟懿子問《書》曰：『「欽四鄰」，何謂也？』孔子曰：『王者前有疑，後有丞，左有輔，右有弼，謂之四近。言前後左右近臣當畏敬之，不可以非其人也。』

敷納以言，明庶以功，車服以庸。誰敢不讓，敢不敬應？

《春秋左氏·僖二十七年傳》趙衰曰：『郤縠可。臣亟聞其言矣，説禮、樂而敦《詩》《書》。《詩》《書》，義之府也。禮、樂，德之則也。德、義，利之本也。《夏書》曰：「賦納以言，明試以功，車服以庸。」君其試之。』

《春秋繁露·制度》故貴賤有等，衣服有别，朝廷有位，鄉黨有序，則民有所讓而民不敢争，所以一之也。《書》曰：『轝服有庸，誰敢弗[一]讓，敢不敬應？』此之謂也。

《潛夫論·考績》是故世主不循考功而思太平，此猶欲舍規矩而爲方圓，無舟楫而欲濟大水，雖或[二]云縱，然不知循其慮度之易且速也。群僚師尹，咸有典司，各居其職，以責有效；百郡千縣，各因其前，以謀其後；辭言應對，各緣其文，以覈其實，則奉職不解，而陳言者不得誣矣。《書》云：『賦納以言，明試以功，車服以庸，誰能不讓？誰能不敬應？』此堯、舜所以養黎民而致時雍也。

《漢書·文帝紀》詔諸侯王公卿郡守舉賢良能直言極諫者，上親策之，傅納以言。**《成帝紀》**詔曰：『古之選賢，傅納以言，明試以功。故官無廢事，下無逸民，教化流行，風雨和時，百穀用成，

[一] 弗，原本作『不』，據《粤雅堂叢書》本改。

[二] 雖或，原本爲兩墨釘，據《粤雅堂叢書》本補。

衆庶樂業，咸以康寧。』

《**後漢書・孝章帝紀**》每尋前世舉人貢士，或起畎畝，不繫閥閱。敷奏以言，則文章可采；明試以功，則政有異迹。文質彬彬，朕甚嘉之。

啟呱呱而泣。

《**白虎通・姓名**》人生所以泣何？本一幹而分，得氣異息，故泣，重離母之義也。《尚書》曰：『啟呱呱而泣也。』

外薄四海。

《**爾雅・釋地**》九夷、八狄、七戎、六蠻，謂之四海。

方施象刑，惟明。

《**新序・節士**》伯成子高曰：『今君賞罰而民欲且多私，是君之所懷者私也。百姓知之，貪争之端，自此始矣。德自此衰，刑自此繁矣，吾不忍見，是以野處也。今君又何求而見我？君行矣，無留吾事。』耕而不顧。《書》曰：『旁施象刑維明。』及禹不能。

《**漢書・刑法志**》：所謂『象刑、惟明』者，言象天道而作刑，安有菲屨赭衣者哉！

戛擊鳴球，搏拊琴瑟以詠，祖考來格。

《禮記·明堂位》拊搏、玉磬、揩擊、大琴、大瑟、中琴、小瑟，四代之樂器也。

《尚書大傳·虞傳》古者帝王升歌《清廟》之樂，大琴練弦達越，大瑟朱弦達越，以韋爲鼓，謂之搏拊，何以也？君子有大人聲，不以鐘鼓竽瑟之聲亂人聲。《清廟》升歌者，歌先人之功烈德澤也，故欲其清也。其歌之呼也，曰：『於穆清廟。』『於』者，嘆之也；『穆』者，敬之也；『清』者，欲其在位者徧聞之也。故周公升歌文王之功烈德澤，苟在廟中嘗見文王者，愀然如復見文王。故《書》曰：『搏拊琴瑟以詠，祖考來假。』此之謂也。

《白虎通·禮樂》降神之樂在上何？爲鬼神舉。故《書》曰：『戛擊鳴球、搏拊琴瑟以詠，祖考來格。』所以用鳴球，搏拊者何？鬼神清虚，貴净賤鏗鏘也。

《後漢書·孝章帝紀》秋八月，飲酎高廟，禘祭光武皇帝、孝明皇帝。甲辰，詔：『《書》云「祖考來假」，明哲之祀。』

虞賓在位。

《白虎通·王者不臣》不臣二王之後者，尊先王通天下之三統也。《尚書》曰：『虞賓在位。』不臣丹朱也。

下管鼗鼓。

《**白虎通・禮樂**》歌者在堂上，舞在堂下，何？歌者象德，舞者象功，君子上德而下功。《郊特牲》曰：『歌者在上。』《論語》曰：『季氏八佾舞於庭。』《書》：『下管鞀鼓，笙鏞以間。』

《簫韶》九成，鳳凰來儀。

《**漢書・宣帝紀**》詔曰：『廼者鳳皇集泰山、陳留，甘露降未央宮。朕未能章先帝休烈，協寧百姓，承天順地，調序四時，獲蒙嘉瑞，賜兹祉福，夙夜兢兢，靡有驕色，内省匪解，永惟罔極。《書》不云乎：「鳳皇來儀，庶尹允諧。」』《**劉向傳**》乃上封事諫曰：『臣聞舜命九官，濟濟相讓，和之至也。衆賢和於朝，則萬物和於野。故「《簫韶》九成」，而「鳳皇來儀」。「擊石拊石，百獸率舞」。四海之内，靡不和寧。』

夔曰：『於！予擊石拊石，百獸率舞，庶尹允諧。』

《**孔叢子・論書**》魯哀公問：『《書》稱夔曰「於！予擊石拊石，百獸率舞，庶尹允諧」，何謂也？』孔子對曰：『此言善政之化乎物也。古之帝王，功成作樂，其功善者，其樂和。樂和則天地猶且應之，況百獸乎？夔爲帝舜樂正，實能以樂盡治理之情。』

《**漢書・禮樂志**》是以薦之郊廟，則鬼神饗；作之朝廷，則群臣和；立之學官，則萬民協。聽者無不虛己竦神，説而承流，是以海内徧知上[一]德，被服其風，光煇日新，化上遷善，而不知所以然。《書》云：『擊石拊石，百獸率舞。』鳥獸且猶感應，而況於人乎，況於鬼神乎？

元首明哉，股肱良哉，庶事康哉！

《尚書大傳·虞傳》元首明哉！股肱良哉！元首，君也。股肱，臣也。

《忠經·家臣章》夫忠者，豈惟奉君忘身，狥國忘家，正色直辭，臨難死節而已矣！在乎沉謀潛運，正國安人，任賢以爲理，端委而自化。尊其君，有天地之大，日月之明，陰陽之和，四時之信，聖德洋溢，頌聲作焉。《書》云：『元首明哉，股肱良哉，庶事康哉。』[二]

《中論·審大臣》[三]故大臣不可以不得其人也。大臣者，君之股肱耳目也，所以視聽也，所以行事也。先王知其如是也，故博求聰明睿哲君子，措諸上位，執邦之政令焉。執政則其事舉，其事舉則百僚任其職；百僚任其職，則庶事莫不致其治；庶事致其治，則九牧之民，莫不得其所。故《書》曰：『元首明哉，股肱良哉，庶事康哉！』

[一] 上，原本作『止』，據《粵雅堂叢書》本改。

[二] 《粵雅堂叢書》本無此條。

[三] 《粵雅堂叢書》本在『故大臣不可以不得其人』前多引用『帝者昧旦而視朝廷，南面而聽天下，將與誰爲之，豈非群公卿士歟？』

《**漢書·元帝紀**》詔曰：『因覽風俗之化，相守二千石！誠能正躬勞力，宣明教化，以親萬姓，則六合之內和親，庶幾虖無憂矣。《書》不云乎：「股肱良哉，庶事康哉！」布告天下，使明知朕意。』《**司馬相如傳**》《書》曰：『「元首明哉，股肱良哉！」因斯以談，君莫盛於堯，臣莫賢於后稷。《**魏相丙吉傳**》贊：古之制名，必繇象類，遠取諸物，近取諸身。故經謂君爲元首，臣爲股肱，明其一體，相待而成也。《**黃霸傳**》下詔稱揚曰：『潁川太守霸，宣布詔令，百姓鄉化，孝子弟弟，貞婦順孫，日以衆多，田者讓畔，道不拾遺，養視鰥寡，贍助貧窮，獄或八年亡重罪囚，吏民鄉于教化，興于行誼，可謂賢人君子矣。《書》不云乎：「股肱良哉！」』

《**漢紀**》**卷二十九上**覺悟，召閎，遂上書諫曰：『臣聞王者立三公法三光，立九卿以法天，明君臣之義，當得賢人。《易》曰：「鼎折足，覆公餗。」喻三公非其人也。《書》曰：「元首明哉，股肱良哉！」』

股肱惰哉，萬事墮哉！

《**中論·審大臣**》叔世之君生乎亂，求大臣，置宰相而信流俗之説，故不免乎《國風》之譏也。而欲與之興天和，致時雍，遏禍亂，弭妖灾，無異策穿蹄之乘，而登太行之險，亦必顛躓矣。故《書》曰：『股肱墮哉，萬事墮哉！』此之謂也。

禹貢

奠高山。

《孔叢子·論書》子張問：「《書》云『奠高山』，何謂也？」孔子曰：「高山五嶽，定其差秩，祀所視焉。」

雷夏既澤，灉沮會同。

《周禮·職方氏》其浸盧[一]維。注：「盧」「維」當爲「雷」「雍」，字之誤也。《禹貢》曰：「雷夏既澤，雍、沮會同。」雷夏在陽城。

海物惟錯。

《孔叢子·廣訓》「海物維錯」，錯，雜也。

杶榦栝[二]柏。

［一］ 盧，原本作『廬』，按阮校：閩、監、毛本同，誤也。唐石經、宋本、余本、嘉靖本『廬』作『盧』，當據正。注及疏同。《釋文》亦作『盧維』。據〔漢〕鄭玄注，〔唐〕賈公彦疏，趙伯雄整理《周禮注疏》改。下同。

［二］ 栝，原本作『梧』，據《粵雅堂叢書》本改。

《考工記》荆之幹。注：荆，荆州也。幹，柘也，可以爲弓弩之幹。《禹貢》荆州貢櫄幹栝柏，及箘簵楛。

滎、波、既豬。

《周禮・職方氏》其川滎雒，其浸波溠。注：滎，兖水也，出東垣，入于河，泆爲滎。滎在滎陽，波讀爲播。《禹貢》曰：『滎播既都。』

厥田惟上上

《後漢書・杜篤傳》夫廱州，本皇帝所以育業、霸王所以衍功、戰士角難之場也。《禹貢》所載，厥田惟上。

西戎即叙。

《漢書・西域傳》且通西域，近有龍堆，遠則葱嶺，身熱、頭痛、縣度之阸。淮南〔一〕、杜欽、揚雄之論，皆以爲此天地所以界别區域，絶外内也。《書》曰『西戎即序』，禹既就而序之，非上威服致其貢物也。

〔一〕南，原本作『陽』，據《粤雅堂叢書》本改。

九州攸同，四隩既宅，九山刊旅，九川滌源，九澤既陂，四海會同。

《**國語·周語下**》其後伯禹念前之非度，釐改制量，象物天地，比類百則，儀之于民，而度之于群生。共之從孫四岳佐之，高高下下，疏川導滯，鍾水豐物，封崇九山，決汨九川，陂鄣九澤，豐殖九藪，汨越九原，宅居九隩，合通四海。

東漸于海，西被于流沙，朔南暨聲教訖于四海。

《**漢書·賈捐之傳**》捐之對曰：『臣聞堯、舜，聖之盛也，禹入聖域而不優，故孔子稱堯曰「大哉」，《韶》曰「盡善」，禹曰「無間」。以三聖之德，地方不過數千里，被[一]流沙，東漸于海，朔南暨聲教，迄于四海。欲與聲教，則治之；不欲與者，不彊治也。故君臣歌德，含氣之物各得其宜。』

甘誓

大戰于甘。

《**墨子·明鬼下**》且《禹書》獨鬼，而《夏書》不鬼，則未足以爲法也。然則姑嘗上觀乎《夏書》。《禹誓》曰：『大戰于甘，王乃命左右六人，下聽誓于中軍，曰：有扈氏威侮五行，怠棄三正，

[一]〔漢〕班固撰，〔唐〕顏師古注《漢書》『被』前有『西』字。

天用勦絶其命。有曰：日中，今予與有扈氏争一日之命。且爾卿大夫庶人，予非爾田野葆士之欲也，予共行天之罰也。左不共于左，右不共于右，若不共命；御非爾馬之政，若不共命。是以賞於祖，而僇於社。』賞於祖者何也？言分命之均也。僇於社者何也？言聽獄之事也。故古聖王，必以鬼神爲賞賢而罰暴，是故賞必於祖，而僇必於社。此吾所以知《夏書》之鬼也。

《吕氏春秋·先己》夏后相與有扈戰於甘澤而不勝，六卿請復之。夏后相曰：『不可。吾地不淺，吾民不寡，戰而不勝，是吾德薄而教不善也。』於是乎處不重席，食不貳味，琴瑟不張，鍾鼓不脩，子女不飾，親親長長，尊賢使能。期年而有扈氏服。

怠棄三正，天用勦絶其命。

《白虎通·壽命》隨命者，隨行爲命，若言怠棄三正，天用勦絶其命矣。又欲使民務仁立義，闕[一]無滔天。滔天則司命舉，過言則用以弊之。

今予惟恭行天之罰。

《白虎通·三軍》王法天誅者，天子自出者，以爲王者乃天之所立，而欲謀危社稷，故自出，重

[一]〔清〕陳立撰，吴則虞點校《白虎通疏證》注：『「立義」下舊本有「闕」字，蓋謂闕壹字也，後入正文，誤。

天命也。犯王法，使方伯誅之。《尚書》曰：『命予惟恭行天之罰。』此所以言啟自出伐有扈也。

用命賞于祖，不用命戮于社。

《獨斷》天子之社曰王社，一曰帝社。古者有命將行師，必於此社授以政。《尚書》曰：『用命賞于祖，不用命戮于社。』

予則奴戮汝。

《漢書·王莽傳》秦爲無道，厚賦税以自供奉，罷民力以極欲，壞聖制，廢井田，是以兼并起，貪鄙生。强者規田以千數，弱者曾無立錐之居。又置奴婢之市，與牛馬同蘭，制於民臣，顓斷其命。姦虐之人因緣爲利，至略賣人妻子，逆天心誖人倫，繆於『天地之性人爲貴』之義。《書》曰『予則奴戮女』，唯不用命者，然後被此辜矣。

湯誓

時日曷喪？予及汝偕亡。

《孟子·梁惠王上》《湯誓》曰：『時日害喪，予及女偕亡。』民欲與之偕亡，雖有臺池鳥獸，豈能獨樂哉？

爾無不信，朕不食言。爾不從誓言，予則孥戮汝，罔有攸赦。

《中論·賞罰》夫賞罰者，不在乎必重，而在於必行。必行則雖不重而民勸[一]，不行則雖重而民怠，故先王務賞罰之必行。《書》曰：『爾無不信，朕不食言。爾不從誓言，予則孥戮汝，汝罔有攸赦。』

若農服田力穡，乃亦有秋。

《漢書·成帝紀》詔曰：『方東作時，其令二千石勉勸農桑，出入阡陌，致勞來之。《書》不云乎：「服田力嗇，乃亦有秋。」其勗之哉。』

若火之燎于原，不可嚮邇，其猶可撲滅。

《春秋左氏·隱六年傳》君子曰：『善不可失，惡不可長。』『其陳桓公之謂乎！長惡不悛，從自及也。雖欲救之，其將能乎！《商書》曰：「惡之易也，如火之燎于原，不可鄉邇。其猶可撲滅？」』《莊十四年傳》楚子以蔡侯滅息，遂伐蔡。君子曰：『《商書》所謂「惡之易也，如火之燎于原，不可鄉邇，其猶可撲滅」者，其如蔡哀侯乎。』

[一] 勸，《群書治要》本作『肅』。

兹予大享于先王，爾祖其從與享之。

《尚書大傳·殷傳》古者諸侯始受封，則有采地。百里諸侯以三十里，七十里諸侯以二十里，五十里諸侯以十五里。其後子孫雖有辠黜，其采地不黜，使其子孫賢者守之。世世以祀其始受封之人，此之謂興滅國，繼絕世。《書》曰：『兹予大享于先王，爾祖其從與享之。』此之謂也。

《孔叢子·論書》《書》曰：『兹予大享于先王，爾祖其從與享之。』季桓子問曰：『此何謂也？』孔子曰：『古之王者，臣有大功，死則必祀之於廟，所以殊有績，勸忠勤也。盤庚舉其事，以厲其世臣，故稱焉。』

汝無侮老成人。

《漢書·孔光傳》太后詔曰：『太師光，聖人之後，先師之子，德行純淑，道術通明，居四輔職，輔道于帝。今年耆有疾，俊艾大臣，惟國之重，其猶不可以闕焉。《書》曰：「無遺耇老。」』

用德彰厥善。

《漢書·楚孝王囂傳》夫行純茂而不顯異，則有國者將何勗哉？《書》不云乎：『用德章厥善。』今王朝正月，詔與子男一人俱，其以廣戚縣户四千三百封其子勳爲廣戚侯。**《王嘉傳》**昔楚有子玉得臣，晉文爲之側席而坐；近事，汲黯折淮南之謀。今雲等至有圖弑天子逆亂之謀者，是公卿股肱莫能悉心務聰明以銷厭未萌之故。賴宗廟之靈，侍中駙馬都尉賢等發覺以聞，咸伏厥辜。《書》不云乎：『用德章厥善。』其封賢爲高安侯，南陽太守寵爲方陽侯，左曹、光禄大夫躬爲宜陵侯。

《後漢書·濟北惠王壽傳》梁太后下詔曰：『濟北王次以幼年守藩，躬履孝道，父没哀慟，焦毁過禮，草廬土席，衰杖在身，頭不櫛沐，體生瘡腫。諒闇已來二十八月，自諸國有憂，未之聞也，朝廷甚嘉焉。《書》不云乎：「用德章厥善。」《詩》云：「孝子不匱，永錫爾類。」今增次封五千户，廣其十宇，以慰孝子惻隱之勞。』

邦之臧，惟汝衆。邦之不臧，惟予一人有佚罰。

《國語·周語上》襄王使召公過及内史過賜晉惠公命。吕甥、郤芮相晉侯不敬，晉侯執玉卑，拜不稽首。内史過歸，以告王曰：『晉不亡，其君必無後，且吕、郤將不免。』王曰：『何故？』對曰：『在《般庚》曰：「國之臧，則維女衆。國之不臧，則維余一人是有逸罰。」如是則長衆使民，不可不慎也。』

顛越不恭、暫遇姦宄[一]，我乃劓殄滅之，無遺育。

[一] 宄，原本作『究』，據《粤雅堂叢書》本改。

《春秋左氏·哀十一年傳》子胥諫曰：『越在，我心腹之疾也。壤地同而有欲於我。夫其柔服，求濟其欲也，不如早從事焉。得志于齊，猶獲石田也，無所用之。越不爲沼，吴其泯矣。使醫除疾，而曰必遺類焉者，未之有也。《盤庚》之誥曰：「其有顛越不共，則劓殄無遺育，無俾易種于兹邑。」是商所以興也。」』

高宗肜日。

《尚書大傳·殷傳》武丁祭成湯，有飛雉升鼎耳而雊。武丁問諸祖己。祖己曰：『雉者，野鳥也，不當升鼎；今升鼎者，欲爲用也。』無則遠方將有來朝者乎？故武丁内反諸己，以思先王之道。三年，編髮重譯來朝者六國。孔子曰：『吾于《高宗肜日》，見德之有報之疾也。』

祖己曰：惟先假王，正厥事。

《漢書·成帝紀》詔曰：『迺者火災降于祖廟，有星孛於東方，始正而虧，咎孰大焉！《書》云：「惟先假王正厥事。」』**《孔光傳》**迺正月辛丑朔，日有蝕之，變有三朝之會。上天聰明，苟無其事，變不虛生。《書》曰「惟先假王正厥事」，言異變之來，起事有不正也。**《外戚傳》**變怪衆備，末重益大，來數益甚。成形之禍，月以迫切，不救之患，日寑婁深，咎敗灼灼若此，豈可以忽哉！《書》云：『高宗肜日，粤有雊雉。祖己曰：「惟先假王正厥事。」』即飭椒房及掖庭耳。

《後漢書·律曆志》夫庶徵休咎，五事之應，咸在朕躬，信有闕矣，將何以補之？《書》曰：『惟先假王正厥事。』

天既付命正厥德。

《漢書·孔光傳》《書》曰『天既付命正厥德』，言正德以順天也。明承順天道在於崇德博施，加精致誠，孳孳而已。

微子

方興沈酗于酒。

《漢書·敘傳》伯曰：『「沈湎于酒」，微子所以告去也；「式號式謼」，《大雅》所以流連也。《詩》《書》淫亂之戒，其原皆在於酒。』

牧誓

牝雞無晨；牝雞之晨，惟家之索。

《列女·殷妲己傳》於是，武王遂致天之罰，斬妲己頭，懸於小白旗，以爲亡紂者是女也。《書》

曰：『牝雞無晨；牝雞之晨，惟家之索。』

《漢書·五行志》昔武王伐殷，至於牧壄，誓師曰：『古人有言曰「牝雞無晨；牝雞之晨，惟家之索」。今殷王紂惟婦言用。』繇是論之，黃龍、初元、永光雞變，迺國家之占，妃后象也。

今商王受惟婦言示用。

《漢書·叙傳》時乘輿幄坐，張畫屏風，畫紂醉踞妲己作長夜之樂。上以伯新起，數以禮之，因顧指畫而問伯：『紂爲無道，至於是虖？』伯對曰：『《書》云「迺用婦人之言」，何有踞肆於朝？所謂衆惡歸之，不如是之甚者也。』

乃惟四方之多罪逋逃，是崇是長，是信是使。

《漢書·五行志》谷永對曰：『臣聞三代所以喪亡者，皆繇婦人群小。《書》云：「乃用其婦人之言。四方之逋逃多罪，是信是使。」』

洪範

《孔叢子·論書》《洪範》可以觀度。　吾於《洪範》，見君子之不忍言人之惡，而質人之美也。發乎中而見乎外，以成文者，其唯《洪範》乎？

惟十有三祀，王訪于箕子。

《**漢書·律曆志**》文王受命九年而崩，再期，在大祥而伐紂，故《書·序》曰：『惟十有一年，武王伐紂，作《太誓》。』八百諸侯會。還歸二年，乃遂伐紂克殷，以箕子歸。十三年也。故《書·序》曰：『武王克殷，以箕子歸，作《洪範》。』《洪範篇》曰：『惟十有三祀，王訪于箕子。』自文王受命而至此十三年，歲亦在鶉火，故傳曰：『歲在鶉火，則我有周之分壄也。』《**五行志**》周既克殷，以箕子歸，武王親虛己而問焉。故經曰：『惟十有三祀，王訪于箕子。王廼言曰：「烏嘑，箕子！惟天陰騭下民，相協厥居，我不知其彝[一]倫逌叙。」箕子廼言曰：「我聞在昔，鯀陻洪水，汩陳其五行，帝乃震怒，弗畀《洪範》九疇，彝倫逌斁。鯀則殛死，禹廼嗣興，天廼錫禹《洪範》九疇，彝倫逌叙。」』此武王問《雒書》於箕子，箕子對禹，得《雒書》之意也。

惟天陰騭下民。

《**吕氏春秋·君守**》二曰：得道者必静，静者無知。知乃無知，可以言君道也。故曰：中欲不出謂之扃，外欲不入謂之閉。既扃而又閉，天之用密。有准不以平，有繩不以正，天之大静。既静而又寧，可以爲天下正。身以盛心，心以盛智。智乎，深藏而實莫得窺乎！《鴻範》曰：『惟天

[一] 彝，原本作『尋』，據《粤雅堂叢書》本改。

陰騭下民。』陰之者，所以發之也。

初一曰五行，次二曰敬用五事，次三曰農用八政[一]，次四曰協用五紀，次五曰建用皇極，次六曰又用三德，次七曰明用稽疑，次八曰念用庶徵，次九曰鄉用五福，威用六極。

《漢書·五行志》『初一曰五行；次二曰羞用五事；次三曰農用八政；次四曰叶用五紀；次五曰建用皇極；次六曰艾用三德；次七曰明用稽疑；次八曰念用庶徵；次九曰嚮用五福，畏用六極。』凡此六十五字，皆《雒書》本文，所謂天迺錫禹大法九章常事所次者也。**《藝文志》**五行者，五常之形氣也。《書》云『初一曰五行，次二曰羞用五事』，言進用五事，以順五行也。**《孔光傳》**光對曰：『臣聞日者，衆陽之宗，人君之表，至尊之象。君德衰微，陰道盛彊，侵蔽陽明，則日蝕應之。《書》曰「羞用五事」，「建用皇極」。如貌、言、視、聽、思失，大中之道，不立，則咎徵薦臻，六極屢降。』**《谷永傳》**臣聞灾異，皇天所以譴告人君過失，猶嚴父之明誡。畏懼敬改，則禍銷福降；忽然簡易，則咎罰不除。經曰：『饗用五福，畏用六極。』傳曰：『六沴作見，若不共御，六罰即侵，六極其下。』

[一] 政，原本作『改』，據《粵雅堂叢書》本改。

一，五行：一曰水、二曰火、三曰木、四曰金、五曰土。

《尚書大傳・周傳》水、火者，百姓之所飲食也；金、木者，百姓之所興作也；土者，萬物之所資生也，是爲人用。

《白虎通・五行》五行者，何謂也？謂金木水火土也。言行者，欲言爲天行氣之義也。地之承天，猶妻之事夫，臣之事君也。謂其位卑，卑者親事，故自周[一]於一行，尊於天也。《尚書》『一曰水，二曰火，三曰木，四曰金，五曰土』。

水曰潤下，火曰炎上，木曰曲直，金曰從革，土爰稼穡。

《白虎通・五行》五行之性，或上或下何？火者陽也，尊，故上。水者陰也，卑，故下。木者少陽，金者少陰，有中和之性，故可曲可直，從革。土者最大，苞含物，將生者、出者、將歸者，不嫌清濁，爲萬物。[二]《尚書》曰：『水曰潤下，火曰炎上，木曰曲直，金曰從革，土爰稼穡。』

《漢書・五行志》傳曰：『田獵不宿，飲食不享，出入不節，奪民農時，及有姦謀，則木不曲

[一] 周，〔清〕陳立撰，吴則虞點校《白虎通疏證》作『同』，注『同』舊作『周』，誤。

[二] 〔清〕陳立撰，吴則虞點校《白虎通疏證》斷句爲『苞含物將生者出，將歸者入，不嫌清濁爲萬物』，注『將歸者入』，舊上衍『者』字，下脱『入』字。今考〔清〕孫星衍撰，陳抗、盛冬鈴點校《尚書今古文注疏》疏云：『苞含物，將生者、出者、將歸者，不嫌清濁，爲萬物母。』

直。』傳曰：『棄法律，逐功臣，殺太子，以妾爲妻，則火不炎上。』傳曰：『治宮室，飾臺榭，内淫亂，犯親戚，侮父兄，則稼穡不成。』傳曰：『好戰攻，輕百姓，飾城郭，侵邊境，則金不從革。』傳曰：『簡宗廟，不禱祠，廢祭祀，逆天時，則水不潤下。』《李尋傳》臣聞五行以水爲本，其星玄武婺女，天地所紀，終始所生。水爲準平，王道公正修明，則百川理，落脉通；偏黨失綱，則踊溢爲敗。《書》云『水曰潤下』，陰動而卑，不失其道。

潤下作鹹，炎上作苦，曲直作酸，從革作辛，稼穡作甘。

《白虎通·五行》水味所以鹹何？是其性也。所以北方鹹者，萬物鹹與所以堅之也，猶五味得鹹乃堅也。木味所以酸何？東方萬物之生也，酸者以達生也，猶五味得酸乃達也。火味所以苦何？南方主長養，苦者所以長養也，猶五味須苦可以養也。金味所以辛何？西方煞傷成物，辛所以煞傷之也，猶五味得辛乃委煞也。土味所以甘何？中央者，中和也，故甘，猶五味以甘爲主也。《尚書》曰：『潤下作鹹，炎上作苦，曲直作酸，從革作辛，稼穡作甘。』

二，五事，一曰貌。

《説苑·修文》《書》曰五事：一曰貌。貌者男子之所以恭敬，婦人之所以姣好也。

《後漢書·陳忠傳》臣聞《洪範》五事，一曰貌，貌以恭，恭作肅，貌傷則狂，而致常雨。

貌曰恭，言曰從，視曰明，聽曰聰，思曰睿。

《漢書·五行志》傳曰：『貌之不恭，是謂不肅，厥咎狂，厥罰恒雨，厥極惡。時則有服妖，時則有龜孽，時則有雞旤，時則有下體生上之痾，時則有青眚青祥。唯金沴水[一]。』傳曰：『言之不從，是謂不艾，厥咎僭，厥罰恒陽，厥極憂。時則有詩妖，時則有介蟲之孽，時則有犬旤，時則有口舌之痾，時則有白眚白祥。惟木沴金。』傳曰：『視之不明，是謂不悊，厥咎舒，厥罰恒奧，厥極疾。時則有草妖，時則有臝蟲之孽，時則有羊旤，時則有目痾，時則有赤眚赤祥。惟水沴火。』傳曰：『聽之不聰，是謂不謀，厥咎急，厥罰恒寒，厥極貧。時則有鼓妖，時則有魚孽，時則有豕旤，時則有耳痾，時則有黑眚黑祥。惟火沴水。』傳曰：『思心之不容，是謂不聖，厥咎霿，厥罰恒風，厥極凶短折。時則有脂夜之妖，時則有華孽，時則有牛旤，時則有心腹之痾，時則有黃眚黃祥，時則有金木水火沴土。』**《王莽傳》**莽下書曰：『惟民困乏，雖溥開諸倉以賑贍之，猶恐未足。其且開天下山澤之防，諸能采取山澤之物，而順月令者，其恣聽之，勿令出稅。如令豪吏猾民辜而攉之小民弗蒙，非予意也。《書》云：「言之不從，是謂不艾。」咨虖群公，可不憂哉！』

睿作聖。

〔一〕水，〔漢〕班固撰，〔唐〕顏師古注《漢書》作「木」。

《説苑・君道》尹文對曰：『人君之事，無爲而能容下。夫事寡易從，法省易因；故民不以政獲罪也。《書》曰：「睿作聖。」』

一曰食，二曰貨。

《漢書・成帝紀》詔曰：『夫《洪範》八政，以食爲首，斯誠家給刑錯之本也。』**《食貨志》**《洪範》八政，一曰食、二曰貨。食謂農殖嘉穀可食之物，貨謂布帛可衣，及金刀龜貝，所以分財布利通有無者也。

三曰祀。

《漢書・郊祀志》《洪範》八政，三曰祀。祀者，所以昭孝事祖，通神明也。旁及四夷，莫不修之；下至禽獸，豺獺有祭。是以聖王爲之典禮。

八曰師。

《漢書・藝文志》兵家者，蓋出古司馬之職，王官之武備也。《鴻範》八政，八曰師。明兵之重也。

五，皇極，皇建其有極。

《漢書·五行志》傳曰：『皇之不極，是謂不建，厥咎眊，厥罰恒陰，厥極弱。時則有射妖，時則有龍蛇之孽，時則有馬旤，時則有下人伐上之痾，時則有日月亂行，星辰逆行。』

無虐煢獨。

《後漢書·孝章帝紀》詔曰：『乃者鳳皇、黄龍鸞鳥，比集七郡，或一郡再見，及白鳥、神雀、甘露屢臻。祖宗舊事，或班恩施。其賜天下吏爵，人三級；高年、鰥、寡、孤、獨，帛，人一匹。《經》曰：「無侮鰥寡，惠此煢獨。」』

無偏無陂，遵王之義。無有作好，遵王之道。無有作惡，遵王之路。

《荀子·修身篇》君子貧窮而志廣，隆仁也；富貴而體恭，殺埶也；安燕而氣血[一]不惰，柬理也；勞勌而容貌不枯，好交也；怒不過奪，喜不過予，是法勝私也。《書》曰：『無有作好，遵王之道。無有作惡，遵王之路。』此言君子之能以公義勝私欲也。**《天論篇》**有後而無先，則群衆無門。有詘而無信，則貴賤不分。有齊而無畸，則政令不施。有少而無多，則群衆不化。《書》曰：『無有作好，遵王之道。無有作惡，遵王之路。』此之謂也。

[一] 氣血，梁啟雄著《荀子簡釋》作『血氣』。

《呂氏春秋·貴公》嘗試觀於上志，有得天下者衆矣，其得之以公，其失之必以偏。凡主之立也，生於公。故《鴻範》曰：『無偏無黨，王道蕩蕩。無偏無頗，遵王之義。無或作好，遵王之道。無或作惡，遵王之路。』

無偏無黨，王道蕩蕩。無黨無偏，王道平平

《春秋左氏·襄三年傳》君子謂祁奚於是能舉善矣。稱其讎，不爲諂。立其子，不爲比。舉其偏，不爲黨。《商書》曰：『無偏無黨，王道蕩蕩。』其祁奚之謂矣。

《墨子·兼愛下》且不惟《誓命》與《湯説》爲然，《周詩》即亦猶是也。《周詩》曰：『王道蕩蕩，不偏不黨。王道平平，不黨不偏。其直若矢，其易若底[一]。君子之所履，小人之所視。』若吾言非語道之謂也？古者文、武爲正，均分賞賢罰暴，勿有親戚弟兄之所阿，即此文、武兼也。雖子墨子之所謂兼者，於文、武取法焉。

《説苑·至公》《書》曰：『不偏不黨，王道蕩蕩。』言至公也。古有行大公者，帝堯是也。貴爲天子，富有天下，得舜而傳之，不私於其子孫也。去天下若遺躧，於天下猶然，況其細於天下乎？非帝堯孰能行之？

[一] 底，〔清〕孫詒讓撰，孫啟治點校《墨子閒詁》作『厎』。

《史記·張釋之馮唐列傳》太史公曰：『張季之言長者，守法不阿意；馮公之論將率，有味哉，有味哉！《書》曰：「不偏不黨，王道蕩蕩。不黨不偏，王道便便。」張季、馮公近之矣。』

《漢書·王莽傳》下詔曰：『「無偏無黨，王道蕩蕩。」屬有親者，義不得阿。君有安宗廟之功，不可以骨肉故蔽隱不揚，君其勿辭。』

無反無側，王道正直。

《周禮·匡人》使無敢反側，以聽王命。注：反側，猶背違法度也。《書》曰：『無反無側，王道正直。』

天子作民父母，以爲天下王。

《尚書大傳·周傳》聖人者，民之父母也。母能生之，能食之；父能教之，能誨之。聖王曲備之者也，能生之，能食之，能教之，能誨之也。爲之城郭以屋之，爲之宫室以處之，爲之庠序學校以教誨之，爲之列地制畝以飲食之。故《書》曰：『作民父母，以爲天下王。』此之謂也。

《白虎通·爵》帝王之德有優劣，所以俱稱天子者何？以其俱命於天，而主治五千里内也。《尚書》曰：『天子作民父母，以爲天下王。』

《漢書·刑法志》上聖卓然，先行敬讓博愛之德者，衆心説而從之。從之成群，是爲君矣；歸而往之，是爲王矣。《洪範》曰：『天子作民父母，爲天下王。』

沈潛剛克，高明柔克。

《春秋左氏·文五年傳》晉陽處父聘于衛，反過甯，甯嬴從之，及溫而還。其妻問之，嬴曰：『以剛。《商書》曰：「沈漸剛克，高明柔克。」夫子壹之，其不没乎！天爲剛德，猶不干時，況在人乎？』

惟辟作福，惟辟作威，惟辟玉食。

《後漢書·荀爽傳》夫寒熱晦明，所以爲歲；尊卑奢儉，所以爲禮；故以晦明寒暑之氣，尊卑侈約之禮爲其節也。《洪範》曰：『惟辟作威，惟辟作福，惟辟玉食。』凡此三者，君所獨行而臣不得同也。今臣僭君服，下食上珍，所謂害于而家，凶于而國者也。宜略依古禮尊卑之差，及董仲舒制度之别，嚴篤[一]有司，必行其命。此則禁亂善俗足用之要。

臣無有作福、作威、玉食。

《史記·三王世家[二]》《廣陵王策》：『於戲！悉爾心，戰戰兢兢，乃惠乃順，毋侗好佚，毋邇宵人，維法維則。《書》云：「臣不作威，不作福。」靡有後羞。』

《後漢書·楊震傳》臣伏惟陛下以邊境未甯，躬自菲薄，宮殿垣屋傾倚，枝柱而已，無所興造，

[一] 篤，〔南朝宋〕范曄撰，〔唐〕李賢等注《後漢書》作『督』。

[二] 原本無『三王世家』四字，據〔漢〕司馬遷撰，〔南朝宋〕裴駰集解，〔唐〕司馬貞索隱，〔唐〕張守節正義《史記》補。

欲令遠近咸知政化之清流，商邑之翼翼也。而親近佞臣，未崇斷金，驕溢踰法，多請徒士，盛修第舍，賣弄威福。道路讙譁，衆所聞見。地動之變，近在城郭，殆爲此發。又冬無宿雪，春節未雨，百僚焦心，而繕修不止，誠致旱之徵也。《書》曰：『僭恒陽若，臣無作威作福玉食。』唯陛下奮乾剛之德，棄驕奢之臣，以掩訞言之口，奉承皇天之戒，無令威福久移於下。

臣之有作福作威玉食，其害于而家，凶于而國。[一]

《漢書·劉向傳》遂上封事極諫曰：『《春秋》舉成敗，録禍福，如此類甚衆，皆陰盛而陽微，下失臣道之所致也。故《書》曰：「臣之有作威作福，害于而家，凶于而國。」孔子曰「禄去公室，政逮大夫」，危亡之兆。**《王嘉傳》**嘉復奏封事曰：『箕子戒武王曰：「臣亡[二]有作威作福，亡有玉食，臣之有作威作福玉食，害于而家，凶于而國，人用側頗辟，民用僭慝。」』言如此則逆尊卑之序，亂陰陽之統，而害及王者，其國極危。國人傾仄不正，民用僭差不壹，此君不由法度，上下失序之敗也。

《後漢書·第五倫傳》倫以后族過盛，欲令朝廷抑損其權，上疏曰：『臣聞忠不隱諱，直不避

[一]《粤雅堂叢書》本此條未引『其害于而家，凶于而國』。

[二]亡，〔漢〕班固撰，〔唐〕顔師古注《漢書》作『無』。

害。不勝愚狷，昧死自表。《書》曰：「臣無作威作福，其害于而家，凶于而國。」』

三人占，則從二人之言。

《春秋左氏·成六年傳》或謂欒武子曰：『聖人與衆同欲，是以濟事。子盍從衆？子爲大政，將酌於民者也。子之佐十一人，其不欲戰者，三人而已。欲戰者可謂衆矣。《商書》曰：「三人占，從二人。」衆故也。』

《白虎通·蓍龜》或曰：天子占卜九人，諸侯七人，大夫五人，士三人。又《尚書》曰：『三人占，則從二人之言。』

《漢書·郊祀志》於是衡、譚奏議曰：『陛下聖德，忽明上通，承天之大典，覽[一]群下，使各悉心盡慮，議郊祀之處，天下幸甚。臣聞廣謀從衆，則合於天心，故《洪範》曰「三人占，則從二人言」，言少從多之義也。』

汝則有大疑，謀及乃心，謀及卿士，謀及庶人，謀及卜筮。

《白虎通·蓍龜》天子下至士，皆有蓍龜者，重事決疑，亦不自專。《尚書》曰：『女則有大疑，

[一] 據何焯斷句。『覽』字上疑脱『延』字。

謀及卿士，謀及庶人，謀及卜筮。』[一]　所以先謀及卿士何？先盡人事，念而不能得，思而不能知，然後問於蓍龜。聖人獨見先睹，必問蓍龜何？示不自專也。或曰：精微無端緒，非聖人所及，聖人亦疑之。《尚書》曰：『女則有疑。』謂武王也。

《漢書·藝文志》蓍龜者，聖人之所用也。《書》曰：『女則有大疑，謀及卜筮。』

曰僭，恒暘若。

《後漢書·周舉傳》舉對曰：『頃年以來，稍違於前，朝多寵倖，禄不序德。觀天察人，準今方古，誠可危懼。《書》曰：「僭，恒暘若。」夫僭差無度，則言不從而下不正；陽無以制，則上擾下竭，宜密嚴敕州郡，察彊宗大姦，以時禽討。』

曰豫，恒燠若；曰急，恒寒若。

《漢紀》卷六至若南北失度，晷進而長則爲寒，退而短則爲暑。人君急則日晷進而疾，舒則日晷退而緩。故曰：急，恒寒若；舒，恒燠若。

日月之行，則有冬有夏。

[一] 原本此處文字接排，誤。前一段文字出自『總論』，後一段文字出自『論决疑之義』，非連文，當空格。

《漢書·天文志》一曰月爲風雨，日爲寒温。冬至日南極，晷長，南不極則温爲害；夏至日北極，晷短，北不極則寒爲害。故《書》曰『日月之行，則有冬有夏』也。

《漢紀》卷六日爲陽。陽用事則日進而北，晝進而長，陽勝，故爲温暑；陰用事則日退而南，晝退而短，陰勝，故爲寒凉。《洪範》曰：『日月之行，則有冬有夏，有寒有暑。』此之謂也。

月之從星，則以風雨。

《漢書·天文志》箕星爲風，東北之星也。東北地事，天位也。及巽在東南，爲風；風，陽中之陰，大臣之象也，其星，軫也。月去中道，移而東北入箕，若東南入軫，則多風。西方爲雨；雨，少陰之位也。月去中道，移而西入畢，則多雨。《書》曰：『星有好風，星有好雨，月之從星，則以風雨。』言失中道而東西也。

《漢紀》卷六若月失道而妄行，出陽道則旱風，出陰道則陰雨。箕、軫之星爲風，畢星爲雨。故月失度入箕、軫則多風，入畢星則多雨。《洪範》曰：『星有好風，星有好雨。月之從星，則以風雨。』

一曰壽。

《中論·夭壽》《書》曰：『五福，一曰壽。』此王澤之壽也。

六極。

《潛夫論·贊學》箕子陳六極，《國風》歌《北門》，故所謂不憂貧也。豈好貧而弗之憂邪？蓋志有所專，昭其重也。

金縢

乃卜三龜。

《白虎通·蓍龜》龜曰卜，蓍曰筮何？卜，赴也，爆見兆；筮也者，信也，見其卦也。《尚書》：『卜三龜。』《禮士冠經》曰：『筮于廟門外。』

武王既喪。

《白虎通·崩薨》喪者，何謂也？喪者亡。人死謂之喪。言其亡不可復得見也。不直言喪何？爲孝子心不忍言。〔一〕《尚書》曰：『武王既喪。』

管叔及其群弟，乃流言于國曰：『公將不利于孺子。』

〔一〕〔清〕陳立撰，吴則虞點校《白虎通疏證》作『喪者，亡也。人死謂之喪何？言其喪亡，不可復得見也。不直言死，稱喪者何？爲孝子之心不忍言也』。按，當以『不直言死，稱喪者何』爲是。

《尚書大傳・周傳》武王死，成王幼，周公盛養成王，使召公奭爲傅。周公身居位，聽天下爲政，管叔、蔡叔疑周公，流言于國，曰：『公將不利于王！』

王與大夫盡弁。

《獨斷》冕冠，周曰爵弁。周黑而赤，如爵頭之色，前小後大。《周書》曰：『王與大夫盡弁。』

今天動威以彰周公之德。

《白虎通・喪服》養從生，葬從死。周公以王禮葬何？以爲周公踐祚理政，與天同志，展興周道，顯天度數，萬物咸得，休氣充塞，原天之意，子愛周公，與文、武無異，故以王禮葬，使得郊祭。《尚書》曰『今天動威以彰周公之德』，下言『禮亦宜之』。

大誥

民獻有十夫。

《尚書大傳・周傳》《書》曰：『民儀有十夫。』

天棐忱辭。

《漢書・孔光傳》又曰：『「天棐諶辭」，言有誠道，天輔之也。明承順天道，在於崇德博施，加精致誠，孳孳而已。』

肆朕誕以爾東征。

《白虎通・誅伐》誅不避親戚何？所以尊君卑臣，强幹弱枝，明善善惡惡之義也。《尚書》曰：『肆朕誕以爾東征。』誅弟也。征者何謂也？征，猶正也。欲言其正也，輕重從辭也。『誕以爾東征』，誅禄甫也。

康誥

《春秋左氏・定四年傳》命以《康誥》，而封於殷虛。

作新大邑于東國洛，四方民，大和會。

《尚書大傳・周傳》周公將作禮樂，優游之，三年不能作。君子耻其言而不見從，耻其行而不見隨。將大作，恐天下莫我知也；將小作，恐不能揚祖父功業德澤。然後營洛，以觀天下之心。于是四方諸侯，率其群黨，各攻位于其庭。周公曰：『示之以力役，且猶至，况導之以禮樂乎！然後敢作禮樂。《書》曰：「作新邑于東國洛，四方民，大和會。」此之謂也。』

王若曰：『孟侯，朕其弟，小子封。』

《尚書大傳·略説》天子太子年十八曰孟侯。孟侯者，于四方諸侯來朝，迎于郊者，問其所不知也。

《漢書·王莽傳》《尚書·康誥》：『王若曰：「孟侯，朕其弟，小子封。」』此周公居攝稱王之文也。《春秋》隱公不言即位，攝也。此二經周公、孔子所定，蓋爲後法。臣莽敢不承用。

克明德愼罰。

《禮記·大學》《康誥》曰『克明德』，皆自明也。

《春秋左氏·成二年傳》申公巫臣曰：『君召諸侯，以討罪也。今納夏姬，貪其色也。貪色爲淫，淫爲大罰。《周書》曰：「明德愼罰。」文王所以造周也。明德，務崇之之謂也；愼罰，務去之之謂也。若興諸侯，以取大罰，非愼之也。君其圖之！』

《孔叢子·論書》孔子見齊景公，梁丘據自外而至。公曰：『何遲？』對曰：『陳氏戮其小臣，臣有辭焉，是故遲。』公笑而目孔子曰：『《周書》所謂「明德愼罰」，陳子明德也，罰人而有辭，非不愼矣。』孔子答曰：『昔康叔封衛，統三監之地，命爲孟侯。周公以成王之命作《康誥》焉，稱述文王之德，以成勑誡之文。其《書》曰：「惟乃丕顯考文王，克明德愼罰。」克明德者，能顯用有德，舉而任之也；慎罰者，並心而慮之，衆平然後行之，致刑錯也。此言其所任不失德，所罰不失罪，不謂己德之明也。』

《**尚書大傳·周傳**》《書》曰：『惟乃丕顯考文王，克明俊德。』子夏曰：『昔古三王慤然，欲錯刑遂罰，遂罰平心，而應之和，然後行之。然且曰「吾意者以不平慮之乎，吾意者以不和平之乎」，如此者三，然後行之，此之謂慎罰。』

《**後漢書·孝質帝紀**》詔曰：『頃者，州郡輕慢憲防，競逞殘暴，造設科條，陷入無罪。或以喜怒驅逐長吏，恩阿所私，罰枉仇隙，至令守闕訴訟，前後不絶。送故迎新，人離其害，怨氣傷和，以致灾眚。《書》云：「明德慎罰。」方春東作，育微敬始。其敕有司，罪非殊死，且勿案驗，以崇在寬。』

不敢侮鰥寡。

《**春秋左氏·成八年傳**》韓厥言於晉侯曰：『成季之勳，宣孟之忠，而無後，爲善者其懼矣。三代之令王，皆數百年保天之禄。夫豈無辟王？賴前哲以免也。《周書》曰：「不敢侮鰥寡。」所以明德也。』

庸庸祗祗，威威顯民。

《春秋左氏・宣十五年傳》晉侯賞桓子狄臣千室，亦賞士伯以瓜衍之縣。曰：『吾獲狄土，子之功也。微子，吾喪伯氏矣。』羊舌職説是賞也，曰：『《周書》所謂「庸庸祗祗」者，謂此物也夫。』

《孔叢子・論書》定公問曰：『《周書》所謂「庸庸祗祗，威威顯民」，何謂也？』孔子對曰：『不失其道，明之於民之謂也。夫能用可用，則正治矣；敬可敬，則尚賢矣；畏可畏，則服刑恤矣。君審此三者以示民，而國不興，未之有也。』

殪戎殷。

《禮記・中庸》武王纘太王、王季、文王之緒，壹戎衣而有天下。注：衣讀如『殷』，聲之誤也，齊人言殷聲如衣。

《春秋左氏・宣六年傳》中行桓子曰：『使疾其民，以盈其貫，將可殪也。《周書》曰：「殪戎殷。」此類之謂也。』

弘于天，若德裕乃身。

《荀子・富國篇》故知節用裕民，則必有仁義聖良之名，而且有富厚丘山之積矣。此無它故焉，生於節用裕民也。不知節用裕民，則民貧；民貧，則田瘠以穢；田瘠以穢，則出實不半，上雖好取侵奪，猶將寡獲也；而或以無禮而用之，則必有貪利糾譑之名，而且有空虛窮乏之實矣。此無它故焉，不知節用裕民也。《康誥》曰：『弘覆乎天，若德裕乃身。』此之謂也。

怨不在大，亦不在小。

《國語·晉語第十五》知伯國對曰：『《周書》有之曰：「怨不在大，亦不在小。」夫君子能勤小物，故無大患。』

惠不惠，懋不懋。

《春秋左氏·昭八年傳》子旗曰：『子胡然？彼孺子也。吾誨之，猶懼其不濟，吾又寵秩之。其若先人何？《周書》曰：「惠不惠，茂不茂。」康叔所以服弘大也。』

作新民。

《禮記·大學》《康誥》曰：『作新民。』是故君子無所不用其極。

敬明乃罰。

《禮記·緇衣》子曰：『政之不行也，教之不成也，爵祿不足勸也，刑罰不足耻也。故上不可以褻刑而輕爵。《康誥》曰：「敬明乃罰。」』

人有小罪，非眚，乃惟終，自作不典，式爾，有厥罪小，乃不可不殺。乃有大罪，非終，乃惟眚災，適爾，既道極厥辜，時乃不可殺。

《孔叢子·刑論》夫聽訟者，或從其情，或從其辭。辭不可從，必斷以情。《書》曰：『人有小罪，非眚，乃惟終，自作不典，式爾，有厥罪小，乃不可不殺。乃有大罪，非終，乃惟眚災，適爾，既道極厥辜，時乃不可殺。』

《潛夫論·述赦》夫有罪而備辜，冤結而信理，此天之正也，而王之法也。故曰：『無縱詭隨，以謹無[一]良。』若枉善人以惠姦惡，此謂『斂怨以爲德』。《尚書·康誥》王曰：『於戲！封，敬明乃罰。人有小罪匪省，乃惟終自作不典，式爾，有厥罪小，乃不可不殺。』言恐人有罪雖小，然非以過差爲之也，乃欲終身行之，故雖小，不可不殺也。何則？是本頑凶，思惡而爲之者也。『乃有大罪，匪終，乃惟省哉，適爾，既道極厥罪，時亦不可殺。』言殺人雖有大罪，非欲以終身爲惡，乃過誤爾，是不殺也。若此者，雖曰赦之可也。金作贖刑，赦作宥罪，皆謂良人吉士，時有過誤，不幸陷離者爾。

《後漢書·陳忠傳》上疏曰：『臣聞輕者重之端，小者大之源，故隄潰蟻孔，氣泄鍼芒。是以

[一] 無，原本作『是』，據《粵雅堂叢書》本改。

明者慎微，智者識幾。《書》曰：「小不可不殺。」

時[一]**乃大明服，惟民其勑懋和。若有疾。**

《春秋左氏·僖二十三年傳》卜偃稱疾不出，曰：「《周書》有之：『乃大明服。』己則不明，而殺人以逞，不亦難乎？』

《荀子·富國篇》故君國長民者，欲趨時遂功，則和調累解，速乎急疾；忠信均辨，說乎賞慶矣；必先修正其在我者，然後徐責其在人者，威乎刑罰。三德者誠乎上，則下應之如景嚮，雖欲無明達，得乎哉！《書》曰：『乃大明服，惟民其力懋和。而有疾。』此之謂也。

若保赤子。

《孟子·滕文公上》夷子曰：『儒者之道，古之人若保赤子。』此言何謂也？之則以爲愛無差等，施由親始。

《禮記·大學》《康誥》曰：『如保赤子。』心誠求之，雖不中不遠矣。未有學養子而后嫁者也！

《孔叢子·刑論》《書》曰：『若保赤子。』子張問曰：『聽訟可以若此乎？』孔子曰：『可哉！

[一]〔清〕孫星衍撰，陳抗、盛冬鈴點校《尚書今古文注疏》疏：『時』字讀當上屬。〔宋〕蔡沈注，錢宗武、錢忠弼整理《書集傳》『時』亦上屬。

古之聽訟者，惡其意不惡其人，求所以生之，不得其所以生乃刑之。君必與衆共焉。今之聽訟者，不惡其意而惡其人，求所以殺，是反古之道也。」

司師，兹殷罰有倫。

《孔叢子·刑論》《書》曰：『兹殷罰有倫。』子張問曰：『何謂也？』孔子曰：『不失其理之謂也。今諸侯不同德，國君異法，折獄無倫，以意爲限，是故知法之難也。』

用其義刑義殺，勿庸以次汝封。

《荀子·致士篇》臨事接民而以義，變應寬裕而多容，恭敬以先之，政之始也；然後中和察斷以輔之，政之隆也；然後進退誅賞之，政之終也。故一年與之始，三年與之終。用其終爲始，則政令不行而上下怨疾，亂所以自作也。《書》曰：『義刑義殺，勿庸以即，女惟曰未有順事。』言先教也。

《宥坐篇》孔子慨然嘆曰：『嗚呼！上失之，下殺之，其可乎？不教其民，而聽其獄，殺不辜也。三軍大敗，不可斬也；獄犴不治，不可刑也，罪不在民故也。嫚令謹誅，賊也。今生也有時，斂也無時，暴也；不教而責成功，虐也。已此三者，然後刑可即也。《書》曰：「義刑義殺，勿庸以即，予維曰未有順事。」言先教也。』

凡民自得罪。

《**荀子・君子篇**》治世曉然，皆知夫爲姦則雖隱竄逃亡之，由不足以免也，故莫不服罪而請。《書》云：『凡人自得罪。』此之謂也。

殺越人于貨，暋不畏死，罔弗憝。

《**孟子・萬章下**》《康誥》曰：『殺越人于貨，閔不畏死，凡民罔不譈。』是不待教而誅者也。殷受夏，周受殷，所不辭也。

子弗祗服厥父事，大傷厥考心；于父不能字厥子，乃疾厥子；于弟弗念天顯，乃弗克恭厥兄；兄亦不念鞠子哀，大不友于弟。

《**春秋左氏・僖三十三年傳**》臼季對曰：『舜之罪也殛鯀，其舉也興禹。管敬仲，桓之賊也，實相以濟。《康誥》曰：「父不慈，子不祗[一]，兄不友，弟不共，不相及也。」』《**昭二十年傳**》苑何忌辭，曰：『與於青之賞，必及於其罰。在《康誥》曰：「父子兄弟，罪不相及。」況在群臣？臣敢貪君賜以干先王？』

[一] 祗，原本作『秖』，據《粤雅堂叢書》本改。下同。

《後漢書・孝章帝紀》詔曰：『《書》云：「父不慈，子不祇，兄不友，弟不恭，不相及也。」往者妖言大獄，所及廣遠，一人犯辜，禁至三屬，莫得垂纓仕宦王朝。如有賢才而没齒無用，朕甚憐之，非所謂與之更始也。』《謝弼傳》伏惟皇太后定策宮闈，援立聖明，《書》云：『父子兄弟，罪不相及。』竇氏之誅，豈宜咎延太后？幽隔空宮，愁感天心，如有霧露之疾，陛下當何面目以見天下？

元按《左傳》兩引，皆言不相及，明明非經文所有，且意相左。孔疏曰：直引《康誥》之意，非《康誥》全文，非也。春秋時説《書》者，必已有傳，如《尚書大傳》之類，此傳必有補經所未足之言。經言弟不共，兄亦不友，兄弟并罪也。若兄友而弟不共，弟共而兄不友，不並罪，不相及也。兄弟一人各犯罪，亦不相及也，此必春秋時有此傳（去聲）。説而漢人又傳之于《左傳》，不但漢也，《南史・柳世隆傳》梁武帝引用此《周書》。《北史》《張衮傳》《崔挺傳》亦引此《周書》，皆左氏説《周書》之外傳耳。《尚書大傳》引無佚曰『厥兆天子爵，今無逸完具』，無此文，當亦古尚書外傳，與此類矣。光琦謹按：古《尚書外傳》至漢猶存，故《漢書・郊祀志》引經曰：『享多儀，儀不及物，惟曰不享。』《五行志》引經曰：『惟十有三祀，王訪于箕子。』《谷永傳》引經曰：『皇極，皇建其有極。』經曰：『繼自今，嗣王其毋淫于酒，毋逸于游田，惟正之共。』經曰『亦惟先正克左右』，不稱《書》而稱經，明有傳也。《呂氏春秋・制樂篇》高注引傳曰：后非衆，無以守邑。傳曰：衆非元后何戴。不稱《書》而稱傳，明非經也。後人采傳以補經之亡篇，而傳文乃莫能辨耳。

乃其速由文王作罰，刑兹無赦。

《**潛夫論·述赦**》夫養稊稗者傷禾稼，惠姦宄者賊良民。《書》曰：『文王作罰，刑兹無赦。』

《**漢書·宣帝紀**》詔曰：『《書》云「文王作罰，刑兹無赦」，今吏修身奉法，未有能稱朕意，朕甚愍焉。其赦天下，與士大夫厲精更始。』

惟文王之敬忌。

《**説苑·君道**》孔子曰：『大哉，文王之道乎！其不可加矣。不動而變，無爲而成，敬慎恭已而虞、芮自平。故《書》曰：「惟文王之敬忌。」此之謂也。』

則予一人以懌。

《**荀子·君道篇**》故明主急得其人，而闇主急得其埶。急得其人，則身佚而國治，功大而名美，上可以王，下可以霸；不急得其人而急得其埶，則身勞而國亂，功廢而名辱，社稷必危。故君人者勞於索之，而休於使之。《書》曰：『惟文王敬忌，一人以擇[一]。』此之謂也。

惟命不于常。

[一] 今本《尚書》作『懌』。

《禮記·大學》《康誥》曰：『惟命不于常。』道善則得之，不善則失之矣。

《春秋左氏·成十六年傳》范文子立於戎馬之前，曰：『君幼，諸臣不佞，何以及此？君其戒之！《周書》曰「唯命不於常」，有德之謂。』 **《襄二十三年傳》**君子謂慶氏，不義不可肆也，故《書》曰：『惟命不于常。』

《戰國策》卷二十四須賈爲魏謂穰侯曰：『是臣之所聞於魏也，願君之以是慮事也。《周書》曰：「惟命不于常。」此言幸之不可數也。』

酒誥

越庶國飲惟祀，德將無醉。

《尚書大傳·周傳》宗室有事，族人皆侍終日。大宗已侍于賓奠，然後燕私。燕私者何也？祭已而與族人飲也。不醉而出，是不親也。醉而不出，是渫宗也。出而不止，是不忠也，親而甚敬，忠而不倦，若是則兄弟之道備。備者，成也。成者，成于宗室也。故曰：飲而醉者，宗室之意也；德將無醉，族人之志也。是故祀禮有讓，德施有復，義之至也。

肇牽車牛，遠服賈。

《**白虎通·商賈**》商賈，何謂也？商之爲言商也[一]，商其遠近，度其有亡，通四方之物，故謂之商也。賈之爲言固也，固有用其之[二]物以待民來，以求其利者也。行曰商，止曰賈。《尚書》曰『肇牽車牛，遠服賈用』何[三]？言遠行可知也。方言『欽厥父母』，欲留供養之也。

成王畏，相惟御事，厥棐有恭，不敢自暇自逸。

《**中論·譴交**》當此之時，四海之内，進德修業，勤事而不暇，詎敢淫心舍力，作行[四]非務，以害休功者乎？自王公至於列士，莫不成王[五]畏相，厥職有恭，不敢自暇自逸。

侯甸男衛邦伯。

《**白虎通·爵**》所以合子男從伯者何？王者受命，改文從質，無虛退人之義，故上就伯也。《尚書》曰：『侯、甸、任、衛，作國伯。』謂殷也。

[一] 原本無『商也』二字，據《粤雅堂叢書》本補。
[二] 原本作『賈之爲言固，固有其用』，據《粤雅堂叢書》本補改。
[三] 何，原本作『方』，據〔清〕陳立撰，吴則虞點校《白虎通疏證》改。
[四] 行，林家驪校注《徐幹集校注》作『爲』。
[五] 王，林家驪校注《徐幹集校注》作『正』。

人無于水監，當于民監。

《中論·貴驗》夫聞過而不改，謂之喪心；思過而不改，謂之失體。失體喪心之人，禍亂之所及也，君子舍旃。《周書》有言：『人毋鑒於水，鑒於人也。』

梓材

若作梓材，既勤樸斵，惟其塗丹雘。

《中論·治學》學猶飾也。器不飾則無以爲美觀，人不學則無以有懿德。有懿德故可以經人倫；爲美觀故可以供神明。故《書》曰：『若作梓材，既勤樸斵，惟其塗丹雘。』

召誥

惟二月既望，越六日乙未。

《漢書·律曆志》是歲二月乙亥朔，庚寅望，後六日得乙未。故《召誥》曰：『惟二月既望，粤六日乙未。』又其三月甲辰朔，三日丙午。《召誥》曰：『惟三月丙午朏。』古文《月采篇》曰『三日曰朏』。

王朝步自周，則至于豐。惟太保先周公相宅。

《尚書大傳·周傳》成王在豐，欲宅洛邑，使召公先相宅，六月乙未，王朝步自周，至于豐。惟大保先周公相宅。

越三日丁巳，用牲于郊，牛二。

《漢書·郊祀志》右將軍王商、博士師冉、議郎翟方進等五十人，以爲《禮記》曰：『燔柴於太壇，祭天也；瘞薶於大折，祭地也。』兆於南郊，所以定天位也。祭地於大折，在北郊，就陰位也。郊處各在聖王所都之南、北。《書》曰：『越三日丁巳，用牲于郊，牛二。』周公加牲，告徙新邑，定郊禮於雒。明王聖主，事天明，事地察。天地明察，神明章矣。

乃社于新邑，牛一，羊一，豕一。

《白虎通·社稷》以三牲何？重功故也。《尚書》曰：『乃社于新邑，牛一，羊一，豕一。』

王來紹上帝，自服于土中。

《白虎通·京師》王者必即土中者何？所以均教道，平往來，使善易以聞，爲惡易以聞，明當懼慎損於善惡。《尚書》曰：『王來紹上帝，自服於土中。』

亦不可不監于有殷。

《後漢書・崔駰傳》漢興以後，迄於哀、平，外家二十，保族全身，四人而已。《書》曰：『鑒于有殷。』可不愼哉！

欲王以小民受天永命。

《潛夫論・巫列》嘗觀上祀[一]，人君身修正賞罰明者，國治而民安；民安樂者，天悦喜而增曆數。故《書》曰：『王以小民受天永命。』

洛誥

《尚書大傳・周傳》《書》曰：『乃女其悉自學功。』悉，盡也。學，效也。傳曰：當其效功也，於卜洛邑，營成周，改正朔，立宗廟，序祭祀，易犧牲，制禮作樂。一統天下，合和四海，而致諸侯，皆莫不依紳端冕以奉祭祀者。其下莫不自悉以奉其上者，莫不自悉以奉其祭祀者，此之謂也。盡其天下諸侯之志，而效天下諸侯之功也。廟者，貌也，以其貌言之也。宮室中度，衣服中制，犧牲中辟，殺者中死，割者中理。搙弁者爲文，爨竈者有容，椓杙者有數。大廟之中，繽乎其猶模繡也。

[一] 上祀，〔漢〕王符著，〔清〕汪繼培箋，彭鐸校正《潛夫論箋校正》作『上記』，高誘注：『上古記，上世古書也。』

天下諸侯之悉來，進受命周公，而退見文、武之尸者，千七百七十三諸侯。皆莫不磬折玉音，金聲玉色，然後周公與升歌而弦文、武。諸侯在廟中者，伋然淵其志，和其情，愀然若復見文、武之身。然後曰：『嗟子乎！此蓋吾先君文、武之風也夫。』及執俎、抗鼎、執刀、執匕者，負墻而歌，憤于其情發于中而樂節文，故周人追祖文王而宗武王也。是故《周書》自《大誓》，就《召誥》而盛于《洛誥》[一]也。故其《書》曰：『揚文武之德烈，奉對天命，和恒萬邦四方民。』是以見之也。孔子曰：『吾于《洛誥》也，見周公之德，光明于上下，勤施四方，旁作穆穆，至于海表，莫敢不來服，莫敢不來享，以勤文王之鮮光，以揚武王之大訓，而天下大治。』故曰：聖之與？聖也。猶規之相周，矩之相襲也。

周公拜手稽首。

《白虎通·姓名》必稽首何？敬之至也，頭至地。何以言首，謂頭也。所以先拜手、後稽首[二]何？名順其文質也。《尚書》曰：『周公拜手稽首。』

朕復子明辟。

[一] 誥，原本作『□』，據《粤雅堂叢書》本補。

[二] 原本無『後稽首』三字，據《粤雅堂叢書》本補。

《漢書·王莽傳》成王加玄服，周公則致政。《書》曰『朕復子明辟』，周公常稱王命，專行不報，故言我復子明君也。

伻來以圖。

《漢書·劉向傳》復上奏，其辭曰：『《書》曰「伻來以圖」，天文難以相曉，臣雖圖上，猶須口說，然後可知，願賜清燕之閒，指圖陳狀[一]。』

公不敢不敬天之休，來相宅。

《白虎通·京師》聖人承天而制作。《尚書》曰：『公不敢不敬天之休，來相宅。』

王肇稱殷禮，祀于新邑。

《白虎通·禮樂》王者始起，何用正民。以爲且用先王之禮樂，天下太平，乃更制作焉。《書》曰：『肇修稱殷禮，祀新邑。』此言太平去殷禮。

孺子其朋，孺子其朋。

[一] 狀，原本作『壯』，據《粤雅堂叢書》本改。

《後漢書・爰延傳》臣聞之，帝左右者，所以咨政德也。故周公戒成王曰『其朋其朋』，言慎所與也。

無若火，始燄燄。

《漢書・梅福傳》自霍光之賢，不能爲子孫慮，故權臣易世則危。《書》曰：『毋若火，始庸庸。』埶陵于君，權隆於主，然後防之，亦亡及矣。

享多儀，儀不及物，曰不享。惟不役志于享。

《孟子・告子下》《書》曰：『享多儀，儀不及物，曰不享。惟不役志于享。』爲其不成享也。

《鹽鐵論・散不足》及秦始皇覽怪迂，信禨祥。於是數巡狩五嶽、濱海之館，以求神仙蓬萊之屬。數幸之郡縣，富人以貲佐，貧者築道旁。其後，小者亡逃，大者藏匿；吏捕索掣頓，不以道理。名宮之旁，廬舍丘落，無生苗立樹；百姓離心，怨思者十有半。《書》曰：『享多儀，儀不及物曰不享。』故聖人非仁義不載於己，非正道不御於前。

《漢書・郊祀志》谷永說上曰：『夫周、秦之末，三五之隆，已嘗專意散財，厚爵禄，竦精神，舉天下以求之矣。曠日經年，靡有毫氂之驗，足以揆今。經曰：「享多儀，儀不及物，惟曰不享。」《論語》說曰：「子不語怪神。」唯陛下距絶此類，毋令姦人有以窺朝者。』

亂爲四輔。

《**禮記·文王世子**》《記》曰：『虞夏商周有師保，有疑丞。設四輔及三公，不必備，唯其人。』語使能也。

《**大戴禮記·千乘**》國有四輔，輔，卿也。卿設如四體，毋易事，毋假名，毋重食。凡事，尚賢進能使知事，爵不世，能之不愆。凡民，戴名以能，食力以時成，以事立，此所以使民讓也。民咸孝弟而安讓，此以怨省而亂不作也，此國之所以長也。

《**漢書·谷永傳**》治遠自近始，習善在左右。昔龍筦納言，而帝命惟允；四輔既備，成王靡有過事。

公無困哉。

《**漢書·杜欽傳**》欽復説之曰：『《書》稱「公毋困我！」唯將軍不爲四國流言自疑於成王，以固至忠。』

王命作册，逸祝册，惟告周公其復。

《**尚書大傳·周傳**》伯禽封于魯，周公曰：『於乎！吾與女族倫。吾文王之爲子，武王之爲弟也，今王之爲叔父也。吾于天下，豈卑賤也？豈乏士也？所執質而見者十二，委質而相見者三十，其未執質之士百。我欲盡智得情者千人，而吾謹得三人焉。以正吾身，以定天下。是以敬其見者，則隱者出矣。謹諸！乃以魯而驕人，可哉？尸祿之士，猶可驕也。正身之士，去貴而爲賤，去富而爲貧，面目黧黑，而不失其所，是以文不滅而章不敗也。慎諸！乃以魯國而驕，豈可哉！』

惟周公誕保文武受命，惟七年。

《**禮記·明堂位**》武王崩，成王幼弱，周公踐天子之位，以治天下。六年，朝諸侯於明堂，制禮作樂，頒度量，而天下大服。七年，致政於成王。

《**漢書·律曆志**》是歲十二月戊辰晦，周公以反政。故《洛誥篇》曰：『戊辰，王在新邑，烝祭歲。命作策。惟周公誕保文、武受命，惟七年。』

無逸

《**漢書·梅福傳**》願陛下循高祖之軌，杜亡秦之路，數御《十月》之歌，留意《亡逸》之戒。

在昔殷王中宗。

《**中論·夭壽**》荀氏以死而不朽爲壽，則《書》何故曰『在昔殷王中宗，嚴恭寅畏，天命自度，治民祇懼，不敢荒甯，肆中宗之享國，七十有五年。其在高宗，寔舊勞於外，爰曁小人。作其即位，乃或亮陰，三年不言，惟言乃雍。不敢荒寧，嘉靖殷國。至於小大[一]，無時或怨。肆高宗之享國五十有九年。其在祖甲，不義惟王，舊爲小人。作其即位，爰知小人之依，能保惠庶民，不侮鰥寡。肆祖甲之享國三十有三年。自時厥後，立王，生則逸，不知稼穡之艱難，不知小人之勞苦，惟耽樂是從。自時厥後，亦罔[二]或克壽，或十年，或七八年，或五六年，或三四[三]年』者？周公不知夭壽之意乎？故言聲聞之壽者，不可同於聲聞，是以達人必參之也。

三年不言。其惟不言，言乃雍。

《禮記·坊記》子云：『君子弛其親之過，而敬其美。《論語》曰：「三年無改於父之道，可謂孝矣。」高宗云：「三年其惟不言，言乃讙。」』

其在祖甲，不義惟王。

《孔叢子·論書》《書》曰：『其在祖甲，不義惟王。』公西赤曰：『聞諸晏子，湯及太甲、武丁、祖乙，天下之大君。夫太甲爲王，居喪行不義，同稱君，何也？』孔子曰：『君子之於人，計功而除

[一] 小大，原本作『大小』，據《粤雅堂叢書》本改。
[二] 罔，原本作『岡』，據《粤雅堂叢書》本改。
[三] 三四，《粤雅堂叢書》本作『四三』。

過。太甲即位，不明居喪之禮，而干冢宰之政。伊尹放之於桐。憂思三年，追悔前愆，起而復位，謂之明王。以此觀之，雖四於「三王」，不亦可乎？』

不知稼穡之艱難，不問小人之勞，惟耽樂之從。

《後漢書·荀爽傳》及三代之季，淫而無節。瑶臺、傾宫，陳妾數百。陽竭於上，陰隔於下。故周公之戒曰：『不知稼穡之艱難，不聞小人之勞，惟耽樂之從，時亦罔或克壽。』是其明戒。

或四三年。

《漢書·杜欽傳》故后妃有貞淑之行，則胤嗣有賢聖之君；制度有威儀之節，則人君有壽考之福。廢而不由，則女德不厭；女德不厭，則壽命不究於高年。《書》云『或四三年』，言失欲之害生也。

懷保小民，惠鮮鰥寡。

《漢書·谷永傳》夫違天害德，爲上取怨於下，莫甚乎殘賊之吏。誠放退殘賊酷暴之吏一〔一〕廢勿用，益選温良上德之士以親萬姓。平刑釋冤以理民命，務省徭役，毋奪民時，薄收賦税，毋殫

〔一〕一，〔漢〕班固撰，〔唐〕顔師古注《漢書》作『錮』。

民財。使天下黎元咸安家樂業，不苦踰時之役，不患苛暴之政，不疾酷烈之吏。雖有唐堯之大災，民無離上之心。經曰：『懷保小人，惠于鰥寡。』未有德厚吏良而民畔者也。

自朝至于日中昃，不遑暇食。

《國語·楚語上》左史曰：『《周書》曰：「文王至于日中昃，不遑暇食。惠于小民，惟政之恭。」文王猶不敢惰。今子老楚國而欲自安也，以禦數者，王將何爲？若常如此，楚其難哉！』

文王受命惟中身，厥享國五十年。

《白虎通·壽命》壽命者，上命也。若言文王受命唯中身，享國五十年。

繼自今，嗣王則其無淫于觀、于逸、于遊、于田。

《漢書·谷永傳》陛下踐至尊之祚爲天下主，奉帝王之職。統群生，方內之治亂，在陛下所執。誠留意於正身，勉强於力行，損燕私之閑以勞天下。放[一]去淫溺之樂，罷歸倡優之笑，絕却不享之義，慎節游田之虞，起居有常，循禮而動，躬親政事，致行無倦，安服若性。經曰：『繼自今嗣王，其毋淫於酒，毋逸於遊田，惟正之共。』未有身治正而臣下邪者也。

[一] 放，原本作『故』，據《粵雅堂叢書》本改。

君奭

在我後嗣子孫，大弗克恭上下，遏佚前人光，在家不知。天命不易，天難諶，乃其墜命。

《**漢書·王莽傳**》臣聞周成王幼少，周道未成，成王不能共事天地，修文、武之烈。周公權而居攝，則周道成，王室安；不居攝，則恐周隊失天命。《書》曰：「我嗣事子孫，大不克共上下，遏失前人光，在家不知命不易。天應棐諶，乃亡隊命。」説曰：周公服天子之冕，南面而朝群臣，發號施令，常稱王命。召公賢人，不知聖人之意，故不説也。

在昔上帝割，申勸甯王之德，其集大命于厥躬。

《**禮記·緇衣**》故君子寡言而行，以成其信，則民不得大其美而小其惡。《君奭》曰：『在昔上帝，周田觀文王之德，其集大命于厥躬。』

惟時二人弗戡。

《**墨子·非命中**》於召公之《執令》於然，且：『敬哉！無天命，惟予二人，而無造言，不自降天之哉。』

多方

罔不明德慎罰。

《**荀子·正論篇**》故主道莫惡乎難知，莫危乎使下畏己。傳曰：『惡之者衆則危。』《書》曰：『克明明德。』故先王明之，豈特玄之耳哉！光琦謹按：此《康誥》文，楊注引《多方篇》，故録在此。

惟聖罔念作狂，惟狂克念作聖。

《**中論·法象**》小人皆慢也，而致怨乎人；患己之卑，而不知其所以然。哀哉！故《書》曰：『惟聖罔念作狂，惟狂克念作聖。』人性之所簡也，存乎幽微；人情之所忽也，存乎孤獨。

至于再，至于三。

《**漢書·梁懷王揖傳**》天子遣廷尉賞、大鴻臚由持節即訊。至，移書傅、相、中尉曰：『《書》曰：「至于再三，有不用，我降爾命。」傅、相、中尉皆以輔正爲職，「虎兕出於匣，龜玉毁於匱中，是誰之過也？」書到，明以誼曉王。敢復懷詐，罪過益深。傅、相以下，不能輔道，有正法。』

越惟有胥伯小大多正。

《**尚書大傳·周傳**》古者十税一。多于十税一，謂之大桀小桀；少于十税一，謂之大貊小貊。王者十一而税，而頌聲作矣。故《書》曰：『越維有胥賦小大多政。』

顧命

惟四月，哉生魄，王不懌。

《漢書·律曆志》成王元年正月己巳朔，此命伯禽俾侯于魯之歲也。後三十年四月庚戌朔，十五日甲子哉生霸。故《顧命》曰『惟四月哉生霸，王有疾不豫，甲子，王乃洮沬水』，作《顧命》。翌日乙丑，成王崩。

逆子釗。

《白虎通·爵》何以知王從死後加王也？以《尚書》言『迎子釗』，不言迎王。

王麻冕黼裳。

《白虎通·爵》天子大斂之後稱王者，明士不可一日無君也。故《尚書》曰：『王麻冕黼裳。』此斂之後也。

乃受同瑁。

《白虎通·爵》王者既殯，而即繼體之位何？緣民臣之心，不可一日無君，故先君不可得見，則後君繼體矣。《尚書》曰：『再拜興對，乃受銅瑁也。』明爲繼體君也。

皆再拜稽首。

《白虎通·姓名》人所以相拜者何，所以表情見意，屈節卑體尊事之者也。拜之言服也，所以必再拜何？法陰陽也。《尚書》曰『再拜稽首』也。

畢協賞罰。

《説苑·政理》夫有功而不賞，則善不勸，有過而不誅，則惡不懼，善不勸，惡不懼[一]，而能以行化乎天下者，未嘗聞也。《書》曰：『畢協賞罰。』此之謂也。

雖爾身在外，乃心罔不在王室。

《漢書·谷永傳》昔史魚既没，餘忠未訖，委柩後寢，以尸達誠；汲黯身外思内，發憤舒憂，遺言李息。經曰：『雖爾身在外，廼心無不在王室。』臣永幸得給事中出入三年，雖執干戈守邊垂，思慕之心常存於省闥。

《後漢書·張酺傳》詔報曰：『經云：「身雖在外，乃心不離王室。」典城臨民，益所以報效也。好醜必上，不在遠近。今賜莊三十萬，其亟之官。』

〔一〕原本無『惡不懼』三字，據〔漢〕劉向撰，向宗魯校證《説苑校證》補。

王釋冕，反喪服。

《**白虎通·爵**》緣始終之義，一年不可有二君也。故《尚書》曰：『王釋冕喪服。』吉冕受銅，稱王以接諸侯，明已繼體爲君也。釋冕藏銅反喪，明未稱王以統事也。

呂刑

《**孔叢子·論書**》《甫刑》，可以觀誡。

《**鹽鐵論·詔聖**》故姦萌而《甫刑》作。

《**史記·匈奴列傳**》周道衰而穆王伐犬戎，得四白狼、四白鹿以歸。自是之後，荒服不至。於是周遂作《甫刑》之辟。

度作刑，以詰四方。

《**尚書大傳·周傳**》《書》曰：『鮮度作刑，以詰四方。』

苗民弗用靈，制以刑，惟作五虐之刑曰法。

《**禮記·緇衣**》子曰：『夫民教之以德，齊之以禮，則民有格心；教之以政，齊之以刑，則民有遯心。故君民者，子以愛之，則民親之；信以結之，則民不倍；恭以涖之，則民有孫心。《甫刑》曰：「苗民匪用命，制以刑，惟作五虐之刑，曰法。」是以民有惡德，而遂絶其世也。』

《**墨子·尚同中**》子墨子曰：『方今之時之以正長，則本與古者異矣。譬之若有苗之以五刑然。昔者聖王制爲五刑，以治天下，逮至有苗之制五刑，以亂天下。則此豈刑不善哉？用刑則不善也。是以先王之書《吕刑》之道曰：「苗民否用練，折則刑，唯作五殺之刑，曰法。」則此言善用刑者以治民，不善用刑者以爲五殺。則此豈刑不善哉？用刑則不善，故遂以爲五殺。』

乃命重黎，絶地天通。

《**國語·楚語下**》昭王問于觀射父曰：『《周書》所謂重、黎實使天地不通者何也？若無然，民將能登天乎？』對曰：『非此之謂也。古者民神不雜。民之精爽不携貳者，而又能齊肅衷正，其知能上下比義，其聖能光遠宣朗，其明能光照之，其聰能聽徹之，如是則明神降之，在男曰覡，在女曰巫。是使制神之處位次主，而爲之牲器時服，而後使先聖之後之有光烈，而能知山川之號、高祖之主、宗廟之事、昭穆之世、齊敬之勤、禮節之宜、威儀之則、容貌之崇、忠信之質、禋潔之服，而敬恭明神者，以爲之祝。使名姓之後，能知四時之生、犧牲之物、玉帛之類、采服之宜、彝器之量、次主之度、屏攝之位、壇場之所、上下之神、氏姓之出，而心率舊典者爲之宗。於是乎有天地神民類物之官，謂之五官，各司其序，不相亂也。民是以能有忠信，神是以能有明德，民神異業，敬而不瀆，故神降之嘉生，民以物享，禍災不至，求用不匱。』及少皞之衰也，九黎亂德，民神雜揉，不可方物。夫人作享，家爲巫史，無有要質。民匱于祀，而不知其福。烝享無度，民神同位。民瀆齊盟，無有嚴威。神狎民則，不蠲其爲。嘉生不降，無物以享。禍災荐臻，莫盡其氣。顓頊受之，乃命南正重司天以屬神，命火正黎司地以屬民，使復舊常，無相侵瀆，是謂絶地天通。

皇帝清問下民鰥寡有辭于苗。

《墨子·尚賢中》然則天之所使能者，誰也？曰：若昔者禹、稷、皋陶是也。何以知其然也？先王之書《吕刑》道之曰：『皇帝清問下民，有辭有苗。曰：「群后之肆在下，明明不常，鰥寡不蓋。德威維威，德明維明。」乃名三后恤功於民。伯夷降典，哲民維刑。禹平水土，主名山川。稷隆播種，農殖嘉穀。三后成功，維假於民。』則此言三聖人者，謹其言，慎其行，精其思慮，索天下之隱事遺利以上事天，則天鄉其德。下施之萬民，萬民被其利，終身無已。

德威惟畏，德明惟明。

《禮記·表記》子言之曰：『後世雖有作者，虞帝弗可及也已矣。君天下，生無私，死不厚其子，子民如父母，有憯怛之愛，有忠利之教；親而尊，安而敬，威而愛，富而有禮，惠而能散。其君子尊仁畏義，耻費輕實，忠而不犯，義而順，文而静，寬而有辨。《甫刑》曰：「德威惟威，德明惟明。」非虞帝，其孰能如此乎?』」

伯夷降典,折民惟刑。

《**孔叢子·刑論**》仲弓問古之刑教與今之刑教。孔子曰:『古之刑省,今之刑繁。其爲教,古有禮,然後有刑,是以刑省;今無禮以教,而齊之以刑,刑是以繁。《書》曰:「伯夷降典,折民維刑。」謂先禮以教之,然後繼以刑折之也。夫無禮則民無耻,而正之以刑,故民苟免。』

《**漢書·刑法志**》今郡、國被刑而死者歲以萬數,天下獄二千餘所,其冤死者多少相覆,獄不減一人,此和氣所以未洽者也。原獄刑所以蕃若此者,禮教不立,刑法不明,民多貧窮,豪桀務私,姦不輒得,獄豻不平之所致也。《書》云『伯夷降典,悊民惟刑』,言制禮以止刑,猶隄之防溢水也。

士制百姓于刑之中。

《**後漢書·梁統傳**》統對曰:『聞聖帝明王,制立刑罰,故雖堯、舜之盛,猶誅四凶。』又曰:『「爰制百姓于刑之衷。」孔子曰:「刑罰不衷,則人無所厝手足。」衷之爲言,不輕不重之謂也。』

以教祗德。

《**白虎通·三教**》教者,何謂也?教者,效也。上爲之,下效之,民有質朴,不教不成。《尚書》

曰：『以教祗德。』

敬忌罔有擇言在身。

《禮記·表記》子曰：『君子不失足於人，不失色於人，不失口於人。是故君子貌足畏也，色足憚也，言足信也。《甫刑》曰：「敬、忌而罔有擇言在躬。」』

非時伯夷播刑之迪？

《禮記·緇衣》子曰：『政之不行也，教之不成也，爵禄不足勸也，刑罰不足耻也。故上不可以褻刑而輕爵。《甫刑》曰：「播刑之不迪。」』注：播，猶施也。『不』，衍字耳。迪，道也，言施刑之道。

天齊于民，俾我一日。

《後漢書·楊賜傳》賜上封事曰：『臣聞和氣致祥，乖氣致災，休徵則五福應，咎徵則六極至。夫善不妄來，災不空發。王者心有所惟，意有所想，雖未形顔色，而五星以之推移，陰陽爲其變度。以此而觀，天之與人，豈不符哉？《甫刑》曰：「天齊乎人，假我一日。」是其明徵也。』

雖休勿休。

《漢書·宣帝紀》詔曰：『朕之不敏，懼不能任，婁蒙嘉瑞，獲兹祉福。《書》不云乎：「雖休勿休，祇事不怠。」公卿大夫其勗焉。』《**外戚傳**》變怪衆備，末重益大，來數益甚。成形之禍月以迫切，不救之患，日寖婁深，咎敗灼灼若此，豈可以忽哉？又曰：『雖休勿休，惟敬五刑，以成三德。』即飭椒房及掖庭耳。

惟敬五刑，以成三德。

《**孔叢子·刑論**》子張曰：『古之知法者與今之知法者，異乎？』孔子曰：『古之知法者能遠，今之知法者不失有罪。不失有罪，其於怨寡矣。能遠，則於獄其防深矣。寡怨近乎濫，防深治乎本。《書》曰：「維敬五刑，以成三德。」言敬刑所以爲德也。』

一人有慶，兆民賴之。

《**孝經·天子章**》子曰：『愛親者不敢惡於人，敬親者不敢慢於人。愛敬盡於事親，而德教加於百姓，刑於四海。蓋天子之孝也。《甫刑》云：「一人有慶，兆民賴之。」』

《**禮記·緇衣**》子曰：『下之事上也，不從其所令，從其所行。上好是物，下必有甚者矣。故上之所好惡，不可不慎也，是民之表也。』《甫刑》曰：『一人有慶，兆民賴之。』

《**大戴禮記·保傅**》夫教得而左右正，左右正則天子正矣，天子正而天下定矣。《書》曰：『一人有慶，萬民賴之。』此時務也。

《春秋左氏·襄十三年傳》君子曰：『讓，禮之主也。范宣子讓，其下皆讓。欒黶爲汰[一]，弗敢違也。晉國以平，數世賴之。刑善也夫！一人刑善，百姓休和，可不務乎？《書》曰：「一人有慶，兆民賴之，其甯惟永。」其是之謂乎！』

《荀子·君子篇》古者刑不過罪，爵不踰德。故殺其父而臣其子，殺其兄而臣其弟。刑罰不怒罪，爵賞不踰德，分然各以其誠通。是以爲善者勸，爲不善者沮，刑罰綦省而威行如流，政令致明而化易如神。傳曰：『一人有慶，兆民賴之。』此之謂也。

《淮南子·主術訓》堯爲匹夫，不能仁化一里；桀在上位，令行禁止。由此觀之，賢不足以爲治，而勢可以易俗明矣。《書》曰：『一人有慶，萬民賴之。』此之謂也。

《説苑·建本》文公見咎季，其墻壞而不築。公曰：『何不築？』對曰：『一日不稼，百日不食。』公出而告之僕，僕頓首於軫曰：『《呂刑》云「一人有慶，兆民賴之」。君之明，群臣之福也。』

王曰：『吁！來，有邦有土，告爾祥刑。在今爾安百姓，何擇非人？何敬非刑？何度非及？』

《墨子·尚賢下》古者聖王既審尚賢，欲以爲政，故書之竹帛，琢之槃盂，傳以遺後世子孫。於先王之書《呂刑》之書然：王曰：『於！來，有國有土，告女訟刑。在今而安百姓，女何擇言人？何

[一] 汰，原本作『汏』，據〔周〕左丘明傳，〔晉〕杜預注，〔唐〕孔穎達正義，浦衛忠等整理《春秋左傳正義》改。

敬不刑？何度不及？』能擇人而敬爲刑，堯、舜、禹、湯、文、武之道可及也。是何也？則以尚賢及之。**《潛夫論·本政》**夫天者國之基也，君者民之統也，臣者治之材也。工欲善其事，必先利其器。是故將致太平者，必先調陰陽；調陰陽者，必先順天心；順天心者，必先安其人；安其人者，必先審擇其人。是故國家存亡之本，治亂之機，在於明選而已矣。聖人知之，故以爲黜陟之首。《書》曰：『爾安百姓，何擇非人？』此先王致太平而發頌聲也。

正于五刑。

《孔叢子·論書》子張問曰：『堯、舜之世，一人不刑而天下治，何則？以教誠而愛深也。龍子以爲一夫而被以五刑，敢問何謂？』孔子曰：『不然，五刑所以佐教也。龍子未可謂能爲《書》也。』

墨辟疑赦，其罰百鍰。

《漢書·蕭望之傳》敞曰：『昔先帝征四夷，兵行三十餘年，百姓猶不加賦，而軍用給。今羌虜一隅小夷，跳梁于山谷間，漢但令辠人出財減辠以誅之，其名賢於煩擾良民橫興賦斂也。又諸盜及殺人犯不道者，百姓所疾苦也，皆不得贖；首匿、見知縱、所不當得爲之屬，議者或頗言其法可蠲除，今因此令贖，其便明甚，何化之所亂？《甫刑》之罰，小過赦，薄罪贖，有金選之品，所從來久矣，何賊之所生？』

大辟疑赦。

《孔叢子・刑論》死者不可生，斷者不可屬。若老而刑之，謂之悖；弱而刑之，謂之剋；不赦過，謂之逆，率過以小罪，謂之枳。故宥過赦小罪，老弱不受刑，先王之道也。《書》曰：『大辟疑赦。』

五刑之屬三千。

《孝經・五刑章[一]》孔子曰：『五刑之屬三千，而罪莫大於不孝。』

《漢書・刑法志》至成帝河平中，復下詔曰：『《甫刑》云「五刑之屬三千，大辟之罰其屬二百」，今大辟之刑千有餘條，律令煩多，百有餘萬言，奇請它比，日以益滋，自明習者不知所由，欲以曉喻衆庶，不亦難乎！于以羅元元之民，夭絶亡辜，豈不哀哉！』

《後漢書・陳寵傳》寵又鉤校律令條法，溢於《甫刑》者除之。曰：『臣聞《禮》經三百，威儀三千，故《甫刑》大辟二百，五刑之屬三千。禮之所去，刑之所取，失禮則入刑，相爲表裏者也。』

上下比罪，無僭亂辭。

[一] 原本無『五刑章』三字，據〔唐〕李隆基注，〔宋〕邢昺疏，鄧洪波整理《孝經注疏》補。

《**孔叢子·刑論**》曾子問聽獄之術。孔子曰：『其大法有三焉：治必以寬，寬之之術歸於察，察之之術歸於義。是故聽而不寬是亂也，寬而不察是慢也，察而不中義是私也。私則民怨。故善聽者雖不越辭，辭不越情，情不越義。《書》曰：「上下比罰，無僭亂辭。」』

上刑適輕下服，下刑適重上服。

《**後漢書·劉般傳**》是時居延都尉范邠復犯臧罪，詔下三公、廷尉議。司徒楊震、司空陳褒、廷尉張晧議依光比。愷獨以爲『《春秋》之義，「善善及子孫，惡惡止其身」，所以進人於善也。《尚書》曰：「上刑挾輕，下刑挾重。」如令使臧吏禁錮子孫，以輕從重，懼及善人，非先王詳刑之義也』。

刑罰世輕世重。

《**荀子·正論篇**》昔者武王伐有商，誅紂，斷其首，縣之赤旂[一]。夫征暴誅悍，治之盛也。殺人者死，傷人者刑，是百王之所同也，未有知其所由來者也。刑稱罪則治，不稱罪則亂。故治則刑重，亂則刑輕，犯治之罪固重，犯亂之罪固輕也。《書》曰：『刑罰世輕世重。』此之謂也。

［一］旂，梁啟雄著《荀子簡釋》作『旆』。

惟齊非齊。

《荀子·王制篇》夫兩貴之不能相事，兩賤之不能相使，是天數也。埶位齊而欲惡同，物不能澹則必爭。爭則必亂，亂則窮矣。先王惡其亂也，故制禮義以分之，使有貧、富、貴、賤之等，足以相兼臨者，是養天下之本也。《書》曰：『維齊非齊。』此之謂也。

罔非在中，察辭于差。

《中論·賞罰》賞罰不可以踈，亦不可以數：數則所及者多，踈則所漏者多。賞罰不可以重，亦不可以輕：賞輕則民不勸，罰輕則民亡懼；賞重則民徼倖，罰重則民無聊。故先王明庶以德之，思中以平之，而不失其節。故《書》曰：『罔非在中，察辭於差。』

非從惟從。

《孔叢子·刑論》《書》曰：『非從維從。』孔子曰：『君子之於人也，有不語也，無不聽也，况聽訟乎？必盡其辭矣。』

哀矜折獄。

《孔叢子·刑論》《書》曰：『哀矜折獄。』仲弓問曰：『何謂也？』孔子曰：『古之聽訟者察貧窮，哀孤獨及鰥寡老弱［一］，不肖而無告者，雖得其情，必哀矜之。』

《漢書·雋疏于薛平彭傳》贊：于定國父子哀鰥哲獄，爲任職臣。

文侯之命

即我御事，罔或耆壽。

《漢書·成帝紀》詔曰：『朕承天地，獲保宗廟，明有所蔽，德不能綏，刑罰不中，衆冤失職，趨闕告訴者不絕。是以陰陽錯謬，寒暑失序，日月不光，百姓蒙辜，朕甚閔焉。《書》不云乎：「即我御事，罔克耆壽，咎在厥躬。」方春生長時，臨遣諫大夫理等舉三輔、三河、弘農冤獄。公卿大夫、部刺史明申敕守相，稱朕意焉。』

費誓

甲戌，我惟征徐戎。

《白虎通·誅伐》征者，何謂也？征猶正也。欲言其正也。輕重從辭也。又曰：『甲戌，我惟

［一］傅亞庶撰《孔叢子校釋》，『老弱』前有『宥』字，作『宥老弱，不肖而無告者』。

征徐戎。』

秦誓

《**史記・秦本紀**》三十六年，繆公復益厚孟明等，使將兵伐晋，渡河焚船，大敗晋人，取王官及鄗，以報殽之役。晋人皆城守不敢出。於是繆公乃自茅津渡河，封殽中尸，爲發喪，哭之三日。乃誓於軍曰：『嗟，士卒！聽，無譁，余誓告汝。古之人謀黄髮番番，則無所過。』以申思不用蹇叔、百里傒之謀，故作此誓，令後世以記余過。君子聞之，皆爲垂涕，曰：『嗟乎！秦繆公之與人周也，卒得孟明之慶。』

公曰：嗟。

《**白虎通・號**》何以知諸侯得稱公？《尚書》曰『公曰嗟』，秦伯也。

尚猶詢兹黄髮，則罔所愆。

《**新序・雜事**》楚丘先生曰：『噫，將我而老乎？噫，將使我追車而赴馬乎？投石而超距乎？逐麋鹿而搏豹虎乎？吾已死矣，何暇老哉？噫，將使我出正辭而當諸侯乎？决嫌疑而定猶豫乎？吾始壯矣，何老之有！』孟嘗君逡巡避席，面有愧色。故《書》曰：『黄髮之言，則無所愆。』美用老人之言以安國也。

惟截截善諞言，俾君子易辭。我皇多受之。

《春秋公羊・文十二年傳》何賢乎繆公？以爲能變也。其爲能變奈何？惟諓諓善竫言，俾君子易怠。而況乎我多有之，惟一介斷斷焉無他技，其心休休。能有容，是難也。

《漢書・李尋傳》昔秦穆公說諓諓之言，任[一]仡仡之勇，身受大辱，社稷幾亡。悔過自責，思惟黃髮，任用百里奚，卒伯西域，德列王道。二者禍福如此，可不慎哉！

如有一介臣，斷斷猗無他技，其心休休焉，其如有容。人之有技，若己有之。人之彥聖，其心好之，不啻如自其口出。是能容之，以保我子孫黎民，亦職有利哉！人之有技，媢疾以惡之，人之彥聖，而違之，俾不達。是不能容，以不能保我子孫黎民，亦曰殆哉！

《禮記・大學》《秦誓》曰：『若有一个臣，斷斷兮無他技，其心休休焉，其如有容焉。人之有技，若己有之；人之彥聖，其心好之；不啻若自其口出，實能容之。以能保我子孫黎民，尚亦有利哉！人之有技，媢疾以惡之；人之彥聖，而違之俾不通；實不能容。以不能保我子孫黎民，亦曰殆哉！』唯仁

[一] 任，原本作『在』，據《粵雅堂叢書》本改。

人放流之，迸諸四夷，不與同中國。此謂唯仁人，爲能愛人，能惡人。見賢而不能舉，舉而不能先，命也。見不善而不能退，退而不能遠，過也。好人之所惡，惡人之所好，是謂拂人之性，菑必逮夫身。

邦之榮懷，亦尚一人之慶。

《白虎通·號》霸者，伯也。行方伯之職，會諸侯，朝天子，不失人臣之義。故聖人與之。非明王之法不張[一]。霸猶迫也，把也。迫脅諸侯，把持其政。《尚書》曰：『邦之榮懷，亦尚一人之慶。』知秦穆之霸也。

[一] 原本無『張』字，據《粤雅堂叢書》本補。

卷六

尚書逸文

大禹謨

帝德廣運，乃聖乃神，乃武乃文。

《呂氏春秋·諭大》七曰：昔舜欲旗古今而不成，既足以成帝矣。禹欲帝而不成，既足以正殊俗矣。湯欲繼禹而不成，既足以服四荒矣。武王欲反湯而不成，既足以王道矣。五伯欲繼三王而不成，既足以爲諸侯長矣。孔丘、墨翟欲行大道於世而不成，既足以成顯名矣。夫大義之不成，既有成矣已。《夏書》曰：『天子之德，廣運，乃神，乃武乃文。』注：《逸書》也。

任賢勿貳，去邪勿疑。

《戰國策》卷十九王曰：『寡人以王子爲子任，欲子之厚愛之，無所見醜。御道之以行義，勿令溺苦於學。事君者，順其意不逆其志。事先者，明其高不倍其孤。故有臣可命，其國之祿也。子能行是以事寡人者畢矣。《書》云：「去邪無疑，任賢勿貳。」寡人與子，不用人矣。』

戒之用休，董之用。勸之以《九歌》，俾勿壞。

《春秋左氏・文七年傳》晋郤缺言於趙宣子曰：『日衛不睦，故取其地。今已睦矣，可以歸之。叛而不討，何以示威？服而不柔，何以示懷？非威非懷，何以示德？無德，何以主盟？子爲正卿，以主諸侯，而不務德，將若之何？《夏書》曰：「戒之用休，董之用威。勸之以《九歌》，勿使壞。」九功之德皆可歌也，謂之九歌。六府、三事，謂之九功。水、火、金、木、土、穀，謂之六府。正德、利用、厚生，謂之三事。義而行之，謂之德禮。無禮不樂，所由叛也。若吾子之德，莫可歌也，其誰來之？盍使睦者歌吾子乎？』

地平天成。

《春秋左氏・僖二十四年傳》君子曰：『子臧之服，不稱也夫。《夏書》曰「地平天成」，稱也。』注：《夏書》，《逸書》也。

皋陶邁種德，德，乃降。

《春秋左氏·莊八年傳》仲慶父請伐齊師。公曰：『不可。我實不德，齊師何罪？罪我之由。《夏書》曰：「皋陶邁種德，德，乃降。」注：《夏書》，《逸書》也。姑務修德以待時乎。』

念兹在兹，釋兹在兹。名言兹在兹，允出兹在兹，惟帝念功。

《春秋左氏·襄二十一年傳》紇也聞之，在上位者洒濯其心，壹以待人，軌度其信，可明徵也，而後可以治人。夫上之所爲，民之歸也。上所不爲而民或爲之，是以加刑罰焉，而莫敢不懲。若上之所爲而民亦爲之，乃其所也，又可禁乎？《夏書》曰：『念兹在兹，釋兹在兹。名言兹在兹，允出兹在兹，惟帝念功。』注：《逸書》也。將謂由己壹也。信由己壹，而後功可念也。《二十三年傳》仲尼曰：『知之難也。有臧武仲之知，而不容於魯國，抑有由也。作不順而施不恕也。《夏書》曰：「念兹在兹。」注：《逸書》也。順事、恕施也。』《哀六年傳》孔子曰：『楚昭王知大道矣！其不失國也，宜哉！又曰：「允出兹在兹。」注：《逸書》也。由己率常可矣。』

與其殺不辜，甯失不經。

《春秋左氏·襄二十六年傳》歸生聞之，與其失善，甯其利淫。無善人，則國從之。故《夏書》曰：『與其殺不辜，甯失不經。』注《逸書》也。懼失善也。

《孔叢子·刑論》死者不可生，斷者不可屬。若老而刑之，謂之悖；弱而刑之，謂之剋；不赦過，謂之逆；率過以小罪，謂之枳。故宥過，赦小罪，老弱不受刑，先王之道也。又曰：『與其殺不辜，甯失不經。』

《**漢書·路温舒傳**》温舒上書：『方今天下賴陛下恩厚，亡金革之危，飢寒之患，父子夫妻勠力安家。然太平未洽者，獄亂之也。夫獄者，天下之大命也，死者不可復生，絶者不可復屬。《書》曰：「與其殺不辜，甯失不經。」』

俾予從欲以治。

《**荀子·大略篇**》水行者表深，使人無陷；治民者表亂，使人無失。禮者其表也，先王以禮表天下之亂。今廢禮者，是去表也。故民迷惑而陷禍患。此刑罰之所以繁也。舜曰：『維予從欲而治。』注：《虞書》。[一]

洚水儆予。

《**孟子·滕文公下**》當堯之時，水逆行，氾濫於中國，蛇龍居之，民無所定。下者爲巢，上者爲營窟。《書》曰：『洚水警余。』洚水者，洪水也。

[一]《粵雅堂叢書》本此條末尾有『故禮之生，爲賢人以下至庶民也，非爲成聖也，然而亦所以成聖也。不學不成』。

成允成功。

《春秋左氏·襄五年傳》君子謂：『楚共王於是不刑。己則無信，而殺人以逞，不亦難乎？《夏書》曰：「成允成功。」』注：亦《逸書》也。

天之曆數在汝躬。

《論語·堯曰》堯曰：『咨，爾舜！天之曆數在爾躬，允執其中。四海困窮，天祿永終。』舜亦以命禹。[一]

《史記·曆書》[二]年耆禪舜，申戒文祖，云『天之曆數在爾躬』。舜亦以命禹。由是觀之，王者所重也。

惟精惟一，允執厥中[三]

《忠經·天地神明章》夫忠，興於身，著於家，成於國，其行一焉。是故一於其身，忠之始也；

[一]《粤雅堂叢書》本無此條。

[二]《粤雅堂叢書》本在『年耆禪舜』前多引用『堯復遂重、黎之後，不忘舊者，使復典之，而立羲、和之官，明時正度，則陰陽調，風雨節，茂氣至，民無夭疫』。『堯復遂重』，『遂』字當爲『逐』字誤。

[三]《粤雅堂叢書》本無『惟精惟一』四字。

一於其家，忠之中也；一於其國，忠之終也。身一，則百禄至；家一，則六親和；國一，則萬人理。《書》云：『惟精惟一，允執厥中。』[一]

衆非元后何戴？后非衆，罔與守邦。

《國語·周語上》襄王使召公過及内史過賜晉惠公命。吕甥、郤芮相晉侯不敬，晉侯執玉卑，拜不稽首。内史過歸，以告王曰：『晋不亡，其君必無後。且吕、郤將不免。』王曰：『何故？』對曰：『《夏書》有之曰：「衆非元后，何戴？后非衆，無與守邦。」』注《夏書》，《逸書》也。

光琦謹按：内史過引《夏書》，與《左氏·僖三十三年傳》，臼季引《康誥》，《昭二十年傳》，苑何忌引《康誥》，文義相似，爲古《尚書》外傳文，故《吕氏春秋·制樂篇》高注引傳曰：『后非衆無以守邑。傳曰：「衆非元后，何戴？」』高氏及見外傳原文，故不稱《書》。後人采傳以補亡書，而傳之原文遂亡耳。

惟口出好興戎。

《墨子·尚同中》是以先王之書《術令》之道曰：『惟口出好興戎。』則此言善用口者出好，不善用口者以爲讒賊寇戎。則此豈口不善哉？用口則不善也，故遂以爲讒賊寇戎。

[一]《粵雅堂叢書》本無此條。

官占，惟先蔽志，昆命于元龜。

《春秋左氏·哀十八年傳》君子曰：『惠王知志。《夏書》曰：「官占，唯能蔽志，昆命于元龜。」』

注：《逸書》也。其是之謂乎！」

濟濟有衆，咸聽朕命，蠢兹有苗。

《墨子·兼愛下》且不惟《泰誓》爲然，雖《禹誓》即亦猶是也。禹曰：『濟濟有衆，咸聽朕言，非惟小子敢行稱亂，蠢兹有苗，用天之罰，若予既率爾群，對諸群以征有苗。』禹之征有苗也，非以求以重富貴、干福禄，樂耳目也；以求興天下之利，除天下之害，即此禹兼也。雖子墨子之所謂兼者，於禹求焉。

往于田，日號泣于旻[一]天，于父母。

《孟子·萬章上》萬章問曰：『舜往于田，號泣于旻天，何爲其號泣也？』孟子曰：『怨慕也。』萬章曰：『「父母愛之，喜而不忘；父母惡之，勞而不怨。」然則舜怨乎？』曰：『長息問於公明高曰：「舜往于田，則吾既得聞命矣；號泣于旻天，于父母，則吾不知也。」公明高曰：「是非爾所知也。」夫公明

[一] 旻，原本作『□』，據〔清〕焦循撰，沈文倬點校《孟子正義》補。

高以孝子之心爲不若是恝。我竭力耕田，共爲子職而已矣。父母之不我愛，於我何哉！』

祇[一]**載見瞽瞍，夔夔齋慄，瞽亦允若。**

《孟子·萬章上》《書》曰：『祇載見瞽瞍，夔夔齋慄，瞽叟亦允若。』是爲父不得而子也。

予辯下士，使民平平，使民無敖。《九共》逸文。

《尚書大傳·虞傳》《書》曰：『予辯下士，使民平平，使民無敖。』

諮四嶽曰：『裕汝衆。』或有一人。

《白虎通·號》或稱天子，或稱帝王何？以爲接上稱天子者[二]，明以爵事天也；接下稱帝王者，得號天下至尊言稱，以號令臣下也。故《尚書》曰『諮四嶽』，曰『裕汝衆』，或有一人。

五子之歌

有窮后羿。

[一] 祇，原本作『祗』，據《粤雅堂叢書》改。下同。

[二] 原本無『者』字，據《粤雅堂叢書》本補。

《**春秋左氏·襄四年傳**》魏絳曰：『戎，禽獸也，獲戎失華，無乃不可乎？《夏訓》有之曰：「有窮后羿。」』注：夏訓，《夏書》。

民可近不可下。

《**國語·周語中**》襄公曰：『人有言曰：「兵在其頸。」其郤至之謂乎！君子不自稱也，非以讓也，惡其蓋人也。夫人性，陵上者也，不可蓋也。求蓋人，其抑下滋甚，故聖人貴讓。《書》曰：「民可近也，而不可上也。」』注：《書》，《逸書》。

一人三失，怨豈在明，不見是圖。

《**春秋左氏·成十六年傳**》單子語諸大夫曰：『温季其亡乎！位於七人之下，而求掩其上。怨之所聚，亂之本也。多怨而階亂，何以在位？《夏書》曰：「怨豈在明？不見是圖。」注：《逸書》也。將慎其細也。今而明之，其可乎？』

《**國語·晋語第十五**》知伯國對曰：『夫郤氏有車轅之難，趙有孟姬之讒，欒有叔祁之愬，范、中行有函冶之難，皆主之所知也。《夏書》有之曰：「一人三失，怨豈在明？不見是圖。」』

惟彼陶唐，有此冀方。今失厥道，亂其紀綱，乃底滅亡。

《春秋左氏·哀六年傳》孔子曰：「楚昭王知大道矣。其不失國也，宜哉！《夏書》曰：『惟彼陶唐，帥彼天常，有此冀方。今失其行，亂其紀綱，乃滅而亡。』」注：《逸書》。

關石和鈞，王府則有。

《國語·周語下》單穆公曰：「周固羸[一]國也，天未厭禍焉，而又離民以佐災，無乃不可乎！將民之與處而離之，將災是備禦而召之，則何以經國？國無經，何以出令？令之不從，上之患也，故聖王樹德於民以除之。《夏書》有之曰：『關石龢鈞[二]，王府則有。』」注：《夏書》，《逸書》也。

弗慎厥德，雖悔可追。

《墨子·非命下》先聖王之患之也，固在前矣。是以書之竹帛，鏤之金石，琢之盤盂，傳遺後世子孫。曰：「何書焉存？」禹之《總德》有之，曰：「允不著，惟天民不而葆。既防凶心，天加之咎。不慎厥德，天命焉葆？」

胤征

[一] 羸，原本作「嬴」，據徐元誥撰，王樹民、沈長雲點校《國語集解》改。

[二] 鈞，原本作「均」，據徐元誥撰，王樹民、沈長雲點校《國語集解》改。

聖有謨訓，明徵定保。

《春秋左氏·襄二十一年傳》於是祁奚老矣，聞之，乘馹而見宣子，曰：『《書》曰：「聖有謨勳，明徵定保。」注：《逸書》。夫謀而鮮過、惠訓不倦者，叔向有焉，社稷之固也。猶將十世宥之，以勸能者。今壹不免其身，以棄社稷，不亦惑乎？』

遒人以木鐸徇于路，官師相規，工執藝事以諫。

《春秋左氏·襄十四年傳》師曠對曰：『自王以下，各有父子兄弟以補察其政。史爲書，瞽爲詩，工誦箴諫，大夫規誨。士傳言，庶人謗，商旅于市，百工獻藝。故《夏書》曰：「遒人以木鐸徇于路，官師相規，工執藝事以諫。」注：《逸書》。正月孟春，於是乎有之，諫失常也。』

辰弗集于房，瞽奏鼓，嗇夫馳，庶人走。

《春秋左氏·昭十七年傳》太史曰：『在此月也，日過分而未至，三辰有災，於是乎百官降物，君不舉，辟移時，樂奏鼓，祝用幣，史用辭，故《夏書》曰：「辰不集于房，瞽奏鼓，嗇夫馳，庶人走。」此月朔之謂也，當夏四月，是謂孟夏。』

昏墨賊殺。

《春秋左氏·昭十四年傳》叔向曰：『己惡而掠美爲昏，貪以敗官爲墨，殺人不忌爲賊。《夏書》曰：「昏、墨、賊，殺。」注：《逸書》。皋陶之刑也。請從之。』

仲虺之誥

夏王有罪，矯誣上天，以布命于下。帝用不臧。

《墨子·非命上》若上世暴王，不忍其耳目之淫，心涂之辟，不順其親戚，遂以亡失國家，傾覆社稷。不知曰『我罷不肖，爲政不善』，必曰『吾命固失之』。於《仲虺之告》曰：『我聞于夏人，矯天命，布命于下。帝伐之惡，龔喪厥師。』此言湯之所以非桀之執有命也。

乃葛伯仇餉。

《孟子·滕文公下》孟子曰：『湯居亳，與葛爲鄰，葛伯放而不祀。湯使人問之曰：「何爲不祀？」曰：「無以供犧牲也。」湯使遺之牛羊。葛伯食之，又不以祀。湯又使人問之曰：「何爲不祀？」曰：「無以供粢盛也。」湯使亳衆，往爲之耕，老弱饋食。葛伯率其民，要其有酒食黍稷者奪之，不授者殺之。有童子以黍肉餉，殺而奪之。《書》曰「葛伯仇餉」，此之謂也。』

初征自葛，東征西夷怨，南征北狄怨，曰：『奚獨後予。』

《孟子·梁惠王下》孟子對曰：『臣聞七十里爲政於天下者，湯是也。未聞以千里畏人者也。《書》曰：「湯一征，自葛始。」天下信之，東面而征西夷怨，南面而征北狄怨，曰：「奚爲後我？」民望之，若大旱之望雲霓也。』**《滕文公下》**湯始征，自葛載，十一征，而無敵於天下。東面而征西夷怨，南面而征北狄怨，曰：『奚爲後我？』民之望之，若大旱之望雨也。**《盡心下》**國君好仁，天下無敵焉。南面而征北狄怨，東面而征西夷怨，曰：『奚爲後我？』

徯子后，后來其蘇。

《孟子·梁惠王下》歸市者不止，耕者不變，誅其君而弔其民，若時雨降，民大悅。《書》曰：『徯我后，后來其蘇。』**《滕文公下》**歸市者弗止，芸者不變，誅其君，弔其民，如時雨降，民大悅。《書》曰：『徯我后，后來其無罰！』

取亂侮亡。

《春秋左氏·宣十二年傳》隨武子曰：『見可而進，知難而退，軍之善政也。兼弱攻昧，武之善經也。子姑整軍而經武乎！猶有弱而昧者，何必楚？仲虺有言曰：「取亂侮亡。」兼弱也。』**《襄十四年傳》**中行獻子對曰：『不如因而定之，衛有君矣。伐之，未可以得志而勤諸侯。仲虺有言曰：「亡者侮之，亂者取之。推亡、固存，國之道也。」君其定衛以待時乎！』**《三十年傳》**子皮曰：『《仲虺之志》云：「亂者取之，亡者侮之。」推亡固存，國之利也。罕、駟、豐同生。伯有汰侈，故不免。』

能自得師者王，謂人莫若己者亡。

《**荀子・堯問篇**》吴起對曰：『楚莊王謀事而當，群臣莫逮，退朝而有憂色。申公巫臣進問曰：「王朝而有憂色，何也？」莊王曰：「不穀謀事而當，群臣莫能逮，是以憂也。其在《中蘬》之言也，曰：諸侯自爲得師者王，得友者霸，得疑者存，自爲謀而莫己若者亡。今以不穀之不肖，而群臣莫吾逮，吾國幾於亡乎！是以憂也。」』

湯誥

肆台小子，將天命明威，不敢赦。敢用玄牡，敢昭告于上天神后，請罪有夏。

《**論語・堯曰**》予小子履，敢用玄牡，敢昭告于皇皇后帝，有罪不敢赦。帝臣不蔽，簡在帝心。朕躬有罪，無以萬方。萬方有罪，罪在朕躬。

《**墨子・兼愛下**》且不惟《禹誓》爲然，雖《湯説》即亦猶是也。湯曰：『惟予小子履，敢用玄牡，告於上天后曰：「今天大旱，即當朕身履，未知得罪于上下。有善不敢蔽，有罪不敢赦，簡在帝心。萬方有罪，即當朕身。朕身有罪，無及萬方。」』即此言湯貴爲天子，富有天下，然且不憚以身爲犧牲，以祠說于上帝鬼神。即此湯兼也。雖子墨子之所謂兼者，於湯取法焉。

聿求元聖，與之戮力。

《墨子·尚賢中》且以尚賢爲政之本者，亦豈獨子墨子之言哉！此聖王之道，先王之書距年之言也。《湯誓》曰：『聿求元聖，與之戮力同心，以治天下。』則此言聖之不失以尚賢使能爲政也。

凡我造邦，無從匪彝，無即慆淫。各守爾典，以承天休。

《國語·周語中》單子對曰：『先王之令有之，曰：「天道賞善而罰淫，故凡我造國，無從非彝，無即慆淫，各守爾典，以承天休。」今陳侯不念胤續之常，棄其伉儷妃嬪，而帥其卿佐以淫於夏氏，不亦瀆[一]姓矣乎？』

其爾萬方有罪，在予一人；予一人有罪，無以爾萬方。

《國語·周語上》襄王使召公過及内史過賜晋惠公命。吕甥、郤芮相晋侯不敬，晋侯執玉卑，拜不稽首。内史過歸，以告王曰：『晋不亡，其君必無後。且吕、郤將不免。』王曰：『何故？』對曰：『在

[一] 瀆，徐元誥撰，王樹民、沈長雲點校《國語集解》作『嬻』。

《湯誓》曰：「余一人有辠，無以萬夫；萬夫有辠，在余一人。」注：《湯誓》，《商書》伐桀之誓也，今《湯誓》無此言。則已散亡矣。

《呂氏春秋·順民》昔者湯克夏而正天下，天大旱，五年不收。湯乃以身禱於桑林，曰：『余一人有罪，無及萬夫。萬夫有罪，在余一人。無以一人之不敏，使上帝鬼神傷民之命。』

伊訓

惟元祀十有二月乙丑，伊尹祠于先王。

《漢書·律曆志》商十二月乙丑朔旦冬至，故《書·序》曰：『成湯既没，太甲元年，使伊尹作《伊訓》。』《伊訓篇》曰：『惟太甲元年十有二月乙丑朔，伊尹祀于先王，誕資有牧方明。』言雖有成湯、太丁、外丙之服，以冬至越茀祀先王于方明以配上帝，是朔旦冬至之歲也。

古有夏先后，方懋厥德，罔有天灾。山川鬼神，亦莫不甯，暨鳥獸魚鼈咸若。

《墨子·明鬼下》且《周書》獨鬼，而《商書》不鬼，則未足以爲法也。然則姑嘗上觀乎《商書》，曰：『嗚呼！古者有夏，方未有禍之時，百獸貞蟲，允及飛鳥，莫不比方。矧在[一]人面，胡

[一] 在，〔清〕孫詒讓撰，孫啟治點校《墨子閒詁》作『隹』，古『惟』字。

敢異心？山川鬼神，亦莫敢不甯；若能共允，任[一]天下之合，下土之葆。』察山川鬼神之所以莫敢不甯者，以佐謀禹也。此吾所以知《周[二]書》之鬼也。

造攻自鳴條，朕哉自亳。

《孟子·萬章上》[三]思天下之民匹夫匹婦有不被堯、舜之澤者，若己推而内之溝中。其自任天下之重如此，故就湯而説之以伐夏救民。《伊訓》曰：『天誅造攻自牧宫，朕載自亳。』

從諫弗咈，先民時若。居上克明，爲下克忠。

《荀子·臣道篇》[四]若馭樸馬，若養赤子，若食餧人。故因其懼也而改其過，因其憂也而辨其故，因其喜也而入其道，因其怒也而除其怨，曲得所謂焉。《書》曰：『從命而不拂，微諫而不倦。爲上則明，爲下則遜。』此之謂也。注：《書·伊訓》也。

[一] 任，〔清〕孫詒讓撰，孫啟治點校《墨子閒詁》作『隹』。

[二] 周，〔清〕孫詒讓撰，孫啟治點校《墨子閒詁》作『商』。

[三] 《粵雅堂叢書》本在『思天下之民』前多引用『天之生此民也，使先知覺後知，使先覺覺後覺也。予天民之先覺者也，予將以斯道覺斯民也。非予覺之而誰也』。

[四] 《粵雅堂叢書》本在『若馭樸馬』前多引用『調而不流，柔而不屈，寬容而不亂，曉然以至道，而無不調和也。而能化易時關内之。是事暴君之義也』。

敷求哲人，俾輔于爾後嗣。

《墨子·尚賢中》且以尚賢爲政之本者，亦豈獨子墨子之言哉！此聖王之道，先王之書《距年》之言也。傳曰：『求聖君哲人，以裨輔而身。』則此言聖之不失以尚賢使能爲政也。

制官刑，儆于有位。曰：敢有恒舞于宮，酣歌于室，時謂巫風。

《墨子·非樂上》是故子墨子曰：爲樂非也，何以知其然也？曰：先王之書湯之《官刑》有之。曰：『其恒舞于宮，是謂巫風。其刑，君子出絲二衛，小人否似二伯黃徑。』乃言曰：嗚呼！舞佯佯，黃言孔章，上帝弗常，九有以亡，上帝不順，降之百殃，其家必壞喪。」察九有之所以亡者，徒從飾樂也。

作善降之百祥，作不善降之百殃。

《忠經·證應章》君子守道，所以長守其休；小人不常，所以自陷其咎。休咎之徵也，不亦明哉！《書》云：『作善，降之百祥；作不善，降之百殃。』[一]

太甲

[一]《粵雅堂叢書》本無此條及此條引文。

先王顧諟天之明命。

《禮記·大學》《太甲》曰：『顧諟天之明命。』皆自明也。

惟尹躬先見于西邑夏，自周有終。相亦惟終。

《禮記·緇衣》子曰：『小人溺於水，君子溺於口，大人溺於民，皆在其所褻也。夫水近於人而溺人。德易狎而難親也，易以溺人；口費而煩，易出難悔，易以溺人；夫民閉於人，而有鄙心，可敬不可慢，易以溺人。故君子不可以不慎也。』尹吉曰：『惟尹躬天，見于西邑夏，自周有終，相亦惟終。』注：尹吉，亦『尹誥』也。天，當爲『先』字之誤。忠信爲『周』。相，助也，謂臣也。伊尹言：尹之先祖，見夏之先君臣，皆忠信以自終。今天絶桀者，以其『自作孽』。伊尹始仕於夏，此時就湯矣。夏之邑在亳西。見，或爲『敗』。邑，或爲『予』。

辟不辟，忝厥祖。

《禮記·坊記》子云：『父子不同位，以厚敬也。《書》云：「厥辟不辟，忝厥祖。」』

若虞機張，往省括于度則釋。

《禮記·緇衣》子曰：『小人溺於水，君子溺於口，大人溺於民，皆在其所褻也。夫水近於人而溺人，德易狎而難親也，易以溺人。口費而煩，易出難悔，易以溺人。夫民閉於人而有鄙心，可敬不可慢，易以溺人。故君子不可以不慎也。《太甲》曰：「毋越厥命，以自覆也。」「若虞機張，往省括于度則釋。」』

伊尹曰：『茲乃不義，習與性成。予弗狎于弗順，營于桐宮，密邇先王其訓，無俾世迷。』

《孔叢子·執節》趙孝成王問曰：『昔伊尹爲臣而放其君，其君不怨，何行而得乎此也？』子順答曰：『其在《商書》，太甲嗣立而干冢宰之政。伊尹曰：「惟王舊行不義，習與性成。予不狎于不順，王始即桐，邇于先王其訓，罔以後人迷。」王往居憂，允思厥祖之明德。」是言太甲在喪，不明乎人子之道，而欲知政。於是伊尹使之居桐，近湯之墓，處憂哀之地，放之不俾知政。三年服竟，然後反之，即所以奉禮執節事太甲者也。率其君以義，强其君以孝道，未有行此見怨也。』

民非后，罔克胥匡以生；后非民，罔以辟四方。

《禮記·表記》子曰：『以德報德，則民有所勸；以怨報怨，則民有所懲。《太甲》曰：「民非后，無能胥以寧。后非民，無以辟四方。」』注：太甲，湯孫也，《書》以名篇。胥，相也。民非君，不能以相安。

欲敗度，縱敗禮。

《春秋左氏·昭十年傳》子皮盡用其幣。歸，謂子羽曰：『非知之實難，將在行之。夫子知之矣，我則不足。《書》曰：「欲敗度，縱敗禮。」我之謂矣。夫子知度與禮矣，我實縱欲，而不能自克也。』

天作孽，猶可違；自作孽，不可逭。

《孟子・公孫丑上》今國家閒暇，及是時，般樂怠敖，是自求禍也。禍福無不自己求之者。《太甲》曰：『天作孽，猶可違；自作孽，不可活。』此之謂也。

《禮記・緇衣》子曰：『小人溺於水，君子溺於口，大人溺於民，皆在其所褻也。夫水近於人而溺人，德易狎而難親也，易以溺人；口費而煩，易出難悔，易以溺人；夫民閉於人而有鄙心，可敬不可慢，易以溺人。故君子不可以不慎也。《太甲》曰：「天作孽，可違也；自作孽，不可以逭。」』

《説苑・敬慎》故妖孽者，天所以警天子諸侯也；惡夢者，所以警士大夫也。故妖孽不勝善政，惡夢不勝善行也。至治之極，禍反爲福。故《太甲》曰：『天作孽，猶可違；自作孽，不可逭。』

若升高，必自下；若陟遐，必自邇。

《禮記・中庸》君子之道，辟如行遠必自邇，辟如登高必自卑。

一人元良，萬邦以貞。

《忠經・兆人章》是故秪承君之法度，行孝悌於其家，服勤稼穡，以供王賦，此兆人之忠也。

《書》云：『一人元良，萬邦以貞。』[一]

咸有一德

惟尹躬暨湯，咸有一德。

《禮記・緇衣》子曰：『爲上可望而知也，爲下可述而志也，則君不疑於其臣，而臣不惑於其君矣。尹吉曰：「惟尹躬及湯，咸有一德。」』注：吉，當爲『告』。告，古文『誥』字之誤也。尹告，伊尹之誥也，《書・序》以爲《咸有一德》，今亡。

七世之廟，可以觀德。萬夫之長，可以觀政。

《呂氏春秋・諭大》故務在事，事在大。地大則有常祥、不庭、歧母、群抵、天翟、不周，山大則有虎、豹、熊、螇、蛆，水大則有蛟、龍、黿、鼉、鱣、鮪。《商書》曰：『五世之廟，可以觀怪。萬夫之長，可以謀生。』注：《逸書》。

説命

[一]《粤雅堂叢書》本未引此條，但引用《禮記・文王世子》：『故學之爲父子焉，學之爲君臣焉，學之爲長幼焉，父子、君臣、長幼之道，得而國治。語曰：「一有元良，萬國以貞。」世子之謂也。』

亮陰三祀。既免喪，其惟弗言。

《論語·憲問》子張曰：「《書》云：「高宗諒陰，三年不言。」何謂也？」子曰：「何必高宗，古之人皆然。君薨，百官總己以聽於冢宰三年。」

《尚書大傳·殷傳》《書》曰：「宗高梁闇，三年不言。何爲梁闇也？」傳曰：高宗居凶廬，三年不言，此之謂梁闇。子張曰：「何謂也？」孔子曰：「古者君薨，世子聽于冢宰三年，不敢服先王之服，履先王之位而聽焉。」

《春秋繁露·竹林》曰：「先王之制，有大喪者，三年不呼其門，順其志之不在事也。《書》云：「高宗諒闇，三年不言。」居喪之義也。」

《白虎通·爵》《春秋傳》曰「天子三年然後稱王者，謂稱王統事發號令也」，《尚書》曰「高宗諒闇三年」，是也。

知之曰明哲。

《墨子·天志中》此吾所以知天之貴且知於天子者。不止此而已矣，又以先王之書，馴天明不解之道也知之。曰：『明哲維天，臨君下出〔一〕。』則此語天之貴且知於天子。

以台正于四方，台恐德弗類，兹故弗言。

《國語・楚語上》白公對曰：『昔殷武丁能聳其德，至于神明，以入于河，自河徂亳，於是乎三年默以思道。卿士患之，曰：「王言以出令也，若不言，是無所稟令也。」武丁於是作書，曰：「以余正四方，余恐德之不類，兹故不言。」』

《呂氏春秋・重言》人主之言，不可不慎。高宗，天子也。即位諒闇，三年不言。卿大夫恐懼，患之。高宗乃言曰：『以余一人正四方，余唯恐言之不類也，兹故不言。』古之天子，其重言如此，故言無遺者。

説築傅巖之野。

《孟子・告子下》傅説舉於版築之間。

〔一〕王引之曰『下出』當爲『下土』，見〔清〕孫詒讓撰，孫啟治點校《墨子閒詁》，中華書局二〇〇一年四月版，第一九九一頁注。

啟乃心，沃朕心，若藥弗瞑眩，厥疾弗瘳；若跣弗視地，厥足用傷。[一]

《**孟子·滕文公上**》今滕絶長補短，將五十里也，猶可以爲善國。《書》曰：『若藥不瞑眩，厥疾不瘳。』

《**國語·楚語上**》白公對曰：『得傅説以來，升以爲公，而使朝夕規諫，曰：「若金，用女作礪。若津水，用女作舟。若天旱，用女作霖雨。啟乃心，沃朕心。若藥不瞑眩，厥疾不瘳。若跣不視地，厥足用傷。」』

《**潛夫論·五德志**》乃生武丁。即位，默以不言，思道三年，而夢獲賢人以爲師。乃使以夢像求之四方側陋，得傅説，方以胥靡築於傅巖。升以爲大公，而使朝夕規諫。恐其有憚怠也，則勑曰：『若金，用汝作礪；若濟巨川，用汝作舟楫；若時大旱，用汝作霖雨。啟乃心，沃朕心。若藥不瞑眩，厥疾不瘳；若跣不視地，厥足用傷。爾交修余，無棄！』故能中興，稱號高宗。

惟木從繩則正，后從諫則聖。

《**忠經·忠諫章**》夫諫，始於順辭，中於抗義，終於死節，以成君休，以寗社稷。《書》云：『木

[一]《粤雅堂叢書》本無『若跣弗視地，厥足用傷』。

從繩則正，后從諫則聖。』[一]

建邦設都，樹后王君公，承以大夫師長。

《墨子・尚同中》是以先王之書《相年》之道曰：『夫建國設都，乃作后王君公，否用泰也。輕大夫師長，盧云：下篇作奉以輕字誤。否用佚也。維辯使治天[二]均。』則此語古者上帝鬼神之建設國都，立正長也，非高其爵、厚其祿、富貴佚而錯之也。將以爲萬民興利除害、富貴貧寡、安危治亂也。故古者聖王之爲若此。

惟口起羞，惟甲冑起戎，惟衣裳在笥，惟干戈省厥躬。

《禮記・緇衣》子曰：『小人溺於水，君子溺於口，大人溺於民，皆在其所褻也。夫水近於人而溺人，德易狎而難親也，易以溺人。口費而煩，易出難悔，易以溺人。夫民閉於人而有鄙心，可敬不可慢，易以溺人。故君子不可以不慎也。《兑命》曰：「惟口起羞，惟甲冑起兵，惟衣裳在笥，惟干戈省厥躬。」』

[一]《粵雅堂叢書》本無此條及此條引文。

[二] 天，原本作『夫』，據〔清〕孫詒讓撰，孫啟治點校《墨子閒詁》改。

爵罔及惡德。

《禮記·緇衣》子曰：『南人有言曰：「人而無恒，不可以爲卜筮。」古之遺言與？龜筮猶不能知也，而况於人乎！《兑命》曰：「爵無及惡德，民立而正事。」「純而祭祀，是爲不敬。事煩則亂，事神則難。」』

惟學遜志，務時敏，厥修乃來。

《禮記·學記》故君子之於學也，藏焉，修焉，息焉，遊焉。夫然，故安其學而親其師，樂其友而信其道。是以雖離師輔而不反也。《兑命》曰：『敬孫務時敏，厥修乃來。』其此之謂乎！

惟斆學半。

《禮記·學記》是故學然後知不足，教然後知困。知不足，然後能自反也。知困，然後能自强也。故曰：『教學相長也。』《兑命》曰：『學學半。』其此之謂乎！

念終始，典于學。

《禮記·文王世子》古之君子，舉大事必慎其終始，而衆安得不喻焉？《兑命》曰：『念終始典于學。』

《學記》是故古之王者建國君民，教學爲先。《兑命》曰：『念終始，典于學。』其此之謂乎！

施章乃服明上下。《帝告》逸文。

《尚書大傳·殷傳》《書》曰：『施章乃服明上下。』

若德明哉，湯任父言卑應言。《盤庚》逸文。

《尚書大傳·殷傳》《書》曰：『若德明哉，湯任父言俾應言。』

惟高宗報上甲微。

《孔叢子·論書》《書》曰：『維高宗報上甲微。』定公問曰：『此何謂也？』孔子對曰：『此謂親盡廟毁，有功而不及祖，有德而不及宗。故於每歲之大嘗而報祭焉，所以昭其功德也。』

刑三百，罪莫重於不孝。

《呂氏春秋·孝行》曾子曰：『身者，父母之遺體也。行父母之遺體，敢不敬乎？居處不莊，非孝也；事君不忠，非孝也；涖官不敬，非孝也；朋友不篤，非孝也；戰陣無勇，非孝也。五行不遂，災及乎親，敢不敬乎？』《商書》曰：『刑三百，罪莫重於不孝。』

泰誓

《孔叢子·論書》《泰誓》，可以觀義。

大會于孟津。

《尚書大傳·周傳》《書》曰：『唯四月，太子發上祭于畢，下至于盟津之上。』

《白虎通·爵》或曰：天子之子稱太子。《尚書》曰：『太子發升于舟也。』

乃夷居，弗事上帝神祇，遺厥先宗廟弗祀。

《墨子·天志中》《大誓》之道之曰：『紂越厥夷居，不肯事上帝，棄厥先神祇[一]不祀，乃曰：吾有命，無廖僔務天下[二]。天亦縱棄紂而不葆。』察天以縱棄紂而不葆者，反天之意也。故夫憎人、賊人，反天之意，得天之罰者，既可得[三]而知也。《非命上》於《太誓》曰：『紂夷處，不肯事上帝鬼神，禍厥先神禔不祀，乃曰：吾民有命，無廖排漏。天亦縱棄之[四]而弗葆。』此言武王所以非紂執有命也。

天佑下民，作之君，作之師，惟其克相上帝，寵綏四方。有罪無罪，予曷敢有越厥志？

［一］祇，原本作『祇』，據《粵雅堂叢書》本改。

［二］〔清〕孫詒讓撰，孫啟治點校《墨子閒詁》無『天下』二字。

［三］得，原本作『謂』，據〔清〕孫詒讓撰，孫啟治點校《墨子閒詁》改。

［四］縱棄之，原本作『縱之棄』，據〔清〕孫詒讓撰，孫啟治點校《墨子閒詁》改。

《孟子·梁惠王下》《書》曰：『天降下民，作之君，作之師。惟曰其助上帝寵之。四方有罪無罪，惟我在，天下曷敢有越厥志？』一人衡行於天下，武王恥之，此武王之勇也。而武王亦一怒而安天下之民。

厥罪惟鈞。

《墨子·尚同下》《太誓》之言然曰：『小人見姦巧乃聞，不言也，發罪鈞。』此言見淫辟不以告者，其罪亦猶淫辟者也。

民之所欲，天必從之。

《春秋左氏·襄三十一年傳》穆叔曰：『《大誓》云：「民之所欲，天必從之。」注：今《尚書·大誓》亦無此文，故諸儒疑之。君欲楚也夫，故作其宮。若不復適楚，必死是宮也。**《昭元年傳》**子羽謂子皮曰：『國子代人憂，子招樂憂，齊子雖憂弗害。夫弗及而憂，與可憂而樂，與憂而弗害，皆取憂之道也，憂必及之。《大誓》曰：「民之所欲，天必從之。」注：《逸書》。三大夫兆憂，憂能無至乎？言以知物，其是之謂矣。』

《國語·周語中》襄公曰：『夫戰，盡敵爲上。守龢同，順義爲上。故制戎以果毅，制朝以序成。畔戰而擅舍鄭君，賊也；棄毅行容，羞也；畔國即讎，佻也。有三姦以求替其上，遠於得政矣。以吾觀之，兵在其頸，不可久也。雖吾王叔，未能違難。在《大誓》曰：「民之所欲，天必從之。」王叔欲郤至，能勿從乎？』

謂己有天命，謂敬不足行，謂祭無益，謂暴無傷，厥鑒惟不遠，在彼夏王。

《**墨子·非命下**》《太誓》之言也，於《去發》曰：『惡乎君子！天有顯德，其行甚章。爲鑑不遠，在彼殷王。謂人有命，謂敬不可行，謂祭無益，謂暴無傷。上帝不常，九有以亡；上帝不順，祝降其喪。惟我有周，受之大帝。』昔紂執有命而行，武王爲《太誓》《去發》以非之。

朕夢協朕卜，襲于休祥，戎商必克。

《**春秋左氏·昭七年傳**》史朝對曰：『康叔名之，可謂長矣。孟非人也，將不列於宗，不可謂長。且其繇曰「利建侯」。嗣吉何建？建非嗣也。二卦皆云，子其建之。康叔命之，二卦告之，筮襲於夢，武王所用也，弗從何爲？注：《外傳》云：『《大誓》曰：「朕夢協朕卜，襲於休祥，戎商必克。」』此武王辭。

《**國語·周語下**》襄公有疾，召頃公而告之，曰：『且其夢曰：「必驩之孫，實有晋國。」其卦曰：「必三取君於周。」其德又可以君國，三襲焉。吾聞之《大誓故》，曰「朕夢協于朕卜，襲于休祥，戎商必克。」以三襲也。晋仍無道而鮮胄，其將失之矣。必蚤善晋子，其當之也。』

《**漢書·董仲舒傳**》仲舒對曰：『臣聞天之所大奉使之王者，必有非人力所能致而自至者，此受命之符也。天下之人同心歸之，若歸父母，故天瑞應誠而至。《書》曰「白魚入于王舟，有火復于王屋，流爲烏」，此蓋受命之符也。周公曰「復哉復哉」，孔子曰「德不孤，必有鄰」，皆積善累德之效也。』

受有億兆夷人，離心離德；予有亂臣十人，同心同德。

《**論語・泰伯**》武王曰：『予有亂臣十人。』

《**春秋左氏・成二年傳**》君子曰：『衆之不可以已也。大夫爲政，猶以衆克，況明君而善用其衆乎？《大誓》所謂「商兆民離，周十人同」者，衆也。』注：《大誓》，《周書》。《**襄二十八年傳**》叔孫穆子曰：『武王有亂臣十人，崔杼其有乎？不十人，不足以葬。』《**昭二十四年傳**》萇弘對曰：『同德度義。《大誓》曰：「紂有億兆夷人，亦有離德。余有亂臣十人，同心同德。」注：今《大誓》無此語。此周所以興也。君其務德，無患無人。』

雖有周親，不如仁人。

《**論語・堯曰**》雖有周親，不如仁人。百姓有過，在予一人。

天視自我民視，天聽自我民聽。

《**孟子・萬章上**》舜相堯二十有八載，非人之所能爲也，天也。堯崩，三年之喪畢，舜避堯之子於南河之南。天下諸侯朝覲者，不之堯之子而之舜；訟獄者，不之堯之子而之舜；謳歌者，不謳歌堯之子而謳歌舜，故曰天也。夫然後之中國，踐天子位焉。而居堯之宮，逼堯之子，是簒也，非天與也。《泰誓》曰：『天視自我民視，天聽自我民聽。』此之謂也。

百姓有過，在予一人。

《説苑·君道》禹曰：『堯、舜之人，皆以堯、舜之心爲心。今寡人爲君也，百姓各自以其心爲心，是以痛之也。』《書》曰：『百姓有罪，在予一人。』

《列女·楚江乙母傳》昔日妾之子爲郢大夫，有盜王宫中之物者，妾子坐而絀，妾子亦豈知之哉？然終坐之。令尹獨何人，而不以是爲過也？昔者周武王有言曰：『百姓有過，在予一人。』上不明則下不治，相不賢則國不甯。所謂國無人者，非無人也，無理人者也。王其察之。

《白虎通·號》王者自謂一人者謙也，欲言己材能當一人耳。故《論語》曰：『百姓有過，在予一人。』

我武惟揚，侵于之疆，取彼凶殘，我伐用張，于湯有光。

《孟子·滕文公下》《大誓》曰：『我武惟揚，侵于之疆，取彼凶殘，我伐用張，于湯有光。』

罔或無畏，甯執非敵，百姓懍懍，若崩厥角，

《孟子·盡心下》武王之伐殷也，革車三百兩，虎賁三千人。王曰：『無畏，甯爾也，非敵百姓也。』若崩厥角，稽首。

立定厥功，惟克永世。

《漢書·郊祀志》於是衡、譚奏議曰：『今議者五十八人。其五十人言當徙之義，皆著於經傳，同於上世，便於吏民；八人不按經藝，考古制，而以爲不宜，無法之議，難以定吉凶。《太誓》曰：「正稽古立功立事，可以永年，丕天之大律。」』師古曰：『今文《泰誓》，《周書》也。』**《平當傳》**當上書言：『高皇帝聖德受命有天下，尊太上皇，猶周文、武之追王大王、王季也。此漢之始祖，後嗣所宜尊奉以廣盛德，孝之至也。《書》云：「正稽古建功立事，可以永年，傳於亡窮。」』師古曰：『今文《泰誓》之辭。』

自絶於天。

《漢紀》卷十六荀悦曰：『昌邑之廢，豈不哀哉！《書》曰：「殷王受[一]自絶於天。」言自取

〔一〕受，〔漢〕荀悦、〔晋〕袁宏著，張烈點校《兩漢紀》作『紂』。

之也。』

作奇技淫巧，以悦婦人。

《**列女·殷紂妲己傳**》作新淫之聲，北鄙之舞，靡靡之樂，收珍物積之於後宫，諛臣群女咸獲所欲，積糟爲邱，流酒爲池，懸肉爲林，使人裸形相逐其間，爲長夜之飲，妲己好之。百姓怨望，諸侯有畔者。紂乃爲炮烙之法，膏銅柱加之炭，令有罪者行其上，輒墮炭中，妲己乃笑。

獨夫受。

《**孟子·梁惠王下**》曰：『賊仁者謂之賊，賊義者謂之殘，殘賊之人謂之一夫。』

《**荀子·議兵篇**》湯、武之誅桀、紂也，拱揖指麾，而强暴之國，若不趨使，誅桀、紂若誅獨夫。

故《泰誓》曰：『獨夫紂。』此之謂也。

惟我文考，若日月之照臨，光于四方，顯于西土。

《**墨子·兼愛中**》昔者文王之治西土，若日若月，乍光于四方，于西土，不爲大國侮小國，不爲衆庶侮鰥寡，不爲暴勢奪穡人黍、稷、狗、彘。天屑臨文王慈，是以老而無子者，有所得終其壽；

連獨無兄弟者，有所雜於生人之閒[一]；少失其父母者，有所放依而長。此文王之事，則吾今行兼矣。

予克受，非予武，惟朕文考無罪；受克予，非朕文考有罪，惟予小子無良。

《禮記·坊記》子云：『善則稱親，過則稱己，則民作孝。《大誓》曰：「予克紂，非予武，惟朕文考無罪；紂克予，非朕文考有罪，惟予小子無良。」』

武成

惟一月壬辰，旁死魄。越翼日，癸巳，王朝步自周，于征伐商。

《白虎通·誅伐》伐者，何謂？伐，擊也，欲言伐擊之也。《尚書》曰：『武王伐紂。』

《漢書·律曆志》《周書·武成篇》：『惟一月壬辰，旁死霸，若翌日癸巳，武王迺朝步自周，于征伐紂。』序曰：『一月戊午，師度于孟津。』至庚申，二月朔日也。四日癸亥，至牧壄，夜陳，甲子昧爽而合矣。故《外傳》曰：『王以二月癸亥夜陳。』《武成篇》曰：『粤若來三月，既死霸，粤五日甲子，咸劉商王紂。』

[一] 閒，原本作『間』，據《粤雅堂叢書》本改。

乃偃武修文，歸馬于華山之陽，放牛于桃林之野，示天下弗服。

《禮記·樂記》濟河而西，馬散之華山之陽而弗復乘；牛散之桃林之野而弗復服；車甲衅而藏之府庫而弗復用；倒載干戈，包之以虎皮；將帥之士，使爲諸侯，名之曰『建櫜』。然後天下知武王不復用兵也。

越三日庚戌，柴望，大告武成。

《漢書·律曆志》是月甲辰望，乙巳，旁之。故《武成篇》曰：『惟四月既旁生霸，粵六日庚戌，武王燎于周廟。翌日辛亥，祀于天位。粵五日乙卯，乃以庶國祀馘于周廟。』

大邦畏其力，小邦懷其德。

《春秋左氏·襄三十一年傳》《周書》數文王之德曰：『大國畏其力，小國懷其德。』注：《逸書》。言畏而愛之也。

曰惟有道曾孫周王發，將有大正于商。

《墨子·兼愛中》昔者武王將事泰山隧，傳曰：『泰山！有道曾孫周王有事，大事既獲，仁人尚作，以祗商夏蠻夷醜貉。雖有周親，不若仁人，萬方有罪，維予一人。』此言武王之事，吾今行兼矣。

爲天下逋逃主，萃淵藪。

《春秋左氏·昭七年傳》昔武王數紂之辠，以告諸侯曰：『紂爲天下逋逃主，萃淵藪。』故夫致死焉。今[一]王始求諸侯而則紂，無乃不可乎？

肆予東征，綏厥士女。惟其士女，篚厥玄黃，昭我周王。天休震動，用附我大邑周。

《孟子·滕文公下》『有攸不爲臣，東征，綏厥士女，匪厥玄黃，紹我周王見休，惟臣附於大邑周。』其君子實玄黃於匪，以迎其君子，其小人簞食壺漿以迎其小人。救民於水火之中，取其殘而已矣。

惟爾有神，尚克相予。

《墨子·非攻下》武王踐功，夢見三神曰：『予既沈漬殷紂于酒德矣，往攻之，予必使汝大堪之。』

血流漂杵。

《孟子·盡心下》孟子曰：『盡信《書》，則不如無《書》。吾於《武成》，取二三策而已矣。仁人無敵於天下，以至仁伐至不仁，而何其血之流杵也？』

[一] 今，〔周〕左丘明傳，〔晋〕杜預注，〔唐〕孔穎達正義，浦衛忠等整理《春秋左傳正義》作『君』。

釋箕子囚，封比干墓，式商容閭。

《禮記·樂記》封王子比干之墓，釋箕子之囚，使之行商容而復其位。

大賚于四海。

《論語·堯曰》周有大賚，善人是富。

重民五教，惟食喪祭。

《論語·堯曰》所重：民、食、喪、祭。

旅獒

人不易物，惟德其物。

《春秋左氏·僖五年傳》宮之奇對曰：『臣聞之，鬼神非人實親，惟德是依。又曰：「民不易物，惟德緊物。」如是，則非德民不和，神不享矣。神所馮依，將在德矣。』

爲山九仞，功虧一簣。

《論語·子罕》子曰：『譬如爲山，未成一簣，止，吾止也。』

蔡仲之命

無若爾考之違王命。

《春秋左氏・定四年傳》管、蔡啟商，惎間王室。王於是乎殺管叔而蔡蔡叔，以車七乘、徒七十人。其子蔡仲，改行帥德周公舉之，以爲己卿士。見諸王而命之以蔡。其命書云：『王曰：胡！無若爾考之違王命也。』若之何其使蔡先衛也！

皇天無親，惟德是輔。

《春秋左氏・僖五年傳》宮之奇對曰：『臣聞之，鬼神非人實親，惟德是依。故《周書》曰：「皇天無親，惟德是輔。」注：《周書》，《逸書》。如是，則非德民不和，神不享矣。神所馮依，將在德矣。』

《新書・春秋》楚惠王食寒葅而得蛭，因遂吞之，腹有疾而不能食。令尹避席，再拜而賀曰：『臣聞「皇天無親，惟德是輔」。王有仁德，天之所奉也，病不爲傷。』

《列女・孫叔敖母傳》其母曰：『夫有陰德者陽報之。德勝不祥，仁除百禍。天之處高而聽卑。《書》不云乎：「皇天無親，惟德是輔。」爾嘿矣，必興於楚。』

愼厥初，惟厥終，終以不困。

《春秋左氏・襄二十五年傳》太叔文子聞之曰：『君子之行，思其終也，思其復也。《書》曰：「慎始而敬終，終以不困。」』注：《逸書》。

《中論・法象》故君子之交人也，歡而不媟，和而不同，好而不佞詐，學而不虛行，易親而難媚，多怨而寡非。故無絶友，無畔朋。《書》曰：『慎始而敬終，以不困[一]。』

周官

居寵思危。

《春秋左氏・襄十一年傳》魏絳辭曰：『夫和戎狄，國之福也。八年之中，九合諸侯，諸侯無慝，君之靈也，二三子之勞也。臣何力之有焉？抑臣願君安其樂而思其終也。《書》曰：「居安思危。」注：《逸書》。思則有備，有備無患，敢以此規。』

君陳

惟孝友于兄弟，施于有政。

[一] 原文疑脱『終』字，〔三國魏〕徐幹撰，孫啟治解詁《中論解詁》作『終以不困』。

《論語・爲政》子曰：『《書》云：「孝乎惟孝，友于兄弟，施于有政。」是亦爲政，奚其爲爲政？』

黍稷非馨，明德惟馨。

《春秋左氏・僖五年傳》宫之奇對曰：『臣聞之，鬼神非人實親，惟德是依。又曰：「黍稷非馨，明德惟馨。」如是，則非德民不和，神不享矣。神所馮依，將在德矣。』

凡人未見聖，若不克見；既見聖，亦不克由聖。

《禮記・緇衣》子曰：『大人不親其所賢，而信其所賤；民是以親失，而教是以煩。《君陳》曰：「未見聖，若己弗克見；既見聖，亦不克由聖。」』

出入自爾師虞，庶言同。

《禮記・緇衣》子曰：『下之事上也，身不正，言不信，則義不壹，行無類也。』子曰：『言有物而行有格也，是以生則不可奪志，死則不可奪名。故君子多聞，質而守之；多志，質而親之；精知，略而行之。《君陳》曰：「出入自爾師虞，庶言同。」』

爾有嘉謀嘉猷，則入告爾后于内，爾乃順之于外，曰：『斯謀斯猷，惟我后之德。』

《禮記・坊記》子云：『善則稱君，過則稱己，則民作忠。《君陳》曰：「爾有嘉謀嘉猷，入告爾君于內，女乃順之于外。」曰：「此謀此猷，惟我君之德，於乎是爲良顯哉！」』

《**春秋繁露·竹林**》且春秋之義，臣有惡，君名美。故忠臣不顯諫，欲其由君出也。《書》曰：『爾有嘉謀嘉猷，入告爾君于內，爾乃順之于外，曰：「此謀此猷，惟我君之德。」此爲人臣之法也。』

必有忍，其乃有濟。

《**國語·周語中**》富辰對曰：『夫翟無列於王室，鄭，伯南也，王而卑之，是不尊貴也。翟，豺狼之德也，鄭未失周典，王而蔑之，是不明賢也。平、桓、莊、惠，皆受鄭勞，王而棄之，是不庸勳也。鄭伯捷之齒長矣，王而弱之，是不長老也。翟，隗姓也，鄭出自宣王，王而虐[一]之，是不愛親也。夫禮，新不閒舊，王以翟女閒姜、任，非禮且棄舊也。王一舉而棄七德，臣故曰利外矣。《書》有之曰：「必有忍也，若能有濟也。」王不忍小忿而棄鄭，又登叔隗以階翟。翟，封豕豺狼也，不可厭也。』

畢命

惟十有二年六月庚午朏。

[一] 虐，原本作『虗』，據《粵雅堂叢書》本改。

《漢書·律曆志》康王十二年六月戊辰朔，三日庚午，故《畢命豐刑》曰：『惟十有二年六月庚午朏，王命作策《豐刑》。』

旌别淑慝。

《忠經·辨忠章》夫忠而能仁，則國德彰；忠而能知，則國政舉；忠而能勇，則國難清。故雖有其能，必由忠而成也。仁而不忠，則私其恩；知而不忠，則文其詐；勇而不忠，則易其亂。是雖有其能，以不忠而敗也。此三者，不可不辨也。《書》云：『旌别淑忒。』其是謂乎。

商俗靡靡，利口惟賢。

《論語·陽貨》惡利口之覆邦家者。

《孟子·盡心下》孔子曰：『惡利口，恐其亂信也。』

《史記·張釋之列傳》今陛下以嗇夫口辯而超遷之，臣恐天下隨風靡靡，争爲口辯而無其實。

君牙

亦惟先王之臣克左右。

《漢書·谷永傳》誠敕正左右齊栗之臣，戴金貂之飾執常伯之職者，皆使學先王之道，知君臣之義，濟濟謹乎，無敖戲驕恣之過，則左右肅艾，群僚仰法，化流四方。經曰：『亦惟先正克左右。』未有左右正而百官枉者也。

夏暑雨，小民惟曰怨咨；冬祁寒，小民亦惟曰怨。

《禮記·緇衣》子曰：『民以君爲心，君以民爲體。心莊則體舒，心肅則容敬。心好之，身必安之；君好之，民必欲之。心以體全，亦以體傷；君以民存，亦以民亡。《君雅》曰：「夏日暑雨，小民惟曰怨資；冬祈寒，小民亦惟曰怨。」』

丕顯哉！文王謨。丕承哉！武王烈。咸佑我後人，咸以正罔缺。

《孟子·滕文公下》周公相武王，誅紂伐奄，三年討其君，驅飛廉於海隅而戮之，滅國者五十，驅虎豹犀象而遠之，天下大悅。《書》曰：『丕顯哉！文王謨。丕承哉！武王烈。佑啟我後人，咸以正無缺。』

王曰封，唯曰若圭璧。《酒誥》逸文。

《尚書大傳·周傳》王曰封，唯曰若圭璧。

厥兆天子爵。《無佚》逸文。

《尚書大傳·周傳》《書》曰：『厥兆天子爵。』

《白虎通・爵》何以知帝亦稱天子也，以法天下也。《書・無逸篇》曰：『厥兆天子爵。』

聖作則。

《春秋左氏・昭六年傳》叔向曰：『楚辟我衷，若何效辟？《書》曰：「聖作則。」注：《逸書》。無甯以善人爲則，而則人之辟乎？』

懷與安，實疚大事。

《晉語》日月不處，人誰獲安？西方之書有之曰：『懷與安，實疚大事。』注：西方謂周也。

大道亶亶，其去身不遠。

《新書・君道》《書》曰：『大道亶亶，其去身不遠，人皆有之，舜獨以之去。』夫射而不中者，不求之鏃，而反修之於己。君國子民者，反求之己，而君道備矣。

先君而後臣，先父母而後兄弟，先兄弟而後交友，先交友而後妻子。

《列女・蓋將之妻傳》今君死而子不死，可謂義乎？多殺士民，不能存國而自活，可謂仁乎？憂妻子而忘仁義，背故君而事暴强，可謂忠乎？人無忠臣之道、仁義之行，可謂賢乎？《周書》曰：『先君而後臣，先父母而後兄弟，先兄弟而後交友，先交友而後妻子。』妻子，私愛也。事君，公義也。今以妻子之故，失人臣之節，無事君之禮，棄忠臣之公道，營妻子之私愛，偷生苟活，妾等耻之，况於子乎？

不施予一人。

《白虎通·號》臣謂之一人何？亦所以尊王者也。以天下之大，四海之内，所共尊者一人耳。故《尚書》曰：『不施予一人。』

必力賞罰，以定厥功。

《白虎通·諫諍》君所以不爲臣隱何？以爲君之於臣，無適無莫，義之與比，賞一善而衆臣勸，罰一惡而衆臣懼。若爲卑隱，爲不可殆也。故《尚書》曰：『必力賞罰，以定厥功。』

黼黻衣黄朱紱。

《白虎通·紼冕》紼者，何謂也？紼者，蔽也，行以蔽前。紼蔽者小，有事因以别尊卑、彰有德也。天子朱紼，諸侯赤紼。《書》曰：『黼黻衣黄朱紼。』亦謂諸侯也。

士多人少，莫出其材，是謂虚土，可襲伐也。

《潛夫論·實邊》今邊郡千里，地各有兩縣。户財置數百，而太守周迴萬里，空無人民，美田棄而莫墾發。中州内郡，規地拓境不能生[一]，邊而口户百萬，田畝一全，人衆地荒，無所容足，此亦偏枯躄痱之類也。《周書》曰：『土多人少，莫出其材。是謂虚土，可襲伐也。土少人衆，民非其民，可遺[二]竭也。』是故土地人民，必相稱也。

往者不可及，來者不可待，賢明其世，謂之天子。

《吕氏春秋·聽言》《周書》曰：『往者不可及，來者不可待，賢明其世，謂之天子。』故當今之世，有能分善不善者，其王不難矣。

德幾無小。

《吕氏春秋·報更》晉靈公欲殺宣孟，伏士於房中以待之，因發酒於宣孟。宣孟知之，中飲而出。靈公令房中之士疾追而殺之。一人追疾，先及宣孟之面曰：『嘻，君轝！吾請爲君反死。』宣孟曰：『而名爲誰？』反走對曰：『何以名爲？臣骪桑下之餓人也。』還鬭而死。宣孟遂活。此《書》之所謂『德幾無小』者也。

[一] 生，〔漢〕王符著，〔清〕王繼培箋，彭鐸校正《潛夫論箋校正》作『半』。

[二] 遺，〔漢〕王符著，〔清〕王繼培箋，彭鐸校正《潛夫論箋校正》作『匱』。

民善之則畜也，不善則讎也。

《**呂氏春秋·適威**》五曰：先王之使其民，若御良馬，輕任新節，欲走不得，故致千里。善用其民者亦然。民日夜祈用而不可得，苟得爲上用，民之走之也，若決積水於千仞之谿，其誰能當之？《周書》曰：『民善之則畜也，不善則讎也。』注：《周書》，周公所作。

允哉允哉！

《**呂氏春秋·貴信**》七曰：凡人主必信。信而又信，誰人不親？故《周書》曰：『允哉允哉！』以言非信，則百事不滿也。注：《周書》，《逸書》也。

掩雉不得，更順其風。

《**淮南子·覽冥訓**》夫鉗且、大丙不施轡銜，而以善御聞於天下；伏戲、女媧不設法度，而以至德遺於後世。何則？至虛無純一，而不嚶喋苛事也。《周書》曰：『掩雉不得，更順其風。』

上言者下用也，下言者上用也。

《**淮南子·汜論訓**》昔者《周書》有言曰：『上言者，下用也；下言者，上用也。上言者，常也；下言者，權也。』此存亡之術也。唯聖人爲能知權。

參考文獻

〔漢〕毛亨傳，〔漢〕鄭玄箋，〔唐〕陸德明音義，孔祥軍點校《毛詩傳箋》，中華書局二〇一八年十一月版。

〔漢〕毛亨傳，〔漢〕鄭玄箋，〔唐〕孔穎達疏，龔抗雲等整理《毛詩正義》，北京大学出版社二〇〇〇年十二月版。

〔漢〕韓嬰撰，許維遹校釋《韓詩外傳集釋》，中華書局二〇一九年一月版。

杜澤遜、莊大鈞譯注《韓詩外傳選譯》，鳳凰出版社二〇一一年五月版。

〔清〕孫星衍撰，陳抗、盛冬鈴點校《尚書今古文注疏》，中華書局二〇〇四年二月版。

〔宋〕蔡沈注，錢宗武、錢忠弼整理《書集傳》，鳳凰出版社二〇一〇年一月版。

〔漢〕鄭玄注，〔唐〕賈公彦疏，趙伯雄整理《周禮注疏》，北京大學出版社二〇〇〇年十二月版。

〔漢〕鄭玄注，〔唐〕賈公彦疏，彭林整理《儀禮注疏》，北京大學出版社二〇〇〇年十二月版。

〔清〕王聘珍撰，王文錦點校《大戴禮記解詁》，中華書局一九八三年三月版。
〔周〕左丘明傳，〔晉〕杜預注，〔唐〕孔穎達正義，浦衛忠等整理《春秋左傳正義》，北京大學出版社二〇〇〇年十二月版。
〔清〕洪亮吉撰，李解民點校《春秋左傳詁》，中華書局一九八七年十月版。
〔清〕郝懿行撰，王其和、吳慶峰、張金霞點校《爾雅義疏》，中華書局二〇一七年十月版。
〔唐〕李隆基注，〔宋〕邢昺疏，鄧洪波整理《孝經注疏》，北京大學出版社二〇〇〇年十二月版。
〔漢〕司馬遷撰，〔南朝宋〕裴駰集解，〔唐〕司馬貞索隱，〔唐〕張守節正義《史記》，中華書局二〇一三年九月版。
〔漢〕班固撰，〔唐〕顔師古注《漢書》，中華書局一九八三年六月版。
〔南朝宋〕范曄撰，〔唐〕李賢等注《後漢書》，中華書局一九八二年八月版。
〔漢〕荀悦、〔晉〕袁宏著，張烈點校《兩漢紀》，中華書局二〇〇二年六月版。
徐元誥撰，王樹民、沈長雲點校《國語集解》，中華書局二〇〇二年六月版。
陳奇猷校釋《吕氏春秋校釋》，學林出版社一九八四年四月版。
蘇輿撰，鍾哲點校《春秋繁露義證》，中華書局一九九二年十二月版。
張純一撰，梁運華點校《晏子春秋校注》，中華書局二〇一四年五月版。

吴則虞編著《晏子春秋集釋》，中華書局一九八二年五月版。
〔清〕陳立撰，吴則虞點校《白虎通疏證》，中華書局二〇一五年十月版。
〔漢〕王符著，〔清〕汪繼培箋，彭鐸校正《潛夫論箋校正》，中華書局一九九七年十月版。
王利器校注《鹽鐵論校注》，中華書局一九九二年七月版。
〔漢〕賈誼撰，閻振益、鍾夏校注《新書校注》，中華書局二〇〇〇年七月版。
〔三國魏〕徐幹撰，孫啟治解詁《中論解詁》，中華書局二〇一四年五月版。
〔清〕王先謙撰，沈嘯寰、王星賢點校《荀子集解》，中華書局一九八八年九月版。
梁啟雄著《荀子簡釋》，中華書局一九八三年一月版。
〔清〕孫詒讓撰，孫啟治點校《墨子閒詁》，中華書局二〇〇一年四月版。
吴毓江撰，孫啟治點校《墨子校注》，中華書局二〇〇六年二月版。
傅亞庶撰《孔叢子校釋》，中華書局二〇一三年一月版。
白冶鋼譯注《孔叢子譯注》，上海三聯書店二〇一四年一月版。
〔漢〕劉向撰，向宗魯校證《説苑校證》，中華書局一九八七年七月版。
盧元駿注譯《説苑今注今譯》，天津古籍出版社一九八八年七月版。
〔漢〕劉向撰，劉曉東校點《列女傳》，遼寧教育出版社一九九八年十二月版。

綠净譯注《古列女傳》，上海三聯書店二〇一八年九月版。
林家驪校注《徐幹集校注》，河北教育出版社二〇一三年六月版。

儒林傳稿

〔清〕阮元 著
伍野春 點校

整理説明

阮元主持輯纂的《儒林傳稿》是第一部官修學者類傳體清代學術史稿本。

自西漢司馬遷《史記》創《儒林列傳》後，《儒林傳》便成爲歷朝紀傳體正史所必備。二十四史中，《儒林傳》所佔卷帙極少，因涉一代學術之評定，備受學者重視。從唐貞觀年間設史館纂修前朝史後，史館制度被歷代沿襲。清國史館設於康熙二十九年（一六九〇），惜其事畢即撤，乾隆三十年（一七六五）重開後，機構穩定，人才充裕，書盈四壁，編纂豐碩。嘉慶十四年（一八〇九）八月，因浙江學政劉鳳誥鄉試舞弊案，阮元被革浙江巡撫職後赴京，九月被賞編修銜，在文穎館行走。次年七月，主持儒林、文苑傳的國史館總纂官陳壽祺去職回閩丁父憂，十月阮元自願兼國史館總纂官，欲纂儒林、文苑、循吏傳。除了利用朝廷檔案、徵集地方文獻，阮元曾向焦循、臧庸、朱錫庚、陳壽祺、張鑒等徵求編纂見解。他在致焦循信中强調，纂《國史儒林文苑傳》『關係甚重』[一]，於一詩中描述其心態：『修史深

［一］〔清〕焦循《國史儒林文苑傳議》，劉建臻點校《焦循全集》第一二册《雕菰集》卷一二，廣陵書社二〇一六年版，第五八五五頁。

情向舊儒。時修《儒林傳》。』[一]嘉慶十七年（一八一二）四月十日，阮元奉旨馳往山西查辦吉蘭泰鹽務控案；五月初八日補授工部右侍郎，兼管錢法堂事務；八月十四日補授漕運總督，二十日將『未及細審』[二]之《儒林傳稿》交付國史館，而文苑、循吏傳則未纂。是年，阮元四十九歲。

按清國史館撰傳制度，總纂官、纂修官、協修官均參與初稿編纂。初稿經總纂官删定後，交總裁審定。據考，《儒林傳稿》輯纂者相當可能有李宗昉、朱珔、錢林[三]、顧純[四]、陶澍、陳傳經、胡承珙等，而《談泰傳》確爲江藩所纂。阮元視《儒林傳稿》爲己撰。得知《儒林傳稿》學術原則與去取標準被國史館改變後[五]，道光十年（一八三〇），他將被删之毛奇齡、沈國模、錢澄之、朱鶴齡、臧庸、任大椿、孔廣森、張惠言、孔興燮等傳以《集傳録存》爲篇名收入《揅經室續二集》卷二，這與時人理念及做

[一]〔清〕阮元《辛未初秋移寓皁成門即平澤門内上岡新居有小園樹石之趣題壁四首》，沈瑩瑩校點《揅經室四集詩》卷九，《儒藏》精華編二七七下，北京大學出版社二〇一六年版，第八一九頁下。

[二]〔清〕阮元《擬儒林傳稿凡例》，沈瑩瑩校點《揅經室續二集》卷二，《儒藏》精華編二七七下，北京大學出版社二〇一六年版，第九三一頁下。

[三]馬延煒《〈清國史·儒林傳〉與清代學術史的建構》，湖南人民出版社二〇一六年版，第三三二頁。

[四]趙永磊《〈國史儒林傳〉與阮元〈儒林傳稿〉關係辨誤》，《文獻》二〇一九年第二期，第一八一頁。

[五]黄聖修《清兩卷本〈國史儒林傳〉考述——兼論道光二十四年以前〈儒林傳〉稿本之變化》，（臺灣）《故宫學術季刊》第二九卷第四期（二〇一二年夏季），第二三七頁。

法一致。

《儒林傳稿》卷首爲序、凡例、目録，正文四卷，正傳四十四篇，附傳八十五人。卷一按《敕修國史上諭》，將顧棟高冠於傳首，次爲孫奇逢、李顒、黄宗羲、王夫之、顧炎武等。卷二包括胡渭、惠棟、閻若璩、毛奇齡、萬斯同、梅文鼎等。卷三有陳厚耀、王懋竑、邵晉涵、全祖望、江永、朱筠等。卷四爲錢大昕、戴震、盧文弨、任大椿、孔廣森、孔興燮等。略依年輩爲序，經學家與理學家并重，輯纂自順治至嘉慶十六年（一八一一）一百二十九位學者生平學行，内容涉及經學、史學、佛學、金石、校勘、輯佚、文字、音韻、訓詁、數學、曆法、天文、地理等，而尤重傳主學術成就，凡五萬一千八十五字。

按清國史館撰傳制度，例必有據，而學者無案據，阮元首創『群書即案據』[一]。《儒林傳稿凡例》擬定：『各儒傳語，皆採之載籍，接續成文』，其引文有直引、選引及縮寫等。爲合國史書寫筆法及文本的統一性，改干支爲紀年，改稱謂、地名、字、書名前動詞等，加總述句、地名、字等。《儒林傳稿》未經總裁審定，爲稿本，故對群書所載之異，以雙行夾注考證，所考涉及時間、年齡、籍貫、職官、書名、卷數、異文等，體現了細緻嚴謹的風格和實事求是的精神。

[一]〔清〕阮元《擬國史儒林傳序》末阮福按語，沈瑩瑩校點《揅經室一集》卷二，《儒藏》精華編二七七上，北京大學出版社二〇一六年版，第三七頁上。

《儒林傳稿》徵引文獻一百九十九種，徵引則數以所注出處計，紀昀等《四庫全書總目》一百七十九則，錢大昕《潛研堂文集》七十五則，全祖望《鮚埼亭集》、彭紹升《二林居集》各三十九則，秦瀛《己未詞科録》二十五则，王昶《春融堂集》十八則，阮元等《疇人傳》十四則，李衛等修、傅王露等纂《（雍正）浙江通志》十三則，朱珪《知足齋文集》十二則，朱珪等《皇朝詞林典故》十一則，湯斌《湯潛庵遺書》、毛奇齡《西河經集》各十則，其他文獻徵引數則、一則或僅録書名。《儒林傳稿》爲稿本，故以雙行小字注明出處，所注徵引文獻名，有書名、篇名、書名加篇名等，有同名異書、異名同書等，有略稱、徵引文獻所注徵引文獻、引文與出處不合、前後不一、訛脱衍倒等，也有無出處，即使如此，幾乎注明史源，十分罕見，彌足珍貴。

《儒林傳稿》首次系統總結清代學術之變遷，雖出於衆手，成於倉促，間有訛誤，但視野廣闊，設傳審慎，内蕴淵博，徵引宏富，注明出處，考證精核，叙事簡潔，『立言極爲矜慎』[一]，『將許多學術見解拼接到一起，建立了一個關於清代學術的整體描述，是其重要的歷史貢獻』[二]，『對於回應當時學術界漢宋對立的學術生態，消弭純漢學化學術研究的極度泛化，重新確立嘉道以後新的學術導向、突破傳統

[一]　陳鴻森《江藩〈漢學師承記〉纂著史實索隱》，《文史》二〇一九年第三輯，第一六四頁。
[二]　戚學民《阮元〈儒林傳稿〉研究》，生活·讀書·新知三聯書店二〇一一年版，第四五九頁。

學術史叙述範式等方面都産生了正面而又持久的影響」[一]。

嘉慶年間,《儒林傳稿》鈔本即在民間傳播,而其刻本僅有兩種。道光二十三年(一八四三)三月初三夜,阮元揚州大東門北第福壽庭遭鄰火之災,被燒書含《儒林傳稿》底稿及正副稿三份。不久,阮元將《儒林傳稿》存於黄奭處,讓其刻成「小本」且「不必説出誰刻」[二]。刊印後,阮元讓黄奭寄贈京中何紹基、張穆。其時,張、何二氏正醞釀發起京師士大夫重要集會顧(炎武)祠會祭。將阮元致黄奭有關信札與南京圖書館藏《儒林傳稿》比勘,基本可以確定南京圖書館藏《儒林傳稿》就是道光二十三年黄奭刻本,其影印本收入《續修四庫全書》第五百三十七册,「此本被公認爲是阮元撰寫且爲最早之刻本」[三]。《儒林傳稿》另一刻本是《張氏榕園叢書》本。同治年間,國史館協修官張丙炎鈔録「清秘藏舊本未經刊行者甚夥,又旁搜私家著述」[四],光緒十一年(一八八五)於揚州將其刻版,然久庋未

[一] 陳居淵《漢學與宋學:阮元〈國史儒林傳〉考論》,《復旦學報(社會科學版)》二〇一一年第二期,第四二頁。

[二] 〔清〕黄奭輯《端綺集》卷二一癸卯十五《阮元致黄奭信札》,《揚州文庫》第五輯第七九册,廣陵書社二〇一六年影印黄奭《清頌堂叢書》清道光中甘泉黄氏刊本,第五〇九頁上;又見顧廷龍編《叢書集成續編》第一〇五册,(臺灣)新文豐出版有限公司一九八九年影印黄奭《清頌堂叢書》本,第五一二頁。

[三] 黄愛平《論阮元折中漢宋的兼容并包思想》,《揚州大學學報(人文社會科學版)》二〇一六年第三期,第九九頁。

[四] 〔清〕張丙炎輯《張氏榕園叢書》卷首張允顗《張氏榕園叢書序》,民國二年冰甌仙館刻本。

印。一九一三年初夏，張丙炎子允顗將其印以行世，收入《張氏榕園叢書》。《張氏榕園叢書》三集六十三種，民國二年冰甌仙館版。其續刻之一《儒林傳稿》牌記則爲光緒乙酉仲冬儀徵張氏榕園重刊，其影印本收入《叢書人物傳記資料類編·學林卷》第七册。阮元八十歲才將《儒林傳稿》刻印，且無印記、牌記。張丙炎鈔録之《儒林傳稿》，歷兩代人待改朝换代後才付梓，且稱重刊，均礙於國史館史稿管理。兩刻本源於同一稿本，除轉抄時形近而誤，或音近而誤外，雖版本有别，而内容一致，證明兩刻本均爲足本。

阮元交出《儒林傳稿》後，國史館對其進行修訂，『咸豐初年擬成定本并分卷立檔』[一]。此後，繆荃孫、陳伯陶、惲毓鼎、馬其昶[二]等先後主持，纂成多個成型稿本。一九一四年，于式枚、繆荃孫、吴士鑒等提議，清史傳記之編纂，三品以下臣工奉阮文達公集句法、注出處、附考異、所著書掇要旨之法[三]。是年冬，繆荃孫『從清史館借閲《儒林傳》《文苑傳》舊稿，稍作勘定，即行返滬。……自一九一四年十二月以至一九一五年六月撰寫《儒學傳序》，大約歷時半載，共成《儒學傳》五卷。……據夏

[一]　馬延煒《〈清國史·儒林傳〉與清代學術史的建構》，湖南人民出版社二〇一六年版，第五四頁。

[二]　戚學民、閻昱昊《余嘉錫覆輯清史〈儒林傳〉》，《歷史研究》二〇一七年第二期，第一七三頁。

[三]　朱師轍《清史述聞》卷六《于式枚、繆荃孫、秦樹聲、吴士鑒、楊鍾羲、陶葆廉六人合上謹擬開館辦法九條》《吴士鑒陳纂修體例》，上海書店出版社二〇〇九年版，第八九、一五〇、一五一頁。

孫桐所述，自繆荃孫撰成《儒學傳》《文學傳》草稿後，又曾經馬其昶覆輯、柯劭忞修訂。但最終付印時，由於《清史稿・儒林傳》丢失一冊，故刊印時該傳仍沿用繆氏之稿，僅是對傳文稍事更訂，而序文則改用阮元舊稿』[一]。一九二八年刊印之《清史稿》，《儒林傳稿》之陳大章、劉夢鵬、顧樞、向璿、錢民、張弨、楊開沅、嚴衍、任大椿、孔繼涵、顏光敏、顏光斅等十二人未被採用，萬斯同、朱筠、朱用純、錢澄之、梅文鼎、王錫闡、薛鳳祚等二十一人被調至《文苑傳》或《孝義傳》或《遺逸傳》或《疇人傳》，《儒林傳稿序》微改成《儒林傳序》。被重輯者爲明末清初之學者及附傳改正傳，覆輯比例不等，覆輯達九成者有謝文洊、高愈、彭定求、沈昀、應撝謙、曹本榮、王懋竑、胡渭、閻若璩、惠棟、陳厚耀、江永、錢大昕、薛鳳祚、梅文鼎等，而考證成果則悉數接受。同時，在江藩、方東樹、唐鑑、李元度[二]、譚獻、張星鑒、張之洞、章太炎、劉師培、梁啓超等人的清學史著作中也都能看到《儒林傳稿》的影子[三]。誠如

[一] 朱曦林《清史館與清學史研究之風的形成——以繆荃孫〈清史稿〉儒學傳、文學傳的編纂爲中心》，（臺灣）《漢學研究》第三七卷第一期（二〇一九年三月），第二〇五、二一〇頁。

[二] 戚學民《阮元〈儒林傳稿〉研究》，生活・讀書・新知三聯書店二〇一一年版，第二七九至四五〇頁。

[三] 陳居淵《漢學與宋學：阮元〈國史儒林傳〉考論》，《復旦學報（社會科學版）》二〇一一年第二期，第五四頁。

阮元所云『學術盛衰，當於百年前後論升降焉』[一]。

本次整理，以南京圖書館藏本爲底本，分段標點，改雙行夾注爲單行小字，避諱字丘、洛、玄、胤、禎、弘、泓、曆、顒、琰等，遵體例徑改；以《張氏榕園叢書》本作通校本，以《揅經室一集》卷二《擬國史儒林傳序》、《阮元年譜》、《雷塘庵主弟子記》卷四《擬儒林傳序》、《揅經室續二集》卷二《擬儒林傳稿凡例》、《集傳録存》對校《序》《凡例》及相關傳記，并據上述版本改補删正，且出校説明；以徵引文獻對校引文，覆核其源，對誤作、誤引、異文、加字、改字、略稱之全名、徵引文獻所注徵引文獻、無出處等出校説明。校勘記所引《四庫全書總目》皆爲浙本《四庫全書總目》，若浙本《四庫全書總目》有誤，則引武英殿本《四庫全書總目》加以辨析，且於標題前注明版本。供讀者參考利用，并體會輯纂方法及其思想。不當之處，敬請指正。

伍野春

己亥冬於揚州寓所

[一]〔清〕阮元《十駕齋養新録序》，孫顯軍、陳文和點校《十駕齋養新録附餘録》，陳文和主編《嘉定錢大昕全集（增訂本）》第七册，鳳凰出版社二〇一六年版，第五頁。

目録

儒林傳稿序[一]

昔周公制《禮》，太宰九兩繫邦國，三曰師，四曰儒，復於司徒本俗，聯以師儒。師以德行教民，儒以六藝教民，分合同異，周初已然矣。數百年後，周禮在魯，儒術爲盛。孔子以王法作述，道與藝[二]合，兼備師、儒。顔、曾所傳，以道兼藝，游、夏之徒，以藝兼道。定、哀之間，儒術[三]極醇，無少差繆者，此也。荀卿著論，儒術已乖，然六經傳説，各有師授。秦弃儒籍，入漢復興，雖黄老、刑名，猶復淆雜。迨孝武盡黜百家，公卿大夫士吏彬彬多文學矣。東漢以後，學徒數萬，章句漸疏，高名善士，半入黨流，迄乎魏晉[四]，儒風蓋已衰矣。司馬、班、范皆以《儒林》立傳，叙述經師家法，授受秩然。雖於周禮師

[一] 儒林傳稿序，《揅經室一集》卷二作「擬國史儒林傳序」，《阮元年譜》《雷塘庵主弟子記》卷四「十七年壬申，四十九歲」條并作「擬儒林傳序」。
[二] 藝，原誤作「義」，據《揅經室集》儒藏本、《阮元年譜》中華書局本、《雷塘庵主弟子記》揚州學派年譜合刊本改。
[三] 術，原誤作「述」，據《揅經室集》儒藏本、《阮元年譜》中華書局本、《雷塘庵主弟子記》揚州學派年譜合刊本改。
[四] 魏晉，原倒，據《揅經室集》儒藏本、《阮元年譜》中華書局本、《雷塘庵主弟子記》揚州學派年譜合刊本正。

教未盡克兼，然名儒大臣，匡時植教，祖述經説，文飾[一]章疏，皆與《儒林傳》相出入。是以朝秉綱常，士敦名節，拯衰銷逆，多歷年所，則周、魯[二]儒學之效也。兩晉玄學盛興，儒道衰弱，南北割據，傳授漸殊。北魏、蕭梁，義疏甚密，北學守舊而疑新，南學喜新而得僞。至隋唐，《五經正義》成而儒者鮮以專家古學相授受焉。宋初名臣，皆敦道誼，濂、洛以後，遂啓紫陽，闡發心性，分析道理，孔孟學行，不明著於天下哉！《宋史》以《道學》《儒林》分爲二傳，不知此即《周禮》師、儒之異，後人創分，而闇合周道也。元明之間，守先啓後，在於金華，洎乎河東、姚江門户分歧，遞興遞滅，然終[三]不出朱、陸而已。終明之世，學案百出，而經訓家法，寂然無聞，揆之《周禮》，有師無儒，空疏甚矣。然其間臺閣風厲，持正扶危，學士名流，知能激發，雖多私議，或傷國體，然其正道，實拯世心。是故，兩漢名教，得儒經之功，宋明講學，得師道之益，皆於周、孔之道，得其分合，未可偏譏而互誚也。

我朝列聖，道德純備，包涵前古，崇宋學之性道，而以漢儒經義實之，聖學所指，海内嚮風。御纂諸經，兼[四]收歷代之説，四庫館開，風氣益精博矣。國初講學，如孫奇逢、李顒等，沿前明王、薛之派。

[一] 飾，原誤作『餘』，據《揅經室集》儒藏本、《阮元年譜》中華書局本、《雷塘庵主弟子記》揚州學派年譜合刊本改。
[二] 魯，原誤作『禮』，據《揅經室集》儒藏本、《阮元年譜》中華書局本、《雷塘庵主弟子記》揚州學派年譜合刊本改。
[三] 終，原誤作『究』，據《揅經室集》儒藏本改。
[四] 兼，原誤作『并』，據《揅經室集》儒藏本、《阮元年譜》中華書局本、《雷塘庵主弟子記》揚州學派年譜合刊本改。

陸隴其、王懋竑等，始專守朱子，辨僞得真。高愈、應撝謙等，堅苦自持，不愧實踐。閻若璩、胡渭等，卓然不惑，求是辨誣。惠棟、戴震等，精發古義，詁釋聖言。近時孔廣森之於《公羊春秋》，張惠言之於孟、虞《易》説，亦專家孤學也。且我朝諸儒，好古敏求，各造其域，不立門户，不相黨伐，束身踐行，闇然自修。嗚呼！周魯師、儒之道，我皇上繼列聖而昌明之，可謂兼古昔所不能兼者矣。

綜而論之，聖人之道，譬若宫牆，文字訓詁，其門逕也。門逕苟誤，跬步皆歧，安能升堂入室乎？學人求道太高，卑視章句，譬猶天際之翔，出於豐屋之上，高則高矣，户奥之間，未實窺也。或者但求名物，不論聖道，又若[一]終年寢饋於門廡之間，無復知有堂室矣。是故，正衣尊視，惡難從易，但立宗旨，即居大名，此一蔽也；精校博考，經義確然，雖不踰閑，德便[二]出入，此又一蔽也。

臣等備員史職，綜輯儒傳，未敢區分門逕，惟期記述學行。自順治至嘉慶之初，得百數十人，仿《明史》載孔氏於《儒林》之例，别爲《孔氏傳》，以存《史記·孔子世家》之意。至若熊賜[三]履、湯斌[四]、陸隴其等，已入大臣傳，兹不載焉。臣阮元。

[一] 若，原誤作『苦』，據《揅經室集》儒藏本、《阮元年譜》中華書局本、《雷塘庵主弟子記》揚州學派年譜合刊本改。
[二] 德便，原誤作『便於』，據《揅經室集》儒藏本改。
[三] 賜，原誤作『錫』，據《阮元年譜》中華書局本、《雷塘庵主弟子記》揚州學派年譜合刊本改，下同。
[四] 『熊賜履、湯斌』，《揅經室一集》卷二《擬國史儒林傳序》無。

儒林傳稿凡例[一]

《史》《漢》始記《儒林》，《宋史》别出《道學》，其實講經者豈可不立品行，講學者豈可不治經史，强爲分别，殊爲褊狹。國朝修《明史》，混而一之，總名《儒林》，誠爲盛軌。故今理學各家與經學并重，一并同列，不必分歧，致有軒輊。

各儒以國初爲始，若明人而貳仕於國朝，及行止有可議者，皆不得列入。

國朝百餘年來，聖化所涵，學人輩出，天下之大，山林之僻，學者萬千。今僅列百數十人，雖示謹嚴，恐有挂漏。如同館諸友所見者，不妨酌補。

次序以顧棟高爲始者，因高宗純皇帝諭辦《儒林傳》奉爲緣起也。此外，則以年分相次。

凡各儒傳語，皆採之載籍，接續成文，雙注各句之下，以記來歷，不敢杜撰一字。且必其學行兼優，方登此傳。是以多所褒許，以見我朝文治之盛。至於著述醇疵互見者，亦直加貶辭。此外，私家狀述

[一] 儒林傳稿凡例，《揅經室續二集》卷二作『擬儒林傳稿凡例』。

涉於私譽者，謹遵館例，一字不録。至於各句雙注，將來進呈御覽時，應否刪去，候總裁核定。

唐曹憲在隋曾爲秘書學士，唐貞觀中，以弘文館學士召，不至，即家拜朝政大夫，入《唐書·儒林傳》。元金履祥當宋末襄樊兵急，履祥請以重兵由海道直趨燕薊，莫能用。元德祐初，起爲史館編校，辭弗就，入《元史·儒林傳》。《欽定續通志·儒林傳》：熊禾，宋咸淳進士，寧武州司户參軍，入元不仕；胡三省，宋寶祐進士，入元不仕；馬端臨，宋丞相廷鸞子，蔭承[一]仕郎，宋亡，入元不仕。皆蒙欽定，列入元代《儒林傳》。今查湖南王夫之，前明舉人，在桂王時曾爲行人司行人；浙江黃宗羲，前明布衣，魯王時曾授左僉都御史，明亡入我朝，皆未仕，著書以老。所著之書皆蒙收入《四庫》，列爲國朝之書。《四庫全書提要》内多褒其書，以爲精核。今列於《儒林傳》中，而據實書其在明事迹者，據歷[二]代史傳及《欽定續通志》例也。

國朝修《明史·儒林傳》，未列孔、顔、曾、孟傳者，用《史記·孔子世家》例也。曾、孟、程、朱後人有名而多著述者，未得其人，應俟加訪。

滿洲、蒙古、漢軍，凡有學行者，大[三]約皆已登二品以上，其官職未顯者甚少，然亦必有其人。此

[一] 承，原誤作『丞』，據《揅經室集》儒藏本改。
[二] 歷，《揅經室一集》卷二《擬國史儒林傳序》作『列』。
[三] 大，原誤作『太』，據《揅經室集》儒藏本改。

傳已專屬編修陳公傳經採訪撰集矣，俟爲補入。

傳中事迹年月恐有舛錯，文理序述不免差謬，仍乞館中諸友詳加校對，始爲定稿。元匆匆交出，實未及細審，不可恃也。

嘉慶[一]壬申八月，漕運總督阮元交出前在翰林院侍講任内撰稿。

[一] 嘉慶，《揅經室一集》卷二《擬國史儒林傳序》無。

卷一

顧棟高傳

陳祖范、吴鼎、梁錫璵

臣謹案：乾隆三十年九月十五日，《勅修國史上諭》内有曰：『且如《儒林》，亦史傳之所必及，果其經明學粹，雖韋布不遺，又豈可拘於品位，使近日如顧棟高輩，終於淹没無聞耶？諸臣其悉心參考，按次編纂，以備一代信史。』臣等今纂《儒林傳》，及於顧棟高、陳祖范等，敬録聖諭，冠於《傳》首，庶仰見崇經惇史，表首著寒儒之至意。

顧棟高，無錫人，字震滄，又字復初。康熙六十年進士。授内閣中書舍人。雍正時引見，以奏對越次罷職。鄒一桂撰《棟高墓志》。乾隆十五年，特詔内外大臣，薦舉經明行修之士。明年，於所舉中核其名實允孚者，得四人，則陳祖范、顧棟高、吴鼎、梁錫璵也。得旨，皆授國子監司業。棟高以年老不任職，賜司業銜。皇太后萬壽，棟高入京祝嘏，特賜召見，賜七言律詩二章。二十二年南巡，召見行在，賜祭酒銜，賜御書『傳經耆碩』四字。二十四年，卒於家，年八十一。四庫提要[一]、《詞林典故》[二]、《潛揅堂集》、鄒一桂《志》、鄒方諤《狀》[三]。所學合宋、元、明諸儒門逕而一之，援新安以合金谿，爲調停之説，著《大儒粹語》二十八卷[四]。又著《春秋大事表》百三十一篇，條理詳明，議論精核，多發前人所未發。《毛詩類釋》二十一卷，採録舊説，發明經義，頗爲謹嚴。其《尚書質疑》二卷，多據臆斷，不足以言心得。大抵棟高窮經之功，《春秋》爲最，而《書》則用力少也。提要。

陳祖范，常熟人，字亦韓。雍正元年舉人。四庫《經咫》提要。其秋禮部中式，忽足蹇不得與殿試，歸里。明年補行止科，亦不赴廷對。於是僦廛華匯之濱，楗户讀書。居數年，有詔天下設書院以教士，大吏争延爲師，訓課有法。或一二年，輒辭去，曰：『士習雖醇，師道難立，且此席似宋時祠禄，仕而不遂者處焉。吾不求仕，而久與其列，爲汗顔耳。』乾隆十五年，薦舉經學，祖范裒然居首。以年老不任職，

［一］四庫提要，即《四庫全書總目》，下『提要』『四庫書提要』『四庫提要』『四庫全書提要』『四庫書目』『四庫總目』同。

［二］《詞林典故》，即朱珪等纂《皇朝詞林典故》。

［三］鄒方諤《狀》，《大雅堂續稿》卷六《國子監祭酒顧公行狀》『諤』作『鍔』，是。《狀》，即《國子監祭酒顧公行狀》。

［四］『所學』至『二十八卷』，誤引，浙本《四庫全書總目》卷九七《大儒粹語》亦誤作『顧棟高編』，武英殿本《四庫全書總目》卷九七《大儒粹語》作『顧棟南撰』，是。

即家拜命。又三年，卒於家[一]，年七十有九。所撰述有《經咫》一卷，《詞林典故》、錢大昕《潛揅堂集》。膺薦時，録呈御覽。四庫書提要。《文集》四卷、《詩集》四卷、《掌録》二卷。祖范於學，務求心得，不喜馳聘其説與古人争勝，尤耻剿襲成言以爲己有。其論《易》不取先天之學，《潛揅堂集》。論《書》不取梅賾，論《詩》不廢《小序》，論《春秋》不取義例，論《禮》不以古制違人情，皆通達之論。提要。同縣顧主事鎮傳其學。《潛揅堂集》。

吴鼎，金匱人，字尊彝。乾隆九年舉人[二]。以薦舉經學，補授司業，擢翰林院侍講學士，降補侍講。所撰有《易例舉要》二卷。《十家易象集説》九十卷，裒宋俞琰、元龍仁夫、明來知德等十家《易》説，以繼李鼎祚、董楷之後。其《東莞學案》，則專攻陳建《學蔀通辨》作也。提要。鼎兄鼐，亦通經，深於《易》、三《禮》。府縣志[三]。

梁錫璵，介休人，字確軒。雍正二年舉人。以薦舉經學授司業，後與鼎同食俸辦事，不爲定員。歷

[一]『乾隆十五年』至『卒於家』，據此陳祖范卒於乾隆十八年。此句徵引自錢大昕《陳先生祖范傳》，作『乾隆十五年，……薦舉經明行修之士，於是雅知先生者交章列薦。明年，上命閣部大臣於所舉中核其名實允孚者，得四人，先生褎然居首，……又三年，卒於家』，據此陳祖范卒於乾隆十九年。

[二] 乾隆九年舉人，無出處。

[三] 府縣志，疑爲《（嘉慶）無錫金匱縣志》，引文見卷二一《吴鼐傳》。

官祭酒、少詹事。膺薦時以所撰《易經揆一》呈御覽。

鼎、錫璵并蒙召對，面奉諭旨云：『汝等以經學保舉，朕所以用汝等去教人，大學士、九卿公保汝等，是汝等積學所致，不是他途倖進。』鼎、錫璵奏：『臣等草茅下士，學識荒陋，蒙皇上格外天恩，臣等不勝惶恐。』復奉聖訓云：『窮經爲讀書根本。但窮經不徒在口耳，須要躬行實踐。汝等自己躬行實踐，方能教人躬行實踐。』鼎、錫璵頓首祇謝。又奉諭：『吴鼎、梁錫璵所著經學，著派翰林二十員、中書二十員，在武英殿各謄寫一部進呈。原書給還本人。筆札給之於官。梁詩正、劉統勳董理其事。』

《詞林典故》。

孫奇逢傳　魏一鰲、耿介等

孫奇逢，字啓泰，又字鍾元，容城人。父丕振，明諸生[一]。《湯斌集·奇逢墓志[二]》。奇逢早年潛心濂洛之書[三]，以孝親敬長爲根基，以存誠慎獨爲持要。《湯斌文集》。與定興鹿善繼一室默對，以聖賢相

[一]　明諸生，《湯子遺書》卷六《徵君孫鍾元先生墓誌銘》作『庠員』。

[二]　奇逢墓志，即《徵君孫鍾元先生墓誌銘》。

[三]　書，《湯子遺書》卷三《徵君孫先生九十壽序》作『學』。

期。順治初，祭酒薛所藴以讓賢薦長成均，奇逢以病辭。居河北輝縣之夏峰，闢兼山堂，讀《易》其中，率子弟耕稼自給，遠邇求學者衆，閨門内外，肅穆有條理，賢者悦其誠，不賢者服其化。其學以體認天理爲宗[一]，以日用倫常爲實際。以『天理』二字，非語言文字可擬，故言心即在事見，言己即在人見，言高遠在卑邇見，言上達在下學見，不敢將就冒認，惟是慎獨而已。《湯斌集·墓志》《孫徵君年譜》[二]。著《讀易大旨》五卷。奇逢學《易》於雄縣李尌，至蘇門年老，乃撮其體要以示門人子弟。發明義理，切近人事，以《象傳》通一卦之旨，由一卦通六十四卦之義。其生平之學主於實用，故所言皆關法戒。四庫提要。《理學傳心纂要》八卷，録周子、二程子、張子、邵子、朱子、陸九淵、薛瑄、王守仁、羅洪先、顧憲成十一人，以爲直接道統之傳。提要。又著《尚書近指》[三]《聖學録》《兩大案録》《乙丙紀事》《孫文正公年譜》《歲寒居文集》《答問》《日譜》《畿輔人物考》《中州人物考》《孝友堂家規》『規』字，湯誤作『乘』。《四禮酌》。《湯[四]集·墓志》。奇逢之學盛於北，與李顒、黄宗羲鼎足，行誼不愧古人。陸隴其《松陽講義》四庫提要、《鮚埼亭集》。年踰耆耋，著書未輟。康熙十四年，年九十二，卒。河南、北學者祀之於百泉

[一] 以體認天理爲宗，《湯子遺書》卷六《徵君孫鍾元先生墓誌銘》作『以慎獨爲宗，以體認天理爲要』。

[二] 《孫徵君年譜》，即《孫夏峰先生年譜》，下同。

[三] 《尚書近指》，無出處，《湯子遺書》卷六《徵君孫鍾元先生墓誌銘》作『書經近指』。

[四] 湯，原誤作『楊』，據本傳改。

書院。

奇逢少慷慨有志，年十七舉於鄉，居父母憂，廬墓六年。時，左光斗、魏大中、周順昌見奇逢，皆與定交。孫承宗督師關門，鹿善繼爲監軍，約奇逢往遊，居三月辭歸。天啓末，左、魏、周相繼逮繫。奇逢謀與善繼父鹿正同遣人持書往關門，告難於承宗。承宗請覲。魏忠賢懼清君側，遶御床哭，詔止承宗。獄益急，光斗認坐贓。奇逢與鹿正倡議醵金，設匭於門，曰：『願輸金救左督學者，聽。』於是諸生爭應之，得金數千。左既考死，奇逢俵散之，不畏閹知。崇禎戊辰，舉孝行，建坊旌表。丙子，容城被圍，與士民力禦得全。兵部尚書范宗文聘贊軍務，辭不就，攜家入易州五峰山[一]。順治三年，居新安縣。七年，居輝縣之蘇門。《明史》孫承宗、左光斗、鹿善繼《傳》，又見《湯集·墓志》、方苞撰《傳》[二]及《孫徵君年譜》。

弟子錯趾[三]於户，新安魏一鰲、清苑高鐈、范陽耿極等從遊最早，一鰲、鐈三十餘年患難與共。一鰲自山右歸，構雪亭於夏峰，白雪盈山，孤鐙午夜，故及門問答，一鰲爲多。《湯集》《雪亭夢[四]語序》。奇逢命一鰲輯《北學編》。《孫徵君年譜》。睢州湯斌、登封耿介皆慕奇逢。斌由江西告養歸，既除喪，從

[一] 五峰山，方苞《孫徵君傳》作『五公山』。
[二] 《傳》，即《孫徵君傳》。
[三] 錯趾，《湯子遺書》卷三《徵君孫先生九十壽序》作『趾錯』。
[四] 夢，《張氏榕園叢書》本誤作『要』。

之遊。提要、《堯峰文鈔[一]》。躬行實踐，徒步梁、宋間。《居易録》。奇逢命斌[二]輯《洛學編》。《孫徵君年譜》。斌之學於蘇門也[三]，根柢在姚江，而能持朱、陸之平。《湯子遺書》提要。斌在大臣傳。

耿介，字介石。初名沖璧，讀《北山移文》至『耿介拔俗』之句，遂更名介。順治八年[四]進士。四庫提要。翰林院檢討，出爲福建巡海道，築石城以防盜，除弊戒貪。康熙元年，轉江西湖東道。因改官制，除直隸大名道。直隸多旗逃案，介不牽無辜，民感之。丁母憂，服除不出。詣蘇門受業，於孫奇逢執弟子禮甚堅。篤志躬行，興復嵩陽書院。《洛學編續》[五]《孫徵君年譜》。二十五年，尚書湯斌疏薦介『踐履篤實，冰蘗自矢』。召爲少詹事，輔導皇太子。介老儒拘謹，會斌被劾，介引疾乞休。詹事尹泰等劾介詐疾，并劾斌不當薦介。尋予假歸，卒。汪琬《堯峰文鈔》、《湯斌文集》《洛學編續》《二林居集》。所著有《中

[一] 鈔，原誤作『集』，據本傳、卷二《惠周惕傳》改。

[二] 斌，原誤作『踐』，據《張氏榕園叢書》本改。

[三] 斌之學於蘇門也，《四庫全書總目》卷一七三《湯子遺書》作『斌之學源出容城孫奇逢』。

[四] 順治八年，《四庫全書總目》卷六三《中州道學編》作『順治壬辰』，即順治九年。耿介爲順治八年舉人，九年進士。

[五] 《洛學編續》，即《洛學續編》，下《洛學續編》同。

州道學編》《性理要旨》[一]四庫提要。《孝經易知》《湯斌文集》。《理學正宗》[二]，大旨以朱子爲宗。四庫提要。

中州講學者，有儀封張伯行、柘城竇克勤、上蔡張沐等，皆與斌、介同時。《洛學續編》。江陵漆士昌亦從講學。士昌補《理學心傳》[三]，列奇逢於顧憲成後，爲古今第十二人，醇儒若董仲舒等猶不得肩隨於後，未免東林標榜之餘風矣。提要。

李顒傳 王心敬、李因篤

李顒，避御名改爲容。字中孚，盩厔人。布衣[四]，又字二曲者[五]，水曲曰盩，山曲曰厔也。《四書反身録》提要。顒幼起孤根[六]，《鮚埼亭集》。安貧改過，范鎬鼎《二曲集序》。以理學倡導關中。《池北偶談》。其所

[一]《性理要旨》，段永雋撰。
[二]《理學正宗》，竇克勤編。
[三]《理學心傳》，即《理學傳心纂要》。
[四]布衣，無出處。
[五]又字二曲者，《四庫全書總目》卷三七《四書反身録》作「又字二曲。二曲者」，是。
[六]孤根，《鮚埼亭集》卷一二《二曲先生窆石文》無。

自得，不滯於訓詁文義，曠然見其會通。《鮚埼亭集》。康熙十八年薦舉博學鴻詞，提要。疾篤《鮚埼亭集》。不出，《池北偶談》。舁床至省，水漿不入口，乃得予假[一]。歎曰：『平生道學[二]不純，洗心不密，不能自晦也。』《鮚埼亭集》。自是閉關[三]，宴息土室。《反身録序》[四]。惟吴中顧炎武至，則款之。《鮚埼亭集》。故炎武曰：『堅苦力學，無師而成，吾不如李中孚。』《亭林集·廣師編》。四十二年，按是年癸未，四庫提要作『四十三年』，誤。聖祖仁皇帝西巡，召顒見。時顒已衰老，遣子慎言詣行在陳情，以所著《四書反身録》《二曲集》奏進。上特賜御書『操志高潔』以獎之。《反身録》提要。又，《鮚埼亭集》作『關中大儒』四字，今不同。

顒謂：『孔、曾、思、孟，立言垂訓，以成《四書》，蓋欲學[五]者體諸身，見諸行，充之爲天德，達之爲王道，有體有用，有補於世。否則，假途干進，於世無補，夫豈聖賢立言之初心、國家期望之本意耶？』

[一]『水漿不入口，乃得予假』，《鮚埼亭集》卷一二《二曲先生窆石文》作『水漿不入口者六日，而大吏猶欲强之。先生拔刀自刺，陝中官屬大駭，乃得予假治疾』。

[二] 道學，《鮚埼亭集》卷一二《二曲先生窆石文》作『學道』。

[三] 自是閉關，《二曲集》卷二九《四書反身録》馬棫士《弁言》作『迨癸丑閉關以來』。

[四]《反身録序》，即《四書反身録》馬棫士《弁言》。

[五] 學，《二曲集》卷二九《四書反身録》王心敬《識言》作『讀』。

于是恒居[一]教人，一以反身實踐爲事[二]。門人録之，爲七卷。提要。是時，容城孫奇逢之學盛於北，餘姚黄宗羲之學盛於南，與顒鼎足。《松陽講義》提要、《鮚埼亭集》。平湖陸隴其皆不以爲然。隴其一生精力盡於朱子[三]，於姚江一派，如分黑白，不肯假借一詞。《松陽講義》提要。顒謂《大學》明德與良知無分，其學亦出姚江。《反身録》提要。故論朱、陸二家曰：「學者當先觀象山、慈湖、陽明、白沙之書，闡明心性，直指本初。然後取二程、朱子以及康齋、敬軒、涇野、整庵之書，以盡踐履之功，以悔過自新爲宗旨。」

顒之先世無達者。父可從，爲材官。崇禎十五年，從汪喬年討賊，敗，死之。顒年十六，按《二曲集·父[四]忌日祭文》，康熙二十七年，顒自稱六十二歲，推知十六也。母彭氏言忠孝節義以督之。飢寒清苦，無所憑藉，顒自拔流俗，以昌明關學爲己任。有餽遺者，雖十反不受。或曰「交道接禮，孟子不卻」，答曰：「我輩百不能學孟子，即此一事，不守孟子宗[五]法，正自無害。」嘗一主關中講院，既而悔曰「錯也」，

[一] 恒居，《二曲集》卷二九《四書反身録》王心敬《識言》作「居恒」。
[二] 「顒謂」至「爲事」，無出處，實徵引自李顒《四書反身録》王心敬《識言》。
[三] 朱子，《四庫全書總目》卷三六《松陽講義》作「章句集注」。
[四] 父，《二曲集》卷二三無。
[五] 宗，《鮚埼亭集》卷一二《二曲先生窆石文》作「家」。

亟去之。初[一]，顒父從軍[二]，臨發，決[三]一齒與顒母，曰：『如不捷，吾當委骨[四]，子善教兒矣。』顒母葬其齒，曰『齒塚』，以待合葬。母卒，康熙九年免喪，始徒步之襄城，覓遺骨不得，服斬衰，晝夜哭，乃設招魂之祭。知縣張允中爲其父立祠，且造塚戰場，又爲義林，遍及五千國殤，以慰孝子之心。常州府知府駱鍾麟師事顒，謂祠未能旦夕竣，請顒南下謁道南書院，且講學，以慰東林學者之望。顒赴之，凡講於無錫，於江陰，於靖江，於宜興，講者[五]雲集，不得休息。忽悔曰：『不孝汝此行何事，而喋喋於此，雖見顧、高，何益？』即成[六]行，還襄城。祠成，奉招魂之主，取冢土西歸，告母墓，附『齒塚』中。《鮚埼亭集》及《二曲詩集》[七]。晚年，因兵氛，寓富平。

門人鄠縣王心敬，字爾緝。自壬戌即傳顒學，《二曲集》二十二卷皆心敬所摭次。見《二曲》本集。心敬，乾隆元年舉賢良方正，老病不赴京。提要。所著有《豐川集》《關學編》《豐川易說》。四庫提要。

[一] 初，《鮚埼亭集》卷一二《二曲先生窆石文》作『崇禎壬午』。

[二] 從軍，《鮚埼亭集》卷一二《二曲先生窆石文》作『從監紀孫兆禄以行』。

[三] 決，《鮚埼亭集》卷一二《二曲先生窆石文》作『抉』。

[四] 委骨，《鮚埼亭集》卷一二《二曲先生窆石文》作『委骨沙場』。

[五] 講者，《鮚埼亭集》卷一二《二曲先生窆石文》作『来聽講者』，是。

[六] 成，《鮚埼亭集》卷一二《二曲先生窆石文》作『戒』，是。

[七] 《二曲詩集》，『曲』下衍『詩』字，《忌日祭文》徵引自《二曲集》卷二三。

心敬論學，以明、新、止至善爲歸，《豐川續集》陳弘謀序。謹嚴不逮其師。注經好爲異論，而《易説》爲篤實。其言曰：『學《易》可以無大過，是孔子論[一]《易》切於人身，即可知四聖之本旨。』《豐川易説》提要。

李因篤，字天生，富平人。《鶴徵録》。博學強記，貫穿注疏，王士禛《池北偶談》。康熙間詔舉博學鴻詞。因篤夙負重名，公卿交薦，潘耒《李天生詩序》[二]。以母老辭。敦促入都，召試，授翰林院檢討，纂修《明史》，《鶴徵録》。未逾月，上疏乞終養歸。母没，仍不出。朱彝尊《經義考》、潘耒《序》。與盩厔李顒、涇陽李念慈稱『關中三李』。因篤深經學，著《詩説》，顧炎武稱之曰：『毛、鄭有嗣音矣！』著《春秋説》，汪琬亦折服焉。《鶴徵録》。

黄宗羲傳 宗炎等

黄宗羲，字太沖，餘姚人。《浙江通志》[三]。奉母里門，畢力著述，《鮚埼亭集》。緼被土罏[四]，帷鐙丙

[一] 論，《四庫全書總目》卷六《豐川易説》作『明』，是。
[二] 《李天生詩序》，即潘耒《李天生詩集序》。下『潘耒《序》』同。
[三] 《浙江通志》，即《（雍正）浙江通志》。
[四] 罏，《今世説》卷三作『爐』，是。

夜。《今世説》。康熙戊午，詔徵博學鴻儒。掌翰林院學士葉方藹欲薦宗羲，宗羲辭。庚申，都御史徐元文監修《明史》，薦宗羲，宗羲復以母老己病辭。乃詔取所著書關史事者，宣付史館。《通志》[一]《鮚埼亭集》、趙燮颺《聞見録》[二]。庚午，上訪及遺獻，刑部尚書徐乾學以宗羲對，且言：『曾經元文薦，不能來。』然宗羲雖病[三]，而史局大案，必資之。

宗羲謂：『明人講學，襲語録之糟粕，不以六經爲根柢，束書而從事於遊談。故問學[四]者必先窮經，經術所以經世，不爲迂儒之學，必兼讀史。』又謂：『讀史[五]不多，無以證理之變化，多而不求於心，則爲俗學。』《鮚埼亭集》。故上下古今，穿穴群言，自天文[六]、地志、九流、百家[七]之教，無不精研。《通志》。所著《易學象數論》六卷，宗羲謂：『聖人以象示人者七，有八卦之象、六爻之象、象形之象、爻位之象、反對之象、方位之象、互體之象。後儒之爲僞象者四，納甲也、動爻也、卦變也、先天也。乃崇

［一］《通志》，即《（雍正）浙江通志》。

［二］趙燮颺《聞見録》，《己未詞科録》卷九《叢話一》所注徵引文獻。

［三］雖病，《鮚埼亭集》卷一一《梨洲先生神道碑文》作『雖不赴徵書』。

［四］問學，《鮚埼亭集》卷一一《梨洲先生神道碑文》作『受業』。

［五］史，《鮚埼亭集》卷一一《梨洲先生神道碑文》作『書』。

［六］文，《（雍正）浙江通志》卷一七六《黄宗羲傳》作『官』。

［七］家，《（雍正）浙江通志》卷一七六《黄宗羲傳》作『氏』。

七象而斥四象。』又謂：『遁甲、太乙、六壬，世傳[一]「三式」，皆主九宮以參人事。乃以鄭康成太乙行九宮法證太乙，以《吴越春秋》占法、《國語》伶州鳩之對證六壬，以訂數學。』其持論皆有依據。四庫提要。《孟子師説》二[二]卷，以其師劉宗周於《論語》《大學》《中庸》皆有成書，獨闕《孟子》，乃述其所聞，闡發良知之旨，推究事理，不爲空疏無用之談，亦不盡主姚江[三]之説。文集則有《南雷文案》《吾悔》《撰杖》《蜀山》諸集及詩集[四]，後又分爲《南雷文定》，晚年爲《文約》。《鮚埼亭集》。今共存《南雷文定》十一卷，《文約》四卷。又著《明儒學案》六十二卷，叙述明代講學諸儒流派[五]分合，得失頗詳。《明文海》四百八十二卷，閲明人文集二千餘家，典章人物，一代淵藪。又《深衣考》一卷、《今水經》一卷、《四明山志》九卷、《歷代甲子考》一卷、《二程學案》二卷。提要。史學則欲輯[六]《宋史》而

[一] 傳，《四庫全書總目》卷六《易學象數論》作『謂』。
[二] 二，《鮚埼亭集》卷一一《梨洲先生神道碑文》誤作『四』。
[三] 『乃述』至『主姚江』，無出處，實徵引自《四庫全書總目》卷三六《孟子師説》。
[四] 『南雷文案』至『詩集』，《鮚埼亭集》卷一一《梨洲先生神道碑文》作『《南雷文案》十卷《外集》一卷，《吾悔集》四卷，《撰杖集》四卷，《蜀山集》四卷，《子劉子行狀》二卷，《詩歷》四卷，《忠端祠中神弦曲》一卷』。
[五] 流派，《四庫全書總目》卷五八《明儒學案》作『源流』。
[六] 輯，《鮚埼亭集》卷一一《梨洲先生神道碑文》作『重脩』。

未就，僅存《叢目補遺》三卷。輯《明史案》二百四十四卷。《鮚埼亭文集》[一]。其《明史》有三例：一、國史取詳年月；二、野史取當是非；三、家史備官爵世系。《明史稿》出於萬斯同，斯同之學出於宗羲也。許宗彦說，見《續經籍志》。天文則有《大統曆辨》四卷、《時憲曆法解》、《新推交食法》一卷、《圜解》一卷、《割圓八綫解》一卷、《授時曆假如》一卷、《西洋[二]曆假如》一卷、《回回曆假如》一卷。《通志》。其後，梅文鼎本《周髀》言天文[三]，世驚爲不傳之秘，而不知宗羲實開之。晚年又輯《宋儒學案》《元儒學案》，合之《明儒學案》，以誌七百年儒苑門户。宗羲之學出於蕺山，《鮚埼亭集》。聞誠意、慎獨之說，《通志》。縝密平實。《湯斌文集》。

父尊素，明御史[四]。尊素與楊漣、左光斗昕夕過從，宗羲得盡知朝局清濁之分。尊素死詔獄，宗羲養其祖，以孝聞。夜讀書畢，嗚嗚然哭。明莊烈帝即位，宗羲年十九，草疏，入京訟冤，至則逆奄已

[一]《鮚埼亭文集》，「亭」下衍「文」字。
[二]洋，《（雍正）浙江通志》卷二四七《經籍七》「洋」作「西」。
[三]天文，《鮚埼亭集》卷一一《梨洲先生神道碑文》作「曆」。
[四]「父尊素，明御史」，無出處，實徵引自《（雍正）浙江通志》卷一七六《黄宗羲傳》。

誅[一]。與奄黨曹欽程等對簿[二]，袖鐵錐，椎[三]許顯純流血。復偕同難子弟哭祭於詔獄中門。拔崔應元之鬚，歸祭父主。戊寅，宜興陳貞慧等作《南都防亂揭》。天啓，被難諸家子弟[四]推宗義爲首。甲申，里中奄黨糾劉宗周并及宗義，大清[五]兵至，得免。宗周死節，宗義隨孫嘉績、熊汝霖諸軍於江上，授職方，尋以薦，改監察御史。江上潰，入四明山，復入剡中。己丑，赴海上，明魯王以爲左僉都御史。從亡有年，及海氛澌滅，乃歸里，奉母以老。紹興府知府李鐸欲以宗義爲鄉飲大賓，《鮚埼亭集》。宗義遺書曰：『宗義蒙聖天子特旨，召入史館。庶人之義，召之役則往役，筆墨之事亦役也。宗義時以老病堅辭不行，聖天子憐而許之。今之鄉飲酒，亦奉詔以行者也。若召之役，則避勞而不往，召爲賓，則貪養而飲食衎衎，是爲不忠。』卒辭之。《南雷文定》。宗義受業蕺山時，頗爲氣節一流，人[六]所得尚淺，患難之餘，始多深造，於是胸中窒礙爲之盡釋，而追恨爲過時之學，蓋不以少年之功自足云。乙亥，

[一] 誅，《鮚埼亭集》卷一一《梨洲先生神道碑文》作『磔』。
[二] 與奄黨曹欽程等對簿，《鮚埼亭集》卷一一《梨洲先生神道碑文》作『五月，會訊許顯純、崔應元，公對簿』。
[三] 椎，《鮚埼亭集》卷一一《梨洲先生神道碑文》作『錐』，是。
[四] 諸家子弟，《鮚埼亭集》卷一一《梨洲先生神道碑文》作『諸家』。
[五] 清，《鮚埼亭集》卷一一《梨洲先生神道碑文》無。
[六] 人，《鮚埼亭集》卷一一《梨洲先生神道碑文》無。

年八十六，卒。《鮚埼亭集》。弟宗炎、宗會，并負異才，有『三黄』之目[一]。

宗炎，字晦木。著《周易象辭》二十一卷，《尋門餘論》二卷，《圖書辨惑》一卷。力闢陳摶之學，謂『《周易》未經秦火，不應獨禁其圖，轉爲道家藏匿二千年，至摶始出』。提要。其學術大畧與宗羲等，而孱岸幾過之。《鮚埼亭集》。

子百家，字主一。傳宗羲學，又從梅文鼎問推步法[二]，著《勾股矩測解原》二卷。《勾股矩測[三]解原》《勿庵算書目》[四]。康熙中，徐乾學[五]延之修《明史》。《通志》。

[一]『弟宗炎』至『之目』，無出處，實徵引自《鮚埼亭集》卷一一《梨洲先生神道碑文》。

[二]推步法，《勿庵曆算書記》作『曆法』。

[三]測，原闕，據《張氏榕園叢書》本補。

[四]《勿庵算書目》，『庵』下脱『曆』字，避乾隆帝名諱。

[五]徐乾學，疑爲徐元文，《（雍正）浙江通志》卷一七六《黄宗羲傳》作『康熙十八年，都御史徐元文薦於朝，以老病辭。乃詔取所著書宣付史館』，《萬言傳》作『康熙乙卯，……會修《明史》，總裁徐元文特薦七人，言與焉』。

王夫之傳 陳大章、劉夢鵬

王夫之，字而農，又字[一]薑齋，衡陽人。前明崇禎壬午舉人。四庫提要誤刊，以爲漢陽人，今改正。張獻忠陷衡州，設僞官，招夫之，夫之走匿南嶽[二]。賊執其父爲質，夫之引刀自刺肢體，舁往易父。賊見其徧創也，免之，父子俱得脱。明[三]桂藩在肇慶，瞿式耜薦之，爲行人司行人，旋以母病歸衡山，居石船山。杜門著書，神契張載《正蒙》之説，演爲[四]《思向[五]録》内外二篇。余廷燦《船山先生傳》[六]。又，其所著書有《周易稗疏》五卷、《書經稗疏》四卷、《詩經稗疏》四卷。其言《易》，不信陳摶之學，亦不信京房之術，於先天諸圖、緯書、雜説皆排之甚力，而亦不空談玄妙，附合老莊之旨，故言必徵實，義必切理，於近時説《易》之家，爲最有根據。其説《尚書》，詮釋經文，亦多出新意。有失之太鑿者，然辭

[一] 又字，余廷燦《王船山先生傳》作「號」。

[二] 「招夫之，夫之走匿南嶽」，余廷燦《王船山先生傳》作「招降士紳，其不屈者縛而投諸湘江，先生走匿南嶽雙髻峰下」。

[三] 明，余廷燦《王船山先生傳》無。

[四] 演爲，余廷燦《王船山先生傳》作「自著」。

[五] 向，余廷燦《王船山先生傳》作「問」，是。

[六] 《船山先生傳》，即《王船山先生傳》。

有根據，不同游談，雖醇疵互見，而可取者多。其説《詩》，辨正名物訓詁，以補傳、箋諸説之遺，皆確有依據，不爲臆斷。又，《叶韻辨》一篇，持論明通，足解諸家之轇轕。夫之又著《尚書引義》《春秋稗疏》《春秋家説》。四庫提要。康熙間，吴逆在衡湘[一]，夫之又逃入深山。吴逆平，巡撫嘉之，餽粟帛請見[二]。夫之病[三]，辭帛受粟，未幾，卒。余廷燦《傳》[四]。

湖南、北説經者，後有陳大章、劉夢鵬[五]。大章，字仲夔，黄岡人。康熙二十七年進士，翰林院庶吉士。深于《毛詩》，著《詩傳名物集覽》十二卷，徵引既衆，可資博覽。四庫提要。夢鵬，字雲翼，蘄水人。乾隆十六年進士，官饒陽知縣。著《春秋義解》十二卷，大旨推本《公》《穀》，自謂《公》《穀》比事屬辭，義不詭於儒者。其斥《左氏》，持論甚辨。四庫提要。

[一]『康熙間，吴逆在衡湘』，余廷燦《王船山先生傳》作『戊午春，吴逆僭號於衡』。

[二]『巡撫嘉』至『請見』，余廷燦《王船山先生傳》作『湖南中丞鄭公端聞而嘉之，屬郡守某餽粟帛請見』。

[三]病，余廷燦《王船山先生傳》作『以病辭』。

[四]《傳》，即《王船山先生傳》。

[五]『湖南』至『夢鵬』，無出處。

高愈傳 顧樞、刁包[一]、彭定求等

高愈，字紫超，無錫人，明[二]高攀龍之兄孫也。十歲讀攀龍遺書，即有向學之志。既壯，補諸生[三]，日誦遺經及先儒語録，謹[四]言行，嚴取舍之辨，不尚議論。嘗曰『士求自立，須自不忘溝壑始』。事親孝，居喪，不飲酒食肉，不内寢。晚年窮困，餟粥七日矣，方挈其子登城眺望，充然樂也。儀封張伯行巡撫江蘇，延愈主東林書院講會，愈以疾辭。平居體安氣和，有忿争者至愈前輒愧悔。鄉人素好以道學相詆諆，獨於愈，僉曰『君子也』。顧棟高嘗從愈游，説經娓娓忘倦。年七十八，卒。嘗撰《朱子小學注》[五]。顧棟高撰《傳》[六]載《東林書院志》，又見《二林居集》。又，所著有《讀易偶存》《春秋經傳日

[一] 包，原誤作『苞』，據《張氏榕園叢書》本改。
[二] 明，《(雍正)東林書院志》卷一二《高紫超先生傳》無。
[三] 諸生，《(雍正)東林書院志》卷一二《高紫超先生傳》作『弟子員』。
[四] 謹，原誤作『僅』，據《張氏榕園叢書》本改。
[五] 《朱子小學注》，《(雍正)東林書院志》卷一二《高紫超先生傳》作『小學纂注』，《二林居集》卷一九《儒行述·高愈》作『嘗注《周禮》及朱子小學』。
[六] 《傳》，即《高紫超先生傳》。

抄》《春秋類》《春秋疑義》《周禮疏義》《儀禮喪服或問》[一]。小峴文集[二]。東林顧、高子弟顧樞、高世泰等，入國朝尚傳其學[三]。

初，世泰爲攀龍從子，少侍講席，晚年以東林先緒爲己任，葺道南祠、麗澤堂於梁谿，一時同志恪遵遺規。祁州刁包等相與論學，學者有『南梁北祁』之稱。大學士熊賜履講學，亦出世泰門下[四]。儀

[一]『又所著』至『或問』，有誤，《周禮疏義》为高愈撰，其他則为華學泉撰。《(嘉慶)無錫金匱縣志》卷二一《高愈傳》作『生平覃精禮經，著有《周禮集解》二十四卷。於《春秋》不著書。友人華學泉以所著《日鈔》相質』，卷三九《藝文志》作高愈撰『《周禮集解》二十四卷、《小學纂注》六卷、《老子道德經解》《薛胡羅三先生要語》』。《(雍正)東林書院志》卷一二《高紫超先生傳》作『于經書無所不窺，尤深于《春秋》《周禮》《儀禮》，《周禮》稿凡數十易，今有《周禮注》及《小學纂注》《字母諸書藏于家』。《四庫全書總目》卷二三有《高注周禮》二十二卷，『國朝高愈撰』。《(嘉慶)無錫金匱縣志》卷二一《華學泉傳》作『學泉……所著《儀禮喪服或問》高愈極稱之』，卷三九《藝文志》有華學泉撰『《讀易偶存》六卷、《春秋經傳日鈔》二十八卷、《春秋類》十二卷、《春秋疑義》二卷、《增訂周禮集解》二十四卷、《儀禮喪服或問》一卷、《老子疏義》二卷、《楞嚴疏鈔》十卷、《霞峰文鈔》二卷』。《四庫全書總目》卷三一有《春秋類考》十二卷、《春秋疑義》一卷，『國朝華學泉撰』。

[二] 小峴文集，上述引文見秦瀛(字小峴)所纂《(嘉慶)無錫金匱縣志》。

[三]『東林顧』至『傳其學』，無出處且誤，顧樞、高世泰所傳之學爲高攀龍之學，而非高愈之學，《(雍正)東林書院志》卷一一《顾庸庵先生傳》作顧樞『從高忠憲公講求性命』，卷一一《高彙旃先生傳》作高世泰『忠憲公諱攀龍從子，……恪遵忠憲遺規。……先生之學近守忠憲，遠宗朱子。……守忠憲之道以待後之學者』。

[四]『大學士』至『世泰門下』，無出處，《(雍正)東林書院志》卷一二《熊敬修先生傳》作『先生姓熊氏，諱賜履，……歷官東閣大學士。……吾少幸出學憲錫山高公門，高公於忠憲爲猶子』。

封張伯行、平湖陸隴其亦嘗至東林講學[一]。賜履、伯行、隴其皆在大臣傳。

歙人汪學聖者，援儒入禪，既至東林，乃悟前非。徽州[二]汪知默、陳二典、胡昺、汪佑、吴慎[三]、朱弘、施璜輩講朱子之學於紫陽書院。因汪學聖以問學於東林，於是更定《紫陽通志録》。熊賜履撰《高彙旃傳》[四]，又見《東林書院志》。

顧樞，字所止，又字庸庵。明顧憲成之孫。天啓舉人，從高攀龍講求性命。入國朝[五]，屏居斂迹，不入城市，不赴講會，淹貫五經，尤深《書》《易》，晚爲《易稿》，折衷衆説，不尚文辭，心體躬行而已。嘗曰：『吾祖於《易》最精，獨無著述，小子可妄穿鑿乎？』嘗論明儒服膺薛、胡，而謂陳、王未免少差。又曰：『端文主無欲，忠憲主格物，并直接宋儒。』其議論皆醇正。

刁包，字蒙吉，祁州人。明天啓舉人，有志聖賢之學。流賊掠畿，西至祁州，包散財糾衆，城得不

[一]『儀封』至『講學』，無出處，《（雍正）東林書院志》卷一二《張孝先先生傳》作『張清恪公，名伯行，儀封人，撫江蘇，首葺東林書院，躬詣講學』。

[二]徽州，《（雍正）東林書院志》卷一一《高彙旃先生傳》作『新安』。

[三]吴慎，《（雍正）東林書院志》卷一一《高彙旃先生傳》作『吴曰慎』，是。

[四]《高彙旃傳》，即《高彙旃先生傳》。

[五]入國朝，無出處。

破。已而，李自成以僞命趣之起，拒之，幾及禍。初聞孫奇逢講良知之學，心向之。既讀高攀龍書，大喜，曰：『不讀此書，幾虛過一生。』爲主奉之，或有過差，或稍懈，即跪主前自訟。居父喪，哀毀，鬚髮盡白。三年不飲酒食肉，不内寢。及母卒，號慟嘔血，病數月，卒。《東林書院志》高世泰撰《傳》[一]。所著有《易酌》《四書翊注》《潛室劄記》《用六集》，皆本義理，明白正大。又選《斯文正統》十二卷，專以品行爲主，若言是人非，雖絶技無取。四庫書提要。

朱用純，字致一，崑山人。父集璜死，用純閒居味道，以諸生老。其學確守程、朱，知行并進，而一以主敬爲程。長洲徐枋遁迹靈巖，志道完[二]篤。湯斌爲巡撫，訪之不得見，歎息而去。用純與之爲通家友，屢以書問學。康熙十八年，或欲以博學鴻詞薦，固辭免。弟子甚衆，用純患學者空言無實，所講多反躬自責，言多痛切。年七十二，將卒，顧弟子曰：『學問在性命，事業在忠孝，勉之。』著《愧納集》及《大學中庸講義》。《愧納集》《彭南畇文稿》[三]。

[一]《東林書院志》高世泰撰《傳》，《二林居集》卷一九《儒行述·刁包》所注徵引文獻。《傳》即《刁蒙吉先生傳》。

[二] 完，《二林居集》卷一九《儒行述·徐枋》作『益』。

[三]《彭南畇文稿》，『南』上衍『彭』字。《南畇文稿》爲《二林居集》卷一九《儒行述·朱用純》所注徵引文獻。

吴慎，字徽仲。歙縣諸生。讀書盡心於孔、曾、思、孟、宋五子[一]，著書三十餘種，其行世者有《周[二]易粹言》《大學中庸章句翼》。論學以敬爲主，故號敬庵。初遊無錫時，東林書院尚守攀龍家法，慎與其鄉人歙汪燧、休寧施璜、無錫張夏等同受業於高世泰，升堂開講，威儀儼然，已而歸歙，會講紫陽、還古兩書院，興起者衆。

夏，字秋紹。初受業於馬世奇，已而入東林。其爲學，先經後史，博覽强記，而歸本自治。世泰殁[三]，并推夏主講席。巡撫湯斌至東林，與夏論學，邀至蘇州學宫，講《孝經》《小學》。退而著《孝經解義》《小學瀹注》，又著《洛閩源流録》。年八十餘，卒。《東林書院志》《道古堂集》[四]。

向璿，字荆山，山陰人。年二十餘，居母喪，始觀性理書。一日讀《孟子》云『人之所以異於禽獸者幾希』，瞿然曰：『吾其遂甘於[五]禽獸乎？』切己悔過，乃從王行九請業。行九者，王守仁之裔，方

[一]『讀書』至『宋五子』，《（雍正）東林書院志》卷一二《吴徽仲先生傳》作『於書無所不讀，而其尋繹把玩，終身不厭倦者，則惟小學、《近思録》、四書、六經及濂洛關閩諸書』。

[二]周，《張氏榕園叢書》本誤作『居』。

[三]世泰殁，《（雍正）東林書院志》卷一二《張菰川先生傳》作『自高忠憲、周蓼洲諸公并罹党禍』。

[四]《東林書院志》《道古堂集》，《東林書院志》爲《二林居集》卷一九《儒行述·吴慎》所注徵引文獻。『道古堂集』，疑爲『二林居集』。

[五]於，《二林居集》卷一九《儒行述·向璿》作『爲』。

講致良知之學，璿學之六七年，已讀程、朱書，忽自疑，又讀《高攀龍年譜》，遂舍其所學，一以程、朱爲宗，著《志學録》。雍正九年，卒。同里門人黄艮輔、程登泰傳其學。《志學録》[一]、《二林居集》。

顧培，字畇滋，無錫人。少[二]從宜興湯之錡學，幡然悔曰：『道在人倫，庶物而已。』之錡殁，有弟子金敞，培築共學山居以延敞。晨夕講習，遵攀龍静坐法，以整齊嚴肅爲入德之方。默識未發之中，篤守[三]性善之旨。晚歲，四方來學者衆。巡撫張伯行詣東林講學，頗疑静坐之説，培往復千言，暢高氏之旨。華希閔撰《傳》[四]、《二林居集》。

錢民，字子任，嘉定人。題所居曰『存養廛』，宴坐反觀，日有省發。陸隴其知嘉定縣，民從之論學。又五年，往平湖見之，隴其與之語，多不合，怪其所由，民曰：『公從朱子入，民從尼父入耳。』民曰：『求孔、孟之實，而紛紛焉；争朱、陸之異同，是謂芸人之田。』《潛揅堂集》[五]《二林居集》。

[一]《志學録》，《二林居集》卷一九《儒行述·向璿》所注徵引文獻。

[二] 少，《二林居集》卷一九《儒行述·顧培》作『年二十五』。

[三] 守，《二林居集》卷一九《儒行述·顧培》作『信』。

[四] 華希閔撰《傳》，《二林居集》卷一九《儒行述·顧培》所注徵引文獻。《傳》即《顧畇滋先生傳》。

[五]《潛揅堂集》，《二林居集》卷一九《儒行述·錢民》所注徵引文獻。《二林居集》注作『錢大昕所撰《狀》』，《狀》即《錢處士行狀》。

朱澤澐，字湘陶，寶應人。居敬窮理，一遵朱子。所著有《朱子聖學考畧》《止泉文集》，四庫提要、《二林居集》。嘗曰：『尊德性，莫如朱子；道問學，亦莫如朱子。彼執尊道分途，爲早晚異同之論者，豈知朱子者哉！』嘗講道錫山，通書關中，皆闡明朱學。歿後，學者祀之於東林道南祠。《東林書院志》[一]。

潘恬如，字克先[二]。長洲諸生。與彭定求友學。其學切於内省，聲光闇然，以師道爲鄉里推重。

彭定求，字勤止，又字南畇[三]，長洲人。父瓏授以梁谿高氏之學，又嘗師事湯斌。康熙二十五年一甲一名進士[四]，授翰林院修撰，歷官國子監司業、翰林院侍講，充日講起居注官。前後在翰林才四

[一]《東林書院志》，《（康熙）東林書院志》《（雍正）東林書院志》并無上述引文。

[二]『潘恬如，字克先』，無出處，《二林居集》卷一九《儒行述·潘恬如》作『潘克先，名恬如』。

[三]『字勤止，又字南畇』，《尊聞居士集》卷六《奉政大夫翰林院侍講贈光禄大夫吏部右侍郎加一級彭公行狀》（下略稱『彭公行狀』）作『自號復初學人』，《南畇老人自訂年譜》作『定求字勤止，一字訪濂，晚號止庵，又號南畇老人』。

[四]康熙二十五年一甲一名進士，『二』字衍，《康熙起居注》作『康熙十五年丙辰。……三月二十日壬寅。是日，試天下貢士彭定求等二百九名。……二十三日乙巳，早，上御太和殿傳臚，第一甲等一名彭定求』。

年，即歸里不復出[一]。閒居謝客，研味宋、明先正遺書，《潛孚堂集》[二]。作《高望吟》七章，以慕七賢。七賢者，白沙、陽明、東廓、念庵、梁谿、念臺、漳浦也。又著《陽明釋毀録》《儒門法語》《南畇文集》。嘗與門人林雲翥書云：『有願進於足下者有二：一曰無遽求高遠而畧庸近。子臣弟友，君子之道，至聖以爲未能庸德庸言。至聖以有餘、不足爲斤斤，孟子以堯舜之道，孝弟而已。然則舍倫常日用、事親從兄之事不爲，而鈎深索隱，以爲聖人之道有出於人心同然之外者，必且流於異端堅僻之行矣。一曰無妄生門户異同之見，塍口説而遺踐履。朱[三]子之會於鵝湖也，傾倒於陸子義利之説，此陽明拔本塞[四]源之論，致良知之指[五]，一脉相承。其因時救弊，乃不得已之苦衷，非角人我之見。僕諷詠遺

[一]『前後』至『復出』，有誤，據《南畇老人自訂年譜》，彭定求於康熙十五年四月授翰林院修撰，十六年充順天鄉試主考官，十七年充校録，十九年正月乞假回里，二十一年十一月補原官，二十三年三月充纂修太宗文皇帝世祖章皇帝二朝聖訓官，二十四年四月充日講起居注官，二十四年十月充殿試掌卷官，二十四年十二月升國子監司業，二十七年十二月升翰林院侍講，二十七年歲暮乞假回里，三十二年十月病痊赴都，三十二年十二月補原官，三十三年八月告歸回里，四十四年五月至四十六年五月赴揚州詩局。

[二]《潛孚堂集》，《潛孚堂集》無引文，實徵引自《尊聞居士集》卷六《彭公行狀》。

[三]朱，原誤作『未』，據《張氏榕園叢書》本改。

[四]塞，原誤作『寒』，據《張氏榕園叢書》本改。

[五]指，《尊聞居士集》卷六《彭公行狀》作『恉』，是。

經，蕩滌瑕滓，因有《儒門法語》。足下有志聖賢，當以念臺劉子《人譜》《證人會》二書入門，且無曉曉於紫陽、姚江之辨也。』定求卒年七十有八[一]。《潛孚堂集》[二]、羅有高《狀》[三]。其孫啓豐官兵部尚書，在《大臣傳》。

啓豐子紹升，頗傳家學，述儒林，有《二林居集》。見本集。然彭氏學兼朱、陸，識兼頓、漸。啓豐、紹升頗入於禪。四庫提要《儒門法語》、《二林居集》。休寧戴震移書紹升辨之。《戴氏遺書》。紹升又與吴縣汪縉共講儒學。縉著《三録》《二録》，尊孔子，而游乎二氏。此後江南理學微矣。見《汪氏遺書》[四]。

[一] 定求卒年七十有八，《尊聞居士集》卷六《彭公行狀》作『五十七年十二月，公自爲墓志，其銘曰：……明年四月，卒年七十有五』，《南畇老人自訂年譜》作『順治二年五月初九亥時生於里第。……康熙五十八年己亥七十五歲。四月初九日亥時卒』。

[二] 《潛孚堂集》，《潛孚堂集》無引文，實徵引自《尊聞居士集》卷六《彭公行狀》。

[三] 《狀》，即《彭公行狀》。

[四] 《汪氏遺書》，即《汪子二録·汪子三録》。

謝文洊傳　彭任

謝文洊，字秋水，又字約齋[一]，南豐人。四庫提要、《二林居集》。明季諸生。年二十餘[二]入廣昌之香山，閲佛書，學禪。既讀龍溪王氏書，復讀陽明書，自信益篤，遂與諸友講陽明之學。年[三]四十，會講[四]於新城之神童峰。有王聖瑞者，力攻陽明，文洊與争辯累日，爲所動，取羅整庵《困知記》讀之，始一意程、朱。闢程山學舍於城西，名其堂曰『尊洛』。著《大學中庸切己録》，發明張子主敬之旨，以爲爲學之本[五]，『畏天命』一言盡之矣。學者以此爲心法，注目傾耳，一念之私，醒悔刻責，無犯帝天之怒。其《程山十則》，亦以躬行實踐爲主，惟易張子《西銘》之名，曰《事天謨》，以示尊崇，不免自我作古。提要、《程山講義》[六]《二林居集》。時寧都『易堂九子』[七]節行文章爲海内所重，提要。『髻山七子』

[一] 又字約齋，《四庫全書總目》卷三七《學庸切己録》作『字約齋，號程山』。
[二] 餘，《四庫全書總目》卷一八一《謝程山集》無。
[三] 年，《四庫全書總目》卷一八一《謝程山集》作『越』。
[四] 講，《二林居集》卷一九《儒行述·謝文洊》無。
[五] 本，《二林居集》卷一九《儒行述·謝文洊》作『要』。
[六] 《程山講義》，《二林居集》卷一九《儒行述·謝文洊》所注傳徵文獻。
[七] 時寧都『易堂九子』，無出處，實徵引自《二林居集》卷一九《儒行述·謝文洊》。

亦以節概名，而文洊獨反己闇修，務求自得。髻山宋之盛過訪文洊，文洊遂邀易堂魏禧、彭任會程山，講學旬餘。於是皆推程山，謂其篤躬行，識道本。《二林居集》。南豐甘京與文洊爲友，已而服之誠也，遂師之。《魏子伯師集續說》[一]。康熙二十年，卒，年六十有七[二]。

彭任，字遜仕，又字[三]中叔，寧都人。同邑魏禧嘗集同志九人，講學於易堂，任其一也。著《草亭文集》，其論朱、陸異同，謂學者之病，不在於辨之不晰，而在于行之不篤，持論頗平。四庫提要。其在易堂者，有寧都李騰蛟、邱維屏，南昌彭士望[四]。騰蛟，字力貞，年最長，著《周易剩言》。維屏，字邦士，著《周易勦說》。士望，字躬庵，著《耻躬堂集》。其不在易堂者，有張貞士[五]，字蕡山，廬陵人。順治十五年進士，翰林院庶吉士，官内閣學士。其學宗朱子慎獨主敬，著《庸言[六]》二十卷。《贛州府志》[七]

[一]《魏子伯師集續說》，有誤，引文徵引自《魏伯子文集》卷三《續師說》。
[二]『康熙二十年，卒，年六十有七』，無出處，實徵引自《二林居集》卷一九《儒行述·謝文洊》。
[三]又字，《四庫全書總目》卷一八二《草亭文集》作『號』。
[四]『其在易堂』至『彭士望』，無出處。
[五]張貞士，《四庫全書總目》卷七八《王山遺響》、《（乾隆）吉安府志》卷四六《張貞生傳》并作『張貞生』，是。
[六]言，《（乾隆）吉安府志》卷六一《藝文》作『書』，是。
[七]《贛州府志》，即《（乾隆）贛州府志》。

及本書[一]《序》。

顧炎武傳　張弨、吴任臣

顧炎武，字寧人，初名絳，崑山人，《己未詞科録》《鮚埼亭集·亭林神道表》。李光地《榕村集》作『長洲』者非。明贊善紹芳孫。《顧氏譜系考》。年十四爲諸生。《崑山縣志》[二]《顧氏譜系考》。少耿介絶[三]俗，不與人苟同，惟其同里歸莊相善，相傳有『歸奇顧怪』之目。朱彝尊《静志居詩話》、《鮚埼亭集》。

其論學以博學有耻爲先。嘗與友人論學云：『百餘年來之爲學者，往往言心言性，而茫然不得其解也。命與仁，夫子所罕言，性與天道，子貢所未得聞，性命之理，著之《易傳》，未嘗數以語人。其答問士，則曰「行己有耻」；其爲學，則曰「好古敏[四]求」；其與門弟子言，但曰「允執厥[五]中，四海困

[一] 本書，即《耻躬堂文集》《庸書》。
[二] 《崑山縣志》，即《(乾隆)崑山新陽合志》。
[三] 絶，原誤作『紀』，據《張氏榕園叢書》本改。
[四] 敏，原誤作『救』，據《張氏榕園叢書》本、《亭林詩文集》卷三《與友人論學書》改。
[五] 厥，《亭林詩文集》卷三《與友人論學書》作『其』。

窮，天禄永終」。其告哀公明善之功，先之以博學。顔子幾於[一]聖人，猶曰「博我以文」。自曾子而下，篤實無若子夏。言仁，則曰「博學而篤志、切問而近思」。今之君子則不然，聚賓客門人數十百人，與之言心言性，舍多學而識，以求一貫之方，置四海之困窮不言，而講「危微精一」，是必其道高於夫子，而其弟子之賢於子貢也。我弗敢知也。《孟子》一書，言心言性亦諄諄矣，乃至萬章、公孫丑、陳代、陳臻、周霄、彭更之所問，與孟子之所答，常在乎出處、去就、辭受、取與之間。是故，性也、命也、天也，夫子之所罕言，而今之君子之所恒言也。出處、去就、辭受、取予[二]之辨，孔子、孟子之所恒言，而今之君子所罕言也。愚所謂聖人之道者如之何？曰「博學於文」，曰「行己有耻」。自一身以至于天下國家，皆學之事也。自子臣弟友以至出入往來、辭受、取與之間，皆有耻之事也。士而不先言耻，則爲無本之人，非好古多聞，則爲空虚之學。以無本之人，而講空虚之學，吾見其日從事於聖人，而去之彌遠也。』《亭林文集》。又曰：『今之理學，禪學也，不取之五經、《論語》，而但資之語録，不知本矣。』本集《與施閏章書》[三]。其論文非有關于經旨世務者，皆謂之巧言，不以措筆。亭林本集。

[一] 於，《亭林詩文集》卷三《與友人論學書》作『乎』。
[二] 予，《亭林詩文集》卷三《與友人論學書》作『與』。
[三] 本集《與施閏章書》，即《亭林文集·與施愚山書》。

故炎武之學，大抵主于斂華就實，救弊扶衰。縣志[一]。凡國家典制、郡邑掌故、天文儀[二]象、河漕兵農之屬，《湯潛庵遺稿》。莫不窮究原委，考正得失，而又廣交賢豪長者，虛懷商榷，不自滿假。縣志。作《廣師》篇云：『學究天人，確乎不拔，吾不如王錫闡；讀書爲己，探[三]賾洞微，吾不如楊雪臣；獨精三《禮》，卓然經師，吾不如張爾岐；蕭然物外，自得天機，吾不如傅山；堅苦力學，無師而成，吾不如李顒；險阻備嘗，與時屈伸，吾不如路安卿；博聞强記，群書之府，吾不如吴任臣；文章爾雅，宅心和厚，吾不如朱彝尊；好學不倦，篤於朋友，吾不如王弘撰；精心六書，信而好古，吾不如張弨。至於達而在位，其可稱述者，亦多有之，然非布衣之所得議也。』《亭林文集》。炎武生平精力絶人，自少至老，無一刻離書。縣志。國朝[四]稱學有根柢者，以炎武爲最。提要。

炎武撰《天下郡國利病書》百二十卷，歷覽諸史、圖經、實録、文編、説部之類，取其關於民生利病者，且周流西北歷二十年，其書始成。別有《肇域志》一編，則考索利病之餘合圖經而成者。炎武精韻學，《結埼亭集》。撰《音論》三卷。言古韻者，自明陳第，雖創闢榛蕪，猶未邃密，至炎武乃推尋經傳，探

[一] 縣志，即《（乾隆）崑山新陽合志》。
[二] 儀，《湯子遺書》卷四《答顧寧人書》作『曆』。
[三] 探，原誤作『深』，據《張氏榕園叢書》本改。
[四] 朝，《四庫全書總目》卷二九《左傳杜解補正》作『初』。

討本原。又，《詩本音》十卷，其書主陳第『《詩》無協韻』之説，不與吴棫《補音》争，亦全不用棫之例。但即本經之韻[一]互考，且證以他書，明古音原作是讀，非由遷就，故曰『本音』。又，《易音》三卷，即《周易》以求古音，考證精確。又，《唐韻正》二十卷、《韻補正》一卷、《古音表》二卷。提要。皆能追復三代以來之音，分部正帙，而知其變，自吴才老而下廓如也。炎武又撰《金石文字記》《求古録》，與經史相證，歐、趙、洪、王，不及其精。《鮚埼亭集》。而《日知録》三十卷[二]，尤爲炎武終身精詣之書，《鮚埼亭集》。蓋積三十餘年而後成，提要。凡經史、吏治、財賦、典禮、藝文之類，皆疏通考證之。潘耒本書《序》[三]。炎武又以杜預《左傳集解》時有闕失，作《杜解補正》三卷。其他著作有《石經考》一卷、《九經誤字》一卷、并《提要》。《二十一史年表》八十卷[四]、《歷代帝王宅京記[五]》二十卷、《亭林文集》六卷、《詩集》五卷、《營平二州地名記》一[六]卷、《昌平山水記》一卷、《山東考古録》一卷、《京東考古録》

[一] 韻，《四庫全書總目》卷四二《詩本音》作『音』。

[二] 三十卷，《四庫全書總目》卷一一九《日知録》作『三十二卷』。

[三] 《序》，即《日知録序》。

[四] 八十卷，《（乾隆）崑山新陽合志》卷三六《著述目》作『十卷』。

[五] 帝王宅京記，《（乾隆）崑山新陽合志》卷三六《著述目》作『宅京記』。

[六] 一，《己未詞科録》卷八《顧炎武傳略》、《四庫全書總目》卷七六《昌平山水記》并作『二』。

一卷、《譎觚》[一]一卷、《菰中隨筆》一卷[二]、《救文格論》一卷等書，《己未詞科録》、提要、府志[三]。并有補於學術世道。縣志。

初，炎武嗣母王氏未嫁守節，嘗斷指療姑，見本集與葉訒庵及史館諸君書[四]。於崇禎十年[五]被旌，《年譜》[六]。及聞帝亡[七]，不食，卒，誡炎武勿出仕。福王時，崑山令楊永言方薦炎武爲兵部司務，旋以職方郎召，未赴。既葬母，遂出遊，歷遭艱险[八]。《鮚埼亭集》。所至之地，以二騾二馬載書，遇邊塞亭障，呼老卒詢曲折，有與平日所聞不合，即於坊肆中發書對勘。或平原大野[九]，則於鞍上默誦諸經注疏。

[一]《譎觚》，《（乾隆）崑山新陽合志》卷三六《著述目》作『譎觚十事』。

[二]《菰中隨筆》一卷，《菰中隨筆》有一卷本、三卷本兩種，《己未詞科録》卷八《顧炎武傳略》、《四庫全書總目》卷一二六《菰中隨筆》并作『三卷』。

[三]府志，即《（乾隆）崑山新陽合志》。

[四]與葉訒庵及史館諸君書，即《與葉訒庵書》《與史館諸君書》。

[五]十年，《顧亭林詩文集》卷三《與史館諸君書》、《顧亭林先生年譜》并作『九年』，是。

[六]《年譜》，即《亭林先生年譜》。

[七]及聞帝亡，無出處。

[八]『既葬』至『艱险』，無出處。

[九]野，原誤作『墅』，據《張氏榕園叢書》本改。

在華陰與王弘撰等[一]於雲臺觀側建朱子祠。縣志。康熙間，詔舉博學鴻儒科，又修《明史》，大臣争薦之，并辭未赴。康熙二十一年，卒於華陰，年六十九，無子。門人以其喪歸葬崑山[二]。吴江潘耒叙其遺書，行於世。《亭林集》《年譜》《鮚埼亭集》。

張弨，字力臣，山陽人。精六書，貧而嗜古，《曝書亭集》。尤究心金石，後以聾廢，而考證彌勤。提要。顧炎武《音學五書》，乃弨所寫定。見本書[三]。

吴任臣，字志伊，仁和人。《己未詞科録》。志行端慤，《魏叔子集》[四]。博聞强記，《亭林遺書》。兼精天官、樂律。《今世説》。康熙己未[五]詔徵博學鴻儒，授檢討。《己未詞科録》。撰《十國春秋》一百十四卷，廣搜博引，可稱淹貫。提要。又撰《山海經廣注》提要。《字彙補》《字典[六]·凡例》。《周禮大義》《禮通》《春秋正朔考辨》《託園詩文集》諸書[七]。

[一] 王弘撰等，《（乾隆）崑山新陽合志》卷二三《顧炎武傳》作「王山史、李子德輩」。

[二] 崑山，《鮚埼亭集》卷一二《亭林先生神道表》作「崑山之千墩」。

[三] 本書，即《音學五書》。

[四] 《魏叔子集》，即《魏叔子文集》。

[五] 己未，《己未詞科録》卷三《吴任臣傳略》作「戊午」。

[六] 字典，即《康熙字典》。

[七] 『周禮大義』至『諸書』，無出處，實徵引自《己未詞科録》卷三《吴任臣傳略》。

卷二

胡渭傳 顧祖禹

胡渭，初名渭生，字朏明，德清人。曾祖友信，明隆慶戊辰進士。父公角，天啓甲子舉人。渭年十二而孤，母沈，携之避亂[一]山谷間。十五爲縣學生。入太學，篤志經義，尤精地輿[二]之學。嘗館大學士馮溥邸。尚書徐乾學奉詔修《一統志》，開局洞庭山，延常熟黄儀、顧祖禹，山陽閻若璩及渭分纂。《浙江通志》《潛揅堂文集》。

渭著《禹貢錐指》二十卷、圖四十七篇，謂：「漢、唐二孔氏、宋蔡氏於地理多疏舛。如『三江』當主鄭康成説；《禹貢》『達於河』，『河』當從《説文》作『菏[三]』；『滎波既豬』，當[四]從鄭康成作

[一] 亂，《潛研堂文集》卷三八《胡先生渭傳》作「寇」。
[二] 地輿，《潛研堂文集》卷三八《胡先生渭傳》作「輿地」。
[三] 荷，《潛研堂文集》卷三八《胡先生渭傳》作「菏」，是。
[四] 當，《潛研堂文集》卷三八《胡先生渭傳》作「波當」，是。

「播」』；梁州[一]「黑水」與導川之「黑水」，不可溷爲一。』乃博稽載籍，古今經解，考其同異而折衷之。山川形勢、郡國分合同異、道里遠近夷險，《潛揅堂文集》。一一討論詳明。宋以來，傅寅、程大昌、毛晃而下，注《禹貢》者數十家，精核典贍，此爲之冠。四庫提要。又，漢、唐以來，河道遷徙，爲民生國計所繫，故於《導河》一章，備考決溢改流之迹，留心經濟，異於迂儒不通時務。《潛揅堂集》。間有[二]千慮一失，則不屑闕疑之過。提要。

又撰《易圖明辨》十卷，專爲辨定圖、書而作。初，陳摶推闡《易》理，衍爲諸圖，其圖本準《易》而生，故以卦、爻反覆研求，無不符合。傳者務神其説，遂歸其圖於伏羲，謂《易》反由圖而作。又因《繫辭》河圖、洛書之文，取大衍算數作五十五點之圖，以當河圖；取《乾鑿度》太乙行九宫法造四十五點之圖，以當洛書。其陰陽、奇偶，亦一一與《易》相應。傳者益神其説，又真以爲龍馬、神龜之所負，謂伏羲由此而有先天之圖。實則唐以前書絶無一字符驗，而突出於北宋之初。由邵子以及朱子，亦但取其數之巧合，而未暇究其太古以來從誰授受。故《易學啓蒙》《易本義》前九圖，皆沿其説。同時袁樞、薛季宣皆有異論。然《宋史·儒林傳》『《易學啓蒙》，朱子本屬蔡元定創稿，非朱子自撰』。《晦

[一]　梁州，《潛研堂文集》卷三八《胡先生渭傳》作『梁州之』。
[二]　間有，《四庫全書總目》卷一二《禹貢錐指》無。

庵大全集》載《答劉君房書》曰：『《啓蒙》本欲學者且就《大傳》所言卦畫蓍數推尋，不須過爲浮説。而自今觀之，如河圖、洛書，亦不免尚有剩語。』至於《本義》卷首九圖，爲門人所依附。朱子當日未嘗堅主其説。元陳應潤作《爻變義蘊》，始指諸圖爲道家假借。吴澄、歸有光諸人亦相繼排擊，國朝毛奇齡、黄宗羲争之尤力。然皆各據所見抵其罅隙，尚未能窮溯本末，一一抉所自來。渭則於河圖、洛書，五行、九宫，《參同》、先天太極，《龍圖》《易數鈎隱圖》，《啓蒙》圖、書，先天，後天，卦變，象數流弊，皆引據舊文，互相參證，以箝依託之口。使學者知圖、書之説，雖言之有故，執之成理，乃修煉、術數二家旁分《易》學之支流，非作《易》之根柢，視《禹貢錐指》尤爲有功經學。提要。

又撰《洪範正論》五卷，謂漢人專取災祥，推衍五行，穿鑿附會，事同讖緯，提要。亂彝倫攸叙之經，其害一；《潛揅堂文集》。《洛書》本文，具在《洪範》，《潛揅堂文集》。非龜文，宋儒創爲黑白之點、方圓之體、九十之位，變書爲圖，以至九數十數，劉牧、蔡季通紛紜更定，提要。其害二；《潛揅堂文集》。《洪範》原無錯簡，王柏、胡一中等任意改竄，提要。其害三。《潛揅堂文集》。

渭又撰《大學翼真》七卷，大目[一]以朱子爲主，僅謂《格致》一章不必補傳，力闢王學改本之誤。所見切實，視泛爲性命理氣之談者勝之遠矣。

[一] 目，《四庫全書總目》卷三六《大學翼真》作「旨」，是。

渭經術湛深，學有根柢，故所論一軌於正[一]。漢儒傅會之談，宋儒變亂之論，掃而除焉。提要。康熙四十三年，聖祖仁皇帝南巡，渭以《禹貢錐指》獻行在，蒙御覽嘉奬，御書『耆年篤學』四大字賜之，儒者咸以爲榮。甲午歲，卒，年八十有二。《潛揅堂集》。

渭子[二]彦昇，進士，刑部主事，改山東定陶縣知縣。著《春秋説》[三]《四書近是》《叢書要録》。於樂律尤有心得，著《樂律表微》八卷。四庫提要、《德清志》[四]。

渭同郡葉佩蓀，亦治古《易》，不言圖、書，著《易守》四十卷，於《易》中三聖人所未言者，不加一字，故曰『守』。《知足齋集》。

顧祖禹，字易范[五]。著《方輿紀要》一百二十卷，據正史考訂地理，於山川形勢險易、古今用兵、戰守攻取、成敗得失之迹，皆有折衷，雖荒僻幽仄之地，一一如目見。《魏叔子集》。《欽定通鑑覽要》於地理注中，多加採録焉。見《通鑑覽要》。

[一] 正，《四庫全書總目》卷一二《洪範正論》作『理』。

[二] 子，《（嘉慶）德清縣續志》卷八《胡渭傳》、杭世駿《道古堂文集》卷四〇《胡東樵先生墓志銘》并作『孫』，是。

[三] 《春秋説》，《（嘉慶）德清縣續志》卷九《藝文志》作『春秋正解』，是。

[四] 《德清志》，即《（嘉慶）德清縣續志》。

[五] 字易范，無出處。

惠周惕傳 士奇、棟、江聲等

惠周惕，字元龍，原名恕，長洲人[一]。父有聲，以九經教授鄉里，與徐枋善。《長洲志》[二]。周惕少從枋遊，《江南通志》[三]。又曾受業於汪琬。《別裁·小傳》[四]《堯峯文鈔》。康熙十八年舉博學鴻詞科，丁憂，不與試。三十年，成進士，授翰林庶吉士，《詩説》提要、《己未詞科録》。改密雲縣知縣，《詞科録》[五]。卒於官。鄭方坤《詩鈔小傳》[六]。

周惕邃於經學，《國朝詩別裁集注》[七]。爲文章有榘度，名譽隆於時。《湯潛庵遺稿》。著有《易傳》《春秋三禮問》及《硯溪詩文集》。《蘇州府志》[八]。其《詩説》三卷，大旨謂大、小《雅》以音別，不以政別；

[一]『惠周惕』至『長洲人』，無出處，實徵引自《己未詞科録》卷四《惠周惕傳略》。

[二]《長洲志》，即《（乾隆）長洲縣誌》。

[三]《江南通志》，即《（乾隆）江南通志》。

[四]《別裁·小傳》，即《國朝詩別裁集》卷一七《惠周惕小傳》。

[五]《詞科録》，即《己未詞科録》。

[六]《詩鈔小傳》，即《本朝名家詩鈔小傳》。《本朝名家詩鈔小傳》無『卒於官』，『卒於官』實徵引自《（乾隆）長洲縣志》卷二五《惠周惕傳》。

[七]《國朝詩別裁集注》，即《國朝詩別裁集》卷一七《惠周惕小傳》。

[八]《蘇州府志》，《己未詞科録》卷四《惠周惕傳略》所注徵引文獻。

謂正雅、變雅美刺錯陳，不必分《六月》以上爲正、《六月》以下爲變、《文王》以下爲正、《民勞》以下爲變；謂二《南》二十六篇，皆疑爲房中之樂，不必泥其所指何人；謂《周》《召》之分，鄭《箋》誤以爲文王；爲[一]天子諸侯均得有頌，《魯頌》非僭。其言并有依據。提要。本朝談漢儒之學者，以東吴惠氏爲首。《己未詞科録》。惠氏三世以經學著，周惕其創始者也。提要。周惕子士奇。

士奇，字天牧。《潛揅堂文集》。康熙五十年進士[二]，改[三]庶吉士，授翰林編修。兩充會試同考官。聖祖嘗問廷臣：『誰工作賦？』内閣學士蔣廷錫以王頊齡、湯右曾及士奇三人名對。五十八年，太皇太后升祔，禮成，特命祭告炎帝陵、舜陵。故事，祭告使臣，學士以上乃得開列，士奇以編修與，洵異數也。明年秋，主湖南[四]鄉試。冬，奉命提督廣東學政，頒條教，以通經爲先。雍正初，復命留任三年。累官右春坊右中允，翰林院侍讀學士，翰林院侍講。乾隆四年以病告歸。卒，年七十有一。《潛揅堂集》。

士奇父周惕説經，力追漢儒之學，士奇承之，考證益密。《春秋説》提要。撰《易説》六卷，雜釋卦爻，專宗漢學，以象爲主。《易説》提要。嘗謂：『《易》始於伏羲，盛於文王，大備於孔子，而其説猶存於漢。

[一]　爲，《四庫全書總目》卷一六《詩説》作『謂』，是。

[二]　康熙五十年進士，《潛研堂文集》卷三八《惠先生士奇傳》作『戊子，舉鄉試第一，明年成進士』。

[三]　改，《潛研堂文集》卷三八《惠先生士奇傳》作『選』。

[四]　南，《潛研堂文集》卷三八《惠先生士奇傳》作『廣』，是。

不明孔子之《易》，不足與言文王；不明文王之《易》，不足與言伏羲。舍文王、孔子之《易》而遠問庖羲，吾不知之矣。漢儒言《易》，孟喜以卦氣，京房以適[一]變，荀爽以升降，鄭康成以爻辰，虞翻以納甲，其説不同，而指歸則一，皆不可廢。今所傳之《易》，出自費直，費氏本古文，王弼盡改俗書，又創爲虚象之説，而遂舉漢《易》而空之，而古學亡矣。《易》者，象也，聖人觀象而繫辭，君子觀象而玩辭，六十四卦皆實象，安得虚哉！』《潛揅堂集》。又撰《春秋説》十五卷，以《禮》爲綱，而緯以《春秋》之事，言必據典，論必持平。提要。又撰《禮説》十四卷、《大學記[二]》一卷。於古音、古字皆爲之分別疏通，復援引諸史百家之文，考漢志，以求周志[三]。提要。士奇幼讀二十一史，於《天文》《樂律》二志，未盡通曉。及官翰林，因新法究推步之原，著《交食舉隅》二卷、《琴笛理數考》四卷。所著詩有《紅豆齋小草》《詠史樂府》及《南中》諸集。子七人，棟最知名。《潛揅堂集》。

棟，字定宇，初爲吴江學生員，改[四]歸元和籍。《潛揅堂集》。棟生而凝静敦樸，以孝弟忠信爲坊表。《述庵文鈔》。自幼篤志向學，家多藏書，日夜講誦。《潛揅堂集》。於經史諸子、稗官野乘及七經毖緯之學，

[一] 適，《張氏榕園叢書》本誤作『通』。

[二] 記，疑爲『説』。

[三] 『考漢志，以求周志』，二『志』，《四庫全書總目》卷一九《禮説》并作『制』，是。

[四] 改，《潛研堂文集》卷三九《惠先生棟傳》作『復改』。

《述庵文鈔》。靡不津逮。《潛揅堂集》。經取注疏，史兼裴、張、小司馬、顔籀、章懷之注，諸子若《莊》《列》《荀》《楊》《吕覽》《淮南》古注，亦并及焉。而小學本《爾雅》，六書本《説文》，餘及《急就章》《經典釋文》，漢魏碑碣，自《玉篇》《廣韻》而下，勿論也。《述庵文鈔》。乾隆十五年，詔舉經明行修之士，陝甘總督尹繼善、兩江總督黄廷桂交章論薦。有『博通經史，學有淵源』之稱。《潛揅堂集》。會大學士、九卿索所著書，未及呈[一]進，罷歸。《述庵文鈔》。

棟於諸經[二]熟洽貫串，《東莊遺集[三]》。謂漢法詁訓，古字、古言，非經師不能辨，作《九經古義》二十二[四]卷。《九經古義述首》。而尤邃於《易》，《潛揅堂集》。其撰《易漢學》，乃追考漢儒《易》學，掇拾諸[五]論，使學者得窺其門徑。凡《孟長卿易》二卷、《虞仲翔易》一卷、《京君明易》二卷、干寶附焉，又《鄭康成易》一卷、《荀慈明易》一卷，其末一卷則棟發明漢《易》之理，以辨正河圖、洛書、先天、太極之學。其撰《易例》二卷，乃鎔鑄舊説，以發明《易》之本例，隨手題識，筆之於册，以儲作論之材。

[一] 呈，《春融堂集》卷五五《惠定宇先生墓誌銘》無。
[二] 諸經，《東莊遺集》卷三《惠定宇墓誌銘》作『漢唐説經諸家』。
[三] 集，原誤作『書』，據卷三《沈彤傳》改。
[四] 二十二，《九經古義》、《四庫全書總目》卷三三《九經古義》并作『十六』。
[五] 諸，《四庫全書總目》卷六《易漢學》作『緒』。

其撰《周易述》二十三卷，以荀爽、虞翻爲主，而參以鄭玄、宋咸、干寶諸家之説。以上并提要。約其旨爲注，演其説爲疏，書垂成而疾革，遂闕《革》至《未濟》十五卦及《序卦》《雜卦》兩傳[一]。《潛揅堂集》。雖屬未完之書，提要。然漢學之絶者千有五百餘年，至是而粲然復章。又因學《易》而悟明堂之法，撰《明堂大道録》八卷、《禘説》二卷，謂：『禘行於明堂，明堂之法，本於《易》。』《潛揅堂集》。《古文尚書考》二卷，辨鄭玄所傳之二十四篇爲孔壁真古文，東晉晚出之二十五篇爲僞。《潛揅堂集》。又撰《後漢書補注》二十四卷、顧棟高《序》。按《潛揅堂集》《述庵文鈔》皆作『十五卷』，蓋據門人葺録之本言之，非原本也。《王士禛精華録纂訓》二十四卷、《述庵文鈔》。《九曜齋筆記》二卷、《松崖筆記》二卷、《松崖文鈔》二卷及《諸史會最》《竹南漫録》諸書。嘉定少詹事錢大昕嘗論：『宋、元以來，説經之書，盈屋充棟，高者蔑古訓以誇心得，下者襲人言以爲己有，儒林之名徒爲空疏藏拙之地。獨惠氏世守古學，而棟所得尤精。擬諸漢儒，當在何休、服虔之間，馬融、趙岐輩不能及也。』《潛揅堂集》。乾隆二十三年，卒，年六十[二]。其弟子知名者，江聲、余蕭客。

江聲，字叔澐，元和[三]人。生平不肯用俗字，尺牘皆依《説文》，因爲《六書説》。所著有《尚書

[一] 傳，《潛研堂文集》卷三九《惠先生棟傳》作『篇』，是。

[二] 『乾隆二十三年，卒，年六十』，《潛研堂文集》卷三九《惠先生棟傳》作『卒于戊寅五月，年六十有二』。

[三] 元和，《國朝漢學師承記》卷二《江艮庭先生》作『吴縣』。

集注音疏》十二卷，又撰《經史子[一]準繩》《論語竢質》《恒星説》。《平津閣集》[二]及本書。嘉慶元年，舉孝廉方正，賜六品頂帶[三]。

余蕭客，字仲林，長洲人。《鈎沈》提要[四]。撰《古經解鈎沈》三十卷，唐以前舊説，自諸家經解所引，旁及史傳、類書、片語單詞，悉著其目。自宋代以來，訓詁之傳，日就散亡，沿及明人，説經者遂憑臆談。我朝儒術昌明，著述之家，争及於古，蕭客是書其一也。《鈎沈》提要。蕭客又撰《文選紀聞》三十卷、《文選音義》八卷[五]。

[一] 子，『子』下脱『字』。《經史子字準繩》未成書。

[二] 《平津閣集》，引文徵引自《平津館文稿》。

[三] 『嘉慶元年』至『頂帶』，無出處，實徵引自孫星衍《江孝廉聲傳》。

[四] 《鈎沈》提要，即《四庫全書總目》卷三三《古經解鈎沈》。

[五] 『蕭客又撰』至『八卷』，無出處。

閻若璩傳

李鎧[一]等

閻若璩，字百詩，四庫全書提要。又字[二]潛邱。杭世駿《道古堂文集》、《己未詞科録》。先世居太原縣西寨村，五世祖始居淮安。祖世科，明萬曆甲辰進士，布政司參議。錢大昕《潛揅堂文集》。父修齡平生慎檢，持以詩名。《魏叔子集》。母丁仙窈亦能詩文。《己未詞科録》《魏叔子集》。又，劉松苓《雪坡詞話》[三]。若璩幼多病，讀書闇記不出聲。《道古堂文集》。年十五，補學生員。揅究經史，深造自得。嘗集陶弘景、皇甫謐語，題其柱云：『一物不知，以爲深耻；遭人而問，少有寧日。』其立志如此。《潛揅堂集》、顧棟高《萬卷樓雜記》[四]。海内名流過淮，必主其家。《己未詞科録》。

年二十，讀《尚書》至古文二十五篇，即疑其僞。沉潛三十餘年，乃盡得其癥結所在，作《古文尚

[一] 鎧，原誤作『愷』，據本傳改。

[二] 又字，《道古堂文集》卷二九《閻若璩傳》、《己未詞科録》卷六《閻若璩傳略》并作『號』。

[三] 《雪坡詞話》，『話』，原誤作『語』，據《張氏榕園叢書》本改。《雪坡詞話》爲《己未詞科録》卷一一《叢話三》所注徵引文獻。

[四] 《萬卷樓雜記》，《己未詞科録》卷一一《叢話三》所注徵引文獻。

書疏證》[一]八卷,《萬卷樓雜記》《潛揅堂文集》。引經據古,一一陳其矛盾之故,古文之僞大明。所列一百二十八條,毛奇齡《尚書古文冤詞》[二]百計相軋,終不能以强辭奪正理,則有據之言,先立於不可敗也。四庫提要。其《疏證》之最精者,謂:《漢藝文志》言魯共王壞孔子宅,得《古文尚書》,孔安國以考二十九篇,得多十六篇;《楚元王傳》亦云,《逸書》十六篇,天漢之後,孔安國獻之。古文篇數之見於西漢者如此,而梅賾所上,乃增多二十五篇,此篇數之不合也。杜林、馬、鄭皆傳古文者,據鄭氏説,則增多者《舜典》《汨作》《九共》《大禹謨》《益稷》《五子之歌》《胤征》《典寶》《湯誥》《咸有一德》《伊訓》《肆命》《原命》《武成》《旅獒》《冏命》凡十六篇,而《九共》有九篇,故亦稱二十四篇。今晚出《書》無《汨作》《九共》《典寶》等,此篇名之不合也。鄭康成注《書序》,於《仲虺之誥》《太甲》《説命》《微子之命》《蔡仲之命》《周官》《君陳》《畢命》《君牙》皆注曰亡,而於《汨作》《九共》《典寶》《肆命》等皆注曰逸。逸者,即孔壁《書》也。康成雖云受《書》於張恭祖,然其《書贊》曰:『我先師棘下,生子安國,亦好此學。』則其淵源於安國明矣。今晚出《書》與鄭名目互異,其果安國之舊耶?又云:古文傳自孔氏,後惟鄭康成所注者得其真;今文傳自伏生,後惟蔡邕《石經》所勒者得其

[一]《古文尚書疏證》,《己未詞科録》卷一一《叢話三》徵引顧楝高《萬卷樓雜記》、《潛研堂文集》卷三八《閻先生若璩傳》并作『尚書古文疏證』。

[二]《尚書古文冤詞》,《四庫全書總目》卷一二《古文尚書疏證》作『古文尚書冤詞』。

正。今晚出《書》「昧谷」，鄭作「柳谷」；「心腹腎腸」，鄭作「憂腎陽」；「劓刵劅剠」，鄭作「臏宫劓割頭庶剠」，與真古文既不同矣。《石經》殘碑遺字，見於洪适《隸釋》者五百四十七字，以今孔書校之，不同者甚多。碑云「高宗之饗國百年」，與今《書》之「五十有九年」異；孔叙三宗，以年多少爲先後，碑則以傳序爲次，則與今文又不同。然後知晚出之《書》，蓋不古不今，非伏非孔，而欲别爲一家之學者也。班孟堅言司馬遷從安國問故，故《堯典》《禹貢》《洪範》《微子》《金縢》諸篇多古文説。許慎《説文解字》亦云其稱《書》孔氏。今以《史記》《説文》與晚出《書》相校，又甚不合。安國注《論語》「予小子履」，以爲《墨子》引《湯誓》，其辭若此。不云此出《湯誥》，亦不云與《湯誥》小異，然則「予小子履」云云非真古文《湯誥》，蓋斷斷也。其注「雖有周親，不如仁人」句，於《論語》則云「親而不賢不忠則誅之，管、蔡是也。仁人謂箕子、微子，來則用之」。於《尚書》則云：「周，至也，言紂至親雖多，不如周家之多[二]仁人。」其詮釋相懸絶如此，此豈一人之手筆乎！又云：古未有夷族之刑，即苗民之虐，亦祇肉刑止爾，有之，自秦文公始。僞作古文者偶見《荀子》有「亂世以族論罪，以世舉賢」之語，遂竄之《泰誓》篇中。無論紂惡不如是甚，而輕加三代以上以慘酷不德之刑，何其不仁也！《武成》篇先書一月壬辰，次癸巳，又次戊午，已是月之二十八日，復繼以癸亥、甲子，是爲二月之四日、五

［二］多，《潛研堂文集》卷三八《閻先生若璩傳》作「少」。

日，而不冠以二月，非今文書法也。《洛誥》稱乙卯，《費誓》兩稱甲戌，此周公、伯禽口中之詞，指此日有此事云爾，豈史家紀事之例乎！又云：《書序》《益稷》本名《棄稷》，馬、鄭、王三家本皆然，蓋别是一篇，中多載后稷與契之言。揚子雲《法言·孝至篇》云：『言合稷、契之謂忠，謨合皋陶之謂嘉。』子雲親見古文，故有此言。晚出《書》析《皋陶謨》之半爲《益稷》，則稷與契初無一言，子雲豈鑿空者邪！《潛丘堂集》。若璩又以朱子以來，已疑孔《傳》之依託，遞有論辨，仍作《疏證》，其事愈明。提要《尚書正義》下。復爲《朱子尚書古文疑》，以申其説。《道古堂文集》。

康熙元年，始遊京師，旋改歸太原故籍。崑山顧炎武游太原，以所撰《日知録》相質，即爲改定[一]數條，炎武虚心從之。《潛丘堂文集》。未幾，出遊鞏昌。《道古堂文集》。十七年，應博學鴻詞科，試不第，在都門與編修汪琬交。琬著《五服考異》成，若璩糾其謬數條，琬意不懌，謂人曰：『百詩有親在而喋喋言喪禮，可乎？』若璩應之曰：『王伯厚嘗云：「夏侯勝善説禮服」，謂《禮》之《喪服》也；蕭望之以禮服授皇太子，則漢世不以喪服爲諱也。唐之姦臣，以凶事非臣子所宜言，去《國恤》一篇，識者非之。講經之家，豈可拾其餘唾乎！』尚書徐乾學因問：『於經亦有徵乎？』曰：『按《雜記》，曾申問於曾子曰「哭父母，有常聲乎？」申，曾子次子也。《檀弓》「子張死。曾子有母之喪，齊衰而往哭之」。孔子

[一] 定，《潛研堂文集》卷三八《閻先生若璩傳》作『訂』。

歿，子張尚存，見於《孟子》。子張死而曾子方喪母，則孔子時曾子母在可知。《記》所載《曾子問》一篇，正其親在時也。』乾學歎服。及乾學奉勅修《一統志》，開局洞庭山，既又移嘉善，復歸崑山，若璩皆預其事。《潛揅堂文集》。局中人[一]嘗手輯其《緒論》一編，曰《閻氏碎金》。阮葵生《茶餘客話》。

若璩於地理尤精審，凡山川形勢、州郡沿革，瞭若指掌。《潛揅堂文集》。撰《四書釋地》一卷，續編及於人名、物類、訓詁、典制，又解釋經義諸條共爲五卷，事必求其根柢，言必求其依據，旁參互證，多所貫通。提要。又據《孟子》七篇，參以《史記》諸書，作《孟子生卒年月考》一卷。提要、《潛揅堂文集》。

又著《孔廟從祀末議》，十一事：一曰孔廟祀典宜復八佾、十二籩豆於太學；二曰十哲而外宜進有若、公西華兩賢於廟廷，廣爲十二哲；三曰秦冉、顏何宜從祀，縣亶宜補入；四曰公明儀宜從祀，樂正克宜進於兩廡；五曰曾申、申詳均宜從祀；六曰河間獻王劉德宜入從祀；七曰諸葛孔明宜入從祀；八曰范仲淹宜入從祀；九曰蔡元定宜進於兩廡；十曰黄幹請援蔡沈[二]之例以進；十一曰兩廡先賢、先儒位次多淩躐，宜請釐正。《孔廟從祀末議》。書成於康熙四十年以前。《外紀·阮學浩奏摺》。至乾隆十二年，檢討山陽阮學浩始上其議。部議未允。吴玉搢《山陽志遺》。而大學士朱軾編次《歷代名儒》，

[一] 局中人，《茶餘客話》卷二一作『徐健庵』，《己未詞科録》卷一一《叢話三》徵引《茶餘客話》作『盧日堂』。

[二] 沈，原誤作『沉』，據《張氏榕園叢書》本改。

於河間獻王曾取若璩言爲斷[一]。康熙五十四年，增祀范仲淹於西廡。雍正二年，復祀秦冉於東廡，顔何於西廡，增祀諸葛亮於東廡，縣亶、樂正克、黄幹於西廡。乾隆三年，以有子升配東序。若璩私議，已上見於列聖施行矣。《阮學浩奏摺》。

又著《潛邱劄記》六卷，提要。又撰《毛朱詩説》一卷，提要。手校《困學紀聞》《山陽志遺》。二十卷，因浚儀之舊而駁正箋釋推廣之。《道古堂文集》。評定[二]古文百篇，趙執信所撰《墓誌銘》[三]。其師山陽吴一清所手授，續加闡發。《山陽志遺》。又有《日知録補正》《喪服翼注》《宋劉攽李燾馬端臨王應麟四家逸事》[四]《茶餘客話》。《博湖掌録》王士禛《居易録》。諸書。詩有《眷西堂》諸集。《道古堂文集》。若璩學極博，論極核，間有出新意，掃沿説者，究其持辨本末，悉有所據。李光地《榕城[五]全集》。

[一]『而大學士』至『爲斷』，無出處，實徵引自《歷代名儒傳》卷一《劉德傳》。

[二]評定，《飴山文集》卷七《潛丘先生墓誌并銘》作『手校』。

[三]《墓誌銘》，即《潛丘先生墓誌并銘》。

[四]『又有日知』至『四家逸事』，《茶餘客話》卷二一作『此外如《日知録補正》《喪服翼注》《朱毛詩説》《續朱子古文疑》《宋劉攽李燾馬端臨王應麟四家逸事》皆未刊行』。

[五]城，應作『村』，李光地號榕村。

世宗憲皇帝在潛邸[一]，聞其名，手書延至京師，攜[二]手賜坐，呼先生，不名，日索觀所著書，每進一篇，未嘗不稱善。疾革，請移就外，留之，不可，乃以大牀爲輿，上施青紗帳，二十人舁之出，安穩如牀簀，不覺其行也。卒，年六十有九，時康熙四十三年六月八日。世宗遣使[三]經紀其喪，親製輓詩四章，復爲文祭之，有云：『讀書等身，一字無假，孔思周情，旨深言大。』僉謂非若璩不能當也。子詠，官中書舍人，亦能文。《聖製詩文集》，又《道古堂文集[四]》，又《潛揅堂文集》《山西通志》[五]。

山陽學者有李鎧、楊開沅、吴玉搢[六]。鎧，字公凱。進士，知縣。薦博學宏詞科，康熙十八年授翰林編修。修《明史》。官至内閣學士。所著有《讀書雜述》《史斷》。王士禛稱其爲有本之學。王士禛撰《傳》[七]，《己未詞科録》。開沅，字用九。康熙四十二年進士，翰林院編修。學於黄宗羲，尤明於河漕之利害。劉信嘉、周龍官《狀》《傳》。玉搢，字山夫，官鳳陽府訓導。著《山陽志遺》《金石存》《説文引經考》

[一] 邸，原誤作『邱』，據《張氏榕園叢書》本改。
[二] 攜，原誤作『據』，據《張氏榕園叢書》本改。
[三] 使，《道古堂文集》卷二九《閻若璩傳》作『官』。
[四] 集，《張氏榕園叢書》本脱。
[五] 《山西通志》，即《（雍正）山西通志》。
[六] 『山陽學者』至『玉搢』，無出處。
[七] 《傳》，即《李閣學傳》。

《六書述部叙考》[一]，又著《别雅》五卷，辨六書之假借，深爲有功，非俗儒剽竊所能彷彿也。四庫提要。

毛奇齡傳　陸邦烈

毛奇齡，字大可，又字初晴，蕭山人。康熙十八年，以廪監生召試博學鴻詞科，授翰林院檢討，四庫書提要、《詞林典故》[二]。充《明史》纂修官。以葬親假歸，得痺疾，遂不復出。《蕭山志》[三]。奇齡少穎悟，明季避兵其縣之南山，築土室，讀書其中。盛唐《西河先生傳》。已著《毛詩續傳》三十八卷，既以避讐，留寓江淮間，失其藁，乃就所記憶，著《國風省篇》《詩札》《毛詩寫官記》。復在江西參議道施閏章處，與湖廣楊洪才説《詩》，作《白鷺洲主客説詩》一卷。明嘉靖中，鄞人豐坊僞造子貢《詩傳》、申培《詩説》行世。奇齡作《詩傳詩説駁議》五卷，引證諸書，多所糾正。四庫書提要、盛《傳》[四]，《西河經集·凡例》。暨在史館，著《古今通韻》十二卷進呈，聖祖仁皇帝善之，詔付史館。盛《傳》，李天馥《西河集序》。

[一]『著山陽』至『叙考』，無出處，盛大士《金石存跋》作『山夫著《金石存》外，有《别雅》《説文引經考》《六書部叙考》《正字通正》《山陽志遺》《山陽耆舊詩》諸書』。

[二]《詞林典故》，即鄂爾泰、張廷玉等撰《詞林典故》。

[三]《蕭山志》，即《(乾隆)蕭山縣志》，下同。

[四]《傳》，即《西河先生傳》。

歸田後，僦居杭州，著《仲氏易》，一日著一卦，凡六十四日而書成。託於其兄錫齡之緒言，故曰『仲氏』。又著《推易始末》四卷、《春秋占筮書》三卷、《易小帖》五卷、《易韻》四卷、《河圖洛書原舛篇[一]》一卷、《太極圖説遺議》一卷。其言《易》，發明荀、虞、干、侯諸家，旁通卦卦變[二]、卦綜之法。是後，儒者多研究漢學，不敢以空言説經，實自奇齡始。而辨正《圖》《書》，排擊異學，尤有功於經義。提要。

先是，奇齡官翰林時，康熙乙丑會試爲同考官，分閲《春秋》房卷，心非胡《傳》之偏，有意撰述。盛《傳》。至是，乃就經文起義[三]，著《春秋毛[四]氏傳》三十六卷、《春秋簡書刊誤》二卷、《春秋屬辭比事記》四卷，條例[五]明晰，考據亦多精核。提要。又欲全著[六]禮經，以衰病不能，乃次第著昏喪祭禮、宗法、廟制及郊社、禘祫、明堂、學校諸問答，多發先儒所未及。盛《傳》、《經集·凡例》[七]。至於《論語》《大

[一] 篇，《四庫全書總目》卷九《河圖洛書原舛編》作『編』。
[二] 旁通卦卦變，『通』下衍一『卦』字。
[三] 乃就經文起義，無出處，實徵引自盛唐《西河先生傳》。
[四] 毛，原誤作『左』，據《揅經室續二集》卷二《集傳録存·毛奇齡》、《四庫全書總目》卷二九《春秋毛氏傳》改。
[五] 例，《四庫全書總目》卷二九《春秋屬辭比事記》作『理』。
[六] 著，《西河經集·凡例》作『注』。
[七] 《經集·凡例》，即《西河經集·凡例》。

學》《中庸》《孟子》，亦多所考證，而《大學證文》及《孝經問》，皆援據古本，力闢[一]後儒改經之非，持論甚正。提要。

奇齡之學，淹貫群書，提要。所自負者在經學。數稱東漢人行誼，謂足見人真性情。《紹興府志》[二]。惟好爲駁辨以求勝，凡他人所已言者，必力反其詞。如《古文尚書》，自宋吴棫後，多疑其僞，及閻若璩作《古文尚書疏證》，奇齡則[三]力辨以爲真，遂作《古文尚書冤詞》。又删舊所作《尚書廣聽録》爲五卷，以求勝於若璩。而《周禮》《儀禮》，奇齡則又以爲戰國之書。至所作《經問》，其中所排斥者，如『錢丙』『蔡氏』之類，多隱其名，而指名攻駁[四]者，惟顧炎武、閻若璩、胡渭三人。以三人皆博學重望，足以攻擊，而餘子則不足齒録。其傲睨如此。提要。故不得爲醇儒。沈德潛《别裁集·小傳》[五]。

奇齡素曉音律[六]，其家有明寧邸所傳《唐樂笛色譜》，在史館時，據以作《竟山樂録》四卷。及在

[一] 闢，《孿經室續二集》卷二《集傳録存·毛奇齡》作『傳』。

[二] 《紹興府志》，即《（乾隆）紹興府志》。

[三] 則，《四庫全書總目》卷一二《古文尚書冤詞》作『又』。

[四] 駁，《四庫全書總目》卷三三《經問》無。

[五] 《别裁集·小傳》，即《國朝詩别裁集》卷一一《毛奇齡小傳》。

[六] 素曉音律，《（乾隆）蕭山縣志》卷二五《毛奇齡傳》作『世嫻律吕學』。

籍，聞聖祖仁皇帝論樂，諭群臣以徑一圍三隔八相生之法，因推闡考證[一]，撰《聖諭樂本解説》二卷、《皇言定聲録》八卷。康熙三十八年，聖祖南巡，奇齡迎駕於嘉興，乃以《樂本解説》二卷進呈，蒙諭獎勞。聖祖三巡至浙，奇齡復謁行在，賜御書一幅。是時，奇齡已歸蕭山故居。越數年[二]，卒於家，年九十有四。無子，以兄子遠宗嗣。盛《傳》、《蕭山志》。遺命勿輯文集。没後，其門人蔣樞編輯，分經集、文集二部：經集自《仲氏易》以下凡五十種，文集合詩、賦、序、記及他雜著[三]凡二百三十四卷。《四

[一] 因推闡考證，盛唐《西河先生傳》作「極意搜討」。
[二] 「是時」至「越數年」，無出處。
[三] 「合詩」至「雜著」，《四庫全書總目》卷一七三《西河文集》無。

庫全書》收奇齡所著書目多至四十餘部[一]。奇齡弟子陸邦烈、盛唐、王錫、章大來、邵廷寀等著録者甚衆。李塨最知名。廷寀、塨自有傳。見本集及四庫書提要。

邦烈，字又超，平湖人。嘗取奇齡經説所載諸論，裒爲《聖門釋非録》五卷，謂『聖門口語，未可盡非』也。四庫書提要。

[一]《四庫全書總目》著録毛奇齡著述六十二部，其中收入《四庫全書》之書二十七種：卷六《仲氏易》《推易始末》《春秋占筮書》《易小帖》，卷一二《古文尚書冤詞》《尚書廣聽録》，卷一六《毛詩寫官記》《詩札》《詩傳詩説駁義》《續詩傳鳥名》，卷二二《郊社禘祫問》《辨定祭禮通俗譜》，卷二九《春秋毛氏傳》《春秋簡書刊誤》《春秋屬辭比事記》，卷三二《孝經問》，卷三三《經問、經問補》，卷三六《論語稽求篇》《四書賸言、補》《大學證文》，卷三八《聖諭樂本解説》《皇言定聲録》《竟山樂録》，卷四二《古今通韻》《易韻》，卷八二《北郊配位議》，卷一七三《西河文集》；其列入存目之書三十五種：卷九《河圖洛書原舛編》，卷一四《舜典補亡》，卷一八《白鷺洲主客説詩》《國風省篇》，卷二三《周禮問》《喪禮吾説篇》，卷二四《曾子問講録》，卷二五《昏禮辨正》《廟制折衷》《大小宗通繹》《學校問》《明堂問》，卷三一《春秋條貫篇》，卷三七《四書索解》《大學知本圖説》《大學問》《逸講箋》《中庸説》《聖門釋非録》，卷四三《越語肯綮録》，卷四四《韻學通指》，卷五四《武宗外紀》《後鑒録》，卷六〇《王文成集傳本》，卷六三《勝朝彤史拾遺記》，卷六四《何御史孝子祠主復位録》，卷七四《杭志三詰三誤辨》《蕭山縣志刊誤》，卷七五《湘湖水利志》《蠻司合志》，卷八三《辨定嘉靖大禮議》《制科雜録》，卷一一六《觀石後録》，卷一四八《天問補注》，卷一九七《詩話》。

應撝謙傳

應撝謙，字嗣寅，又字潛齋，錢塘人。明諸生。《己未詞科録》、四庫提要。性至孝，《池北偶談》。殫心理學，以躬行實踐爲主，《浙江通志》。不好禪，不喜陸、王家言，足迹不出百里，《池北偶談》。隘屋短垣，馮景《應處士傳》。貧甚，《通志》。恬如也。《鲒埼亭集·撝謙墓志》[一]。太守嵇宗孟數式廬，欲有所贈，囁嚅未出，及讀撝謙所作《無悶先生傳》，乃不敢言[二]。海寧知縣許酉山請主書院，造廬者再，撝謙辭曰：『令君道學[三]，但從事於愛人以德，足矣。』《二林居集》。康熙十七年，詔徵博學鴻儒，大臣項景襄、李天馥交章薦之。馮景撰《傳》[四]。撝謙輿床以告有司，曰：『撝謙非敢却薦，實病不能行耳。』《鲒埼亭集》。客有勸者曰：『昔太山孫明復嘗因石介等請，以成丞相之賢，何果於却薦哉？』撝謙正色，曰：『我不能以

[一]《撝謙墓志》，即《應潛齋先生神道碑》。

[二]『太守嵇宗孟』至『不敢言』，無出處，實徵引自馮景《解春集文鈔》卷一二《應處士傳》。

[三]道學，《二林居集》卷一九《儒行述·應撝謙》作『學道』，是。

[四]《傳》，即《應處士傳》，下同。

我之不可，學明復之可。』乃免徵。馮景撰《傳》。康熙二十二年，卒，六十有九[一]。《鮚埼亭集》、馮景撰《傳》。撝謙學窮底蘊，《通志》。於《易》《書》《詩》《禮》《樂》《春秋》《孝經》《四書》各有著說[二]。又撰《性理大中》二十八卷、《教養全書》四十一卷。《全書》分選舉、學校、治官、田賦、水利、國計、漕運、治河、師役、鹽法十考，畧仿《文獻通考》，而於明代事實尤詳。其不載律算者，以徐光啓已有成書；不載輿地者，以顧炎武、顧祖禹方事纂輯也。四庫提要。門人錢塘淩嘉印、沈士則、姚宏任等傳其學。《鮚埼亭集》。

陸世儀傳 沈昀、張履祥、沈國模等

陸世儀，字道威，太倉人。四庫提要。少曾從蕺山講學，歸而鑿池十畝，築亭其中，不通賓客。《鮚埼亭集》。著《思辨録》，分小學、大學、立志、居敬、格致、誠正、修齊、治平、天道、人道、諸儒、異學、經子、

[一]『康熙二十二年，卒，六十有九』，《鮚埼亭集》卷一二《應潛齋先生神道碑》作『康熙二十六年病革，……春秋六十有九』，楊鳳苞注作『潛齋生於明萬曆四十七年己未，鼎革時，年二十有六』。《解春集文鈔》卷一二《應處士傳》作『至癸亥，處士年六十九……七月哉生明，移寢東首而卒』，癸亥即康熙二十二年。

[二]『於易書』至『著説』，《鮚埼亭集》卷一二《應潛齋先生神道碑》作『所著書二十有八種，其大者：《周易集解》《詩傳翼》《書傳拾遺》《春秋傳考》《禮學彙編》《古樂書》《論孟拾遺》《學庸本義》《孝經辨定》《性理大中》《幼學蒙養編》《朱子集要》《教養全録》《潛齋集》，共如干卷』。

史籍十四門。世儀之學，主於敦守禮法，不虛談誠敬之旨；主於施行實政，不空爲心性之功。於近代講學諸家，最爲篤實。故其言曰：『天下無講學之人，此世道之衰；天下皆講學之人，亦世道之衰。嘉、隆之間，書院遍天下，呼朋引類，動輒千人，附影逐聲，廢時失事，甚有借以行其私者，此所謂「處士横議」也。』又曰：『今所當學者，不止六藝，如天文、地理、河渠、兵法之類，皆切於用世，不可不講。』所言皆深切著明，足砭虛憍之弊。四庫提要。其於明儒薛、胡、陳、王，皆平心論之[一]。又嘗謂學者曰：『世有大儒，決不別立宗旨。』故全祖望曰：『國初儒者，孫奇逢、黄宗羲、李顒最有名，而世儀少知者。』《鮚埼亭集》。蕺山之徒衆矣，沈昀、張履祥、劉汋皆篤實，沈國模等雜於禪矣。

沈昀，字朗思，本名蘭先，字甸華，仁和人。劉宗周講學蕺山，昀渡江往聽。崇禎甲申[二]，年二十七，棄諸生，授徒自給。其學以誠敬爲本，力排佛老。清苦自守，嘗累日絶糧，采階前馬蘭草食之。或餽米，昀方宛轉推辭，間遂餓仆於地，其人惶遁去。既而蘇起，笑曰：『其意可感，然適以困我耳。』蕺山卒後，弟子傳其學者，互爭辯。昀曰：『道在躬行，但滕口説，非師所望於吾曹也。』以喪禮久廢，輯《士喪禮説》，授門人陸寅。年六十三，卒，無以爲殮。應撝謙經紀其喪，涕泣不知所出，曰：『吾不敢

[一]『其於明』至『論之』，《鮚埼亭集》卷二八《陸桴亭先生傳》作『桴亭陸先生，不喜陳、王之學者也，顧能洞見其得失之故』。

[二] 甲申，《鮚埼亭集》卷一三《沈甸華先生墓碣銘》作『甲申之變』。

輕受賻襚，以玷先生。』撝謙門人姚宏任趨前曰：『如宏任，可以殮先生乎？』撝謙曰：『子篤行，可也。』《鮚埼亭集》。

張履祥，字考夫，桐鄉人。幼孤貧，受《論》《孟》於其母。母召之曰：『孔、孟祇兩家無父兒也。』既長，從蕺山，《楊園集》祝侃撰《傳》[一]、《二林居集》。聞慎獨之學，晚乃專意於程、朱，立身端直，四庫提要。一以躬行爲務。著《楊園全書》三十四卷，多儒家言[二]。居常躬習農事，著《補農書》，以爲：『學者舍稼穡別無治生之道。能稼穡則無求於人，而廉恥立；知稼穡之艱難則不妄取於人，而禮讓與。廉恥立，禮讓興，而世道可復古矣。』履祥病當世名講學者，騁口辯沽虚譽。故於来學之士，未嘗受其拜，一以友道處之。康熙十三年，卒，年六十有四。《楊園集》祝侃所撰《傳》、《二林居集》。

劉汋，字伯繩，山陰人，明蕺山宗周子也。《明史·劉宗周傳》。宗周家居講學，諸弟子聞教未達，輒

[一]《楊園集》祝侃撰《傳》，《二林居集》卷一九《儒行述·張履祥》所注徵引文獻。『祝侃』，《楊園集》《二林居集》并作『祝淦』。

[二]『楊園全書』至『儒家言』，無出處，實徵引自《四庫全書總目》卷一三四《楊園全書》。

私於汋。汋應機開譬，且[一]有條理。宗周死[二]，明[三]唐、魯二王皆遣使祭，蔭汋官。汋辭曰：『敢因父死爲利？』既葬，居蕺山一小樓二十年，杜門絶人事，考訂遺經，以竟父業。通家故舊，亦峻拒之。或勸之舉講會，亦不應。臨卒，戒其子曰：『若等當常記憶大父遺訓，安貧讀書，守《人譜》以終身，足矣。』《人譜》者，宗周所著書也。所卧之榻，假之祁氏，病亟，强起易之，曰：『吾豈可終於祁氏之榻？』《思復堂集》《鮚埼亭集》[四]《二林居集》。

沈國模，字求如，餘姚諸生。以明道爲己任，入劉宗周證人社會講，歸而闢姚江書院，與同里曾宗聖、史孝咸講良知之學。順治十三年，卒，年八十二。初，山陰祁彪佳與國模善，彪佳以御史按江東，一日，杖殺巨憝數人，會國模至，欣然以告。國模曰：『亦聞曾子「哀矜勿喜」乎？』彪佳後嘗語人曰：『吾每慮囚，必念求如。』

孝咸，字子虛。繼國模主姚江書院，醇潔之士多歸之。順治十六年，卒，年七十八。

[一] 且，《二林居集》卷一九《儒行述·劉汋》作『具』。

[二] 宗周死，《二林居集》卷一九《儒行述·劉汋》作『劉子絶食死』。

[三] 明，《二林居集》卷一九《儒行述·劉汋》無。

[四] 《思復堂集》《鮚埼亭集》，《二林居集》卷一九《儒行述·劉汋》所注徵引文獻。《鮚埼亭集》，《二林居集》注作『全謝山集』。

沈、史殁，書院輟講十年，縣人韓孔當繼之。孔當爲國模弟子，餘姚學人。又有邵曾可者，師事孝咸，爲學專提致知。《思復堂集》《居易齋集》《紹興府志》[一]。又有勞史者，字麟書，躬耕養親，夜則披卷莊誦，慨然發憤，以道自任，舉動纖悉，必依於禮。錢塘[二]桑調元、餘姚汪鑒皆史門人。調元，雍正十年進士，工部主事。講學暢師説，刻《餘山遺書》，史所著也。調元所自著有《論語説》《躬行實踐録》。鑒有孝行，人呼爲『汪孝子』。《弢甫文集》[三]、四庫提要、《二林居集》。

嚴衍傳

嚴衍，字永思，嘉定人。明諸生[四]。專心古學。入國朝[五]，讀《資治通鑑》，探索忘寢食，謂司馬光著書，意在資治，故朝章國政，述之獨詳，而家乘世譜，紀之或畧。其於人也，顯榮者多，而遺逸則

[一]《思復堂集》《居易齋集》《紹興府志》，《二林居集》卷一九《儒行述·沈國模》所注徵引文獻。《二林居集》注作『《思復堂文集》《居易齋文集》《蕺山先生集》《紹興府志》』。

[二] 塘，原誤作『唐』，據《揅經室續二集》卷二《集傳録存·沈國模》改。

[三]《弢甫文集》，《二林居集》卷一九《儒行述·勞史》所注徵引文獻。

[四] 明諸生，《潛研堂文集》卷三八《嚴先生衍傳》作『明萬曆中，補縣學生』。

[五] 入國朝，《潛研堂文集》卷三八《嚴先生衍傳》作『年四十有一』。

署；方正者多，而節俠則署；丈夫者多，而婦女則署。乃援引正史及他書以補之。或補爲正文，或補爲分注。其補正文之例有二：有《通鑑》所已載，而事或闕而不周，文或簡而不暢，則逐節補之；有《通鑑》所未載，而事有關於家國，言有係於勸懲，則特筆補之。其補分注之例有三：一曰附録，事雖可採而或涉於瑣，或近於幻，故不以入正文；一曰備考，《通鑑》之所載如此，他書之所載如彼，雖兩不相合，而事屬可疑，故兩存之；一曰補注，胡身之《注》所未備，或有訛舛，則以己意釋之。其所取材，則十七史居十之九，稗官野史居十之一，而要以法戒爲主。其有關勸懲，雖小史必録；苟無所取義，雖正史亦删。要使學者，欲考興亡，則觀政於朝；欲知淳薄，則觀風於野；欲樹弘猷，則法古人之大道；欲修細行，則拾往哲之餘芳。人無隱顯，道在者爲師；行無平奇，濟物者爲尚。蓋其自序如此。又謂：『周社雖滅，秦命未膺，昭襄雖强，不當遽以紀年。朱梁、石晉之惡，浮於黄巢，周雖彼善於此，然北漢未亡，柴氏豈得臣之！』故於周赧入秦之後，改稱前列國；五季迭興之世，改稱後列國。進蜀漢於正統，黜武氏爲附載，此又取紫陽《綱目》之義，以彌縫本書之闕者也。

時談允厚爲之參校史傳，考正遺漏。允厚爲之序，且摘[一]《通鑑》違失若干事，皆實事求是，不肯妄下雌黄，其所辨正，皆確乎不可易。宋季、元、明儒家好讀《綱目》，如尹起莘、劉友益輩，皆淺陋迂

[一] 摘，原誤作『適』，據《張氏榕園叢書》本改。《潛研堂文集》卷三八《嚴先生衍傳》作『擿』。

腐，雖附《綱目》以傳，轉爲本書之累。其有功於《通鑑》者，胡三省後，僅見衍允厚耳。《潛揅堂集》。

萬斯大傳 斯同、斯選等

萬斯大，字充宗，鄞縣人。高祖表，明都督同知。父泰，明崇禎丙子舉人，與陸符齊名，詩兼史事。寧波文學風氣，泰實開之。入國朝，以經史分授諸子，使從黄宗羲遊，各名一家。《浙江通志》《鄞縣志》[一]《南雷文約》《潛揅堂文集》。斯大治經學，尤精《春秋》、三《禮》。於《春秋》，則有『專傳』『論世』『屬辭比事』『原情定罪』諸議；於三《禮》，則有『論郊社』『論禘』『論祖宗』『論明堂泰壇』『論喪服』諸議。《浙江通志》。其辨正[二]商、周改月改時，周詩、周正及兄弟同昭穆，皆極精確。宗法十餘篇，亦頗見推衍[三]。四庫《三[四]禮質疑》提要。《答應撝謙書》，辨治朝無堂，尤爲精核。《儀禮商》提要。其學根柢三《禮》，以釋三《傳》[五]，較宋、元以後空談書法者殊。然其説經，以新見長，亦以鑿見短。《學春秋

[一]《鄞縣志》，即《（乾隆）鄞縣志》。
[二] 正，《四庫全書總目》卷二三《學禮質疑》無。
[三] 衍，《四庫全書總目》卷二三《學禮質疑》作『闡』。
[四] 三，《四庫全書總目》卷二三《學禮質疑》作『學』，是。
[五] 以釋三《傳》，《四庫全書總目》卷三一《學春秋隨筆》作『其釋《春秋》』。

隨筆》提要。置其非，存其是，未始非一家之學。《學禮質疑》提要。斯大剛毅有守，明臣張煌言、父友陸符死，斯大皆葬之。《南雷文約》《浙江通志》。所著書有《學春秋隨筆》十卷、《學禮質疑》二卷、《儀禮商》三卷[一]、提要。《禮記偶箋》三卷、《周官辨非》二卷。康熙癸亥，年五十一，卒。《南雷文約》。

斯同，字季野。生而異敏，讀書過目不忘。年十四五，取家藏書徧讀之，皆得其大意。從黄宗羲，得聞蕺山劉氏之學，以慎獨爲主，以聖賢爲必可及。是時，寧波有五經會，斯同年最少，遇有疑義，輒片言析之。束髮未嘗爲時文，專意古學，博通諸史，尤熟於明代掌故。《潛揅堂文集》。嘗作《明[二]開國以後至唐桂[三]功臣將相内外諸大臣年表》，以備採擇。李鄴嗣《歷代史表序》。尚書徐乾學撰《讀禮通考》，斯同與參定焉。《潛揅堂文集》。康熙己未薦博學鴻詞科，辭不就。《康熙己未詞科録》[四]。會詔修《明史》，大學士徐元文爲總裁，欲薦斯同入史局，斯同力辭，乃延主其家，以刊修委之。元文罷，繼之者大學士張玉書、陳廷敬、尚書王鴻緒，皆延之。

斯同素以明史自任，又病唐以後設局分修之失，嘗曰：『昔遷、固才既傑出，又承父學，故事信而

[一]《儀禮商》三卷，《四庫全書總目》卷二〇《儀禮商》作『《儀禮商》二卷《附録》一卷』。

[二] 明，《杲堂文鈔》卷一《歷代史表序》無。

[三] 唐桂，《杲堂文鈔》卷一《歷代史表序》作『監国行朝』。

[四]《康熙己未詞科録》，即《己未詞科録》。

言文。其後專家之書，才雖不逮，猶未至如官修者之雜亂也。譬如入人之室，始而周其堂寢匽湢，繼而知其蓄產禮俗。久之，其男女少長，性質剛柔、輕重、賢愚，無不習察，然後可制其家之事。若官修之史，倉卒而成於衆人，不暇擇其材之宜與事之習，是猶招市人而與謀室中之事也。吾所以辭史局而就館總裁所者，惟恐衆人分操割裂，使一代治亂賢姦之迹暗昧而不明耳。』又曰：『史之難言久矣，非事信而言文，其傳不顯。李翺、曾鞏所譏「魏、晉以後，賢姦事迹暗昧而不明，由無遷、固之文」是也。而在今則事之信尤難，蓋俗之偷久矣，好惡因心，而毁譽隨之。一家之事，言者三人，而其傳各異矣，况數百年之久乎？言語可曲附而成，事迹可鑿空而構，其傳而播之者，未必皆直道之行也，其聞而書之者，未必有裁別之識也。非論其世、知其人，而具見其表裏，則吾以爲信，而人受其枉者多矣。吾少館於某氏，其家有別[一]朝《實録》，吾讀而詳識之。長遊四方，就故家長老求遺書，考問往事，旁及郡志、邑乘、雜家誌傳之文，靡不網羅參伍，而要以《實録》爲指歸。蓋《實録》者，直載其事與言，而無所增飾者也。因其世以考其事，覈其言而平心察之，則其人之本末，十得其八九矣。然言之發或有所由，事之端或有所起，而其流或有所激，則非它書不能具也。凡《實録》之難詳者，吾以它書證之，它書之誣且

[一] 別，《潛研堂文集》卷三八《萬先生斯同傳》作「列」，是。

濫者，吾以所得於《實録》者裁之，雖不敢謂具可信，而是非之在[一]於人者鮮矣。昔人於《宋史》，已病其繁蕪，而吾所述將倍焉，非不知簡之爲貴也，吾恐後之人務博而不知所裁，故先爲之極，使知吾所取者有可損，而所不取者，必非其事與言之真，而不可益也。』建文一朝無《實録》，野史因有遜國出亡之説，後人多信之。斯同直斷之曰：『紫禁城無水關，無可出之理，鬼門亦無其地。成祖《實録》稱：「建文闔宫自焚，上望見宫中煙起，急遣中使往救，至已不及，中使出其屍於火中，還白上。」所謂中使者，乃成祖之内監也，安肯以后屍誑其主？而清宫之日，中涓嬪御爲建文所屬意者，逐一毒考，苟無自焚實據，豈肯不行大索之令耶！且建文登極二三年，削奪親藩，曾無寬假，以至燕王稱兵犯闕，逼迫自殞，即使出亡，亦是勢窮力盡，謂之遜國可乎！』由是建文之書法遂定。

在都門十餘年，士大夫就問無虚日，每月兩三會，聽講者常數十人。於前史體例，貫穿精熟，指陳得失，皆中肯綮，劉知幾、鄭樵諸人不能及也。馬、班史皆有表，《后漢》《三國》以下無之，劉知幾謂得之不爲益，失之不爲損。斯同則曰：『史之有表，所以通紀、傳之窮。有其人已入紀、傳而表之者，有未入紀、傳而牽連以表之者，表立而後紀、傳之文可省，故表不可廢。讀史而不讀表，非深於史者也。』《潛揅堂文集》。初修《明史》時，斯同胸羅全史，貫串成章，史稿之成，雖經數十人手，斯同實尸之。《茶餘

[一] 在，《潛研堂文集》卷三八《萬先生斯同傳》作「枉」，是。

客話》。乾隆初，大學士張廷玉等奉詔刊定《明史》，以王鴻緒稿爲本而增損之，鴻緒稿實出斯同之手。《潛揅堂文集》。斯同性不樂榮利，見人唯以讀書勵名節相切劘。《浙江通志》。康熙壬午，年六十，卒[一]。《方苞文集》[二]。

所著《歷代史表》六十卷、《紀元彙考》四卷、《廟制圖考》四卷、《儒林宗派》八[三]卷、《石經考》二卷、《周正彙考》八卷、《歷代宰輔彙考》八卷、《宋季忠義録》十六卷、《六陵遺事》一卷、《庚申君遺事》一卷、《群書辨疑[四]》十二卷、《書學彙編》二十二卷、《崑崙河源考》二卷、《河渠考》十二卷、《石園詩文集》二十卷。《潛揅堂文集》。其《歷代史表》，稽考列朝掌故，端緒釐然，於史學殊爲有助。又創《宦者侯表》《大事年表》二例，爲列史所無。提要。《儒林宗派》自孔子以下，漢後唐前傳經之儒，及兩宋周、程[五]、朱、陸各派一一具列。自《伊洛淵源録》出，《宋史》遂以《道學》《儒林》分二傳，漢以後，

[一]『康熙壬午，年六十，卒』，萬斯同生於明崇禎十一年，卒於清康熙四十一年，年六十五。黄百家《萬季野先生墓志銘》：『以康熙壬午四月初八日卒於京邸，年六十五。』劉坊《萬季野先生行狀》：『生於前明崇禎十一年正月廿四日戌時，卒於康熙四十一年四月初八京邸王司空儼齋明史館中。』

[二]《方苞文集》，應爲方苞《萬季野墓表》。

[三]八，《四庫全書總目》卷五八《儒林宗派》作『十六』。

[四]辨疑，《潛研堂文集》卷三八《萬先生斯同傳》作『疑辨』。

[五]『兩宋周、程』，《四庫全書總目》卷五八《儒林宗派》無。

傳先聖之遺經者，幾不得列於儒。講學者遞相標榜，務自尊大。明以來談道統者，揚己淩人，互相排軋，卒釀門户之禍。斯同目擊其弊，因著此書，除排擠之私，以消朋黨，其持論獨爲平允。提要。

萬泰八子，斯年、斯程、斯禎、斯昌、斯選、斯大、斯備、斯同[一]。斯選，字公擇。學於黃宗羲，嘗謂『學者須驗之躬行，方爲實學』。於是切實體認，知意爲心之存主，非心之所發。理即在氣中，非理先氣後。晚年涵養純粹，年六十[二]，卒。宗羲哭之慟，曰：『甬上從遊，能續蕺山之傳者，惟斯選一人。』《鄞縣志》[三]。

斯年之子言，字貞一。以古文名，由副榜貢生預修《明史》，獨成《崇禎長編》。

斯大之子經，字九沙。少隨諸父講[四]書，黃宗羲方移證人書院於鄞，申明蕺山之學，經侍席末，與聞其教。《鶴徵後録》。又學於應撝謙、閻若璩。康熙四十二年進士，官翰林院編修，與修《康熙字典》，

[一]『斯年』至『斯同』，無出處，實徵引自黃宗羲《萬悔庵先生墓誌銘》。

[二] 六十，《（乾隆）鄞縣志》卷一七《萬斯選傳》作『六十六』，是。

[三]《鄞縣志》，即《（乾隆）鄞縣志》。

[四] 講，《鶴徵後録》卷三作『讀』，是。

工隸書，著《分隸偶存》二卷[一]。《通志》[二]、《鮚埼亭集》。

潘天成傳

顏元

潘天成，字錫疇，溧陽人。寄籍桐城，爲安慶府學生。幼與父母避仇相失，年十五乞食行求，四庫提要。往來徽、寧萬山中，走且哭，每至一村，持鼗大呼，作鄉語，觀者輒笑。至江西界，母金氏自巷中出，遂相持哭，迎父母歸，四庫提要、王應和《種竹軒集》。傭販以養，備極艱苦[三]。荆溪湯之錡學師高攀龍，以體認天理爲宗，子臣弟友爲教。《種竹軒集》。天成以其間受業之錡，讀書講業。又受業於梅文鼎，卒爲積學之儒。年七十四，竟[四]窮餓以死。提要。藁葬惠應寺側。《種竹軒集》。遺書《鐵爐集》五卷[五]，其門人荆溪許重炎傳其學。謀葬之，且編其集。提要、《種竹軒集》。天成學問源出姚江，以養心爲體，以經

[一] 著《分隸偶存》二卷，《鮚埼亭集》卷一六《提督貴州學政翰林院編修九沙萬公神道碑銘》作「又輯《九沙分隸偶存》」。

[二] 《通志》，疑爲《鄞縣志》。「與修《康熙字典》，工隸書」徵引自《（乾隆）鄞縣志》卷一七《萬言傳》。

[三] 「傭販以養，備極艱苦」，無出處，實徵引自《四庫全書總目》卷一七三《鐵爐集》。

[四] 竟，《四庫全書總目》卷一七三《鐵爐集》作「汔」。

[五] 《鐵爐集》五卷，《四庫全書總目》卷一七三《鐵爐集》作「《鐵爐集》三卷《外集》二卷《後録》一卷」。

世爲用。出自寒門，天性真摯，人品高潔，精神堅苦，足以維風俗而勵人心，義理文章莫大乎是。瞿源洙作《潘孝子傳》，故身殁嗣絶，而人至今傳[一]之。四庫提要。祀於忠孝祠。《種竹軒集》。

顔元，字渾然，又字[二]習齋，博野人。明末，其父成遼東，殁於關外。元貧無立錐，百計拮据，覓其骨歸葬，故世以孝子稱之。其學主於厲實行，濟實用，大抵源出姚江，而加以刻苦，介然自成一家。著《存性》《存學》《存治》《存人》四編。元生於國初，目擊明季諸儒心學縱恣之失，故力矯其弊，然其視性命亦幾恍惚，不自[三]知其矯枉過正。至謂孟子言「性善」，即孔子言「性相近，習相遠」，語異而意同，會通孔、孟，未可謂之立異矣。四庫提要。

[一] 傳，《四庫全書總目》卷一七三《鐵廬集》作「重」。
[二] 又字，《四庫全書總目》卷九七《存性編》作「號」。
[三] 自，《四庫全書總目》卷九七《存學編》無。

曹本榮傳

曹本榮，字欣木，又字厚庵，黄岡人。《湖北通志》[一]。其遠祖撫州人。《己未詞科録》[二]、計東《文集·狀》[三]。順治五年舉人，六年進士，改翰林院庶吉士。布袍蔬食，計東《狀》。以清節自勵。《湖北通志》。八年，授秘書院編修。應詔，上《聖學疏》千言，其略云：『今皇上得二帝三王之統，則當以二帝三王之學爲學。誠宜開張聖聽，修德勤學，舉四書五經及《通鑑》中有裨身心、要務、治平大道者，内則深宮燕閒，朝夕討論，外則經筵進講，敷對周詳。君德既修，祈天永命，必基於此。』有詔嘉納。十年，擢右春坊右贊善、國子監司業。刊《白鹿洞學規》以教士。十一年，轉中允。十二年，世祖章[四]皇帝拔詞臣有學人品端方者，充日講官，本榮與焉。十三年，晉秘書院侍講、左春坊左庶子兼侍讀，日侍講幄，論辨經[五]義。計東《狀》。

[一]《湖北通志》，即《(嘉慶)湖北通志》。

[二]《己未詞科録》，《己未詞科録》無引文，引文實徵引自《改亭文集》卷一六《清故中憲大夫内國史院侍讀學士曹公行狀》(下略稱《曹公行狀》)。

[三]《文集·狀》，即《改亭文集》卷一六《曹公行狀》。

[四]章，《改亭文集》卷一六《曹公行狀》無。

[五]經，《改亭文集》卷一六《曹公行狀》作『疑』。

世祖章皇帝訓謂：『《易[一]》自魏王弼、唐孔穎達有《注》與《正義》，宋程頤有《傳》；朱熹《本義》出，學者宗之。明永樂間命儒臣合元以前諸儒之説，彙爲《大全》，皆於《易》理多所發明，但其中同異互存，不無繁而可删，華而寡要。且迄今幾三百年，儒生學士發揮經義者，亦不乏人，當加採擇，折衷諸論，簡切洞達，輯成一編，昭示來兹。』乃勅本榮同傅以漸撰《易經通注》九卷，鎔鑄衆説，詞理簡明，爲説經之圭臬。四庫提要。本榮素善病，上遣醫診視。御筆倣巨然畫，賜之。上一日讀《孟子》『人知之亦囂囂』，顧本榮曰：『自得無欲，汝足當之。』《湖北通志》。本榮又著《五大儒語》《周張精義》《王羅擇編》諸書。計東《狀》、《湖北志》[二]。十四年，充順天鄉試主考官。九月，充經筵講官，旋以失察同考官不法，降五級。十五年九月，上諭吏部：『日講曹本榮侍朕講幄日久，著有勤勞，著復原職級。』十八年，補翰林院侍講學士，轉侍讀學士，改國史院侍讀學士。康熙四年，以病請回籍還葬，卒於揚州，年四十有四。計東《狀》。

本榮之學，從陽明致知之説，其論次五大儒，以程、朱、薛與陸、王并行。其卒也，蘇門孫奇逢哭惜之。病亟，時行李蕭然，門生計東在側，猶欲以[三]窮理盡性之學。計東《狀》。子宜溥，由廕生薦舉博學

[一] 易，《四庫全書總目》卷六《易經通注》無。

[二] 《湖北志》，即《(嘉慶)湖北通志》。

[三] 欲以，《張氏榕園叢書》本作『教以』。《改亭文集》卷一六《曹公行狀》作『教東』。

鴻詞，官翰林院檢討。《己未詞科録》。

李塨傳

李塨，字剛主，蠡縣人，又稱[一]恕谷者，自名其里也[二]。康熙庚午舉人。官通州學正。四庫《周易傳注》提要。塨與大興王源同師博野顔元，既而從毛奇齡學。所著《周易傳注》七卷《筮考》一卷、《郊社考辨》一卷、《論語傳注》二卷、《大學傳注》一卷、《中庸傳注》一卷、《傳注問》一卷、《李氏學樂録》二卷、《大學辨業》四卷、《聖經學規纂》二卷、《論學》二卷、《小學稽業》五卷、《恕谷後集》十三卷[三]。塨學務以實用爲主，解釋經義，多與宋儒相反，負氣求勝，辭氣不和，又其自命太高，於程、朱之講習，陸、王之證悟，皆謂之空談[四]。蓋前明自萬曆以後，心學盛行，儒、禪淆雜，其曲謹者又闊於事情，沿及

[一] 又稱，《四庫全書總目》卷六《周易傳注》作『號』。

[二] 自名其里也，無出處，實徵引自《四庫全書總目》卷一八四《恕谷後集》。

[三] 《恕谷後集》十三卷，《四庫全書總目》卷一八四作『《恕谷後集》十卷《續刻》三卷』。

[四] 皆謂之空談，《四庫全書總目》卷三七《論語傳注》作『凡不切立身經世者，一概謂之空談』。

國初，猶存餘説[一]。故顔元及塨獨力以務實相争，存其説可[二]補諸儒枵腹高談之弊[三]，然不可獨以立訓，盡廢諸家。

其論《易》，以觀象爲主，兼用互體，謂：『聖教罕言性天，《乾》《坤》四德，必歸人事，《屯》《蒙》以下[四]，亦皆以人事立言。陳摶《龍圖》、劉牧《鈎隱》，以及探「無極」、推「先天」者，皆使《易》道入於無用。』其説頗淳實，不涉支離恍惚之談。雖排擊諸儒，未免過激。然明人以心學竄入《易》學，率持禪偈以詁經，言教[五]者反置象占於不問，蠹蝕經術，弊不勝窮。塨引而歸之人事，深得垂教之旨，固當[六]分别觀之。其於《大學》，所争在以格物爲《周禮》三物。謂孔子時，古《大學》教法所謂六德、六行、六藝者，規矩尚存。故格物之學，人人所習，不必再言。惟以『明德、親民』標其目[七]，以『誠意』指其入手而已。格物一傳，可不必補。塨於《大學》，間用顔元説，奇齡惡其異己，作《逸講箋》以

[一] 餘説，《四庫全書總目》卷一八四《恕谷後集》作『商俗』。
[二] 可，《四庫全書總目》卷一八四《恕谷後集》作『以』。
[三] 之弊，《四庫全書總目》卷一八四《恕谷後集》無。
[四] 《屯》《蒙》以下，無出處。
[五] 教，《四庫全書總目》卷六《周易傳注》作『數』，是。
[六] 固當，《四庫全書總目》卷六《周易傳注》無。
[七] 目，《四庫全書總目》卷九八《大學辨業》作『宗要』。

攻之。然當時者多踶塨説焉。四庫書塨所著各書提要及毛奇齡《逸講箋》提要。

梅文鼎傳 王錫闡、談泰

梅文鼎，字定九，又字[一]勿庵，宣城人。年二十七，與弟文鼐、文鼏共習臺官《交食法》，著《曆學駢枝》六卷。值曆學書之難讀者，必求其説，以考經史[二]，至廢寢食。疇人弟子皆折節造訪，人有問者亦詳告之無隱，期與斯世共明之。所著曆算之書八十餘種。

讀《元史授時曆經》，歎其法之善，作《元史曆經補注》二卷。又以《授時》集古法大成，然創法五端外，大率多因古術，因參校古術七十餘家，著《古今曆法通考》七十餘卷。《授時》以六術考古今冬至，取魯獻公冬至證《統天術》之疏，然依其本法步算，與《授時》所得正同，作《春秋以來冬至考》一卷。《元史》『西征庚午元術』，西征者，謂太祖庚辰也；庚午元者，上元起算之端也。《曆志》訛『太祖』庚辰爲『太宗』，不知太宗無庚辰也；又訛『上元』爲『庚子』，則於積年不合也，考而正之，作《庚

[一] 又字，《疇人傳》卷三七《梅文鼎傳上》作『號』。

[二] 以考經史，無出處。

午元曆考》一卷。《授時》非諸古術所能比[一]，郭守敬所著《曆草》乃《曆經》立法之根，拈其義之精微者，爲《郭太史曆草補注》二卷。《立成》傳寫魯魚，不得其説，不敢妄用，作《大統立成注》二卷。《授時曆》於日躔盈縮、月離遲疾，并以垜積招差立算，而《九章》諸書無此術，從未有能言其故者，作《平定[二]三差詳説》一卷，此發明古法者也。唐九執法[三]爲西法之權輿，其後有《婆羅門十一曜經》及《都聿利斯經》，皆九執之屬。在元則有扎[四]馬魯丁《西域萬年法》，在明則馬沙亦黑、馬哈麻之《回回曆》。《西域天文書》，天順時貝琳所刻，《天文實用》即本此書。作《回回曆補注》三卷，《西域天文書補注》二卷，《三十雜星考》一卷。表景生於日軌之高下，日軌又因於里差而變移，作《四省表景立成》一卷。《周髀》所言里差之法，即西人之説所自出，作《周髀算經補注》一卷。渾蓋之器，最便行測，作《渾蓋通憲圖説訂補》一卷。西國日月以太陽行黄道三十度爲一日[五]，作《西國日月考》一卷。西術中有細草，猶《授時》之有通軌也，以曆指大意隱括而注之，作《七政細草補注》三卷。新法

[一] 比，《疇人傳》卷三七《梅文鼎傳上》作「方」。
[二] 平定，《疇人傳》卷三七《梅文鼎傳上》作「平立定」。
[三] 法，《疇人傳》卷三七《梅文鼎傳上》作「術」。
[四] 扎，《疇人傳》卷三七《梅文鼎傳上》作「札」，是。
[五] 日，《疇人傳》卷三七《梅文鼎傳上》作「月」。

有《交食蒙求》《七政蒙引》二書，并逸，作《交食蒙求訂補》二卷、《交食蒙求附説》二卷。監正楊光先《不得已日食圖》，以金環與食甚時分爲二圖，而各具時刻，其誤非小，作《交食作圖法訂誤》一卷。新法以黄道求赤道，交食細草用儀象志表，不如弧三角之親切，作《求赤道宿度法》一卷。謂中西兩家之法，求交食起復方位，皆以東西南北爲言。然東西南北惟日月行至午規而又近天頂，則四方各正其位矣。自非然者，則黄道有斜正之殊，而自虧至復，經曆時刻，展轉遷移，弧度之勢，頃刻易向。且北極有高下，而隨處所見必皆不同，勢難施諸測驗。今别立新法，不用東西南北之號，惟人所見日月圓體，分爲八向，以正對天頂處命之曰『上』，對地平處命之曰『下』，『上』『下』聯爲直綫，作十字横綫，命之曰『左』、曰『右』，此四正向也。曰『上左』『上右』，曰『下左』『下右』，則四隅向也。乃以定其受蝕之所在，則舉目可見，作《交食管見》一卷。太陽之有日差，猶月離交食之有加減，時因表説含糊有誤，作《日差原理》一卷。火星最爲難算，至地谷而始密，解其立法之根，作《火緯本原圖説》一卷。訂《火緯表記》，因及七政，作《七政前均簡法》一卷。金水歲輪繞日，其度右移，上三星軌迹，其度左轉，若歲輪則仍右移，作《上三星軌迹成繞日圓象》一卷。《天問畧》取黄緯不真，而例[一]表從之，誤，作《黄赤距緯圖辨》一卷。西人謂日月高度等，其表景有長短，以證日遠月近，其説非是，作《太陰表

[一] 例，《疇人傳》卷三七《梅文鼎傳上》作『列』，是。

影辨》一卷。新法帝星句陳經緯，刊本互異，作《帝星句陳經緯考異》一卷。測帝星、句陳二星，爲定夜時之簡法，作《署晷真度》一卷。以上皆以發明新法算書，或正其誤，或補其闕也。

康熙間，《明史》開局，《天志》爲檢討吴任臣分修，總裁者湯斌，繼以徐乾學，經嘉興[一]徐善、宛[二]平劉獻廷、常州[三]楊文言，各有增定，是後以屬黄宗羲，又以屬文鼎。文鼎摘其訛舛五十餘處，以《曆草通軌》補之，作《明史[四]志擬稿》三卷。雖爲《大統》而作，實以闡明《授時》之奥，補《元史》之缺畧。其總目凡三：曰法原，曰立成，曰推步。又作《曆志贅言》一卷，大意言明用《大統》，實即《授時》，宜於《元史》闕載之事詳之，以補其未備。又，《回回曆》承用三百年，法宜備書。明[五]鄭世子《曆學》，袁黄之《曆法新書》，唐順之、周述學之《會通回曆》，以《庚午元曆》之例列[六]之，皆得附録。其西洋曆方今現行，然崇禎朝徐、李測驗改憲之功，不可没也，亦宜備載緣起。

[一] 興，《疇人傳》卷三七《梅文鼎傳上》作「禾」。
[二] 宛，《疇人傳》卷三七《梅文鼎傳上》作「北」。
[三] 常州，《疇人傳》卷三七《梅文鼎傳上》作「崑陵」。
[四] 史，「史」下脱「曆」字，避乾隆帝名諱。
[五] 明，《疇人傳》卷三七《梅文鼎傳上》作「又」。
[六] 列，《疇人傳》卷三七《梅文鼎傳上》作「例」，是。

康熙二十八年，文鼎至京師，見李光地。光地謂曰：『曆法至本朝大備矣，經生家猶若望洋者，無快論以發其意也。宜畧倣元趙友欽《革象新書》體例，作爲簡要之書，俾人人得其門户，則從事者多，此學庶將大顯。』因作《曆學疑問》三卷。四十一年，光地扈駕南巡，駐蹕德州，有旨取文鼎[一]書，光地遂以《曆學疑問》呈，求聖誨。奉旨：『朕留心曆算多年，此事朕能決其是非，將書留覽再發。』二日後，召見光地，上云：『昨所呈書甚細心，且議論亦公平，此人用力深矣。朕帶回宫中，仔細看閲。』光地因求皇上親加御筆，批駁改定，上肯之。明年春，駕復南巡，於行在發回原書，中間圈點塗抹及籤貼批語，皆上親筆也。光地復請此書疵謬所在，上云：『無疵謬，但算法未備。』未幾，聖祖西巡，問隱淪之士，光地以關中李顒、河南張沐及文鼎三人對。上亦素知顒及文鼎。四十四年，南巡狩，光地以撫臣扈從，上問：『宣城處士梅文鼎者今焉在？』光地以『尚在臣署』對。上曰：『朕歸時，汝與偕來，朕將面見。』四月十九日，光地與文鼎伏迎河干，越晨，俱召對御舟中。從容垂問，至於移時，凡三日。上謂光地曰：『曆象算法，朕最留心，此學今鮮知者，如文鼎，真僅見也。其人亦雅士，惜乎老矣。』賜御書扇幅，頒賚珍饌。臨辭，特賜『績學參微』四大字。越明年，又命其孫瑴成内廷學習。五十三年十二月二十三日，瑴成欽奉上諭：『汝祖留心律曆多年，可將《律吕正義》寄一部去，令看，或有錯處，指出甚

[一] 文鼎，《疇人傳》卷三七《梅文鼎傳上》作『所刻』。

好。夫古帝王有「都俞吁咈」四字，後來遂止有「都俞」，即朋友之間亦不喜人規勸，此皆是私意。汝等要須極力克去，則學問自然長進。可并將此意寫與汝祖知道。』恩遇爲古所未有。

文鼎所著書，柏鄉魏荔彤兼濟堂纂刻者凡二十九種。瑴成謂編校不善，别爲編次，更名《梅氏叢書輯要》總二十五種六十二卷，未刻者今失傳。文鼎爲學甚勤。李光地命子鍾倫、弟鼎徵及群從皆執弟子之禮。宿遷徐用錫、晉江陳萬策、景州魏廷珍、河間王之鋭、交河王蘭生，皆以得與參校爲榮。康熙六十年，卒，年八十有九。上聞，特命經紀其喪，士論榮之。

子以燕，孫瑴成，以瑴成貴，贈左都御史。瑴成供奉内廷，官至左都御史。蒙聖祖仁皇帝授以借根方法，知與古人立天元一術相同，闡揚聖學，有明三百年所不能知者，一旦復顯於世。故藉其祖算學之後，與修《明史·天志[一]》，不墜其家聲。著《增删算法統宗》十一卷，《赤水遺珍》一卷，《操縵卮言》一卷。以上删節《疇人傳》，《疇人傳》本之於四庫書提要、《梅氏全書》《梅氏叢書輯要》《勿庵書目》《道古堂文集》《潛揅堂文集》。文鼐，文鼎仲弟，與兄共著《步五星式》六卷，早卒。文鼏，文鼎季弟，著《中西經星同異考》一卷[二]。

[一] 天志，《疇人傳》卷三九《梅文鼎傳下》作『天文』。

[二] 『文鼐』至『異考一卷』，無出處，實徵引自《疇人傳》卷三九《梅文鼎傳下》。

王錫闡，字寅旭，吳江人。博覽群書，守義樹節，《遺書序》。與張履祥[一]講濂洛之學，潘耒《序》[二]。兼通中西曆學。四庫提要、《疇人傳》。錫闡生於明末[三]，當徐光啓等修新法時，聚訟盈廷，錫闡獨閉户著書，潛心測算，遇天色晴霽，輒登屋卧鴟吻間，仰觀景[四]象，竟夕不寐。務求精符天象，不屑屑於門户之分。著《曉庵新法》六卷，四庫提要、鈕琇《觚賸》[五]。考古法之誤，而存其是；擇西説之長，而去其短。據依圭表改立法數，雖私家撰述未見施行，而爲術深妙，凡在識者莫不概然稱善。年五十五，卒。

梅文鼎曰：『從來言交食，祇有食甚分數，未及其邊，惟寅旭以日月圓體分三百六十度，而論其食甚時所虧之邊凡幾何度。今推其法，頗精確。』然則御製《考成》，所採文鼎以上下左右算交食方向法，實本於錫闡矣。康熙以來[六]，梅學甚[七]行，王學尚微，蓋錫闡無子，傳其業者無人，又其遺書知之者少。持平而論，錫闡精而核，文鼎博而大，各造其極，難可軒輊，《疇人傳》。皆在薛鳳祚之上。四庫提要。

[一] 張履祥，《遂初堂文集》卷六《曉庵遺書序》作『張考夫、錢雲阯、呂用晦』。

[二] 《序》，即潘耒《曉庵遺書序》。

[三] 錫闡生於明末，無出處。

[四] 景，《四庫全書總目》卷一〇六《曉庵新法》作『星』，是。

[五] 鈕琇《觚賸》，《四庫全書總目》卷一〇六《曉庵新法》所注徵引文獻。

[六] 康熙以來，《疇人傳》卷三五《王錫闡傳下》作『方今』。

[七] 甚，《疇人傳》卷三五《王錫闡傳下》作『盛』。

談泰，字階平，江寧舉人。官南匯縣訓導。泰博覽勤學，精於曆算，得梅氏算學之傳。所著考證經史之書，曰《觀書雜識》二十卷，其算術之書有《測量周徑正誤》《周髀經算四極南北游法增補》《武成朔閏譜》《召誥月日譜》。《歲次月建異同》，辨《春秋》歲次，考《三統術》，推一歲食限數交食一月終數，推漢高九年六月晦，孝[一]文十一月晦，孝文元年至七年大小餘，孝文二年、五年天正冬至，靈帝光和元年大小餘；《四分術譜》，劉宋武帝五年天正冬至。又著《三統術譜》《冬至權度紀畧》《天官書節次斗分辨分野辨》《操縵巵言正誤》《圓壺周徑積實》《祖沖之鬴法辨》《鬴内方非十尺辨》《喪服傳溢説》《五[二]服經帶數》等書，又著古算書細草十餘事。江藩《談階平遺書叙録》。

[一] 孝，原誤作『考』，據本傳、《揅經室續二集》卷二《集傳録存·談泰》改。下『孝文元年』同。

[二] 五，原誤作『王』，據《揅經室續二集》卷二《集傳録存·談泰》改。

卷三

薛鳳祚傳

薛鳳祚，字儀甫，淄川[一]人。四庫提要誤爲「益都人」，今改正。嘗師事定興鹿善繼、容城孫奇逢。著《聖學心傳》，發明「認理」「尋樂」之旨，又講求天文、地理實用[二]。初從魏文魁學天文[三]，主持舊法。順治中，譯穆尼閣説，爲《天步真原》，謹守成法，著《天學會通》[四]十餘種。梅文鼎《曆算書記》[五]所謂青州之學也。四庫提要《聖學心傳》《天學會通》、《疇人傳》。其曰：「對數比例者，即西法之假數也。」曰：

[一] 淄川，《四庫全書總目》卷三七《聖學心傳》作「益都」，卷一〇六《曉庵新法》同。

[二] 「又講求天文、地理實用」，《四庫全書總目》卷三七《聖學心傳》作「鳳祚天文、地理之學皆能明其深奥」。

[三] 學天文，《疇人傳》卷三六《薛鳳祚傳》作「游」。

[四] 「譯穆尼閣」至「會通」，《四庫全書總目》卷一〇六《天學會通》作「是書本穆尼閣《天步真原》而作」。

[五] 《曆算書記》，即《勿庵曆算書記》。

『中法四綫者，以西法六十分爲度，不便於算，改從古法，以百分爲度表，所列[一]止正弦、餘弦、正切、餘切，故曰「四綫」。』其推步諸書，曰《太陽太陰諸行法原》、曰《木火土三星經行法原》、曰《交食法原》、曰《曆年甲子》、曰《求歲實》、曰《五星高行》、曰《交食表》、曰《經星中星》、曰《西域回回術》、曰《西域表》、曰《今西法選要》、曰《今法表》，皆會中西以立法。以順治十二年乙未天正冬至爲元，諸應皆從此起算。以三百六十五日二十三刻三分五十七秒五微爲歲實，黄、赤道交度有加減，恒星歲行五十二秒，與天步真元法同。梅文鼎謂『其書詳於法，而無快論以發其趣』。蓋其時新法初行，中西文字輾轉相通，故辭旨未能盡暢[二]。《疇人傳》。鳳祚又著《兩河清彙》，詳究黄河、運河北自昌平、通州，南至浙江等處；河、湖、泉、水諸目，皆詳載之；又記黄河職官、夫役、道里之數及歷代至本朝治河成績。援據今古[三]，疏證頗明。別爲[四]《海運》一篇，欲仿元運故道與漕河并行，蓋祖丘濬舊説也。四庫提要。

[一] 列，《張氏榕園叢書》本作『例』。
[二] 暢，原誤作『陽』，據《張氏榕園叢書》本、《疇人傳》卷三六《薛鳳祚傳》改。
[三] 今古，《四庫全書總目》卷六九《兩河清彙》作『古今』。
[四] 別爲，《四庫全書總目》卷六九《兩河清彙》作『惟』。

陳厚耀傳

陳厚耀，字泗源，泰州人。康熙四十五年進士，官蘇州府教授，四庫提要。學問淵博。《（雍正）揚州府志》。李光地薦其通天文、算法[一]，引見，《疇人傳》。改内閣中書。《詞林典故》。上命試以算法，繪三角形，今[二]求中綫及問弧背尺寸。厚耀具劄進，稱旨。《疇人傳》。入直内廷，授翰林院編修。四庫提要作『檢討』，今依《詞林典故》作『編修』。與梅瑴成同修書。嘗召至御座旁，教以幾何、算法，厚耀學益進。厚耀《召對紀言》。晉國子監司業，春坊左諭德[三]，以老疾乞致仕，卒於家。《雍正志》[四]《疇人傳》。

厚耀治《春秋》，四庫《春秋長曆》提要。尤究心曆算[五]，《雍正志》。嘗補杜預《長曆》爲《春秋長曆》十卷，其凡有四：一曰曆證，備引《漢書》《續漢書》《晉書》《隋書》《唐書》《宋史》《元史》《左傳注疏》《春秋屬辭》《天元曆理》、朱載堉《曆法新書》諸說，以證推步之異。其引《春秋屬辭》載杜預『論日月差謬』一條，爲《注》《疏》所無。又引《大衍曆義》『春秋曆考』一條，亦《唐志》所未録，尤足以

[一]『天文、算法』，《疇人傳》卷四一《陳厚耀傳》作『曆法』。

[二]今，《疇人傳》卷四一《陳厚耀傳》作『令』，是。

[三]春坊左諭德，《（雍正）揚州府志》卷二一《陳厚耀傳》作『左春坊左諭德』，是。

[四]《雍正志》，即《（雍正）揚州府志》，下同。

[五]曆算，《（雍正）揚州府志》卷二一《陳厚耀傳》作『曆法、算法』。

資考證。二曰古曆，以古法十九年爲一章。一章之首，推合周曆正月朔日冬至。前列算法，後以春秋十二公紀年，横列爲四章，縱列十二公，積而成表，以求曆元。三曰曆編，舉春秋二百四十二年，一一推其朔閏及月之大小，而以經、傳干支爲證佐。皆述杜預之説而考辨之。四曰曆存，以古曆推隱公元年正月庚戌朔。杜氏《長曆》則爲辛巳朔，乃古曆所推之上年十二月朔，謂元年之前失一閏，蓋以經、傳干支推[一]次知之。厚耀則謂：『如預之説，元年至七年中書日者雖多不失，而與二年八月之庚辰、三年十二月之庚戌、四年二月之戊申，又不能合。且隱公三年二月己巳朔日食，桓公三年七月壬辰朔日食，亦皆失之。蓋隱公元年以前，非失一閏，乃多一閏。因退一月就之，定隱公元年正月爲庚辰朔，較《長曆》實退兩月。推至僖公五年止。以下朔閏，因一一與杜曆相符，故不復續載焉。杜預書惟以干支遞排，而以閏月小建爲之遷就。』厚耀明於曆法，故所推較預爲密。蓋非惟補其闕佚，并能正其訛舛，於考證之學極爲有裨，治《春秋》者固不可少此編矣[二]。又撰《春秋戰國異辭》五十四卷、《通表》二卷、《摭遺》一卷，《春秋世族譜》一卷。鄒平[三]馬驌爲《繹史》，兼採三《傳》、《國語》《國策》[四]，

[一] 推，《疇人傳》卷四一《陳厚耀傳》作『排』。
[二] 『補杜預長曆』至『少此編矣』，無出處，實徵引自《疇人傳》卷四一《陳厚耀傳》。
[三] 鄒平，《四庫全書總目》卷五〇《春秋戰國異辭》無。
[四] 《國策》，《四庫全書總目》卷五〇《春秋戰國異辭》作『戰國策』。

厚耀則皆摭於五書之外，尤獨爲其難。《氏族》[一]一書，與顧棟高《大事表》互證，則春秋世族之學，幾乎備矣。四庫提要。厚耀尚著有《禮記分類》《十七史正訛》諸書，今不傳。《疇人傳》。

王懋竑傳

王懋竑，字予[二]中，寶應人。少從叔父式丹學。式丹，康熙四十二年進士第一，翰林院修撰，少以詩文知名。宋犖選刻《江左十五子詩》，以式丹爲首。《潛擘堂集》《白田文集》[三]。懋竑自刻厲，篤志經史，耻爲標榜聲譽，《潛擘堂集》。精研朱子之學[四]，身體力行。《國朝詩別裁集》。康熙五十七年成進士，年五十一矣。在吏部乞就教職，授安慶府學教授。雍正元年秋，以薦被召引見，特授翰林院編修，在上書房行走。時同直者，福敏、徐元夢、朱軾、蔡世遠，皆負一時重望。而懋竑尤邃於經術，元元本本，

[一]《氏族》，「氏」應作「世」。《世族》即《春秋世族譜》。

[二]予，《潛研堂文集》卷三八《王先生懋竑傳》作「與」，《白田草堂存稿》卷首沈德潛《欽定國朝詩別裁集·王懋竑》、王箴聽等《皇清勅授文林郎翰林院編修先考王公府君行狀》并作「予」。

[三]《白田文集》，即《白田草堂存稿》。

[四]朱子之學，《國朝詩別裁集》卷二四《王懋竑小傳》作「理學」。

有[一]扣即應。明年春，以母憂去官。特賜内府白金爲喪葬費，諭以治喪畢，即來京，不必俟三年。懋竑素善病，居喪哀毁，明年入都謝恩畢，遂以老病辭歸，《潛揅堂集》《詞林典故》。越十六年，卒。王應和《種竹軒集·懋竑傳》。

懋竑性耿介恬淡，少時嘗謂友人曰：『老屋三間，破書萬卷，平生志願，足矣[二]。』歸里[三]後，杜門著書，較定《朱文公年譜》。《潛揅堂集》。大旨在辨爲學次序，以攻姚江《晚年定論》之說。四庫提要。又所著《白田雜著》八卷，於文公《文集》《語類》，考訂尤詳。謂《易本義》前九圖、《筮儀》皆後人依托，非文公所作，《潛揅堂集》。爲宋元以來儒者所未發。四庫提要。其畧云：『朱子於《易》，有《本義》，有《啓蒙》，與門人講論甚詳，而此九圖曾無一語及之。九圖之不合於《本義》《啓蒙》者多矣，門人何以絶不致疑也？《本義》之叙畫卦云：「自下而上，再倍而三，以成八卦。八卦之上，各加八卦，以成六十四卦。」初不敢參以邵子之說，至《啓蒙》則一本邵子。而邵子所傳，止有《先天方圓圖》[四]。其《伏羲八卦圖》《文王八卦圖》，則以《經世演易圖》推而得之。同州王氏、漢上朱氏《易》皆有此二圖，而

[一] 有，原誤作『布』，據《張氏榕園叢書》本改。
[二] 足矣，《潛研堂文集》卷三八《王先生懋竑傳》作『於斯足矣』。
[三] 里，《潛研堂文集》卷三八《王先生懋竑傳》作『田』。
[四] 《先天方圓圖》，《潛研堂文集》卷三八《王先生懋竑傳》作『《先天圖》，即《六十四卦方圓圖》』。

《啓蒙》因之。至朱子所自作橫圖六，則注《大傳》及邵子語於下，而不敢題云《伏羲六十四卦圖》，其慎重如此。今乃直云《伏羲八卦次序圖》《伏羲八卦方位圖》《伏羲六十四卦次序圖》《伏羲六十四卦方位圖》，是孰受而孰傳之耶？乃云伏羲四圖，其説皆出邵氏。按邵氏止有《先天》一圖，其《八卦圖》後來所推，六橫圖朱子所作，而以爲皆出邵氏，是誣邵氏也。』又云：『邵氏得之李之才，李得之穆修，穆得之希夷先生，此明道叙康節學問源流如此。漢上朱氏以《先天圖》屬之，已無所據，今乃移之四圖，若希夷已有此四圖者，是并誣希夷也。文王八卦，《説卦》明言之，《本義》以爲未詳，《啓蒙》别爲之説，而不以入於《本義》。至於「乾，天也，故稱呼父」一節，《本義》以爲揲蓍以求爻，《啓蒙》以爲「乾求於坤，坤求於乾」與「乾爲首」兩節，皆文王觀於已成之卦，而推其未明之象，與《本義》不同。今乃以爲《文王八卦次序圖》，又孰受而孰傳之耶？《卦變圖》，《啓蒙》詳之，蓋一卦可變爲六十四卦，《彖》傳卦變，偶舉十九卦以爲説爾。今圖卦變皆自十二辟卦而来，以《本義》考之，惟《訟》《晉》二卦爲合，餘十七卦皆不合，其非朱子之書明矣。』又謂《家禮》亦後人依托，非朱子之書。《潛揅堂集》。《朱子答江元適書薛士龍書考》一篇，《語盈》一卷，皆根柢《全集》《語録》，鈎稽年月，辨别異同，求其始末，幾微得失無不周知，故其言平允如是。非浮慕高名，借以刼伏衆論，而實不得其涯涘者也。四庫書目。

又於諸史皆有考證，謂：『《孟子》七篇所言齊王，皆齊湣王，非宣王。孟子去齊，當在湣王十三四年。下距湣王之歿，更廿五六年，孟子必不及見。《公孫丑》兩篇，稱王而不稱謚，乃其元本，而《梁惠王》兩篇稱宣王，爲後人所增。《通鑑》上增威王十年，下減湣王十年，遷[一]就伐燕之歲。』亦可謂實事求是矣。四庫提要、[二]《潛揅堂集》。

張爾岐傳 馬驌、桂馥

張爾岐，字稷若，濟陽人。四庫提要。父行素，力農，教以儒業。爾岐守程、朱之説，教授鄉里，遭變祲，慘悴孤愕，以終其身。康熙十六年，卒，年六十有六。自號蒿庵處士。《蒿庵集·自叙[三]誌》。著《儀禮鄭注句讀》十七卷附《監本正誤石經正誤》二卷，離析句讀，參考淆誤，有功學者。提要。爾岐身前自叙墓誌[四]云：『處士病既困，自顧無可誌其墓，口占數語，以誌生卒。』蓋甚畧也[五]。《蒿庵集·自叙誌》。然顧炎武《廣師篇》示汪琬曰：『獨精三《禮》，卓然經師，吾不如張稷若。』又曰：『炎武年過五十，乃

〔一〕遷，《潛研堂文集》卷三八《王先生懋竑傳》作『以』。

〔二〕四庫提要，《四庫全書總目》無引文，實徵引自《潛研堂文集》卷三八《王先生懋竑傳》。

〔三〕自叙誌，『叙』，原誤作『志』，據本傳、《張氏榕園叢書》本改。即《蒿庵集》卷三《蒿庵處士自叙墓誌》。

〔四〕誌，原誤作『石』，據本傳、《蒿庵集》卷三《蒿庵處士自叙墓誌》改。

〔五〕蓋甚畧也，無出處。

知「不學禮，無以立」。濟陽張稷若作《儀禮鄭注句讀》一書，根本先儒，立言簡當。以其人不求聞達，故無當世名，然書實可傳，使朱子見之，必不僅謝監獄之稱許也。』《亭林集》。爾岐又著《周易説畧》四卷、《春秋傳議》四卷、《蒿庵集》三卷、《蒿庵閒話》二卷，猶未免門户之見，或致駁雜。蓋爾岐專門名家在鄭氏禮學也[一]。四庫提要。

馬驌，字驄御[二]，又字宛斯，鄒平人。順治己亥進士。《山東通志》[三]、四庫提要。謁選京邸，舉爲順天鄉試同考官。《鄒平縣志》[四]。除淮安府推官，提要。多所平反[五]。《通志》[六]。尋推官議裁[七]，補靈璧縣知縣，《鄒平縣志》。蠲荒除弊，歲省民力無算，流亡復業。卒於官，士民奉祀名宦祠。施閏章《學餘集》。著《左傳事緯》十二卷附録八卷。驌於《左氏》融會貫通，所論具有條理，其圖表亦皆考證精詳，爲專門之學。提要。驌又撰《繹史》一百六十卷，纂録開闢至秦末之事，博引古籍，疏通辨證，雖疏漏抵牾，

［一］ 禮，《四庫全書總目》卷一八一《蒿庵集》無。
［二］ 字驄御，無出處。
［三］ 《山東通志》，即《（乾隆）山東通志》。
［四］ 《鄒平縣志》，即《（嘉慶）鄒平縣志》，下同。
［五］ 多所平反，《（乾隆）山東通志》卷二八之四《馬驌傳》作「平反者三十案」。
［六］ 《通志》，即《（乾隆）山東通志》。
［七］ 尋推官議裁，無出處，實徵引自《施愚山先生學餘文集》卷一九《靈璧縣知縣馬公墓誌銘》。

間亦不免，而詞必有徵，實非羅泌《路史》、胡宏《皇王大紀》所可及。且史例六家，古無此式，與袁樞《紀事本末》，均可謂卓然特創，自爲一家之體者矣。提要。

桂馥，字未谷，曲阜人。乾隆五十五年進士，雲南永平縣知縣，卒於官。馥與歷城周永年同置籍[一]書園，以資來學，并祠漢經師於其中。取許慎《説文》與諸經之義相疏證，爲《説文義證》五十卷，又著《札樸》十卷、《晚學集》三卷[二]。《印心堂文集》。

錢澄之傳 方中通

錢澄之，字飲光，原名秉鐙，桐城人。提要。與嘉善魏學渠交最深，《嘉興府志》[三]。又嘗問《易》於黄道周。其撰《田間易學》十二卷，初從京房、邵康節入，故言數頗詳，蓋黄道周之餘緒也。後乃兼求義理，大旨以朱子爲宗。《易學》提要。又撰《田間詩學》[四]十二卷，謂：「《詩》與《尚書》《春秋》相表裏，必考之三《禮》，以詳其制作；徵諸三《傳》，以審其本末；稽之五《雅》，以核其名物；博之《竹書紀

[一] 籍，《晚學集》卷首蔣祥墀《桂君未谷傳》作「借」。
[二] 三卷，《晚學集》卷首蔣祥墀《桂君未谷傳》作「八卷」，是。孔憲彝《後序》作「三册」，本傳蓋誤以册爲卷。
[三] 《嘉興府志》，《己未詞科録》卷六《魏學渠傳略》所注徵引文獻。
[四] 學，原誤作「集」，據《孯經室續二集》卷二《集傳録存·錢澄之》改。

年》《皇王大紀》，以辨其時代之異同與情事之疑信；即今輿記，以考古之圖經，而參以平生所親歷。」其書以《小序》首句爲主，所採諸儒論説，自《注疏》《集傳》以外，凡二十家。持論精核，於名物、訓詁、山川、地理，言之尤詳。《詩學》提要。

澄之同縣方中通，字位伯，明檢討以智之次[一]子。著《數度衍》二十四卷《附録》一卷，其書有數原、律衍、幾何約、珠算、筆算、籌算、尺算諸法。復條列古《九章》名目，引《御製數理精藴》，推闡其義。其《幾何約》及《珠算》等，大抵裒輯諸家之長，而增損潤色勒爲一編。《數度衍》提要。又撰《物理小識》十二卷。提要。以智博極群書[二]，撰《通雅》五十二卷，皆考證名物、象數、訓詁、音聲，窮源遡委，詞必有徵。明之中葉，以博洽著者稱楊慎，而陳耀文起與之争。然慎有[三]僞説以售欺，耀文好蔓引以求勝。次則焦竑，亦善[四]考證，而習與李贄游，動輒牽綴佛書，傷於蕪雜。惟以智崛起崇禎

[一] 次，《四庫全書總目》卷一〇七《數度衍》無。
[二] 以智博極群書，無出處，實徵引自《四庫全書總目》卷一〇七《數度衍》。
[三] 有，《四庫全書總目》卷一一九《通雅》作「好」。
[四] 善，《四庫全書總目》卷一一九《通雅》、《揅經室續二集》卷二《集傳録存·錢澄之》并作「喜」。

中[一]，考據精核，迥出其上。風氣既開，國朝[二]顧炎武、閻若璩、朱彝尊等沿波而起，始一掃懸揣之空談。《通雅》提要。中通承其家學，《數度[三]衍》提要。故爲博識。《小識》提要。又撰《浮山文集》。本集。中通弟中履，亦撰《古今釋疑》十八卷，雖不及《通雅》精核，然學有淵源，故不弇陋。《釋疑》提要。

沈彤傳 蔡德晉、盛世佐

沈彤，字冠雲，吴江人。自少力學，《東莊遺集》。以窮經爲事，貫穿前人之異同，《鮚埼亭集》。折衷至當，《鶴徵後録》九。淹通三《禮》，《禄田考》提要[四]。無可訾議。蓋亞於惠士奇，而醇於萬斯大。《儀禮小疏》提要。爲人醇篤，盡洗吴中名士之習。《鮚埼亭集》。乾隆元年薦舉博學鴻儒，因拙於有韻之文，不終試事。《詞科掌録》。與修三《禮》及《一統志》。書成，授九品官，《沈歸愚集》[五]。以親老歸，《東莊遺集》。不就。

[一] 中，《孯經室續二集》卷二《集傳録存·錢澄之》作「初」。

[二] 朝，《四庫全書總目》卷一一九《通雅》作「初」。

[三] 數度，原倒，據《四庫全書總目》卷一〇七《數度衍》、《孯經室續二集》卷二《集傳録存·錢澄之》正。

[四] 《禄田考》提要，《禄田考》提要無引文，實徵引自《四庫全書總目》卷二〇《儀禮小疏》。

[五] 《沈歸愚集》，《沈歸愚集》無引文，實徵引自《果堂集》附沈德潛《傳》。

親没，三年中不茹葷，不内寢，《歸愚集》[一]。纖悉中禮。《東莊遺集》。

彤撰《周官禄田考》三卷，緣歐陽修有《周禮》官多田少、禄且不給之疑，後人多從其説，即有辨者，不過以攝官爲詞。彤獨詳究周制，以與之辨，因作是書，分《官爵數》《公田數》《禄田數》三篇。其説自鄭《注》、賈《疏》以後，可云特出。《禄田考》提要。又撰《儀禮小疏》一卷，取《士冠禮》《士昏禮》《公食大夫禮》《喪服》《士喪禮》爲之疏箋，具有典據，足訂舊義之譌。《小疏》提要。又撰《春秋左氏傳小疏》一卷、《尚書小疏》一卷。其《果堂集》十二卷，則多訂正經學之文，如《周官頒田異同説》《五溝異同説》《井田軍賦説》《釋周官地征》等篇，并皆援據典核。其於禮經服制，足補漢宋以來注釋家所未備。提要。又撰《氣穴考畧》《内經本論》。《鶴徵録》[二]。卒，年六十有五[三]。《鮚埼亭集》。

蔡德晉，字仁錫，無錫人。雍正四年舉人。乾隆初，禮部尚書兼管國子監楊名時薦德晉經明行修，

[一]《歸愚集》，《歸愚集》無引文，實徵引自《果堂集》附沈德潛《傳》。

[二]《鶴徵録》，引文徵引自《鶴徵後録》卷九。

[三]「卒，年六十有五」，《鮚埼亭集》卷二〇《沈果堂墓版文》作「得年六十有四」，嚴元照注作「果堂卒於乾隆十七年壬申十月廿五日，生於康熙二十七年戊辰某月某日，年六十五。且見長洲沈德潛撰及元和惠棟、仁和沈廷芳兩家墓誌」。

授國子監學正，遷工部司務。四庫書提要、《抱經堂集·楊名時傳》《小峴山房集·德晉集》[一]。德晉覃精三《禮》，《德晉集[二]》。著《禮經本義》十七卷，提要。又著《禮傳本義》二十卷、《通禮》五十卷。《德晉集[三]》。雖亦間出新義，然大旨不戾於古[四]。德晉又謂：『橫渠以禮教人，最得孔門博約之旨。』故其律身甚嚴，與方苞、李紱論理，悉有根據。《德晉傳》。

盛世佐，字庸三，秀水人。《抱經堂文集》。官龍里縣知縣。提要。撰《儀禮集編》四十卷，《集編》提要。彙衆解而研辨之，《抱經堂文集》。持論謹嚴，無淺學空腹高談、輕排鄭賈之習。又楊復《儀禮圖》久行於世，然其說皆本注疏，而時有并注疏之意失之者，亦一一是正。至於諸家謬誤，辨證尤詳。提要。

[一]《小峴山房集·德晉傳》，《小峴山房集》即《小峴山人詩文集》，是集無《蔡德晉傳》，實徵引自《（嘉慶）無錫金匱縣志》卷二一《蔡德晉傳》。

[二] 集，應作『傳』，引文徵引自《（嘉慶）無錫金匱縣志》卷二一《蔡德晉傳》。

[三] 集，應作『傳』，引文徵引自《（嘉慶）無錫金匱縣志》卷二一《蔡德晉傳》。

[四]『雖亦間出新義，然大旨不戾於古』，無出處，實徵引自《四庫全書總目》卷二〇《禮經本義》。

朱鶴齡傳　陳啓源

朱鶴齡，字長孺，又字[一]愚庵，吴江人。前明諸生。四庫書目《尚書埤傳》提要。嘗箋注杜甫、李商隱詩，故所作韻語頗出入二家。四庫《愚庵集》提要。入國朝，屏居著述，王光承《愚庵集序》。與顧炎武友。炎武以本原之學相勗，始湛思覃力於經注疏及儒先理學。《愚庵集·與吴漢槎書》。鶴齡著《愚庵詩文集》[二]，《書元裕之集後》云：『裕之於元，既足踐其土，口茹其毛，即無反詈之理，乃今之訕詆不少避者，若欲掩其失身之事以誑國人，非徒詩也，其愚亦甚。』其言蓋指國初居心反覆之輩[三]，可謂知大義矣。四庫《愚庵小集》提要。鶴齡所著經義有《尚書埤傳》《禹貢長箋》《讀左日鈔》《詩經通義》。《尚書》斟酌於漢學、宋學之間。《長箋》作於胡渭《錐指》之前，不及渭書，而旁引曲證，亦多創獲。《讀左》瑕瑜并陳，不及顧炎武、惠棟之密。《詩經》參停於今古之間，於國朝惟用陳啓源説，陳啓源實與之參正焉。

陳啓源，字長發，鶴齡同縣人。著《毛詩稽古編》，爲唐以前專門之學。四庫提要。

[一]　又字，《四庫全書總目》卷一二《尚書埤傳》作『别號』。

[二]　《愚庵詩文集》，《四庫全書總目》卷一七三著録爲《愚庵小集》。

[三]　國初居心反覆之輩，《四庫全書總目》卷一七三《愚庵小集》作『謙益輩』。

臧琳傳 庸

臧琳，字玉林，武進人。康熙間補縣學生[一]。其學謂：『不通訓詁，無以明經，治經以漢注唐疏爲主。』著《經義雜記》三十卷、《尚書集解》一百二十卷[二]。《常州府志》[三]。實事求是，别白精審，未嘗輕詆前哲。錢大昕《序》[四]。至於《詩》《禮》二經，王肅私竄以難鄭者，尤推見至隱。段玉裁《序》[五]。閻若璩見其書，以爲精確，稱爲『隱德君子』[六]。琳之玄孫庸學於盧文弨。文弨校《經典釋文》，見琳書，多引其説。《拜經日記》嚴元照《序》[七]。

[一] 康熙間補縣學生，《經義雜記叙録·新修常州府志儒林傳·臧琳傳》作『武進諸生』，《經義雜記叙録·新修常州府志·武進學生臧先生家傳》作『弱冠補武進縣學博士弟子員』。

[二] 一百二十卷，《經義雜記叙録·新修常州府志儒林傳·臧琳傳》《經義雜記叙録·新修常州府志·武進學生臧先生家傳》并作『一百二十四卷』。

[三] 《常州府志》，即《新修常州府志》。

[四] 《序》，即《臧玉林經義雜記序》。

[五] 段玉裁《序》，《經義雜記序》無引文，實徵引自《經義雜記》卷首阮元《刻經義雜記題辭》。

[六] 『閻若璩見』至『君子』，無出處，實徵引自《經義雜記叙録·新修常州府志儒林傳·臧琳傳》及《經義雜記叙録·新修常州府志·武進學生臧先生家傳》。

[七] 《拜經日記》嚴元照《序》，應爲《經義雜記》嚴元照《跋》。

臧庸，字拜經，初名鏞堂。沈默《拜經日記》許宗彦《序》。樸厚，學術[一]精審，著《拜經日記》十二卷、《拜經日記》王念孫《序》。《拜經堂文集》四卷，又嘗輯《月令雜説》一卷、《孝經考異》一卷、《樂記二十三篇注》一卷，又輯《子夏易傳》一卷、《詩考異》四卷、《韓詩遺説》三[二]卷《訂譌》一卷、《盧植禮記解詁》一卷、《爾雅古注》三卷、《説文舊音考》三卷、《蔡邕明堂月令章句》二卷、《王肅禮記注》一卷、《聖證論》一卷、《帝王世紀》一卷、《尸子》一卷、《賈唐國語注》一[三]卷、《蕭該漢書音義》二卷、《校鄭康成易注》二卷，見《遺書》。皆有補於經。王念孫《序》[四]。其輯《子夏易傳》，辨此傳爲漢韓嬰所作，非卜子夏。見《遺書》。

庸弟禮堂，以孝聞，大學士朱珪稱之。早卒。朱珪《知足齋文集》。著《説文引經考》二卷[五]。

[一] 術，王念孫《拜經日記叙》作『之』。

[二] 三，阮元《臧拜經別傳》作『二』。

[三] 一，阮元《臧拜經別傳》作『二』。

[四] 《序》，即《拜經日記叙》。

[五] 著《説文引經考》二卷，無出處，《知足齋文集》卷二《臧禮堂家傳》作『著《説文經考》十三卷』。

劉源渌傳 閻循觀等

劉源渌，字崑石，又字直齋，安丘人。四庫書目提要。幼讀宋儒語録，尤篤朱子之書，反覆推究四十餘年，主於居敬、窮理，於明學薛瑄，於國朝學陸隴其，餘不以爲是也。源渌篤於内行，端方不苟，事兄悌。《讀書日記》馬長淑撰《傳》[一]、《二林居集》。建朱子祠於東郭[二]，每祭必致其誠敬。四庫提要、馬長淑撰《傳》。撰《讀書日記》六卷、《近思續録》四卷、《冷語》三卷。《劉源渌遺書》，又四庫提要。其《冷語》中，詆劉安世爲邪人，甚於章惇、邢恕，以其與伊川不協之故，而未讀《宋史》《盡言集》也。四庫提要。康熙三十九年，卒，年八十有二[三]。馬長淑撰《傳》、《二林居集》。繼之者有昌樂周士宏、濰縣姜國霖，皆謹肅忠敬。[四]昌樂閻循觀問國霖『讀何書』，曰：『《論語》終身不盡也。』

閻循觀，字懷庭。少孤，其學奉程、朱爲宗，省身克己，刻苦自立，而諄諄致戒於近名，於河津之派

[一] 馬長淑撰《傳》，《二林居集》卷一九《儒林述·劉原渌》所注徵引文獻。《傳》，即《劉直齋先生傳》。

[二] 郭，《二林居集》卷一九《儒行述·劉原渌》作『郊』。

[三] 年八十有二，《二林居集》卷一九《儒行述·劉原渌》同，《讀書日記》卷首馬長淑《劉直齋先生傳》作『享年八十有三』。

[四] 『繼之者』至『忠敬』，無出處。

爲近。乾隆三十四年進士，吏部考功司主事[一]。著《困勉齋私記》《西澗文集》[二]及《尚書》《春秋説》[三]。四庫提要、《閻集》韓夢周《墓志》[四]，又《二林居集》。時，濰縣劉以貴、梁鴻翥，膠州法坤宏，安丘張貞，益都李文藻，濰縣韓夢周，皆以學行聞[五]。

韓夢周，字公復。乾隆丁丑進士，知來安縣。刻意濂洛關閩諸儒之書，著《理堂文集》[六]。

范鎬鼎傳

范鎬[七]鼎，字彪西，洪洞人。康熙六年進士。四庫書目。《己未詞科》[八]誤作『辛丑進士』。性孝友，《山

[一] 主事，《四庫全書總目》卷一四《尚書讀記》作『額外主事』。
[二] 《西澗文集》，《四庫全書總目》卷一八五作『西澗草堂集』。
[三] 《尚書》《春秋説》，《四庫全書總目》卷一四、卷三一作『尚書讀記』『春秋一得』。
[四] 《閻集》韓夢周《墓志》，《二林居集》卷一九《儒行述·閻循觀》所注徵引文獻。《二林居集》注作『《閻懷庭集》李文藻述、韓夢周所撰《墓志》』。
[五] 『時濰縣』至『學行聞』，無出處。
[六] 『韓夢周』至『文集》』，無出處，實徵引自《理堂文集》附録徐侃《韓理堂先生傳》。
[七] 鎬，《四庫全書總目》卷六三《理學備考》作『鄗』。
[八] 《己未詞科》，即《己未詞科録》。

西通志》[一]。講濂洛[二]，王士禛《居易録》。闡明絳州辛全之學[三]。養母，《山西通志》。不仕。河間[四]人士多從授經。十八年，以博學鴻詞薦，不出。奉温旨，賜『山林雲鶴』四字，人仰重之。四庫提要、《居易録》《山西通志》。立希賢書院，置學田。四十二年迎駕，進《理學備考》三十四卷，剟取辛全、孫奇逢、熊賜履、張夏、黄宗羲諸家之説，附以己説。《山西通志》、四庫提要。李廷敬賦詩曰『歸來屬車上，猶指少微星』，謂鎬鼎也。《山西通志》。鎬鼎又著《五經堂文集》五卷、《語録》一卷，又繼其父芸茂作《續垂棘編》十九卷、《三晉詩選》四十卷[五]。

[一]《山西通志》，即《（雍正）山西通志》。
[二] 濂洛，《居易録》卷一八作『洛閩』。
[三] 闡明絳州辛全之學，無出處，實徵引自《己未詞科録》卷五《范鄗鼎傳略》賈崧按語。
[四] 河間，《居易録》卷一八作『河、汾間』。
[五]『鎬鼎又著』至『四十卷』，無出處，實徵引自《己未詞科録》卷五《范鎬鼎傳略》，作『著有《理學備考》三十四卷、《五經堂文集》五卷、《語録》一卷，《續垂棘編》三集十卷、四集九卷，《三晉詩選》四十卷』。

邵廷采傳 邵晉涵、周永年

邵廷采，字允斯[一]，又字念魯，餘姚人。四庫提要。餘姚自明王守仁講致良知之學，弟子滿天下，江西、泰州、龍溪并述學案，或不軌師説，爲詆於世。而餘姚傳其學著者，徐愛、錢德洪、聞人銓、胡瀚。德洪傳沈國模，國模傳韓孔當、邵曾可，曾可傳子貞顯，貞顯生廷采。康熙間，廷采爲諸生，與徐景范皆從孔當受業，又嘗從黄宗羲問學。廷采初讀《傳習録》無所得，既讀劉宗周《人譜》，曰：『吾知王氏學所始事矣。』河間李塨貽廷采書，論明儒異同。廷采答曰：『致良知者，主誠意，陽明而後，願學蕺山。』大學士熊賜履等以闢王學爲己任。廷采曰：『是不足辨，顧在力行耳。』廷采私念師友淵源及身而斬，乃思托著述以自見。朱筠《笥河文集》[二]。以爲陽明扶世翼教，作《王子傳》；蕺山功主慎獨，忠清節義，作《劉子傳》；王學盛行，務使合於矩準，作《王門弟子傳》；金鉉、祁彪佳、張兆鰲、黄宗羲等奉教守師説，作《劉門弟子傳》。又作《宋明[三]遺民所知傳》《姚江書院傳》，倪文正、施忠愍諸傳數十

[一] 字允斯，無出處，實徵引自朱筠《邵念魯先生墓表》。
[二] 朱筠《笥河文集》，應爲朱筠《邵念魯先生墓表》。
[三] 明，《南江文鈔》卷一〇《族祖念魯先生行狀》無。

篇。康熙五十年，卒，年六十四。弟子刻其文爲《思復堂集》十卷[一]。邵晉涵《南江文鈔》、四庫提要。

邵晉涵，字與桐，又字二雲[二]，餘姚人。廷采族孫。《潛揅堂集》《南江文鈔》。乾隆三十六年進士，歸班候選[三]，會四庫館開，特詔徵晉涵及歷城周永年、休寧戴震等入館編纂[四]，改翰林院庶吉士，授編修。五十六年大考，擢左中允、侍講、侍讀、左庶子、侍講學士，充日講起居注官，文淵閣直閣事。預修《續三通》[五]《國史》《萬壽聖典》《八旗通志》，校勘《石經》、《春秋》三傳。《詞林典故》、章學誠《文史通義》、《潛揅堂集》。

晉涵左目眚，清羸，善讀書，《潛揅堂集》。博文[六]强識，《文史通義》。碩學知名，四部、七録，靡不研

[一] 弟子刻其文爲《思復堂集》十卷，《南江文鈔》卷一〇《族祖念魯先生行狀》作「門弟子分刻之，取記、序、雜文，合爲《思復堂文集》二十卷」。

[二] 又字二雲，《潛研堂文集》卷四三《日講起居注官翰林院侍講學士邵君墓誌銘》（下略稱《邵君墓誌銘》）作「二雲其號」。

[三] 歸班候選，章學誠《邵與桐別傳》作「賜第罷歸」。

[四] 纂，章學誠《邵與桐別傳》作「校」。

[五] 《續三通》，章學誠《邵與桐別傳》、《潛研堂文集》卷四三《邵君墓誌銘》無。

[六] 文，章學誠《邵與桐別傳》作「聞」，是。

究。且[一]生長浙東，習聞蕺山、南雷諸緒論，《潛揅堂集》。故尤長於史。嘗曰：『宋人門户之習，語録庸陋之風，誠可鄙也。然其立身制行，出於倫常日用，何可廢耶？士大夫博學工文，雄出當世，而於辭受、取與、進退、出處之間，不能無簞食[二]萬鍾之擇。本心既失，其他又何議焉？』《文史通義》。又嘗謂《宋史》自南渡以後尤荒謬，《文史通義》。寧宗以後褒貶失實，《潛揅堂集》。不如東都有王偁《事畧》也。故先輯《南都事畧》，欲使條貫粗具，《文史通義》[三]。然後詞簡事增，《潛揅堂集》。爲趙宋一代之志。惜其學無所不通，然亦以是累志，程多年促，猝不易裁，《南都》未卒業，《宋志》亦草創未定稿，其緒餘稍見於審正《續通鑑》中。《文史通義》。

晉涵在書館時，見《永樂大典》採薛居正《舊五代史》，乃會粹編次，《文史通義》[四]。得十之八九，復採《册府元龜》《太平御覽》諸書，以補其缺，并參考《通鑑長編》、諸史及宋人説部、碑碣，辨證條繫，

[一] 且，《潛研堂文集》卷四三《邵君墓誌銘》作『君』。
[二] 食，章學誠《邵與桐别傳》作『豆』。
[三] 義，原誤作『考』，據《張氏榕園叢書》本改。
[四] 《文史通義》，《文史通義》無此引文，實徵引自《潛研堂文集》卷四三《邵君墓誌銘》。

悉符原書卷數。書成，呈御[一]覽。館臣請仿劉昫《舊唐書》之例，列於廿三史，刊布學宮。詔[二]從之，并《聖製七言八韻詩》題其首。由是薛史復傳人間[三]。《聖製詩注》及四庫全書提要。

晉涵又著《爾雅正義》，以郭《注》爲宗，兼採舍人、樊、劉、孫、李諸家。承學之士，多舍邢昺從之[四]。又著《孟子述義》《穀梁正義》《韓詩内傳考》《皇朝大臣謚迹録》《方輿金石編目》《輶軒日記[五]》《南江詩文稿》。素與會稽章學誠以所蘊蓄者相知。《文史通義》。晉涵性狷介，《潛揅堂集》。毅然不屈於要人，齟齬不恤也。《文史通義》。嘉慶元年，卒，年五十有四。《潛揅堂集》《文史通義》。戴震別有《傳》。

周永年，字書昌，歷城人。其高祖以前餘姚人也。書昌博洽貫通，爲時推許，棄産營書，積卷殆近十萬。章學誠《文史通義》。乾隆三十六年進士，特詔徵修四庫書，改翰林院庶吉士，授編修，充文淵閣校

[一] 御，《舊五代史》卷首《御製題舊五代史八韻》無。

[二] 詔，《舊五代史》卷首《御製題舊五代史八韻》無。

[三] 由是薛《史》復傳人間，無出處，實徵引自《潛研堂文集》卷四三《邵君墓誌銘》。

[四] 『晉涵又著』至『從之』，無出處，實徵引自《潛研堂文集》卷四三《邵君墓誌銘》。

[五] 記，章學誠《邵與桐別傳》作『録』。

理。《詞林典故》。乾隆四十四年貴州主考官[一]。永年在書館，見宋元遺書湮没目[二]多見採於《永樂大典》中，於是摘抉編摩，永新劉氏兄弟《公是》《公非》諸集以下，又得十有餘家，皆前人所未見者，咸著於録。《文史通義》。

徐文靖傳　任啓運

徐文靖，字位山，當塗人。乾隆元年薦舉博學鴻詞，試未入格。十七年，又薦舉經學，特授翰林院檢討。四庫提要。文靖考據經史，講求實學，黄叔琳《山河兩戒考序》。所著有《周易拾遺》十四卷、《禹貢會箋》十二卷、《山河兩戒考》十四卷、《竹書統箋》十二卷、《管城碩記》三十卷[三]。其言《易》主程氏，而於漢、魏之説，亦有發明。據自《序》[四]。其説《禹貢》，因胡[五]渭所已言而更推[六]所未至，故較渭

[一] 主考官，章學誠《周書昌别傳》作「鄉試典試官」。
[二] 目，據文意，應爲「者」。
[三] 「所著有」至「三十卷」，無出處。
[四] 《序》，即《周易札記·拾遺序》。
[五] 胡，原誤作「徐」，據《張氏榕園叢書》本改。
[六] 推，《四庫全書總目》卷一二《禹貢會箋》作「推尋」。

書益爲精密，惟信《山海經》《竹書紀年》太過，則好古之僻也。《管城碩記》推原《詩》《禮》諸經之倫[一]，旁及子、史、説部，雖不免汩於俗書，而語必求當。四庫提要。全祖望嘗服其考據精博。全祖望《經史問答》、四庫提要[二]。乾隆初，詹事張鵬翀嘗以《管城碩記》《山河兩戒考》進呈御覽[三]。文靖耄年猶健，低頭據案，著書不輟。盧文弨《竹書統箋序》[四]。年九十餘，卒。編修胡承珙説。初，侍郎黄叔琳主雍正元年江南鄉試，歸曰：『他人但以榜中有狀頭爲意滿耳，余[五]得三人曰任啓運、陳祖范、徐文靖，其學皆博而醇。』盧文弨《序》[六]，又見《潛揅堂集·陳祖范傳》。祖范附《顧棟高傳》。

啓運，字翼聖[七]，荆溪人。雍正十一年進士，改庶吉士，授編修[八]，歷官宗人府府丞[九]。《館選

[一] 倫，《四庫全書總目》卷一一九《管城碩記》作『論』，是。

[二] 四庫提要，《四庫全書總目》無引文，實徵引自《經史問答》卷一。

[三] 『乾隆初』至『進呈御覽』，無出處，實徵引自《志寧堂稿》卷首《張鵬翀奏摺》。

[四] 《竹書統箋序》，即《竹書紀年統箋跋》。

[五] 余，《張氏榕園叢書》本作『今』。

[六] 《序》，即《竹書紀年統箋跋》。

[七] 字翼聖，無出處，實徵引自《四庫全書總目》卷六《周易洗心》。

[八] 『改庶吉士，授編修』，無出處。

[九] 歷官宗人府府丞，無出處，《四庫全書總目》卷六《周易洗心》作『官至宗人府府丞』。

録》[一]。著《周易洗心》九卷、《宫室考》十三卷、《肆獻祼饋食禮》三卷、《四書約旨》十九卷。《儀禮》一經，久成絶學。啓運研究鈎貫，條理秩然，雖間有疵謬，而大致精核，可與鄭注相參，不愧窮經之目。其説《易》，頗務新奇，然觀象[二]玩辭，亦時闡精理。四庫書目提要。

李光坡傳 鍾倫

李光坡，字耜卿，又字[三]茂夫，安溪人，大學士光地弟也。四庫書提要。家居不仕，潛心經學。杭世駿《榕城詩話》。著《三禮述注》共六十九卷[四]、《皋軒文編》一卷。光坡論學主程、朱，論《禮》主鄭氏，論《易》主邵子，而兼取揚雄《太玄》，發揮性理，闡明經義。三《禮》之學，至宋而微，至明殆絶。《儀禮》《周禮》，雖瑕瑜互見，然疏解簡明，不及漢學之博奥，亦不如宋學之

[一]《館選録》，即《國朝歷科館選録》。
[二]象，浙本《四庫全書總目》卷六《周易洗心》同，文淵閣本《四庫全書總目》作『彖』，是。
[三]又字，《四庫全書總目》卷一九《周禮述注》作『號』。
[四]《三禮述注》共六十九卷，《四庫全書總目》卷一九《周禮述注》二十四卷，卷二〇《儀禮述注》十七卷，卷二一《禮記述注》二十八卷。

支蔓。其兄光地著《周官筆記》一篇[一]，光地子鍾倫著《周禮訓纂》二十一卷，皆標舉要義，不以考證辨難爲長，與光坡相近。蓋其家學如是也。提要。

鍾倫，字世得。康熙癸酉舉人，未仕而卒。鍾倫初受三《禮》於光坡，既侍其父，又多與宣城梅文鼎、長洲何焯、宿遷徐用錫、河間王之鋭、同里陳萬策等互相討論，故其學具有本源。提要。

全祖望傳

全祖望，字紹衣，又字謝山，鄞縣人。乾隆元年薦舉博學鴻詞科，至都即以正科會試，先成進士，改翰林庶吉士，不再與鴻博試。《鶴徵録》[二]及董秉純撰《年譜》[三]。祖望先以拔貢生入京，舉順天鄉試。户部侍郎臨川李紱曰：『此深寧、東發後一人也！』《年譜》。時，詞科尚未集，紱以問祖望，祖望爲記四十餘人，各列所長。紱在大臣傳。大學士張廷玉與紱相惡。《年譜》蔣學鏞《跋》[四]。二年，散館，歸班候選。知縣方苞欲薦入三通館，辭之，歸不復出。貧且病，饔飧不給，人有所餽，弗爲動。二十年，卒於

[一] 篇，《四庫全書總目》卷一九《周禮述注》作『卷』，是。
[二] 《鶴徵録》，引文徵引自《鶴徵後録》卷二及凡例。
[三] 《年譜》，即《全謝山先生年譜》。
[四] 跋，即《書全謝山先生年譜後》。

家，年五十有一。

祖望負氣迕俗，有風節。其學淵博無涯涘，於書靡不貫穿。在翰林，與李紱共借《永樂大典》讀之，每日各盡二十卷。時開明史館，復爲書六通移之。《鶴徵後録》《年譜》及《跋》。南歸後，修南雷黄氏《宋儒學案》，校《水經注》，續選《甬上耆舊詩》，撰《丙辰公車徵士小録》，又撰《詞科摭言》。先之，以康熙己未百八十六徵士，而接以乾隆丙辰，書未卒業[一]。祖望答弟子董秉純、張炳、蔣學鏞、盧鎬等所問經史，録爲《經史問答》十卷，足啓後學。見本書。卒後，董秉純等裒其文爲《鮚埼亭集》。見本書。又，祖望所著有《漢書地理志稽疑》[二]。

江永傳 汪紱、金榜

江永，字慎修，婺源人。爲諸生數十年，博通古今，專心於《十三經注疏》，《潛揅堂文集》。而於三《禮》功尤深。永以朱子晚年治《禮》，爲《儀禮經傳通解》，書未就。黄氏、楊氏相繼纂續，猶未完。乃廣摭博討，大綱細目一從吉、凶、軍、嘉、賓五禮舊次，題曰《禮經綱目》，八十八卷[三]，戴震《遺

[一]『撰丙辰』至『書未卒業』，無出處，實徵引自《鮚埼亭集》卷首《全謝山先生年譜》。

[二] 又祖望所著有《漢書地理志稽疑》，無出處。『理』，原誤作『里』，據《張氏榕園叢書》本改。

[三]『《禮經綱目》，八十八卷』，『八十八卷』無出處，《四庫全書總目》卷二二作『《禮書綱目》八十五卷』。

書》[一]。引據諸書，釐正發明，實足終朱子未竟之緒。四庫提要。乾隆二十七年，卒，年八十有三[二]。

又，所著有《周禮疑義舉要》六[三]卷、《禮記訓義擇言》六[四]卷、《深衣考誤》一卷、《律呂闡微》十卷、戴、錢二家作『十一卷』，今據四庫總目。《律呂新論》二卷、此種據四庫書目增。《春秋地理考實》四卷、《鄉黨圖考》十一卷、《讀書隨筆》十二卷、《古韻標準》六[五]卷、《四聲切韻表》四卷、《音學辨微》一卷、《推步法解》五卷，《七政衍》《金水二卷[六]发微》《冬至權度》《恒氣注曆辨》《歲實消長辨》《曆學補論》《中西合法擬草》各一卷，《近思録集注》十四卷[七]、《考訂朱子世家》一卷。此種據四庫書目增。

[一] 戴震《遺書》，即《戴氏遺書·文集》卷一〇《江慎修先生事略狀》。

[二] 年八十有三，《戴氏遺書·文集》卷一〇《江慎修先生事略狀》、《潛研堂文集》卷三九《江先生永傳》并作『年八十有二』，是。

[三] 六，《四庫全書總目》卷一九《周禮疑義舉要》作『七』。

[四] 六，《四庫全書總目》卷二一《禮記訓義擇言》作『八』。

[五] 六，《四庫全書總目》卷四二《古韻標準》作『四』。

[六] 卷，《潛研堂文集》卷三九《江先生永傳》、《戴氏遺書·文集》卷一〇《江慎修先生事略狀》并作『星』，是。

[七] 『春秋地理考實』至『集注十四卷』，無出處，實徵引自《戴氏遺書·文集》卷一〇《江慎修先生事略狀》、《潛研堂文集》卷三九《江先生永傳》。

永讀書好深思，長於比勘，於推步[一]、鍾律、聲韻尤明。《潛揅堂集》。歲實消長，前人多論之者，梅文鼎畧主《授時》，而亦疑之。《疇人傳》。永爲之説曰：『日平行於黄道，是爲恒氣、恒歲。實因有本輪、均輪高衝之差，而生盈縮，謂之視行。視行者，日之實體所至，而平行者，本輪之心也。以視行加減平行，故定氣時刻多寡不同。高衝爲縮末、盈初之端，歲有推移，故定氣時刻之多寡且歲歲不同，而恒氣、恒歲實終古無增損。當以恒者爲率，隨其時之高衝以算定氣，而歲實消長可勿論也。』

其論黄鐘之宫，據《管子》《吕氏春秋》以正《淮南子》《漢書志》，曰：『黄鐘之宫，黄鐘半律也，即後世所謂黄鐘清聲是也。唐時《風雅十二詩譜》，以清黄起調畢曲，琴家正宫調，黄鐘不在大絃，而在第三絃，正黄鍾之宫爲律本遺意。《國語》伶州鳩因[二]論七律而及武王之四樂，夷則、無射曰上宫，黄鐘、太簇曰下宫。蓋律長者用其清聲，律短者用其濁聲。古樂用均之法雖[三]亡，而因端可推。《韓非子·外儲篇》曰：「夫瑟以小絃爲大聲，大絃爲小聲。」雖詭其[四]辭以諷，然因是知古者調瑟之法。黄鍾、大吕、太簇、夾鍾、姑洗、仲吕、蕤賓，用半而居小絃；林鍾、夷則、南吕、無射、應鍾，用全而居大

［一］推步，《潛研堂文集》卷三九《江先生永傳》作『步算』。
［二］因，《潛研堂文集》卷三九《江先生永傳》無。
［三］雖，《戴氏遺書·文集》卷一〇《江慎修先生事略狀》作『既』。
［四］其，《潛研堂文集》卷三九《江先生永傳》無。

絃也。《管子》書五聲徵、羽、宮、商、角之序亦如此。』永此言，實漢以來所未闢究者。

其論古韻曰：『考古音者，昉於吳才老。崑山顧氏援證益精博，然吳氏考古之功多，審音之功淺。顧氏分古音爲十部，猶未密也。《真》《諄》以下十四韻當析爲二部，而《先》韻半屬《真》《諄》，半屬《元》《寒》，考之《三百篇》，用韻盡然。《侯》之正者[一]近《幽》，當别爲一部，《虞》《模》部之隅、渝、驅、婁等字，《蕭》《豪》部之蕭、寥、炰、好等字，皆《侯》《幽》之類，與本部源流各别，《三百篇》亦盡然。《侵》《覃》以下九韻，亦當以侈、斂分爲二部，而《覃》《鹽》半屬《侵》，半屬《嚴》《添》，蓋平、上、去三聲，皆當爲十三[二]部，入聲當爲八部，而三代以上之音，始有條不紊也。』論今韻曰：『平、上、去三聲，多者六十部，少亦五十餘部，惟入聲衹三十四部，或謂《支》至《咍》、《蕭》至《麻》、《尤》至《幽》無入聲，崑山顧氏《古音表》又反其説，於是舊有者無，舊無者有，皆拘於一偏。蓋入聲有二三韻，而同一入者，如《東》《尤》《侯》同以《屋》爲入，《真》《脂》同以《質》爲入，《文》《微》同以《物》爲入，《寒》《桓》《歌》《戈》同以《曷》《末》爲入之類，按其呼等，察其偏傍，參以古音，乃無憾也。』

其説《易》卦變曰：『卦變之義，言人人殊，當於反卦取之。否反爲泰，泰反爲否，故曰「小往大

[一] 者，《潛研堂文集》卷三九《江先生永傳》作『音』是。
[二] 三，原誤作『二』，據《張氏榕園叢書》本改。

來」，曰「大往小來」，是其例也。《彖傳》言「來」、言「下」、言「反」者，自反卦之外卦來居內卦也。言「往」、言「上」、言「進」、言「升」者，自反卦之內卦往居外卦也。」

其論《春秋》軍制曰：『儒者多稱井田廢而兵農始分，考春秋之世，兵農固已分矣。管仲參國伍鄙之法，齊三軍出之士鄉十有五，公與國子、高子分率之，而鄙處之農不與也。爲農者治田供稅，不以隸於師旅也。鄉田但有兵賦，無田稅，似後世之軍田、屯田，此外更無養兵之費。晉之始惟一軍，既而作三軍、作二軍[一]、作五軍，既舍二軍，旋作六軍，後爲四軍，以新軍無師而復三軍。其既增又損也，蓋除其軍籍，使之歸農，若軍盡出於農，則農民固在，安用屢易軍制乎？隨武子曰：「楚國荆尸而舉，商農工賈，不敗其業。」此農不從軍之證也。魯之作三軍也，季氏取其乘之父兄子弟盡征之，孟氏取半焉，以其半歸公，叔孫氏臣其子弟，而以其父兄歸公。所謂子弟者，兵之壯者也；父兄，兵之老者也，皆其素在軍籍，隸之卒乘者，非通國之父兄子弟也。其後舍中軍，季氏擇二，二[二]子各一，皆盡征之，而貢之於公。若民之爲農者，出田稅自仍然歸之君，故哀公曰：「二，吾猶不足。」三家雖專，亦惟食其采邑，豈嘗使通國之農，盡屬己哉！陽虎壬辰戒都車，令「癸巳至」，此近都之民爲兵之證，其野處之農，

[一] 作三軍作二軍，《潛研堂文集》卷三九《江先生永傳》、《戴氏遺書·文集》卷一〇《江慎修先生事略狀》并作『作二軍作三軍』。

[二] 三，《潛研堂文集》卷三九《江先生永傳》、《戴氏遺書·文集》卷一〇《江慎修先生事略狀》并作『二』。

固不爲兵也。』永於經傳制度名物，考籍[一]精審多類此。《潛揅堂文集》戴震《遺書》。

永處里黨，孝弟仁讓。家故貧，語鄉人立義倉，行之且三十年。戴震《遺書》。嘗一至京師，桐城方苞、荆溪吴紱質以三《禮》疑義，皆大折服。休寧戴震之學，得於永爲多。《潛揅堂集》。永卒後，震攜其書入都，《疇人傳》。故《四庫全書》收永所著書至十餘部[二]。四庫書目。尚書秦蕙田撰《五禮通考》，摭永説入觀象授時類，而《推步法解》，則載[三]其全書。然永言曆算專崇西學，并護其短，申西難梅，猶不足爲定論也。《疇人傳》。

汪紱，江永同縣老儒，一名烜，字[四]雙池。嘗貧困[五]，江西景德鎮畫盌傭焉。紱博極儒經，而以

[一] 籍，《潛研堂文集》卷三九《江先生永傳》作『稽』，是。

[二] 《四庫全書總目》著録江永著述十六部，其中著録《四庫全書》所收十五部：卷一九《周禮疑義舉要》，卷二〇《儀禮釋宫增注》，卷二一《禮記訓義擇言》《深衣考誤》，卷二二《禮書綱目》，卷二九《春秋地理考實》，卷三三《群經補義》，卷三六《鄉黨圖考》，卷三八《律吕新論》《律吕闡釋》，卷四二《古韵標準》，卷四四《四聲切韵表》，卷六〇《考訂朱子世家》，卷九二《近思録集注》，卷一〇六《算學》；又著録其列入存目之書一部：卷二三《儀禮釋例》。

[三] 載，原誤作『戴』，據《張氏榕園叢書》本改。

[四] 字，《四庫全書總目》卷二二《參讀禮志疑》作『號』。

[五] 困，原誤作『因』，據《揅經室續二集》卷二《集傳録存·汪紱》改。

宋五子之學爲歸[一]。因陸隴其著《讀禮志疑》，乃作《參讀禮志疑》二卷。雖考禮未深，然亦多得經意，可與隴其書并存。紱又著《禮[二]學逢源》《儒先[三]晤語》《周易[四]詮義》[五]《禮記章句》四庫提要及《汪[六]氏遺書》。《尚書詮義》《詩經詮義》《四庫[七]詮義》《春秋集傳》《樂經律呂通解》。《朱筠集·墓表》[八]。

金榜，字蘂齋，歙縣人。乾隆三十七年一甲一名進士，翰林院修撰。《詞林典故》。養痾讀書，不復出，卒於家[九]。榜師事江永，治禮宗鄭康成。采獲舊聞，摭秘逸要，著《禮箋》十卷。五十八年，刺取其大者數十事爲二卷，寄朱珪，珪序之，以爲「詞精義覈」。見本書。榜雖最尊康成之學，然於鄭義所未衷

［一］『江西景德鎮』至『學爲歸』，無出處，實徵引自朱筠《婺源縣學生汪先生墓表》。

［二］禮，朱筠《婺源縣學生汪先生墓表》作『理』，是。

［三］儒先，朱筠《婺源縣學生汪先生墓表》作『先儒』，是。

［四］周易，朱筠《婺源縣學生汪先生墓表》作『易經』，是。

［五］《禮學逢源》《儒先晤語》《周易詮義》，無出處，實徵引自朱筠《婺源縣學生汪先生墓表》。

［六］汪，原誤作『江』，據本傳、《揅經室續二集》卷二《集傳録存·汪紱》改。

［七］庫，朱筠《婺源縣學生汪先生墓表》作『書』，是。

［八］《朱筠集·墓表》，即朱筠《婺源縣學生汪先生墓表》。

［九］卒於家，無出處。

者，必糾舉之，姚鼐《序》[一]。於鄭氏家法不敢誣也。見本書。

朱筠傳

朱筠，字竹君，又字笥河，大興人，太傅大學士珪之兄。姚鼐《惜抱軒集》[二]。父文炳，官盩厔縣知縣。筠與珪皆生於盩厔，九歲至京師，與珪同讀書，通經，文成斐然。乾隆十九年進士，改庶吉士，授翰林編修。三十二年，授贊善，明年御試二等，擢翰林侍讀學士，充日講起居注官。三十四年，督安徽學政，以生員欠考事降級。得旨：『朱筠學問尚優，加恩授編修，在四庫全書處行走，總辦《日下舊聞》。』四十四年，督福建學政。朱珪《知足齋文集·墓誌銘》[三]，孫星衍《平津館集·傳》[四]。三十七年，上方詔求遺書。《知足齋集》。筠奏言：『伏見皇上稽古右文，勤求墳典，請訪天下遺書，以廣藝文之闕。而前明《永樂大

[一]《序》，即《禮箋序》。

[二]《惜抱軒集》，應爲《朱竹君先生傳》，下同。

[三]《墓誌銘》，即《翰林院編修誥授中議大夫前日講起居注官翰林院侍讀學士加二級先叔兄朱公墓誌銘》（下略稱《朱公墓志銘》）。

[四]《平津館集·傳》，應爲《笥河先生行狀》，下同。

典》古書宜撰[一]擇繕寫，入於著録。』又請立校書之官，參考得失；并令各州縣鐘鼎碑碣悉拓進呈，俾資甄録。王昶[二]《述庵文鈔》。上覽奏異之，下軍機大臣議行，御製《七言八韻詩》紀其事。命纂輯《四庫全書》，得之《大典》中者，五百餘部，皆世所不傳，次第刊布海内，實筠發之。筠又奏言：『請倣漢、唐故事，擇儒臣校正十三經文字，勒石太學。』奉硃批：『候朕緩緩酌辦。』《知足齋集》。

筠博聞宏覽，《述庵文鈔》。以經學、六書倡。《知足齋集》。謂『治經當守一家之學』。汪中《朱先生學政記》。經學本於文字訓詁，周公作《爾雅》，《釋詁》居首；保氏教六書，《説文》僅存。於是刊布許慎《説文解文》，叙説之[三]以教士。《平津館集》[四]。督學所至，以人材、經術、名義爲急。《朱先生學政記》。又好金石文字，謂可佐證[五]經史。《平津館集》。爲[六]文以鄭、孔經義，遷、固史書爲質。《知足齋集》。嘗

[一] 撰，《春融堂集》卷六〇《翰林院編修朱君墓表》作『選』，是。
[二] 昶，原誤作『旭』，據《張氏榕園叢書》本改。
[三] 叙説之，孫星衍《笥河先生行狀》作『於安徽』。
[四] 《平津館集》，引文徵引自《笥河先生行狀》，下同。
[五] 佐證，孫星衍《笥河先生行狀》作『證佐』。
[六] 爲，《知足齋文集》卷三《朱公墓誌銘》作『古』。

謂『取法乎上，僅得乎中』[一]。書法參六書，有隋以前體。《平津館集》。承學之士，望爲依歸。筠益[二]宏獎後進，一枝之長，掖之惟恐不至。扶士氣，重倫節，勸懲有加焉。《述庵文鈔》。陸錫熊、程晉芳、任大椿等皆筠所取士，《知足齋集》。而戴震、邵晉涵、《平津館集》。汪中、章學誠、李威《從遊記》。黄景仁等亦先後在筠幕中。《述庵文鈔》。筠大言：『翰林以立品、讀書爲職，不能趨謁勢要。』《知足齋集》《平津館集》。筠少曾館於劉統勳家，及統勳爲大學士，筠不通謁。統勳遇筠於朝，呼之曰：『不念老夫耶？』筠曰：『非公事，不敢見貴人。』統勳歎息稱善。李威《從遊記》。掌院大學士于敏中總四庫館事，筠不造謁。又，時以館事與敏中迕。《惜抱軒集》。敏中間爲上言『朱筠辦書頗遲』，上不罪之，言曰『命蔣賜棨趣之』而已，特恩也。《知足齋集》。辛卯御試試差，筠不入選。上顧問掌院大學士等，曰：『今試乃遺朱筠呼？』《從遊記》。四十六年，卒，年五十有三。著《十三經文字同異》未成[三]。成者，古文数百篇、詩數千首，爲《笥河集》[四]。《知足齋集》。

[一]『嘗謂』至『乎中』，無出處。

[二]益，《春融堂集》卷六〇《翰林院編修朱君墓表》作『好』。

[三]著《十三經文字同異》未成，無出處，實徵引自孫星衍《笥河先生行狀》。

[四]爲《笥河集》，無出處。

卷四

錢大昕傳 塘、王鳴盛

錢大昕，字曉徵，又字竹汀，嘉定人。乾隆十六年召試，賜舉人，補内閣中書。十九年進士，改翰林院庶吉士。二十二年，授編修[一]。二十三年大考，擢右贊善，尋遷侍讀。二十八年大考，擢侍講學士，充日講起居注官。三十二年，乞假歸。三十七年，補侍讀學士，上書房行走[二]，冬，擢少詹事。己卯、壬午、乙酉、甲午，充山東、湖南、浙江、河南主考官。庚辰、丙戌，會試同考官。試河南時，即奉命提督廣東學政。次年，丁父憂，服闋；丁母憂，病不復出。歷主鍾山、婁東、蘇州紫陽諸書院。嘉慶九年，卒，年七十有七。《欽定詞林典故》[三]、王昶《春融堂集》。

[一]『二十二年，授編修』，無出處，實徵引自王引之《詹事府少詹事錢先生神道碑銘》。

[二]『三十二年』至『行走』，無出處，實徵引自王引之《詹事府少詹事錢先生神道碑銘》。

[三]《欽定詞林典故》，即朱珪等《皇朝詞林典故》。

大昕幼慧，善讀書。時，元和惠棟、吴江沈彤以經術稱吴下，其學求之《十三經注疏》，又求之初唐以前子、史、小學，以洗庸陋。大昕推而廣之，錯綜貫串，發古人所未發。在中書，與吴烺、褚寅亮同習梅氏算術。及入翰林，禮部尚書何國宗世業天文，年已老，聞其善算，先往拜之，曰：『今同館諸公談此道者鮮矣。』歎息久之。大昕於中西兩法剖析無遺。用以觀史，自《大初》《三統》《四分》，中至《大衍》，下迄《授時》，朔望、薄蝕、淩犯、進退、强弱，皆抉摘知誤。里居三十年[一]，《春融堂集》、《疇人傳》中《何國宗傳》。六經、百家無所不通，蔚爲著述。陳鶴文《序》。所著書有《潛揅堂文集》五十卷、《養新録》二十三卷、《唐石經考異》一卷、《經典文字考異》一卷、《聲類》四卷、《廿二史考異》一百卷、《唐書史臣表》[二]一卷、《唐五代學士年表》二卷、《宋學士年表》一卷、《元史氏族表》三卷、《元史藝文志》四卷、《三史拾遺》五卷、《諸史拾遺》五卷、《通鑑注辨證[三]》三[四]卷、《四史朔閏考》四[五]卷、《潛揅堂

[一] 里居三十年，無出處，實徵引自王引之《詹事府少詹事錢先生神道碑銘》。
[二] 《唐書史臣表》，即《修唐書史臣表》。
[三] 證，《（嘉慶）嘉定縣志》卷一〇《藝文考一》作『正』，是。
[四] 三，《通鑑注辨正》作『二』。
[五] 四，《宋遼金元四史朔閏考》作『二』。

金石文跋尾》二十五卷[一]、《恒言録》六卷、《竹汀日記鈔》三卷、《潛揅堂詩集》二十卷、《吴興舊德録》四卷、《先德録》四卷、《洪文惠年譜》一卷、《洪文敏年譜》一卷、《王深寧年譜》一卷、《王弇州年譜》一卷、《疑年録》三[二]卷。《嘉定縣志[三]·藝文志》及各家傳志序文。嘗奉敕與修《音韻述微》，又與修《續文獻通考》《續通志》《一統志》《天球圖》諸書。《春融堂集》。大昕始以詞章稱名。《文集》段若膺《序》[四]。沈德潛《吴中七子詩選》，大昕居一。《七子詩選序》。既乃研精經史，因文見道，《文集序》。履蹈粹然。《揅經堂文集》[五]。澹於榮利，以知足爲懷。《春融堂集》。其學於經義之聚訟難決者，皆能剖析源流。文字、音韻、訓詁、曆算、地理、氏族、金石，以及古人爵里、事實、年齒，無不瞭如指掌。古人賢奸是非疑似難明者，大典章制度昔人不能明斷者，皆有確見。《潛揅堂集》及《文集序》。

漢《三統術》爲七十餘家之權輿，訛文奥義，無能正之者。大昕衍之，據班《志》以闡劉歆之説，

［一］二十五卷，《(嘉慶)嘉定縣志》卷一〇《藝文考一》作『六卷續七卷又續六卷又續六卷』。
［二］三，《疑年録》作『四』。
［三］《嘉定縣志》，即《(嘉慶)嘉定縣志》。
［四］《文集》段若膺《序》，即《潛研堂文集》段玉裁《序》。下《文集序》同。
［五］《揅經堂文集》，疑爲『潛研堂全書』，引文徵引自錢大昕《十駕齋養新録》卷首阮元《序》。

正《志》文之訛，二千年已絶之學，昭然發蒙。《嘉定縣志》。大昕又謂：古法歲陰與太陽[一]不同。《淮南・天文訓》攝提以下十二名，皆謂太陰所在。《史記》太初元年，年名焉逢攝提格者，歲陰非太歲也。東漢後，不用太陰紀年，又不知太歲超辰之法，乃以太初元年爲丁丑歲，則與《史》《漢》之文皆悖矣。又謂：《尚書緯》四游升降之説，即西法日躔最高卑之説[二]。又，宋楊忠輔《統天術》以距差乘躔差，減氣汎積爲定積。梅文鼎謂郭守敬加減歲餘法出於此。但《統天》求汎積，必先減氣差十九日有奇，與郭又異，文鼎不能言。大昕推之，曰：『凡步氣朔，必以甲子日起算。今《統天》上元冬至乃戊子日[三]，不值甲子，依《授時曆》，當加氣應廿四日有奇，乃得從甲子起。今減去氣差，是以上元冬至後甲子日起算也。既如此，當減氣應卅五日有奇，今減十九日有奇者，去躔差之數不算也。求天正經朔又減閏差者，經朔當從合朔起算，今推得《統天》[四]上元冬至後第一朔乃乙丑戌初二刻弱，故必減閏

[一] 陽，《皇清誥授中憲大夫上書房行走日講起居注官詹事府少詹事兼翰林院侍講學士提督廣東全省學政顯考竹汀府君行述》（下略稱《竹汀府君行述》）作『歲』，是。
[二] 『尚書緯』至『之説』，《竹汀府君行述》作『西洋推日躔有最高卑之行，與《尚書緯》四游升降之説正相近』。
[三] 今《統天》上元冬至乃戊子日，《汀府君行述》作『今上元冬至』。
[四] 《統天》，《竹汀府君行述》無。

差而後以朔實除之，即《授時》之朔[一]應也。』

大昕考地理謂：《漢志》山陽之西陽縣，當作西防；東海之海曲縣，當作海西；蜀郡汶江縣之溓水，當爲涐水。陳涉乃潁川之陽城人，非汝南陽城。蒯通范陽人，乃東郡之范[二]，非涿郡之范陽。《續漢志》平原郡本有西平昌縣，刊本錯入樂安國注中，校者并改十城爲「九城」。《後漢·光武紀》：「省并西京十國：淄川、高密、膠東屬北海。」刊本誤以十國爲「十三」，淄川下多「屬」字，章懷不能辨。《晉志》貴[三]州本有濟南、北海[四]二郡，史有脱文，遂以北海之縣誤爲濟南屬縣，宋人遂謂晉之濟南治平壽，不治歷城。考宋、魏二志及杜預説，濟南蓋領歷城、著[五]、平陸[六]、祝阿諸縣，而平壽、下密、膠東、即墨諸縣，自屬北海郡。其餘精核類乎此[七]。見本集及諸著。

大昕在館時，以洪武所葺《元史》冗雜漏落，欲仿范蔚宗、歐陽修之例，別爲編次更定，或删或補，

[一] 朔，《竹汀府君行述》作「閏」。

[二] 范，《竹汀府君行述》作「范陽」。

[三] 貴，《竹汀府君行述》作「青」，是。

[四] 海，《竹汀府君行述》作「川」，是。

[五] 著，《竹汀府君行述》作「諸」，是。

[六] 陸，《竹汀府君行述》作「陵」，是。

[七] 其餘精核類乎此，無出處。

屬草未成，惟《世系表》《藝文志》二稿尚存。《氏族表》仿《唐書》宰相世系之例，取其譜系可考者列爲表，疑者闕之。《藝文志》取當時文士撰述，録目補闕，遼、金作者亦附見焉。本書《序》[一]及《嘉定縣志》。所撰《養新録》仿顧炎武《日知録》，而精博過之。《通鑑注辨》辨正胡注百有四十餘事。《疑年録》始於鄭康成，終於王鳴盛，共三百餘人，覆其生卒年月，且證傳文之訛。《嘉定縣志》。素[二]不喜二氏書。嘗曰：『孔子言「疾没世而名不稱」，聖人豈好名哉！立德、立功、立言，吾儒之不朽也。[三]先儒言釋氏近於墨子，以爲釋氏亦終於楊氏，爲己而已。彼棄父母而學道，是視己重於父母也。』見本集[四]。所爲文淳古淡泊，皆經史精液，不矜張以自雄。《文集》段若膺《叙》。詩清而純，質而有法。《嘉定縣志》、王昶《集》[五]。東南俊偉博洽之士，皆欽其學，高其行，受業門下[六]。《春融堂集》。

族子塘，字漑亭。乾隆四十六年進士。就教職，選江寧府學教授。與其弟坫相切磋，爲實事求是

[一] 本書《序》，即《元史藝文志》卷首《元史不立藝文志》。

[二] 素，《潛研堂文集》卷五〇《先大父贈奉政大夫府君家傳》作『唯』。

[三] 『孔子言』至『不朽也』，錢大昕祖父錢王炯之言，見《潛研堂文集》卷五〇《先大父贈奉政大夫府君家傳》，《竹汀府君行述》轉述其言。

[四] 本集，即《潛研堂文集》。

[五] 《集》，即《春融堂集》。

[六] 受業門下，無出處，實徵引自王引之《詹事府少詹事錢先生神道碑銘》。

之學。刻苦撰述，於聲音、文字、律呂、推步尤有神解。著《律呂古義》六卷，謂：『周本八寸尺，若[一]制律，必用十寸尺。』以證荀勖之非。《潛揅堂集》。又謂：『劉徽、祖沖之以來，皆言圓徑一周三一四。今以徑冪進位爲實，開方爲圓周，求積以徑冪，乘周冪十六約之爲實，開方爲圓積，徑一者周三一六，闇合秦九韶法。』《潛揅堂集》[二]《疇人傳》。又著《淮南天文訓補注》三卷、《述古編》四[三]卷。《潛揅堂集》《嘉定縣志》。

王鳴盛，字鳳喈，嘉定[四]人。乾隆十九年一甲二名進士，授編修，累官内閣學士，光禄寺卿。鳴盛少[五]與惠棟、錢大昕講經義，訓詁必以漢儒爲宗。所撰《尚書後案》三十卷[六]，專宗鄭康成注[七]，鄭注亡逸者，採馬融、王肅注補之；孔傳雖僞，其訓詁非盡虚造者，間亦取焉。《潛揅堂文集》。又

[一] 若，《潛研堂文集》卷三九《溉亭别傳》作『不可以』。

[二] 《潛揅堂集》，《潛揅堂集》無引文，引文實徵引自《疇人傳》卷四二《錢塘傳》。

[三] 四，《(嘉慶)嘉定縣志》卷一一《藝文考二》作『二』。

[四] 嘉定，原作□□，據《揅經室續二集》卷二《集傳録存·王鳴盛》補。《潛研堂文集》卷四八《西沚先生墓誌銘》作『補嘉定縣學生』。

[五] 少，《潛研堂文集》卷四八《西沚先生墓誌銘》作『又』。

[六] 三十卷，無出處。

[七] 注，《潛研堂文集》卷四八《西沚先生墓誌銘》無。

撰《十七史商榷》一百卷、《蛾術編》一百卷、《西莊詩文集》二十四卷。見本書。

戴震傳 凌廷堪

戴震，字東原，休寧人。婺源江永精禮經及推步、鍾律、音聲、文字之學。震偕其縣人鄭牧、歙縣汪肇瀧、方矩、汪梧鳳、金榜學之。凌廷堪《校禮堂集·戴震事狀[一]》。震乃研精漢儒傳注及[二]《説文》諸書，由聲音、文字以求訓詁，由訓詁以尋義理，實事求是，不主一家。錢大昕《潛揅堂集·戴震傳》[三]。出所學質之江永，永爲之駭歎。王昶《述庵文鈔·戴震墓志銘》[四]。震性特介。年三十餘，《潛揅堂集》。以諸生[五]入都，北方學者如獻縣紀昀、大興朱筠，南方學者如嘉定錢大昕、餘姚盧文弨、青浦王昶皆《述庵文鈔》《校禮堂集》。折節交焉。尚書秦蕙田纂《五禮通考》，震任其事；尚書王安國延教其子；朱珪爲山西布政司，延之撰《方志》，皆禮遇有加。《校禮堂集》。乾隆二十七年，舉鄉試。三十八年，詔開四庫館，徵海内

[一] 戴震事狀，即凌廷堪《戴東原先生事略狀》。

[二] 及，《潛研堂文集》卷三九《戴先生震傳》下有「方言」二字。

[三] 《戴震傳》，即《戴先生震傳》。

[四] 《戴震墓志銘》，即《戴東原先生墓誌銘》。

[五] 諸生，凌廷堪《戴東原先生事略狀》作「避讐」。

淹貫之士司編校之職，總裁疏薦震充纂修。四十年，特命與會試中式者同赴殿試，賜同進士出身，改翰林院庶吉士。震以文學爲天子所知，出入著作之庭，館中有奇文疑義，輒就咨訪。震亦思勤修其職，經進圖籍，論次精審，晨夕披檢，靡間寒暑，所校《大戴禮記》《水經注》尤精核。四十二年，卒於官，年五十有五。《潛揅堂集》《校禮堂集》。震之學精誠解辨，每立一義，初若創獲，及參[一]考之，果不可易。《潛揅堂集》。大約[二]有三：曰小學，曰測算，曰典章制度。

其小學之書，有《聲韻考》四卷、《聲韻表》十卷、《方言疏證》十三卷。自漢以後，不明故訓音聲之源，以致古籍傳寫遞訛，混淆莫辨。字書主於故訓，韻書主於聲音，二者恒相因。音聲有不隨故訓變者，則一音或數義；音聲有隨故訓變者，則一字或數音。其例或義由聲出，或聲同義別，或聲義各別，爲恫[三]究其旨，則異字異音絶不相通者，其誤自能別之，庶釋經論字不至失據。漢以後，轉注之説失傳，好古如顧炎武，亦不深省。震謂：指事、象形、諧聲、會意，四者爲書之體，假借、轉注，二者爲書之用。一字具數用者爲假借，數字共一用者爲轉注。初、哉、首、基之爲始，卬、吾、台、予之爲我，其義轉相注也。自漢以來，古音寖微，學者於六書諧聲之故，靡所從入。《廣韻》東、冬、鐘、江、真、諄、臻、文、

[一] 參，錢大昕《戴先生震傳》作「參互」。
[二] 大約，淩廷堪《戴東原先生事略狀》作「則」。
[三] 爲恫，《張氏榕園叢書》本作「爲洞」，淩廷堪《戴東原先生事略狀》作「唯洞」。

欣、元、魂、痕、寒、桓、删、山、先、仙、陽、唐、庚、耕、清、青、蒸、登、侵、覃、談、鹽、添、咸、銜、嚴、凡，共三十五韻，有入聲，外此如支、脂等二十二韻，無入聲。顧氏《古音表》反是。震則謂：有入無入之韻，當兩兩相配，以入聲爲之樞紐。真以下十四韻，與脂、微、齊、皆、灰五韻同入聲；東以下四韻及陽以下八韻，與支、之、佳、咍、蕭、宵、肴、豪、尤、侯、幽十一韻同入聲；侵以下九韻之入聲，則從《廣韻》，無與之配；魚、虞、模、歌、戈、麻六韻，《唐韻》無入聲，今同以鐸爲入聲，不與唐相配。而古音遞轉及六書諧聲之故，胥可由此得之。」皆古人所未發。

其測算之書，有《原象》四篇、《迎日推策記》一篇、《勾股割圜記》三篇、《續天文畧》三卷、《策算》一卷。自漢以來，疇人不知有黄極。西人入中國，始云赤道極之外，又有黄道極，是爲七政恒星右旋之樞，詫爲六經所未有。震則謂：西人所云赤極，即《周髀》之正北極也，黄極即《周髀》之北極璿機也。《虞夏書》「在璿機玉衡，以齊七政」。蓋設璿機以擬黄道極也。黄極在柱史星東南，上弼、少弼之間，終古不隨歲差而改。赤極居中，黄極環繞其外。《周髀》固已言之，不始於西人也。又，月建所指，亦謂黄極。夫北極璿機，冬至夜半恒指子，春分夜半恒指卯，夏至夜半恒指午，秋分夜半恒指酉。以《周髀》四游所極推之，則月建十有二辰，爲黄極夜半所指顯然，漢人以爲斗杓穆[一]辰者，非也。自漢以

[一]穆，淩廷堪《戴東原先生事略狀》作「移」，是。

來，九數佚於秦火，儒者測天，多不能盡勾股之藴。明末，西人傳弧三角之術，推步始爲精密。其三邊求角及兩邊夾一角求對角之邊加減捷法，梅氏用平儀之理爲圖闡之，可謂割〔一〕析淵微。然用餘弦折平爲中數，則過象限與不過象限，有相加相減之殊，猶未爲甚捷也。震則謂：用餘弦者，或加或減，易生岐惑，乃立新術，用總較兩弧之矢，相較折半爲中數，則一例用減，更簡而捷矣。蓋餘弦者，矢之餘也。八綫法：弧小則餘弦大，弧大則餘弦小。弧若大過象限九十度，則餘弦反由小而漸大。惟矢不然，弧小則矢小，弧大則矢大。弧若大過象限九十度，則矢更隨之而大，是矢與弧大小相應，不似餘弦之參差，故以易之。此立法之根，古人所未發也。

其典章制度之書未成，有《文集》十二卷、《考工記圖》二卷、《毛鄭詩考》〔二〕四卷、《詩經補注》僅《二南》二卷、《屈原賦戴氏注》七卷、《通釋》二卷。考證之精者，多散見其中。至於《原善》三篇、《孟子字義疏證》三卷，皆標舉古義，以刊正宋儒，所謂由古訓而明禮〔三〕義者也。自宋以來，學者或剿襲釋氏之言之精者，以説聖經。其所謂學，不求之於經，而但求之於理；不求之於故訓典章制度，而但求之於心。好古之士雖欲矯其非，然僅取漢人傳注之一名一物而輾轉考證之，則又煩細而不能至於道。

〔一〕割，《張氏榕園叢書》本作「剖」。
〔二〕《毛鄭詩考》，「考」下脱「正」字。
〔三〕禮，淩廷堪《戴東原先生事略狀》作「理」，是。

於是乎有漢儒經學、宋儒經學之分，一主於故訓，一主於理義也。震則謂：理義不可舍經而空憑胸臆，必求之於古經。求之古經而遺文垂絶，今古懸隔，然後求之故訓。故訓明則古經明，古經明則賢人聖人之理義明，而我心之所同然者乃因之而明。理義非他，存乎典章制度者也。彼歧故訓、理義而二之，是故訓非以明理義，而故訓何爲？理義不存乎典章制度，勢必流入於異學曲説而不自知也。《校禮堂集》。震晚年論述，於老莊、釋氏之説辭而闢之，使與六經孔孟之書截然不可以相亂，具見於《孟子字義疏證》[一]《與彭進士紹升書》。《述庵文鈔》。

淩廷堪，字次仲，歙縣人。六歲而孤，冠後始讀書。慕其鄉江永、戴震之學。乾隆五十五年，年三十四，成進士，例選知縣。廷堪自願改教職，乃可養母治經。《國子監題名碑》《揅經室集》[二]。選寧國府學教授。奉母之官[三]，畢力著述者十餘年。年五十五，卒。廷堪貫通群經，識力精卓。《揅經室集》。繼戴震起，於禮經用力最深。盧文弨《校禮初稿序》[四]。不輟寒暑二十餘年。《釋例序》[五]。撰《禮經釋例》十三卷，

[一]《孟子字義疏證》，《春融堂集》卷五五《戴東原先生墓誌銘》作「原善原象」。

[二]《揅經室集》，應爲阮元《次仲淩君傳》，下同。

[三] 奉母之官，阮元《次仲淩君傳》作「奉母暨兄嫂之官」。

[四]《校禮初稿序》，即《校禮堂初稿序》。

[五]《釋例序》，即《禮經釋例序》。

凡八類，曰通例，曰飲食例，曰賓客例，曰射例，曰變例，曰祭例，曰器服例，曰雜例。以禮經爲主，閒亦旁通他經。盧文弨《校禮初稿序》。至於第十一篇，自漢以來，説者雖多，由不明尊尊之旨，故罕得經意，乃爲《封建尊[一]服制考》一篇，附於『變例』之後。《掔經室集》。自《序》曰：『禮經苟不得其例，雖上哲亦苦其難；苟得之，中材可勉赴焉。』《釋例序》。大學士朱珪讀其書，贈詩甚推重之。《知足齋詩集》。又著《魏書音義》《燕樂考源》《元遺山年譜》《校禮堂集》《五物》《九拜》《九祭》[二]《釋牲》《旅酬》《楚茨》[三]諸説經之文，發古人所未發。其尤卓然者，則有《復禮》三篇。《掔經室集》。

盧文弨傳　孫志祖、丁杰

盧文弨，字紹弓，又字抱經[四]，仁和人。父存心，乾隆初舉博學鴻詞科。文弨又馮景之外孫，桑

［一］尊，阮元《次仲淩君傳》作『尊尊』，是。

［二］《五物》《九拜》《九祭》，阮元《次仲淩君傳》作『《鄉射五物考》《九拜解》《九祭解》』。

［三］《旅酬》《楚茨》，阮元《次仲淩君傳》作『《旅酬下爲上解》《詩楚茨考》』。

［四］又字抱經，翁方綱《皇清誥授朝議大夫前日講官起居注官翰林院侍讀學士抱經先生盧公墓誌銘》（下略稱《盧公墓誌銘》）作『抱經其堂顔也，人稱曰抱經先生』，段玉裁《翰林院侍讀學士盧公墓誌銘》作『號抱經』。

調元之女夫，故漸涵緒論，具有原本[一]。乾隆十七年一甲三名進士，授翰林院編修，上書房行走。歷官左中允、翰林院侍讀學士。乙酉，廣東鄉試正考官，提督湖南學政。二十三年，以學政言事不當，議降級。明年，乞養歸[二]。文弨孝謹[三]篤學，好校書。校讐之事，自漢劉向、揚雄後，至聖朝極盛。文弨所校《經典釋文》《孟子音義》《逸周書》《賈誼新書》《春秋繁露》《方言》《白虎通》《荀子》[四]《吕氏春秋》《韓詩外傳》《獨斷》諸善本，鏤板惠學者。又苦鏤板雖多，則合經史子集三十八種，而名之曰《群書拾補》。所自著書有《抱經堂集》[五]三十四卷、《儀禮注疏詳校》十七卷、《鍾山札記》四卷、《龍城札記》三卷、《廣雅注》二卷，皆使學者諟正積非，蓄疑涣釋。其言曰：『唐人之爲義疏也，本單行，不與經注合。單行經注，唐以後尚多善本。自宋後附疏於經注，而所附之經注，非必孔、賈諸人所據之本也，則兩相鉏鋙矣。南宋後又附《經典釋文》於注疏間，而陸氏所據之經注，又非孔、賈諸人所

[一]『文弨又』至『原本』，無出處，實徵引自段玉裁《翰林院侍讀學士盧公墓誌銘》。

[二]二十三年，翁方綱《盧公墓誌銘》、臧庸《皇清日講官起居注前翰林院侍講學士盧先生行狀》并作『戊子』，戊子爲乾隆三十三年。

[三]孝謹，無出處，實徵引自段玉裁《翰林院侍讀學士盧公墓誌銘》。

[四]《荀子》，無出處，實徵引自段玉裁《翰林院侍讀學士盧公墓誌銘》。

[五]《抱經堂集》，無出處，段玉裁《翰林院侍讀學士盧公墓誌銘》作『文集』。

據也，則鉏鋙更多矣。淺人必比而同之，則彼此互改多失其真，有改之不盡，益滋鉏鋙者。』[一]文弨嘗歷主紫陽各書院講席[二]，以經術導士。乾隆六十年，卒於常州龍城書院，年七十九。《詞林典故》《復初齋集·墓誌》[三]。又，拜經堂《狀》[四]。

同縣孫志祖亦以著書爲事。志祖，字詒穀。乾隆三十一年進士，官江南道監察御史。所著《讀書脞録》七卷，考論經、子、雜家，折中精詳，不爲武斷之論。《家語疏證》六卷，證王肅之僞。又著《文選考異》四卷、《文選注補正》四卷。補正姚之駰輯謝承《後漢書》五卷。《孯經室集》。

丁杰，字升衢，歸安人。乾隆四十六年進士，官寧波府[五]學教授。肆力經史，旁及六書[六]、音韻、算數，長於校讎，于胡渭《禹貢錐指》摘誤甚多。開四庫館，朱筠、戴震皆延之佐校。杰所著有[七]《周

[一] 益滋鉏鋙者，無出處，實徵引自段玉裁《翰林院侍讀學士盧公墓誌銘》。
[二] 文弨嘗歷主紫陽各書院講席，翁方綱《盧公墓誌銘》作『前後於鍾山紫陽書院及崇文、龍城、婁東、暨陽、晉陽疊主講席』。
[三] 《墓誌》，即翁方綱《盧公墓誌銘》。
[四] 拜經堂《狀》，即臧庸《皇清故日講官起居注前翰林院侍講學士盧先生行狀》。
[五] 府，《孯經室續二集》卷二《集傳録存·丁杰》作『府府』。
[六] 六書，許宗彦《丁教授傳》作『説文』。
[七] 有，原闕，據《孯經室續二集》卷二《集傳録存·丁杰》補。

易鄭注[一]後定》《大戴禮記繹》《小西山房文集》。許宗彥《丁杰傳》[二]、陳鱣《丁杰墓志銘》。

武億傳

武億，字虛谷，偃師人。父紹周，進士，官吏部郎中。億少喜讀書。時，伊、洛溢，屋圮，架洿以居，斧朽木燎寒，誦讀不輟。乾隆四十五年成進士。五十六年，授博山縣知縣。問土俗利病，釐比丘尼，勸節儉。創范泉書院，進其秀者親講授以敦倫、實學。革煤炭供饋，里馬草豆不以累民。决辭無留獄。禱雨即沛。有干以賄金二千者，曰：『汝不聞雷聲乎？吾矢禱久矣。』輿情大洽。大學士和珅風聞妄人言，山東反賊王倫未定死，密差番役四出蹤迹之。於是副頭目杜成德等十一人横行州縣，入博山境，手鐵尺飲博，莫敢誰何。億悉執之，成德尤倔强，杖之，於是叩頭求解去。喧傳其事者曰：『億鹵莽，濫責無罪，將累上官。』巡撫以任性行杖，空言劾奏罷之，而不直書其事。民攜老弱千餘人乞留。嘉慶四年，詔各舉所知，於是億去官事聞。十一月飭吏部行文河南，原任博山縣知縣武億咨部引見，而億

[一] 注，許宗彥《丁教授傳》作『氏』。
[二] 《丁杰傳》，即《丁教授傳》。

先以十月卒，年五十有五。億優於學，以經史、訓詁教授[一]生徒。勇於著録，著《經讀考異》《群經義證》《三禮義證》《金石跋》《讀史金石集目》《錢譜》《授堂詩文集》等書，凡數百卷。朱珪《知足齋文集·墓志》[二]。所著書皆稽之古史、經、百家傳記，旁引遠徵，遇微罅，輒剖抉蘊要，比詞達[三]義，以成一例。《授堂文鈔序》。可謂不愧好古遺直者矣。《知足齋文集》。

任大椿傳　李惇等

任大椿，字幼植，又字子田，江蘇興化人。祖陳晉，乾隆四年進士，以通經聞，章學誠《文史通義》、施朝幹《一勺集》。著《易象大意》[四]。四庫提要。大椿少工文詞，既乃專究經史傳注。乾隆三十四年二甲一名進士，授禮部主事。《府志》[五]《一勺集》。三十八年，修《四庫全書》，充纂修官，禮經裒輯爲多，提要多出

[一]『經史、訓詁』，《知足齋文集》卷五《前博山縣知縣詔起引見武君墓誌銘》作『小學、經史、古文、倫品』。
[二]《墓志》，即《前博山縣知縣詔起引見武君墓誌銘》。
[三]達，趙希璜《授堂文鈔序》作『連』。
[四]《易象大意》，《四庫全書總目》卷六作『易象大意存解』。
[五]《府志》，即《（嘉慶）重修揚州府志》。

其手。《一勺集》《弁服釋例序》[一]。五十四年，以郎中授陝西道監察御史。卒，年五十二。大椿貧，盡色養，讀書守道義。《文史通義》《一勺集》。素不欲以空言講學，服官行己，無愧古人。汪廷珍《序》[二]。所學淹通，於禮尤長名物。《文史通義》。著《弁服釋例》八卷、《深衣釋例》三卷、《釋繒》一卷、《吴越備史注》三十卷、《小學鉤沈》二十卷、《字林考逸》八卷、《詩集》六卷。《一勺集》。大椿初欲薈萃全經，久之知其浩博難罄，因思即類以求，一類既貫，乃更求他類。所著《深衣》[三]《釋繒》諸篇，皆博綜群籍，衷以己意，或視爲《爾雅》廣疏，實禮經[四]別記之意。學者能推其意，廣[五]所未盡，以類窮之，可以會經之全矣。《文史通義》。時江北學者李惇、劉台拱、汪中皆繼起。汪中《述學》。

李惇，字孝臣，高郵人。乾隆四十五年進士。篤内行。治諸經，於《詩》《春秋》尤深，晚通天

[一]《弁服釋例序》，即《任子田侍御弁服釋例序》。

[二] 汪廷珍《序》，即《興化任子田先生小學鉤沈序》。汪廷珍《興化任子田先生小學鉤沈跋》曰：『是書前有儀徵施太常朝幹所撰《墓志》及某所述序言，紀先生出處行實略具，今并失去，然大要已爲史館諸君採入《國史儒林傳》中，故不復補。』知此《序》已佚。

[三]《深衣》，章學誠《任幼植別傳》作『深衣釋例』。

[四] 禮經，原倒，據《揅經室續二集》卷二《集傳録存·任大椿》正。

[五] 廣，章學誠《任幼植別傳》作『擴』。

算[一]。《府志》《述學》。

劉台拱，字端臨，寶應人。丹徒縣訓導。幼見王懋竑、朱澤澐之書，始譽程、朱之學，以道自繩。書數、音韻、天文、律吕、名物、理義，理若不明，窮考冥搜。事親以孝養，遭二喪，蔬食四年。著《論語補注》《漢學拾遺》《荀子補注》《經傳小記》及雜文，共編爲《遺書》四卷。三《禮》、《詩》《書》并有纂著，未成書而卒。見《劉氏遺書》。又，朱彬[二]《行狀》[三]。

汪中，字容甫。江都拔貢生。好古博學，長於經誼。王昶《春融堂集》。於詩、古文、書翰無所不工。著《周官徵文》《左氏春秋釋疑》，皆依據經證，箴砭俗學。孫星衍《汪中傳》。餘見《述學》内、外篇。《府志》。

孔廣森傳

孔廣森，字衆仲，又字㢲軒。孔子六十八代孫襲封衍聖公傳鐸之孫，户部主事繼汾之子。《孔氏大

[一] 通天算，《（嘉慶）重修揚州府志》卷五一《李惇》作「通天文、术算」。
[二] 朱彬，「朱」下原衍「士」字，據《揅經室續二集》卷二《集傳録存·劉台拱》删。
[三] 《行狀》，即《劉端临先生行狀》。

宗支譜》。乾隆三十六年進士，官翰林院檢討[一]。年少入官，翩翩華胄，一時爭與之交。然性恬淡，躭著述，裹足不與要人通謁。告養歸，不復出。及居大母與父喪，竟以哀卒。《儀鄭堂文序》[二]。時，乾隆五十一年，年三十有五。《孔氏大宗支譜》。廣森聰穎特達，經史、小學，沉覽妙解，所學在《公羊春秋》。《儀鄭堂文叙録》。唐陸德明云：『魏、晉以來，《公羊》久成絶學。』廣森沉深解剥，著《春秋公羊傳通義》十一卷，於胡母子都、董仲舒、何劭公條例，師法不墜。《公羊通義·條記》。其《自序》曰：

昔我夫子有帝王之德，無帝王之位，又不得爲帝王之輔佐，乃思以其治天下之大法，損益六代禮樂文質之經制，發爲文章，以垂後世。而見夫周綱解弛，魯道陵遲，攻戰相尋，彝倫或熄，以爲雖有繼周王者，猶不能以三皇之象刑、二帝之干羽議可坐而化也，必將因衰世之宜，定新國之典，寬於勸賢而峻於治不肖，庶幾風俗可漸更，仁義可漸明，政教可漸興。烏乎託之？託之《春秋》。《春秋》之爲書也，上通[三]天道，中用王法，而下理人情。不奉天道，王法不正；不合人情，王法不行。天道者，一曰時，二曰月，三曰日；王法者，一曰譏，二曰貶，三曰絶；人情者，一曰尊，二曰親，三曰賢。此三科九旨既布，而壹裁以内外之異例，遠近之異辭，錯綜酌劑，相須成體。凡傳《春秋》者三家，粤惟公羊氏有

[一]『乾隆三十六年進士，官翰林院檢討』，無出處，實徵引自《定香亭筆談》卷四。
[二]《儀鄭堂文序》，即《儀鄭堂遺文序》。
[三]通，《春秋公羊經傳通義叙》作『本』。

是説焉。漢初，求六經於燼火之餘，時則有胡母子都、董仲舒皆治《公羊春秋》，以其學鳴於朝廷，立於校官。董生授弟子嬴公，嬴公授眭孟，孟授東海嚴彭祖、魯國顔安樂，各專門教授，由是《公羊》分爲嚴、顔之學。方東漢時，帝者號稱以經術治天下，而博士弟子因端獻諛，妄言『西狩獲麟』是庶姓劉季之瑞，聖人應符，爲漢制作，黜周王魯，以《春秋》當新王云云之説，皆絶不見本傳，重自誣其師以召二家之糾擿矣。然而孟子有言『《春秋》，天子之事也』。經有『變周之文，從殷之質』。非天子之因革耶？甸服之君三等，蕃衛之君七等，大夫不世，小國大夫不以名氏通，非天子之爵禄耶？上抑杞，下存宋，褒滕、薛、邾婁儀父，賤穀、鄧而貴盛、郜，非天子之黜陟耶？内其國而外諸夏，内諸夏而外四裔，殆所謂『天下之本在國，國之本在家』者，非耶？愚以爲《公羊》家學獨有合於《孟子》，乃若對齊宣王言『小事大』，則紀季之所以爲善；對滕文公言『効死勿去』，則萊侯之所以爲正。其論異姓之卿，則曹羈之所以爲賢；論貴戚之卿，又實本於不言剽立以惡衎之義。且《論語》責輒以讓國，而《公羊》許石曼姑圍戚。今以曼姑擬皋陶，則與瞽瞍[一]殺人之對正若符契。故孟子最善言《春秋》，豈徒見『税畝』『伯于陽』兩傳文句之偶合哉！晉、唐以來，《公羊》《穀梁》皆成絶緒，唯《左氏》不絶於講誦。啖、趙横興，宋儒踵煽，加以鑿空懸擬，直出於三《傳》之外者，淺識之士動爲所奪。其訾毁三《傳》，率摭

[一] 瞍，原誤作『叟』，據《揅經室續二集》卷二《集傳録存·孔廣森》改。

拾本例，而膚引例不可通者，以致其詰。董生不云乎：『《易》無達占，《詩》無達詁，《春秋》無達例。』夫唯有例而又有不囿於例者，乃足起事同辭異之端，以互發其藴。《記》曰：『屬辭比事，《春秋》之教也。』此之謂也。十二公之篇，二百四十二年之紀[一]，文成數萬，赴問數千，應問數百，操其要歸，不越乎同辭、異辭二途而已矣。當其無嫌，則鄭忽之正，陳佗、莒展之賤，曹羈、宋萬、宋督之爲大夫，未嘗不同號。祭伯奔而曰『來』，祭公使而曰『來』，介葛盧朝而曰『來』，齊仲孫外之而曰『來』，未嘗不同辭。入者爲篡，『天王入於成周』乃非篡；出者爲有外，『天王出居於鄭』乃非外。此無他，正名天王，灼然不嫌也。『夫人婦姜』『夫人氏』『夫人孫於齊』，則辭有異。『楚屈完來盟於師』，『齊侯使國佐如師』，則辭有異。衛侯言歸，以成叔武之意；曹伯言歸，以順喜時之志，而或加『復』，或不加『復』，則同辭之中猶有異。此言負芻出，惡已見於伯討；成公出，惡未有所見也。若是之屬，有不勝僂指述者。諸滅同姓莫名，獨衛侯燬名；諸葬稱公，獨蔡桓侯不稱公；諸來稱使，獨武氏子、毛伯不稱使。一難『而』『乃』異，一救而言『次』之先後異，一人之名而『曼』『何』之有無異，一年之内而『糾』與『子糾』異。凡皆片言榮辱，筆削所繫，不可不比觀，不可不深察。《春秋》有當畧而詳，當詳而畧。詳之甚者，莫如録伯姬；畧之甚者，莫如鄭祭仲之事。祭仲權一時之計，紓宗社之患，君子取之，亦『與其進，

[一] 紀，原誤作『記』，據《孴經室續二集》卷二《集傳録存·孔廣森》改。

不與其退』之意焉爾。若《左傳》所載，忽之弑，亹、儀之立，仲循循無能匡救，苟并存其迹，將不可爲訓，故斷至昭公復正，厲公居櫟，取足仲仲之權而止。此《春秋》重義不重事之效也。董生曰：『正朝夕者視北辰，正嫌疑者視聖人。』聖人以祭仲易君，季子殺母兄，皆處乎嫌疑之間，特殊異二子於衆人之中，而貴而字之而不名，尚猶有援《左氏》之事以駁《公羊》行權之義者，盍思仲之稱字，正逆知天下後世，必有呶呶議仲者，乃大著其善也。孔子之修《春秋》也，至於上下内外之無别，天道人事之反常，史之所書或文同事異、事同文異者，則皆假日月以明其變，決其疑。大抵以日爲詳，則以不日爲畧；以月爲詳，則以不月爲畧。其以[一]不日爲恒，則以日爲變，以日爲恒，則以不日爲變，甚則以不月爲異；其以月爲恒，則以不月爲變，以不月爲恒，則以月爲變，甚則以日爲異。將使學者屬辭比事以求之。其等衰勢分甚嚴，善惡淺深，奇變極亂，皆[二]以日月見之，如示諸掌。善哉！自唐迄今，知此者唯趙汸一人哉！

推[三]舉其概，及齊平，及鄭平，均平也，而一信一否，月不月之判也；『郯伯姬來歸』，『杞叔姬來歸』，均出也，而一有罪，一無罪，月不月之判也。城楚丘之不嫌於内邑，以其月也。晉人執季孫行父，

[一] 其以，原倒，據《孯經室續二集》卷二《集傳録存·孔廣森》正。
[二] 皆，《張氏榕園叢書》本誤作『者』。
[三] 推，《春秋公羊經傳通義叙》作『推』，是。

何以別於齊人執單伯？以其月也。晉人[一]入曹，何以別於宋公入曹？以其日也。武宮亦立，煬宮亦立，而知季孫隱[二]如之爲之者，以其不日也。諸侯相執例時，始見於宋人執滕子嬰齊，則惡而月之。公如例時，襄、昭如楚，則危而月之。會例時，終桓公之篇，悉危而月之。可得謂無意乎？常辭偏戰日，詐戰不日，獨至於殽詐戰而亦日，讀其經曰：『辛巳，晉人及姜戎敗秦於殽。癸巳，葬晉文公。』皆[三]殯之罪，日之而益見。復歸未有言日者，獨衛獻公日，讀其經曰：『辛卯，衛甯喜弒其君剽。甲午，衛侯衎復歸於衛。』諼弒之迹，亦日之而益見。《春秋》雖魯史舊名，聖人因而不革，必有新意焉。『春者陽中，萬物以生。秋者陰中，萬物以成。』善以春賞，惡以秋刑，故以是名其經。丙戌之再也，疑於衍而非衍。『夏五』或無月，十有二月或無冬，疑於脱而非脱。春以統王，王以統月，月以統日，《春秋》所甚重甚謹者莫若此。

世俗之説曰：『譏貶當各就其事，而傳説有先事貶者，有終身貶者，得無乖《論語》「不逆億」之訓，且疾惡已甚乎？』是未知《春秋》之用譏貶，當事而施者，小過惡耳，至其未事而先貶，既事而終絶，則必蹈名教之宏罪，犯今古之極憝，有雖孝子慈孫，百世不可改者。中人之情，固有始善終咎，先後易

[一] 人，《春秋公羊經傳通義叙》作『侯』。
[二] 隱，《揅經室續二集》卷二《集傳録存·孔廣森》誤作『意』。
[三] 皆，原誤作『背』，據《揅經室續二集》卷二《集傳録存·孔廣森》改。

轍。惟若公子翬之媢桓弑隱，公子招之脅君亂國，充其惡可以至於此極，則平日處心積思，出謀發慮，久已不範於禮義。先師言：『《春秋》，天[一]子之行事也。』向使夫子與翬、招并時立朝，必不待其弑君亂國，蚤已放流之，竄殛之。又何『不逆億』之有以誅不待教之惡人？而且使之出師，而且使之會諸侯之大夫，是則陳、魯之君，無知人之明，以自召其禍也。故貶招於溴，貶翬於伐鄭、伐宋，以戒後世之爲人君者。若曰：有臣如此，則不可以長三軍而使四方，豈唯決二公子之辜而已！翬，公子也，而弗謂公子。招，弟也，雖弗謂弟，存公子焉。若曰：疏者不良，當絕其位；親者不良，但不當任之，亦勿可失其貴。此深中之深，微中之微也。俗儒不知《春秋》，病於不能探深窺微。翬在所傳聞之世，訟言貶之。遂在所聞之世，唯一貶於其卒。逮所見之世，隱如疑不得貶矣，然而辭不屬不明，事不比不章。《昭公》之篇，一曰『隱如至自晉』，一曰『叔孫舍至自晉』，同事而氏不氏異，氏者賢，不氏者惡，亦因得見端焉。且遂卒而貶，猶夫終身貶也。《春秋》之義，人道莫重乎終始。用致夫人，弗正其始，則終身不免爲篡。成風之含賵會葬，王弗稱天，則終身不正其爲小君，其於追命桓公亦然。故翬、招貶之於始，仲遂貶之於終，皆言乎罪大惡極，足以貫其沒世者也。譏貶絕不槩施，每就人情所易惑者，而顯示之法。人莫知大夫不敵君，而後以『楚人』書；人莫知卿不得憂諸侯，而後以『晉人』『宋人』書。溴

[一] 天，《春秋公羊經傳通義叙》作『夫』，是。

梁以降，大夫交政，未嘗貶也。郤缺之徙[一]義，公子側之偃革，宜若有善焉，轉發其專平、專廢置之罪，而以『人』書。不寧惟是，又因是以知士匄、公子結專其所可專，得免於貶。雖於名氏之外，未有加焉，固已榮矣。鄭襄公背華附楚，賤之曰『鄭伐[二]許』，與『吴伐郯』『狄伐晉』文無以異。至其子衰絰興戎，則正言之曰『鄭伯伐許』，以爲不待貶絶爾，第未若狄之之顯也。故襄公書『葬』。悼公不書『葬』。其葬，猶之突也；其不葬也，猶前之接，後之睔，而蔡之肸也。傳曰：『《春秋》不待貶絶而罪惡見者，不貶絶以見罪惡也。貶絶然後罪惡見者，貶絶以見罪惡也。』又曰：『《春秋》見者不復見。』皆讀此經之要法也。楚子虔哆哆然自以爲討賊而取絶於《春秋》，何則？般之弒父已見，虔之誘討難知也。名虔矣，般可以無誅乎？則又見諸絶世子有。絶有矣，蔡之臣子可釋憾於楚乎？則又見諸葬蔡靈公以爲廬，伸其復讐之志。凡義無常，唯時所當。方君義屬固，則般也賊；及君義屬般，則虔也讐[三]。此其比在刺築館，譏猶繹。王姬可以無逆，不可以逆而外之。遂不宜爲大夫，既爲大夫，即不得薄其恩

[一] 徙，《春秋公羊經傳通義叙》作『從』，是。
[二] 伐，原誤作『代』，據《揅經室續二集》卷二《集傳録存·孔廣森》改。
[三] 『及君義屬般，則虔也讐』，《張氏榕園叢書》本『及君義屬般，則虔也』下倒置『父子之恩；子般忍日，……《春秋》之不幸耳。幸其猶有相』四一九字。

禮。生殺不相悖，天以成其施；刑賞不偏廢，王以成其化。非《春秋》，孰能則之？撥亂之術，譏與[一]貶絶備矣。

而又曰『爲尊者諱，爲親者諱，爲賢者諱』。惡如可諱，何以癉惡？聞之有虞氏貴德，夏后氏貴爵，殷、周貴親。《春秋》監四代之令模，建百王之通軌，尊尊親親而賢其賢。尊者有過，是不敢譏；親者有過，是不可[二]譏；賢者有過，是不忍譏。爰變其文而爲之諱，諱猶譏也。傳以諱與讐狩爲譏重，是也。所謂『父子相隱，直在其中』，豈曲佞飾過之云乎？無駭貶去氏，故入極不嫌非滅。承徐人伐吴[三]氏，則滅項不嫌非齊。書『戍鄭虎牢』於下，乃可以成[四]不繫鄭；書『孟子卒』於後，昭公取夫人乃可以不書。其諱文而存實，有如此者。於『紀侯大去』，見諸侯以國爲體；於入曹，見同姓滅之當救；於公孫會，見司寇有八議之辟；於防、於暨、於處父，見君臣無相爲盟之法。其假諱而立義有如此者。世争則示之以讓，世詐則示之以信，是以美召陵，高泓霍，而於讓國公子三致意焉。衛子之諱殺也，捷之諱宋也，三亡國之諱亡也，其緣賢者之心，而隱惡有如此者，將因其所諱，達之於所不諱。則

[一] 與，原誤作『於』，據《揅經室續二集》卷二《集傳録存·孔廣森》改。
[二] 可，原誤作『敢』，據《揅經室續二集》卷二《集傳録存·孔廣森》改。
[三] 吴，《春秋公羊經傳通義叙》作『英』，是。
[四] 成，《春秋公羊經傳通義叙》作『城』，是。

會稷成亂，以嚴君臣之分；乾時伐敗，以隆父子之恩[一]；子般忍日，以正世及之坊。然乃知祖之逮聞所以爲始，爲將推而遠之，而後得盡其辭，又炳炳彰彰如此。

嘗病《左氏》規隨擬議，續經三年，顧云『齊陳恒執其君，寘于舒州』，夫凡伯以天子之使，諱不言『執』，況可加之其君乎？斥言『成叛』，抑非圍棘、取運，內邑不聽之例也。故曰：《左氏》之事詳，《公羊》之義長，《春秋》重義不重事。斯《公羊傳》尤不可廢。方今《左氏》舊學湮於征南，《穀梁》本義汩於武子，唯此《傳》相沿以漢司空掾任城何休《解詁》，列在《注疏》，漢儒授受之旨，藉可考見。其餘《公羊墨守》《穀梁廢疾》《左氏膏肓[二]》《春秋漢議》《文謚例》之等，尚數十篇，惜無存者。《解詁》體大思精，詞義奧衍，亦時有承訛率臆，未能醇會《傳》臆三世之限，誤以所聞始文，所見始昭，遂強殊鼻我於快[三]，而季姬、季友、公孫慈之日卒，皆不得其解。外大夫奔，例時；諸侯出奔，無罪時、有罪月；內大夫出，無罪月，有罪日。功過之別，內外之差，宜然也。何劭公自設例，與經詭戾，而公孫敖之日，歸父之不日，兩費詞焉。叔術妻嫂，《傳》所不信，劭公反張大之，目爲非常異義，可怪之論。亦猶

[一]『乾時伐敗，以隆父子之恩』，《張氏榕園叢書》本『乾時伐敗，以隆』下倒置『父子之恩；子般忍日，……《春秋》之不幸耳。幸其猶有相』四一九字。

[二] 肓，原誤作『盲』，據《揅經室續二集》卷二《集傳録存·孔廣森》改。

[三] 快，原誤作『抉』，據《揅經室續二集》卷二《集傳録存·孔廣森》改。

《傳》本未與輒拒父，雋不疑詭引以斷衛太子之獄，致令不曉者爲《傳》詬病。此其不通之一端也。七十子没而微言絶，三《傳》作而大義睽，《春秋》之不幸耳。幸其猶有相通者，而三家之師必故各異之，使其愈久而愈歧，何氏屢蹈斯失。若『盟於包來』下，不肯援《穀梁》以釋《傳》；『叛者五人』，不取證《左傳》，而鑿造諫不以禮之説。又其不通之一端也。今將袪此二惑，歸於大通，輒因原注，存其精粹，删其支離，破其拘窒，增其隱漏，冀備一家之言，依舊帙次爲十一卷，竊名曰《通義》。胡母生、董生既皆此經先師，雖義出《傳》表，卓然可信。董生緒言，猶存《繁露》，而《解詁》自序，以爲畧依胡母生《條例》，故亦未敢輕易也。昔韓文公遺殷侍御書云：『近世《公羊》學幾絶，何氏注外，不見他書。聖經賢傳，屏而不省，要妙之義，無自而尋。非先生好之、樂之，味於衆人之所不味，務張而明之，其孰能勤勤拳拳若此之至？固鄙心之所最急者。如遂蒙開釋，章分句[一]斷，其心曉然，直使序所注，掛名經端，自託不腐，其又奚辭！』蓋自有唐巨儒，惜此《傳》之墜絶，而望人之講明也如是。今殷侑之注已復不存，更以穴知孔見，期推測於千百禩之後，安得有道如昌黎者而就正其失也？鑽仰既竭，不知所裁。《公羊通義》[二]。

[一] 句，原誤作『字』，據《揅經室續二集》卷二《集傳録存·孔廣森》改。
[二] 《公羊通義》，即《春秋公羊經傳通義》。

廣森又著《大戴禮記補注》十四卷、《詩聲類》十三卷、《禮記卮言》六卷、《經學卮言》六卷、《少廣正負術内外篇》六卷。又喜屬文，著《儀鄭堂駢麗文》三卷。江都汪中讀之，歎爲絶手。《儀鄭堂文序》。

張惠言傳

張惠言，字皋文，武進人。少孤貧，年十四即爲童子師。嘉慶四年進士，改庶吉士，充實録館纂修。六年，散館，授編修。七年，卒，年四十二。《大雲山房文集》。所著有《周易虞氏義》九卷、《虞氏消息》二卷。昔惠棟作《周易述》，大旨遵虞翻，補以鄭、荀諸儒，學[一]者以未能專一少之。《虞氏易義序》[二]。漢人之《易》，孟、費諸家，各有師承，勢不能合。惠言傳《虞氏易》，即傳漢《孟氏易》矣，孤經絶學也。《定香亭筆談》。惠言《虞氏易序》曰：自漢成帝時，劉向校書，考《易》説，以爲諸易家皆祖田何、楊叔、丁將軍，大義畧同，唯京氏爲異。而孟喜受易家陰陽，其説《易》本於氣，而後以人事明之。八卦六十四象，四正七十二候，變通消息，諸儒祖述之，莫能具當。漢之季年，扶風馬融作《易傳》，授鄭康成，作《易注》。而荆州牧劉表、會稽太守王朗、潁川荀爽、南陽宋忠，皆以《易》名家，各有所述。唯翻傳

[一] 學，《周易虞氏義》卷首阮元《周易虞氏義序》作「讀」。
[二] 《虞氏易義序》，引文徵引自《周易虞氏義序》。

孟氏學，既作《易注》，奏上之獻帝。翻之言《易》，以陰陽消息、六爻發揮旁通、升降上下，歸於『乾元用九而天下治』，依物取類，貫穿比附，始若瑣碎，及其沈深解剥，離根散葉，暢茂條理，遂於大道，後儒罕能通之。自魏王弼以虚空之言解《易》，唐立之學宫，而漢世諸儒之説微，獨資州李鼎祚作《周易集解》，頗採古易家言，而翻注爲多。其後古書盡亡，而宋道士陳摶以意造爲《龍圖》，其徒劉牧以爲《易》之河圖、洛書也。河南邵雍又爲『先天』『後天』之圖。宋之説《易》者，翕然宗之，以至於今，牢不可拔，而《易》陰陽之大義蓋盡晦矣。

大清有天下，元和徵士惠棟始考古義孟、京、荀、鄭、虞氏，作《易漢學》，又自爲解釋，曰《周易述》。然掇拾於亡廢之後，左右採獲十无二三。其所述大氐宗禰虞氏，而未能盡通，則旁徵他説以合之。蓋從唐、五代、宋、元、明，朽壞散亂，千有餘年，區區修補收拾，欲一旦而其道復明，斯固難也。翻之學既世，又具見馬、鄭、荀、宋氏書，考其是否，故其義爲精。又古書亡，而漢、魏師説可見者十餘家，然唯鄭、荀、虞三家畧有梗概可指説，而虞又較備。然則求七十子之微言，田何、楊叔、丁將軍之所傳者，舍虞氏之注其何所自焉？故求其條貫，明其統例，釋其疑滯，信其亡闕，爲《虞氏義》九卷，又表其大恉，爲《消息》二卷，庶以探賾索隱，存一家之學。其所未寤，俟有道正焉耳。見本《序》[一]。惠言又撰《虞氏易

[一] 本《序》，即《周易虞氏義序》。

禮[一]》《易事》《易候》《易言》《周易鄭荀義》《易義別録》《易圖條辨》《儀禮圖》《説文諧聲譜》《茗柯文集》，共數十卷。惠言修學立行，敦禮自守，人皆稱敬之。見《儀禮圖序》[二]。鄉、會兩試皆出朱珪門，未嘗以所能自異，默然隨群弟子進退而已。珪潛察得之，則大嘉，故屢進達之，而惠言亦斷斷[三]相諍，不敢隱。惠言少爲辭賦，嘗擬司馬相如、揚雄之文。及壯，爲文又效韓愈、歐陽修。善篆書，嘗奉命詣盛京，篆列聖加尊號玉寶。《大雲山房集》。其學要歸六經，而尤深《易》《禮》，弟子從受《易》《禮》者以十數。《儀禮圖序》。

孔興燮傳 孔毓圻、孔傳鐸、孔廣棨、孔昭煥、孔憲培、孔繼涵、顔光猷等

孔興燮，字起呂，至聖六十六世孫也。世居曲阜。年十三，嗣其父衍植，封爲衍聖公。世祖章皇帝順治元年，允山東撫臣方大猷之請，飭官崇祀，復衍聖公及諸恩例。衍植因乘傳入覲，上遣官迎勞於邸第，給餼稟甚厚。陛見，班列閣臣，上賜茶及宴，恩禮有加。仍命以太子太傅襲封衍聖公。二年，賜

[一] 禮，原誤作「理」，據《揅經室續二集》卷二《集傳録存·張惠言》改。
[二] 《儀禮圖序》，即《張皋文儀禮圖序》。
[三] 斷斷，惲敬《張皋文墓誌銘》作「齗齗」，是。

三臺銀印。四年冬十二月辛巳，卒，遣官祭。凡九諭工部，給資營冢。五年，子興燮襲爵。興燮少凝重端立，臨事剛果有器識，日以恪守先祀爲心。闕里經明季之亂，廟廷圮壞，禮樂殘缺。凡衍植所未經修復者，胥新作之。七年，晉太子少保。八年，晉太子太保，賜清漢文三疊銀印。九年、十七年，世祖兩臨辟雍，皆應召[一]率族人陪祀，賜賚優渥。康熙六年冬十一月甲子，卒，遣官賜祭葬如例。

子毓圻，字鍾在。襲封年甫十一。初入覲，召對瀛臺，進退儀度悉如成人。八年夏四月，聖祖仁皇帝臨幸太學，如例陪祀。禮成，昭聖太皇[二]太后召見宫中，賜坐垂問家世，命宫人授茶，及克食出，内臣送至宫門外，傳懿旨『諭從官善輔導之』。嘗預朝，參退，上命由御道行，其荷寵眷之隆如此。十四年，晉太子少師。二十三年，聖祖東巡還，過曲阜，釋奠，如孔林。毓圻因以擴林地置守衛請，特命賜地十一頃有奇，除租賦，設百户一員，秩視衛守備。二十八年，疏請重修聖廟，上特旨允行，并賜毓圻『詩書禮樂』匾額。四十年，賜毓圻長子傳鐸二品服。五十二年，召第五子傳鉦入監讀書。六十一年，賜蔭一子五品官。雍正元年，册封孔子以上五代皆爲王爵，建立崇聖祠。詣京師謝恩，旋卧病，卒於京第。諭遣内大臣奠茶酒，三品以上漢官會弔。及櫬歸，特命皇子、親王率内大臣、侍衛再奠茶酒，

[一] 召，原誤作『名』，據《孳經室續二集》卷二《集傳録存·孔興燮》改。
[二] 皇，下原衍『后』字，據《孳經室續二集》卷二《集傳録存·孔毓圻》删。

行人司司正護送，馳全驛歸葬，謚『恭慤』。世宗憲皇帝聖製碑文曰：『朕惟國家禮重尊師，必顯庸夫，後裔誼隆，眷舊宜誕，沛乎殊榮。稽彝典以易名，樹豐碑以示卹。所以廣皇仁、彰聖教也。爾孔毓圻，族高東魯，系本素王。秉性樸誠，荷天家之雨露；持身謙謹，奉闕里之烝嘗。勤職守於五十餘年，承統緒於六十七世。朕誕膺寶祚，篤念前徽，晉五代之王封，昭千秋之祀典。爾感恩入謝，忽遘沉痾，奄世遽聞，良深軫惻。既厚飭終之禮，復加論定之名，素履允符，曰恭曰慤。於戲！溯泗水之淵源，天章永焕；望鳧山之峻峙，雲碣常新。爰示寵施，垂於無斁，不亦休哉。』復命葬日、立碑日加祭各一次，皆異數也。毓圻以弱齡承籍先澤，志殷報稱。故自少至老，敦率禮義，倡明教學，以風俗人心爲己任。工擘窠書，兼通繪事。著《恭紀聖祖幸魯盛典》四十卷、《蘭堂遺藁》二卷。子傳鐸襲。

傳鐸，字振路。性恭謹和厚，喜讀書，工文詞，究心濂洛關閩之學，熟於三《禮》，廟堂器物，悉加釐訂。又精律吕書，嘗謂審律在得中聲。雍正二年，世宗憲皇帝幸太學釋奠，例陪祀，以足疾艱拜跪，特命次子繼溥代行禮。是年六月癸巳，孔廟灾，引罪疏入，上遣官慰問，尋命大臣督工興建，并允增樂器庫、值房諸處，賜傳鐸『欽承聖緒』匾額。七年，頒世祖聖製《人臣儆心録》，聖祖聖製《文集》《詩經春秋傳説彙纂》《周易折中》《性理精義》《朱子全書》《資治通鑑綱目》《古今圖書集成》《歷代紀事年表》《四朝詩》《全唐詩》《律曆淵源》《音韻闡微》《萬言廣訓》及《聖製朋黨論》《周易本義義例《啓蒙附論》《日講四書易經書經解義》《性理大全》《淵鑑古文》《康熙字典》《淵鑑類函》《繹史》

《佩文韻府》凡二十七種，俾藏闕里。九年，以病傳爵於長孫廣棨。十三年夏四月，傳鐸卒。賜祭葬如例。著《三傳合纂》十二卷、《禮記摘藻》一卷、《恭紀世宗修廟盛典》五十卷、《讀古[一]偶志》一卷，《安懷堂文集》二卷、《申椒詩集》二卷、《繪心集》二卷、《盟鷗草》一卷、《古文源》二卷。長子繼濩，字體和，年二十三卒，以子廣棨贈衍聖公。

廣棨，字京立。好經術，嫻禮儀。雍正九年襲封。明年，以林工告蕆，率族人入謝。蒙諭曰：『至聖先師後裔，當存聖賢之心，行聖賢之事，一切秉禮守義，以驕奢爲戒。且爾年尚少，尤宜勤學讀書，敦品勵行。不但爾一人，凡爾同族之人，皆當共相勸戒，共相砥礪，爲端人正士。爾等果能遵朕訓諭，學問日進，品行純謹，不墜家聲，即所以報國矣。』廣棨頓首謝出，賜予甚優，仍依故事宴於禮部。歸，益勵志於學，顔其所居堂曰『念典』，示弗敢怠也。乾隆三年，高宗純皇帝臨雍，如例入京。上言：『元聖後裔東野氏，既蒙列於五經博士，而周公實先師之所誦法，其後人不得與觀禮之列，殊所未安。請一體陪祀。』得旨允行。時，初行耕耤，禮成，進《恭紀親耕藉田頌》《視學大禮慶成賦》各一首。四年秋，祝釐入京，特命侍仲秋經筵班聽講。明年秋，再預，因奏請著爲令，從之。六年，奏列曲阜知縣孔毓琚不職狀。毓琚亦訐以數事，勘有異辭，詔原勿問，而毓琚抵罪如議。八年春正月辛酉，卒。賜卹典如

[一] 古，原誤作『書』，據《揅經室續二集》卷二《集傳録存·孔傳鐸》改。

例。著《敏求齋文集》八卷、《詩集》四卷、《外集》一卷。子昭焕襲。

昭焕，字顯文。乾隆十三年，上幸魯釋奠，酹酒孔林，并賜聖製詩以榮之，又賜《聖製樂善堂全集》《日知薈説》《唐宋文醇》、十三經、廿二史。明年，頒清漢篆文一品三臺印。十五年，賜聖書孔子廟碑文墨寶。後屢因南巡幸魯，皆[一]不次疊賜墨寶圖籍，不勝紀。四十一年，平定金川，遣官告林頒賞。詣京謝恩，荷寵以郊勞禮，特命攜子入紫光閣宴，恩遇之盛，前古未有也。四十七年，上疏乞休。秋八[二]月，卒。子憲培襲。

憲培，字養元。四十九年，駕幸闕里，温旨慰諭，訓誨讀書，賜聖製詩。釋奠禮成，賞賚有加。明年，幸太學，頒賜厚渥。五十五年，幸魯還，届八旬聖壽，先後賞賜倍渥。五十八年冬十一月，卒。無嗣。遺疏以弟憲增子慶鎔爲嗣，襲封如初。《闕里志》。

孔繼涵，字體生，毓圻之孫。乾隆三十六年進士，户部雲[三]南司主事。篤於内行，《墓志銘》[四]。與戴震交，於天文、地志、經學、字義無不博綜。《墓志銘》。著有《考工車度記》《補林氏考工記解》《句股

[一] 皆，上原衍「賞」字，據《揅經室續二集》卷二《集傳録存·孔昭焕》删。
[二] 八，原誤作「七」，據《揅經室續二集》卷二《集傳録存·孔昭焕》改。
[三] 雲，翁方綱《皇清誥授朝議大夫户部河南司主事孔君墓誌銘》（下略稱《孔君墓誌銘》）作「河」，是。
[四] 《墓志銘》，即《孔君墓誌銘》。

粟米法》《釋數同度記》及《水經釋地》[一]《紅櫚書屋詩文[二]集》。《墓志銘》。

顏光猷、光敏、光斆，并復聖顏子六十七世孫。光猷，字秩宗。康熙十年進士，翰林院庶吉士，刑部郎中，河東道鹽運使。著《易經説義》。光敏，字遜甫。康熙六年進士，吏部考功司郎中。明律曆、句股之數，著《未信編》《家誡》《樂圃舊雨堂詩集》[三]《南行日記》。光斆，字學山。康熙二十七年進士，翰林院檢討，提督浙江學政。光斆莊重，苦志讀書，好沉思，清操訓士，士感之。《顏氏族譜·龍灣[四]户》、李克敬《曲阜三顏公傳》。

[一]《水經釋地》，翁方綱《孔君墓誌銘》無。

[二]詩文，翁方綱《孔君墓誌銘》無。

[三]《樂圃舊雨堂詩集》，王士禛選《十子詩略》作『樂圃集』，顏光敏子肇維《顏修來先生年譜》作『與雲間吴益和，著《舊雨堂詩》一卷』。

[四]灣，《張氏榕園叢書》本誤作『潛』。

對校書目

一劃

一勺集一卷附補遺一卷，清施朝幹撰，上海古籍出版社二〇一〇年版，清代詩文集彙編影印清嘉慶二年刻道光二十六年補刻本。

二劃

二曲集四六卷，清李顒撰，陳俊民點校，中華書局一九九六年版。

二林居集二四卷，清彭紹升撰，上海古籍出版社二〇〇二年版，續修四庫全書影印清嘉慶四年味初堂刻本。

十駕齋養新録二〇卷餘録總目上、中、下，清錢大昕撰，孫顯軍、陳文和點校，鳳凰出版社二〇一六年版，嘉定錢大昕全集增訂本。

九經古義一六卷，清惠棟撰，上海古籍出版社一九九〇年版，景印文淵閣四庫全書本。

三劃

大雲山房文稿一一卷，清惲敬撰，上海古籍出版社二〇〇二年版，續修四庫全書影印清同治八年刻本。

大雅堂初稿詩六卷文八卷補編一卷續稿詩一〇卷文八卷補編一卷，清鄒方鍔撰，北京出版社二〇〇〇年版，四庫未收書輯刊影印清乾隆二十七年刻增修本。

（雍正）山西通志二三〇卷，清覺羅石麟等監修，清儲大文等編修，上海古籍出版社一九九〇年版，景印文淵閣四庫全書本。

（乾隆）山東通志三六卷，清岳濬等監修，清杜詔等編纂，上海古籍出版社一九九〇年版，景印文淵閣四庫全書本。

山陽志遺四卷，清吴玉搢撰，淮安志局民國十一年版（中國國家圖書館·中國國家數字圖書館數字方志網站）。

（乾隆）山陽縣志二二卷首一卷，清金秉祚修，清丁一燾纂，乾隆十四年刻本（中國國家圖書館·中國國家數字圖書館數字方志網站）。

小峴山人詩文集三七卷，清秦瀛撰，上海古籍出版社二〇〇二年版，續修四庫全書影印清嘉慶刻增修本。

己未詞科録一二卷首一卷，清秦瀛撰，上海古籍出版社二〇〇二年版，續修四庫全書影印清嘉慶刻本。

四劃

王文簡公文集四卷附録一卷，清王引之撰，江蘇古籍出版社二〇〇〇年版，高郵王氏遺書影印羅振玉輯印本。

天下山河兩戒考一四卷圖一卷，清徐文靖撰，齊魯書社一九九七年版，四庫全書存目叢書影印清雍正元年刻本。

元史藝文志四卷，清錢大昕撰，田漢云點校，鳳凰出版社二〇一六年版，嘉定錢大昕全集增訂本。

今世説八卷，清王晫撰，上海古籍出版社二〇〇二年版，續修四庫全書影印清康熙二十二年霞舉堂刻本。

毛奇齡全集二五九卷首一卷附一卷，清毛奇齡撰，龐曉敏主編，學苑出版社二〇一五年影印清康熙刻西河合集本。

毛鄭詩考正四卷首一卷，清戴震撰，楊應芹、諸偉奇主編，黄山書社二〇一〇年版，戴震全書修訂本。

勾股矩測解原二卷，清黄百家撰，上海古籍出版社一九九〇年版，景印文淵閣四庫全書本。

勿庵曆算書記一卷，清梅文鼎撰，上海古籍出版社一九九〇年版，景印文淵閣四庫全書本。

方苞集三〇卷，清方苞撰，劉季高校點，上海古籍出版社二〇〇八年版。

文選李注補正四卷，清孫志祖撰，中華書局一九八五年版，叢書集成初編排印讀畫齋叢書本。

孔廟從祀末議一卷，清閻若璩撰，上海書店出版社一九九四年版，叢書集成續編影印世楷堂板本。

五劃

本朝名家詩鈔小傳四卷，清鄭方坤撰，中華書局一九八五年版，叢書集成初編影印龍威秘書本。

四庫全書總目二〇〇卷，清紀昀、陸錫熊、孫士毅總纂，王伯祥斷句，中華書局一九六五年版。

白田草堂存稿二四卷附行狀一卷崇祀鄉賢録一卷，清王懋竑撰，附清王箴聽等撰，齊魯書社一九九七年版，四庫全書存目叢書影印清乾隆間刻本。

六劃

（乾隆）吉安府志七四卷，清盧崧等修，清朱承煦等修纂，乾隆四十一年刻本（中國國家圖書館·中國國家數字圖書館數字方志網站）。

存吾文稿不分卷，清余廷燦撰，上海古籍出版社二〇〇二年版，續修四庫全書影印清咸豐五年雲香書屋本。

朱止泉先生年譜不分卷，清朱軺編，鄭曉霞、吴平主編，廣陵書社二〇〇八年版，揚州學派年譜合刊本。

池北偶談二六卷，清王士禛撰，勒斯仁點校，中華書局一九八二年版，清代筆記史料叢刊本。

（乾隆）江南通志二〇〇卷，清趙弘恩等監修，黄之雋等編纂，上海古籍出版社一九九〇年版，景印文淵閣四庫全書本。

阮元年譜八卷，清張鑒等撰，黄愛平點校，中華書局一九九五年版。

七劃

志寧堂稿六卷，清徐文靖撰，北京出版社二〇〇〇年版，四庫未收書輯刊影印清乾隆志寧堂刻本。

汪子二録二卷録後一卷附一卷汪子三録三卷，清汪縉撰，上海古籍出版社二〇〇二年版，續修四庫全書影印嘉慶十年王芑孫刻汪子遺書本。

汪子文録一〇卷，清汪縉撰，上海古籍出版社二〇〇二年版，續修四庫全書影印道光三年張杓等刻本。

宋遼金元四史朔閏考二卷，清錢大昕撰，田漢云點校，鳳凰出版社二〇一六年版，嘉定錢大昕全集增訂本。

沈德潛詩文集不分卷，清沈德潛著，潘務正、李言校點，人民文學出版社二〇一一年版。

改亭詩集六卷文集一六卷，清計東撰，上海古籍出版社二〇〇二年版，續修四庫全書影印清乾隆十三年計璸刻本。

八劃

（康熙）東林書院志二卷續二卷附一卷，清嚴瑴編纂，北京出版社一九九九年版，四庫禁毀叢書影印清康熙刻本。

（雍正）東林書院志二二卷，清高廷等輯，上海古籍出版社二〇〇二年版，續修四庫全書影印清雍正十一年刻本。

東莊遺集四卷，清陳黃中撰，北京出版社二〇〇〇年版，四庫未收書輯刊影印清乾隆間大樹齋刻本。

東原文集一二卷，清戴震撰，楊應芹、諸偉奇主編，黄山書社二〇一〇年版，戴震全書修訂本。

（乾隆）長洲縣志三四卷首一卷，清李光祚修，清顧詒禄等纂，江蘇古籍出版社一九九一年版，中國地方志集成·江蘇府縣志輯影印清乾隆十八年刻本。

抱經堂文集三四卷，清盧文弨撰，王文錦點校，中華書局一九九〇年版。

明史三三二卷，清張廷玉等撰，中華書局一九七四年版。

果堂集一二卷，清沈彤撰，上海古籍出版社二〇一〇年版，清代詩文集彙編影印清乾隆刻本。

杲堂詩文集不分卷，清李鄴嗣撰，張道勤校點，浙江古籍出版社一九八八年版。

知足齋詩集二十卷續集四卷知足齋文集六卷進呈文稿二卷年譜三卷，清朱珪撰，上海古籍出版社二〇〇二年版，續修四庫全書影印清嘉慶九年阮元刻增修本。

周易札記一四卷，清徐文靖撰，（臺灣）成文出版社有限公司一九七六年影印清乾隆九年志寧堂刊本，無求備齋易經集成本。

周易虞氏義九卷，清張惠言撰，劉大鈞校點，北京大學出版社二〇一二年版。

定香亭筆談四卷，清阮元撰，姚文昌點校，山東人民出版社二〇一八年版，子海精華編本。

居易録三四卷，清王士禛撰，上海古籍出版社一九九〇年版，景印文淵閣四庫全書本。

九劃

南江文鈔一二卷，清邵晉涵撰，上海古籍出版社二〇〇二年版，續修四庫全書影印道光十二年胡敬刻本。

南畇文稿一二卷，清彭定求撰，上海古籍出版社二〇〇一年版，清代詩文集彙編影印清雍正四年刻本。

南畇老人自訂年譜不分卷，清彭定求自編，清彭祖賢重編，吴洪澤、尹波、舒大剛主編，儒藏·史部·儒林年譜，四川大學出版社二〇〇七年版。

南雷詩文集不分卷，清黄宗羲撰，平惠善校點，沈善洪主編、吴光執行主編，黄宗羲全集增訂本。

春秋公羊經傳通義十一卷叙一卷，清孔廣森撰，崔冠華校點，北京大學出版社二〇一二年版。

春融堂集六八卷，清王昶著，陳明潔、朱惠國、裴風順等點校，上海文化出版社二〇一三年版。

茶餘客話二二卷，清阮葵生撰，李保民校點，上海古籍出版社二〇一二年版。

修唐書史臣表不分卷，清錢大昕撰，陳文和點校，鳳凰出版社二〇一六年版，嘉定錢大昕全集增訂本。

（嘉慶）重修揚州府志七二卷首一卷，清阿克當阿修，清姚文田等纂，劉建臻點校，廣陵書社二〇一四年版。

皇清誥授中憲大夫上書房行走日講起居注官詹事府少詹事兼翰林院侍講學士提督廣東全省學政顯考竹汀府君行述不分卷，清錢東壁、清錢東塾撰，陳文和點校，鳳凰出版社二〇一六年版，嘉定錢大昕全集增訂本。

皇朝詞林典故六四卷，清朱珪等撰，余来明、潘金英校點，武漢大學出版社二〇〇九年版，翰林掌故五種本。

拜經日記一二卷，清臧庸撰，國家圖書館出版社二〇一一年版，影印費念慈光緒十年校十二卷清鈔本。

拜經堂文集五卷，清臧庸撰，上海古籍出版社二〇〇二年版，續修四庫全書影印民國十九年宗氏石印本。

亭林詩文集一六卷，清顧炎武撰，劉永翔校點，上海古籍出版社二〇一一年版，顧炎武全集本。

施愚山集九六卷，清施閏章撰，何慶善、楊應芹校點，黄山書社二〇一八年版。

洛學編續編一卷，清尹會一撰，齊魯書社一九九七年版，四庫全書存目叢書影印清乾隆三年懷潤堂刻本。

十劃

耻躬堂文鈔一〇卷詩鈔六卷，清彭士望撰，北京出版社一九九九年版，四庫禁毁叢刊影印清咸豐二年刻本。

校禮堂文集三六卷，清凌廷堪撰，王文錦點校，中華書局一九九八年版。

浮山文集前編一〇卷浮山文集後編二卷浮山此藏軒别集二卷，清方以智撰，上海古籍出版社二〇〇二年版，續修四庫全書影印清康熙此藏軒刻本。

孫淵如外集五卷附駢文一卷，清孫星衍撰，王重民輯，上海古籍出版社二〇一〇年版，清代詩文集彙編影印民國二十一年國立北平圖書館鉛印本。

通鑑注辨正二卷，清錢大昕撰，田漢云點校，鳳凰出版社二〇一六年版，嘉定錢大昕全集增訂本。

本。

十一劃

菰中隨筆三卷，清顧炎武撰，嚴文儒、李善强校點，上海古籍出版社二〇一一年版，顧炎武全集本。

理堂文集一〇卷，清韓夢周撰，山東大學出版社二〇〇七年版，山東文獻集成影印道光三年至四年濰縣韓氏静恒書屋藏版。

授堂文鈔八卷續集二卷，清武億撰，上海古籍出版社二〇〇二年版，續修四庫全書影印清道光二十三年武氏刻授堂遺書本。

（乾隆）崑山新陽合志三八卷首一卷末一卷，清張予介等修，清顾惇量等纂，乾隆十六年刻本（中國國家圖書館·中國國家數字圖書館數字方志網站）。

國朝詩别裁集三二卷，清沈德潛輯評，北京出版社一九九七年版，四庫禁毁書叢刊影印乾隆二十五年教忠堂刻本。

國朝歷科館選録不分卷，清沈廷芳輯，翰林院藏板，中國哲學書電子化計劃（哈佛燕京圖書館）。

笥河文集一六卷首一卷，清朱筠撰，上海古籍出版社二〇〇二年版，續修四庫全書影印清嘉慶二十年椒華吟舫刻本。

庸書二〇卷，清張貞生撰，齊魯書社一九九七年版，四庫全書存目叢書影印清康熙十八年張世坤張世坊講學山房刻本。
惜抱軒詩文集文集十六卷後集十卷詩集十卷後集不分卷，清姚鼐撰，劉季高標校，上海古籍出版社一九九二年版。
康熙字典（檢索本），清張玉書、清陳廷敬等撰，中華書局二〇一〇年版。
康熙起居注不分卷，清起居注館編纂，徐尚定校點，東方出版社二〇一四年版。
章學誠遺書五二卷，清章學誠撰，文物出版社一九八五年斷句影印吴興嘉業堂劉承幹刻本。
清雍正朝浙江通志二八〇卷首三卷，清李衛等修，清傅王露等纂，王志邦總編，中華書局二〇〇一年版。
清實録四四三三卷，清實録館纂，中華書局影印本二〇〇八年版。
（乾隆）紹興府志八〇卷，清李亨特總裁，清平恕、清徐嵩纂，上海書店出版社一九九三年，中國地方志集成·浙江府縣志輯影印清乾隆五十七年刻本。
晚學集八卷，清桂馥撰，上海古籍出版社二〇〇二年版，續修四庫全書影印清道光二十一年孔憲彝刻本。

十二劃

（雍正）揚州府志四〇卷，清尹會一纂修，清程夢星等纂，廣陵書社二〇一五年版，揚州文庫影印清雍正十一年刻本。
堯峰文鈔五〇卷，清汪琬撰，上海古籍出版社一九九〇年版，景印文淵閣四庫全書本。
紫石泉山房文集一二卷詩鈔三卷，清吴定撰，上海古籍出版社二〇一〇年版，清代詩文集彙編影印清嘉慶十五年鮑桂星刻本。
（嘉慶）鄒平縣志一八卷首一卷，清李瓊林等修，清成啓洸等考纂，嘉慶八年刻，道光十六年重修本（中國國家圖書館・中國國家數字圖書館數字方志綱站）。
復初齋文集三五卷，清翁方綱撰，上海古籍出版社二〇〇二年版，續修四庫全書影印清李彦章校刻本。
欽定四庫全書總目（整理本）二〇〇卷，清纪昀、陸錫熊、孫士毅總纂，四庫全書研究所整理，中華書局一九九七年版。
（嘉慶）無錫金匱縣志四〇卷首一卷，清韓履寵、清齊彦槐修，清秦瀛纂，鳳凰出版社二〇一一年版，無錫文庫影印清嘉慶十八年無錫城西草堂刻本。
詞林典故八卷，清鄂爾泰、清張廷玉等撰，傅璇琮、施純德編，遼寧教育出版社二〇〇三年版，翰學三書本。
詞科掌録一七卷餘話七卷，清杭世駿輯，北京出版社二〇〇〇年版，四庫未收書輯刊影印清乾隆道古堂刻本。
道古堂文集四八卷，清杭世駿撰，上海古籍出版社二〇〇二年版，續修四庫全書影印乾隆四十一年刻光緒十四年汪曾唯增修本。
遂初堂詩集一六卷文集二〇卷别集四卷，清潘耒撰，上海古籍出版社二〇〇二年版，續修四庫全書影印清康熙刻本。
尊聞居士集八卷遺稿一卷，清羅有高撰，上海古籍出版社二〇〇二年版，續修四庫全書影印光緒七年刻本。
（嘉慶）湖北通志一〇〇卷首五卷，清吴熊光修，清陳詩纂，民國二十三年上海商務印書館影印嘉慶九年刻本。
湯子遺書一〇卷首一卷續編二卷，清湯斌撰，段自成、沈紅芳等編校，人民出版社二〇一六年版。

十三劃

蒿庵集三卷，清張爾岐著，張翰勛等點校，齊魯書社一九九一年版。
雷塘庵主弟子記八卷，清張鑑等撰，鄭曉霞、吴平主編，廣陵書社二〇〇八年版，揚州學派年譜合刊本。
揅經室集七集六三卷，清阮元撰，沈莹莹校點，北京大學出版社二〇一六年版，儒藏本。

（乾隆）鄞縣志三〇卷首一卷，清錢維喬修，清錢大昕纂，上海古籍出版社二〇〇二年版，續修四庫全書影印清乾隆五十三年刻本。

愚庵小集一五卷，清朱鶴齡撰，虞思徵點校，華東師範大學出版社二〇一〇年版。

飴山文集一二卷附録一卷，清趙執信撰，上海古籍出版社二〇〇一年版，清代詩文集彙編影印乾隆刻本。

解春集文鈔一二卷補遺二卷詩鈔三卷，清馮景撰，上海古籍出版社二〇〇二年版，續修四庫全書影印清乾隆盧氏刻抱經堂叢書本。

新編汪中集不分卷，清汪中撰，田漢云點校，廣陵書社二〇〇五年版，國家清史編纂委員會·文獻叢刊本。

經史問答一〇卷，清全祖望撰，朱鑄禹彙校集注，上海古籍出版社二〇〇〇年版，全祖望集彙校集注本。

經義考新校三〇〇卷，清朱彝尊撰，林慶彰等主編，上海古籍出版社二〇一〇年版。

經義雜記三〇卷敘録一卷，清臧琳撰，清臧鏞堂編，上海古籍出版社二〇〇二年版，續修四庫全書影印清嘉慶四年臧氏拜經堂刻本。

經韻樓集一二卷，清段玉裁著，趙航、薛正興整理，鳳凰出版社二〇一〇年版。

十四劃

静志居詩話二四卷，清朱彝尊著，黄君坦校點，人民文學出版社一九九〇年版。

（嘉慶）嘉定縣志二〇卷首一卷，清吴桓修，清王初桐纂，趙文友點校，上海古籍出版社二〇一二年版，上海府縣舊志叢書本。

榕村全集三六卷，清李光地撰，陳祖武點校，福建人民出版社二〇一三年版，榕村全書版。

榕城詩話三卷，清杭世駿撰，上海古籍出版社二〇〇二年版，續修四庫全書影印清乾隆四十年刻知不足齋叢書本。

疑年録四卷，清錢大昕撰，田漢云點校，鳳凰出版社二〇一六年版，嘉定錢大昕全集增訂本。

漢學師承記箋釋八卷，清江藩纂，漆永祥箋釋，上海古籍出版社二〇一三年版。

實事求是齋遺稿四卷續集一卷，清汪廷珍撰，上海古籍出版社二〇〇一年版，清代詩文集彙編影印清光緒八年刻本。

十五劃

（嘉慶）德清縣續志一〇卷，清周紹濂修，清徐養源、許宗彦等纂，朱海閔、許曉軍、沙文婷主編，國家圖書館出版社二〇一一年版，浙江圖書館藏稀見方志叢刊本。

徵君孫先生年譜不分卷，清湯斌等撰，范志亭等輯校，中州古籍出版社二〇〇三年版，湯斌集本。

潛研堂文集五〇卷，清錢大昕撰，陳文和、曹明升點校，鳳凰出版社二〇一六年版，嘉定錢大昕全集增訂本。

潛研堂金石文跋尾二〇卷，清錢大昕撰，祝竹點校，鳳凰出版社二〇一六年版，嘉定錢大昕全集增訂本。

十六劃

（乾隆）蕭山縣志四〇卷首一卷，清黄鈺纂修，杭州市蕭山區人民政府地方志辦公室編，上海遠東出版社二〇一二年版，明清蕭山縣志本。

歷代名儒傳八卷，清朱軾撰，苗楓林主編，山東友誼出版社一九八七年版，孔子文化大全本。

曉庵新法六卷，清王錫闡撰，上海古籍出版社一九九〇年版，景印文淵閣四庫全書本。

儒林傳稿四卷，清阮元撰，北京圖書館出版社二〇〇六年版，叢書人物傳記資料類編·學林卷影印清光緒十一年刻民國二年刊行儀徵張氏榕園叢書本。

十七劃

舊五代史一五〇卷目録二卷，宋薛居正撰，清邵晉涵輯，上海古籍出版社一九九〇年版，景印文淵閣四庫全書本。

魏伯子文集一〇卷首一卷，清魏際瑞撰，上海古籍出版社二〇〇一年版，清代詩文集彙編影印清道光二十五年寧都謝庭綬紱園書塾刻寧都三魏文集本。

魏叔子文集三三卷，清魏禧著，胡守仁、姚品文、王能憲校點，中華書局二〇〇三年版。

鮚埼亭集三八卷，清全祖望撰，朱鑄禹彙校集注，上海古籍出版社二〇〇〇年版，全祖望集彙校集注本。

禮記訓義擇言八卷，清江永撰，上海古籍出版社一九九〇年版，景印文淵閣四庫全書本。

禮書綱目八十五卷，清江永撰，上海古籍出版社一九九〇年版，景印文淵閣四庫全書本。

禮箋三卷，清金榜撰，上海古籍出版社二〇〇二年版，續修四庫全書影印乾隆五十九年刻本。

十八劃

豐川續集三四卷，清王心敬撰，齊魯書社一九九七年版，四庫全書存目叢書影印清乾隆十五年刻本。

蘊愫閣文集八卷，清盛大士撰，上海古籍出版社二〇〇二年版，續修四庫全書本影印清道光六年刻本。

十九劃

疇人傳四六卷，清阮元等撰，彭衛國、王原華點校，廣陵書社二〇〇九年版，疇人傳彙編本。

曝書亭集八一卷附録一卷，清朱彝尊撰，王力平校點，北京大學出版社二〇一五年版，儒藏本。

二十劃

寶應劉氏集不分卷，清劉台拱、清劉寶樹、清劉寶楠、清劉恭冕著，張連生、秦躍宇點校，廣陵書社二〇〇六年版，國家清史編纂委員會・文獻叢刊本。

二十一劃

鶴徵録八卷首一卷後録一二卷首一卷，清李集輯、清李富孫等續輯，北京出版社二〇〇〇年版，四庫未收書輯刊影印漾葭老屋刻本。

顧氏譜系考一卷，清顧炎武撰，顧宏義校點，上海古籍出版社二〇一一年版，顧炎武全集本。

顧亭林先生年譜不分卷，清張穆編撰，黄坤、徐德明校點，上海古籍出版社二〇一二年版，顧炎武全集本。

二十二劃

讀書日記六卷補編二卷，清劉源渌撰，齊魯書社一九九七年版，四庫全書存目叢書影印清雍正刻本。

讀書雜述十卷，清李鎧撰，上海古籍出版社二〇〇二年版，續修四庫全書影印清康熙四十年恪素堂刻本。

二十四劃

（同治）贛州府志七八卷首一卷，清魏瀛等修，清鍾音鴻等纂，（臺灣）成文出版社有限公司印行，中國方志叢書影印清同治十二年刻本。

參考論文

方苞《萬季野墓表》創作時間考，許光撰，常州大學學報（社會科學版）二〇一三年第四期。

江永生平學行考述，蘇正道撰，北京大學《儒藏》編纂與研究中心編，儒家典籍與思想研究第八輯，北京大學出版社二〇一六年版。

江聲《尚書集注音疏》研究，張鑫龍撰，山東大學儒學高等研究院二〇一八年碩士學位論文。

耿介著述考略，張豔撰，古籍整理研究學刊二〇一八年第四期。

陳厚耀《召對紀言》釋證，韓琦撰，文史新瀾紀念論文集，湯一介等著，浙江古籍出版社二〇〇三年版。

從《四庫全書》看毛奇齡，胡春麗撰，理論界二〇〇九年第十一期。

《清史列傳》標點商榷四則，胡凡撰，古籍整理研究學刊二〇〇五年第四期。

《清史列傳·儒林傳》點校訂補，劉鳳强撰，清史研究二〇一〇年第三期。

《清史列傳·儒林傳》斷句錯誤舉例，楊毅撰，古籍整理研究學刊一九九二年第五期。

《清史列傳·儒林傳》續考，陳鴻森撰，中國典籍與文化二〇一二年第一期。
《清史稿》和《清史列傳》中彭定求傳記辨正，鄧世欣撰，蘇州教育學院學報二〇一六年第三期。
《清史稿·儒林傳》訂誤，吴淑嬌撰，文教資料二〇一六年第三十一期。
萬斯同之生卒年，柴德賡撰，史學叢考，中華書局一九八二年版。
『博學鴻詞』研究的回顧與展望，張亞權撰，江海學刊二〇〇六年第五期。
黄百家年譜簡編，楊小明撰，中共寧波市委黨校學報二〇〇七年第三期。
《惠氏讀説文記》係惠士奇、惠棟父子所作，錢慧真撰，圖書館理論與實踐二〇一一年第二期。
蒙養齋數學家陳厚耀的曆算活動——基於《陳氏家乘》的新研究，韓琦撰，自然科學史研究二〇一四年第三期。
臧庸《韓詩遺説》的成書、刊刻與訂補，馬昕撰，版本目録學研究第七輯，北京大學出版社二〇一六年版。
顔光敏年譜與詩文繫年，孫書平撰，山東師範大學學報（人文社會科學版）二〇一七年第六期。